表 6-4 通风/空调画面显示含义

优先级	符 号	指 示 状 态	优先级	符 号	指 示 状 态
1	(红色风扇)	通风/空调故障	3	(绿色风扇)	通风/空调运行,无故障
2	(黄色风扇)	通风/空调警告	4	(白色风扇)	通风/空调断开,无故障

表 6-5 交流/直流(AC/DC)辅助电源画面显示含义

优先级	符 号	指 示 状 态
1	(红色 =/~ / =/=)	交流/直流(AC/DC)辅助电源故障
2	(黄色 =/~ / =/=)	交流/直流(AC/DC)辅助电源警告
3	(绿色 =/~ / =/=)	交流/直流(AC/DC)辅助电源运行,无故障
4	(白色 =/~ / =/=)	交流/直流(AC/DC)辅助电源断开,无故障

表 6-6 门状态画面显示含义

优先级	符 号	指 示 状 态	优先级	符 号	指 示 状 态
1	(井号)	紧急情况下门从里面或外面打开	5	(障碍物符号)	门检测到障碍物
2	(锁)	门切除	6	(黑色方块)	门开,无故障
3	(红色方块)	门故障			
4	(橙色方块)	门警告	7	(灰色方块)	门关,无故障

表 6-7 紧急通信画面显示含义

优先级	符 号	指 示 状 态
1		乘客紧急通信单元故障
2		乘客紧急通信单元激活，乘客要求紧急对讲
3		乘客紧急通信单元激活，驾驶员已打开通信通道
4		乘客紧急通信单元正常，未激活

表 6-8 制动状态画面显示含义

优先级	符 号	指 示 状 态
1		停放制动施加
2		制动切除
3		制动故障
4		制动警告
5		常规制动施加
6		常规制动释放

表 6-9 牵引状态画面显示含义

优先级	符 号	指 示 状 态	优先级	符 号	指 示 状 态
1	 (红色 M)	牵引故障	3	 (绿色 M)	牵引激活（加速/减速），无故障
2	 (黄色 M)	牵引警告	4	 (白色 M)	牵引断开，无故障

表 6-10 火灾报警画面显示含义

优先级	符 号	指 示 状 态	优先级	符 号	指 示 状 态
1	 (红色火焰)	探测到火或烟	3	 (灰色)	未探测到火或烟
2	 (打叉火焰)	火或烟传感器故障			

表 6-11 空气压缩机画面显示含义

优先级	符 号	指 示 状 态	优先级	符 号	指 示 状 态
1	 (红色 C)	空气压缩机故障	3	 (绿色 C)	空气压缩机运行，无故障
2	 (黄色 C)	空气压缩机警告	4	 (白色 C)	空气压缩机断开，无故障

表 6-12 高速断路器画面显示含义

优先级	符 号	指 示 状 态	优先级	符 号	指 示 状 态
1	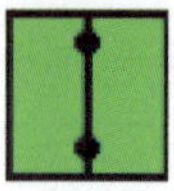	高速断路器(HSCB)合上	2		高速断路器(HSCB)断开

表 6-13 受电弓/车间电源画面显示含义

优先级	符 号	指 示 状 态	优先级	符 号	指 示 状 态
1		车间电源连接,且供电	4		受电弓落下,且故障
2		车间电源连接,未供电	5		受电弓工作,无故障
3		受电弓升起,但有故障	6		受电弓放下,无故障

"十四五"职业教育国家规划教材

"十三五"职业教育国家规划教材
"十二五"职业教育国家规划教材
经全国职业教育教材审定委员会审定

全国优秀教材二等奖

城市轨道交通车辆电气控制

第3版

主编 唐春林 华 平
参编 赵 慧 杜李苹 王小珂

本书是"十四五"职业教育国家规划教材，首届全国教材建设奖全国优秀教材二等奖。

本书是根据《国家职业教育改革实施方案》的要求，在第2版"十二五"职业教育国家规划教材基础上修订而成的。

本书突破传统的教材编写模式，以学生为中心、以工作过程为导向，将城市轨道交通专业相应岗位的工作过程分解为不同工序，将各工序必备的知识、技能统合成学习内容，融入了新型的教学方法、教学手段，进而综合形成各工序所对应的项目，每个项目按照学习目标、项目描述、学习任务、拓展任务的结构进行编写，每个项目之后设计了实践练习，以留给学生较大的思维空间和探索空间。

全书共分为六个项目，内容包括：城市轨道交通车辆电气控制系统构成，城市轨道交通车辆牵引传动系统，城市轨道交通车辆牵引与制动控制系统，城市轨道交通车辆辅助供电系统，城市轨道交通车辆车门控制系统、城市轨道交通电动列车管理服务系统。

本书可作为高等职业教育城市轨道交通车辆运用与检修专业教材，也可作为城市轨道交通管理及相关专业人员的培训教材，还可供城市轨道交通企业车辆驾驶及检修人员学习参考。

为方便教学，本书配有电子课件、电子教案、教学计划等资源，凡选用本书作为授课教材的教师均可登录 www.cmpedu.com 以教师身份下载。

图书在版编目(CIP)数据

城市轨道交通车辆电气控制／唐春林，华平主编.
—3版.—北京：机械工业出版社，2019.9（2025.6重印）
"十二五"职业教育国家规划教材　经全国职业教育教材审定委员会审定
ISBN 978-7-111-63911-4

Ⅰ.①城…　Ⅱ.①唐…　②华…　Ⅲ.①城市铁路-铁路车辆-电气控制-高等职业教育-教材　Ⅳ.①U239.5

中国版本图书馆CIP数据核字(2019)第214589号

机械工业出版社（北京市百万庄大街22号　邮政编码100037）
策划编辑：曹新宇　责任编辑：曹新宇
责任校对：张　征　封面设计：陈　沛
责任印制：李　昂
涿州市京南印刷厂印刷
2025年6月第3版第12次印刷
184mm×260mm·20.25印张·2插页·504千字
标准书号：ISBN 978-7-111-63911-4
定价：49.00元

电话服务　　　　　　网络服务
客服电话：010-88361066　机　工　官　网：www.cmpbook.com
　　　　　010-88379833　机　工　官　博：weibo.com/cmp1952
　　　　　010-68326294　金　书　网：www.golden-book.com
封底无防伪标均为盗版　机工教育服务网：www.cmpedu.com

关于"十四五"职业教育
国家规划教材的出版说明

为贯彻落实《中共中央关于认真学习宣传贯彻党的二十大精神的决定》《习近平新时代中国特色社会主义思想进课程教材指南》《职业院校教材管理办法》等文件精神，机械工业出版社与教材编写团队一道，认真执行思政内容进教材、进课堂、进头脑要求，尊重教育规律，遵循学科特点，对教材内容进行了更新，着力落实以下要求：

1. 提升教材铸魂育人功能，培育、践行社会主义核心价值观，教育引导学生树立共产主义远大理想和中国特色社会主义共同理想，坚定"四个自信"，厚植爱国主义情怀，把爱国情、强国志、报国行自觉融入建设社会主义现代化强国、实现中华民族伟大复兴的奋斗之中。同时，弘扬中华优秀传统文化，深入开展宪法法治教育。

2. 注重科学思维方法训练和科学伦理教育，培养学生探索未知、追求真理、勇攀科学高峰的责任感和使命感；强化学生工程伦理教育，培养学生精益求精的大国工匠精神，激发学生科技报国的家国情怀和使命担当。加快构建中国特色哲学社会科学学科体系、学术体系、话语体系。帮助学生了解相关专业和行业领域的国家战略、法律法规和相关政策，引导学生深入社会实践、关注现实问题，培育学生经世济民、诚信服务、德法兼修的职业素养。

3. 教育引导学生深刻理解并自觉实践各行业的职业精神、职业规范，增强职业责任感，培养遵纪守法、爱岗敬业、无私奉献、诚实守信、公道办事、开拓创新的职业品格和行为习惯。

在此基础上，及时更新教材知识内容，体现产业发展的新技术、新工艺、新规范、新标准。加强教材数字化建设，丰富配套资源，形成可听、可视、可练、可互动的融媒体教材。

教材建设需要各方的共同努力，也欢迎相关教材使用院校的师生及时反馈意见和建议，我们将认真组织力量进行研究，在后续重印及再版时吸纳改进，不断推动高质量教材出版。

机械工业出版社

第3版前言

本书在国家教材委组织开展的首届全国教材建设奖评选中荣获全国优秀教材二等奖。同时，本书还是"十四五"职业教育国家规划教材。

本书是根据《国家职业教育改革实施方案》的要求，在第2版"十二五"职业教育国家规划教材的基础上修订而成的。

城市轨道交通作为具有公益性质的公共交通，在城市公共交通中具有骨干和主导地位，对于缓解城市拥堵和方便出行，有着不可替代的作用。城市轨道交通车辆按制式的不同，可分为多种形式，主要有 A 型车、AS 型车、B 型车、L 型车、单轨车、有轨电车、磁浮车和自动导向轨道系统 APM 车，它们的控制系统各有不同，因此，城市轨道专业的教材内容需要不断地追踪产业的技术发展，及时将最新的技术、工艺、方法补充进教材。

"城市轨道交通车辆电气控制"是服务于专业的核心课程，旨在培养具有城市轨道交通车辆驾驶、检修岗位所需的城市轨道车辆电气系统知识和专业技能的人才。本书在第2版的基础上补充、修订，已形成较为完善的城市轨道交通车辆电气系统知识体系，包括城市轨道车辆电气控制系统组成原理、典型电气线路分析、电气系统检查试验及故障分析，以及面向乘客的相关管理服务系统。

随着信息化技术的发展，"互联网+职业教育"成为新的教育教学趋势，丰富了教育资源供给方式，以推动建立新的学习制度。基于此，本次修订主要补充了颗粒化的教学资源，师生可通过手机扫描二维码方式观看知识点、技能点的多媒体资源，推进教育数字化，方便师生更有效地学习。同时更新了项目六城市轨道交通电动列车管理服务系统的部分内容，每个项目后补充了实践练习题，为学生提供更多的实践机会。

本次修订内容由唐春林、华平完成编写。实践练习题由唐春林、杜李苹完成编写，教学视频由赵慧、杜李苹负责，配套课件制作由王小珂负责，拓展任务由华平负责。

本书在编写和修订过程中充分考虑了城市轨道交通企业生产岗位的实际工作特点，得到了郑州地铁、广州地铁、重庆地铁有关专家的指导与帮助，在此表示由衷的感谢。

由于作者水平有限，书中的缺点和错误在所难免，恳请广大同行和读者批评指正。盼赐教至 zzhprose@126.com。

编者

第2版前言

本书是按照教育部《关于开展"十二五"职业教育国家规划教材选题立项工作的通知》，经出版社初评、申报，由教育部专家组评审确定的"十二五"职业教育国家规划教材，是根据《教育部关于"十二五"职业教育教材建设的若干意见》及教育部新颁布的《高等职业学校专业教学标准（试行）》，在第1版的基础上修订而成的。

城市轨道交通发展非常迅速，目前全国已有40余个城市建设、开建或批准建设地铁或轻轨运营里程约3100km。我国正以每年新建270km的速度建设轨道交通网络。城市轨道交通的结构形式多样，以使用钢轮钢轨技术的地铁、轻轨为主，其他形式的轨道交通系统为辅。如单轨列车作为我国城市轨道交通车辆的一个独特类型，在重庆市的轨道交通中有两条线路中应用，国外的应用也较为广泛。城市轨道交通中的关键技术装备电动列车得到了快速发展，有A型车、B型车和L型车，它们的控制系统各不相同，因此，职业教育需要不断地追踪产业的技术发展，及时将最新的技术、工艺、方法补充进教材。

"城市轨道交通车辆电气控制"是服务于专业的核心课程，课程的目标是培养具有城轨车辆驾驶、检修岗位所需的城轨车辆电气系统知识和专业技能的人才。本书第1版主要内容包括城市轨道交通车辆电气控制系统的组成及原理、电气线路分析、电气系统检查试验与故障分析等部分。此次修订侧重于将车辆作为城市轨道交通系统的一个核心部分，关注与其他系统关联紧密，城轨车辆既可以自己单独控制，还受控于整个系统，如自动防护系统、自动监控系统、自动驾驶系统。电动列车驾驶员既要完成驾驶操纵，还要面向乘客完成相关紧急状态下的服务。

因此在原有教材的基础上，进行了以下修订：项目二城市轨道交通车辆牵引传动系统增加任务四单轨牵引传动系统，增加拓展任务三轨道交通车辆电磁兼容；项目三城市轨道交通车辆牵引与制动控制系统增加拓展任务三城市轨道交通车辆布线；项目四城市轨道交通车辆辅助供电系统增加学习任务三城市轨道交通车辆蓄电池电源及其控制；增加项目六城市轨道交通电动列车管理服务系统，主要介绍电动列车的通信控制系统、乘客信息系统、火灾报警系统等内容，拓展任务涉及电动列车的调试、检查、试验等内容。此次修订旨在为读者介绍完整的城轨车辆的电气系统以及必要的知识。

本教材配套有立体化资源，进一步丰富了教材的表现形式，提供了更为丰富的教学资源，更加有利于学生的自主化学习和有效学习，也方便教师使用。

本次修订的内容由华平、唐春林完成编写。立体化资源建设的具体分工如下：总体规划、统稿、课程概要电子教材由华平负责，教学视频由唐春林负责，配套课件制作由常玉华负责，实训项目的学员工作页由张龙负责，拓展资源由杜晓红负责。

  本书的编写提纲经职业教育城市轨道交通专业规划教材编委会组织审查并提出了很多宝贵意见；在此次修订过程中作者参考和引用了国内外发表的著作和文章。

  本书经全国职业教育教材审定委员会审定。教育部专家在评审过程中对本书提出了很多宝贵的建议，在此对他们表示衷心的感谢！

  由于作者水平所限，书中的缺点和错误在所难免，恳请广大同行和读者批评指正，盼赐教至 zzhprose@126.com。

编著者

第1版前言

进入 21 世纪，我国把"发展城市轨道交通"列入国民经济第十个五年计划发展纲要，国务院办公厅发出《关于加强城市快速轨道交通建设管理的通知》，把发展轨道交通作为解决大城市交通拥堵，改善城市工作、生活与投资环境，促进城市可持续发展的途径与手段，并以政府行为与重大战略的形式提出来，给轨道交通带来了新的发展机遇。为了缓解城市日益严重的交通问题，地铁、轻轨等城市轨道交通设施开始在我国的大中城市兴建及扩建，目前已有四十多个城市在建和规划建设城市轨道交通。地铁、轻轨、城市快速铁路、电动车组等交通车辆的制造与大量运用，需要大批具有较扎实的理论基础、较强的实践能力及技术应用的高技能型人才。为了满足社会、企业和学校大量的城市轨道交通专业人员的培养和培训，机械工业出版社策划并组织编写了职业教育城市轨道交通专业规划教材，《城市轨道交通车辆电气控制》就是其中之一。

本书突破传统的教材编写模式，以学生为中心、以工作过程为导向，将城市轨道交通专业相应岗位的工作过程分解为不同工序，将各工序必备的知识、技能统合成学习内容，融入了新型的教学方法、教学手段，进而综合形成各工序所对应的项目，每个项目按照学习目标、项目描述、学习任务、拓展任务的结构进行编写，每个项目之后设计了实践练习，留给学员较大的思维空间和探索空间，使学习者在学习的过程中自觉地获取知识和经验，逐渐构建自己的知识体系。全书共分为五个项目，项目一内容为城市轨道交通车辆电气控制系统构成，主要介绍城市轨道交通车辆电气控制系统组成及主要部件功能，延伸至城市轨道车辆运行工况与受力分析；项目二内容为城市轨道交通车辆牵引传动系统，详细分析了国内城市轨道交通车辆主流车型牵引传动系统的工作原理与工作方式，拓展任务讲述了常用电力电子器件类型、原理与应用以及电流电压变换电路；项目三内容为城市轨道交通车辆牵引与制动控制系统，具体分析了城市轨道交通车辆电气线路的控制逻辑，简要介绍了列车微机控制及故障检测与诊断系统知识；项目四内容为城市轨道交通车辆辅助供电系统，描述了城市轨道交通车辆辅助供电系统设备工作原理，具体分析了典型辅助电路的工作过程，拓展任务介绍了静止逆变器及其控制和辅助逆变器系统的维护；项目五内容为城市轨道交通车辆车门控制系统，全面介绍了城市轨道交通车辆车门系统的工作原理、控制逻辑、信息显示、操作程序，简要介绍了开、关门程序和软件以及屏蔽门知识。本书对广大学习者深入了解城市轨道交通车辆电气控制知识，了解城市轨道交通车辆电器设备、设施的运用、日常维护和检修具有较强的指导作用。

本书由华平和唐春林完成编写。衷心感谢李晓村老师及在本书的编写过程中给予支持与帮助的朋友们。另外，本书参考了一些国内外发表的文章、资料，编者在此对他们表示诚挚的谢意。

由于编者学识水平所限，收集资料欠全面，书中难免有纰漏和不妥之处，恳请各位读者批评指正，盼赐教至 zzhprose@126.com，以期再版时修改。

编著者

二维码清单

序号	所在项目	名称	图形	序号	所在项目	名称	图形
1	项目一	受电弓的结构组成		6	项目一	空调	
2	项目一	受电弓的工作原理		7	项目三	驾驶控制器	
3	项目一	高速断路器和主接触器		8	项目三	受电弓控制电路分析	
4	项目一	城轨车辆受力分析		9	项目三	列车激活电路图分析	
5	项目一	黏着和蠕滑					

目 录

第 3 版前言
第 2 版前言
第 1 版前言
二维码清单

项目一　城市轨道交通车辆电气控制系统构成 ············· 1
【学习目标】 ··· 1
【项目描述】 ··· 1
【学习任务】 ··· 2
任务一　城市轨道交通车辆电气控制系统基础 ············· 2
任务二　城市轨道交通车辆电气控制系统主要部件功能 ····· 5
【拓展任务】 ·· 21
任务　城市轨道交通车辆运行工况与受力分析 ············ 21
【实践练习】 ·· 29

项目二　城市轨道交通车辆牵引传动系统 ················ 30
【学习目标】 ·· 30
【项目描述】 ·· 30
【学习任务】 ·· 31
任务一　直流牵引传动系统 ···························· 31
任务二　交流牵引传动系统 ···························· 47
任务三　直线电动机牵引传动系统 ······················ 70
任务四　单轨牵引传动系统 ···························· 78
【拓展任务】 ·· 83
任务一　常用电力电子器件类型、原理与应用 ············ 83
任务二　电流电压变换电路 ···························· 97
任务三　轨道交通车辆电磁兼容 ························ 110
【实践练习】 ··· 117

项目三　城市轨道交通车辆牵引与制动控制系统 ·········· 119
【学习目标】 ··· 119
【项目描述】 ··· 119
【学习任务】 ··· 120

任务一	电动列车电气控制系统电路识读	120
任务二	电动列车的激活控制	129
任务三	电动列车的初始条件设置控制	135
任务四	电动列车的牵引和制动控制	142

【拓展任务】 156
任务一	列车信息和诊断系统	156
任务二	列车微机控制系统	166
任务三	城市轨道交通车辆布线	180

【实践练习】 188

项目四 城市轨道交通车辆辅助供电系统 189
【学习目标】 189
【项目描述】 189
【学习任务】 190
任务一	城市轨道交通车辆辅助供电系统及供电电路	190
任务二	城市轨道交通辅助供电系统电路分析	195
任务三	城市轨道交通车辆蓄电池电源及其控制	207

【拓展任务】 216
| 任务一 | 静止逆变器及其控制 | 216 |
| 任务二 | 城市轨道交通车辆辅助逆变器系统维护 | 219 |

【实践练习】 220

项目五 城市轨道交通车辆车门控制系统 222
【学习目标】 222
【项目描述】 222
【学习任务】 223
任务一	城市轨道交通车辆客室侧门的结构及原理	223
任务二	城市轨道交通车辆客室侧门的控制	233
任务三	城市轨道交通车辆车门的操纵	240
任务四	城市轨道交通车辆车门的信息显示	243

【拓展任务】 245
任务一	地铁车辆运行的开、关门程序	245
任务二	地铁车门软件使用	247
任务三	屏蔽门系统	249

【实践练习】 251

项目六 城市轨道交通电动列车管理服务系统 253
【学习目标】 253
【项目描述】 253
任务一	城市轨道交通电动列车通信控制系统	254
任务二	城市轨道交通电动列车乘客信息系统	269
任务三	城市轨道交通电动列车火灾报警系统	282

【拓展任务】 ··· 286
任务一　城市轨道交通电动列车的调试检查 ··· 286
任务二　城市轨道交通电动列车的试验 ··· 292
任务三　电动列车的检查 ··· 298
【实践练习】 ··· 305

附　录　城市轨道交通车辆常用缩略语中英文对照表 ··· 306

参考文献 ··· 310

项目一　城市轨道交通车辆电气控制系统构成

本项目主要介绍城市轨道交通车辆电气控制系统的组成及功能，系统主要电气部件的结构原理、技术参数、功能作用。拓展任务分析了城市轨道交通车辆的运行工况、牵引力和制动力的形成。

 学习目标

1. 熟悉城市轨道交通车辆电气控制原理。
2. 掌握城市轨道交通车辆电气控制系统的组成。
3. 会进行城市轨道交通车辆受力分析和列车运行工况分析。
4. 会分析牵引力和制动力的形成。
5. 了解空转和滑行的形成，会进行车辆空转和滑行的保护处理。
6. 掌握牵引动力装置的结构和工作原理。
7. 掌握城市轨道交通车辆主要电器的结构原理。

 项目描述

城市轨道交通车辆作为一种便捷的交通工具，最根本的任务是承载旅客完成由甲地往乙地的运输任务。车辆运行的速度及其控制是城市轨道交通车辆完成运输任务的关键。城市轨道交通车辆的运行速度受多方面因素约束，如列车运行图、区间及车站信号、线路状况、列车上各功能设备的状态、乘客舒适度、行车安全性等。因此，对城市轨道交通车辆的控制就是根据这些约束条件进行综合处理并形成最终的结果，即列车应该以何种方式或何种速度运行，并将这个决策贯彻至车辆控制系统的每一个控制单元。

城市轨道交通车辆控制系统根据运营系统给出的命令对各功能子系统进行调控，并在各个功能级上(如牵引控制、制动控制等)保证列车运行要求的实现。其主要特征是控制，即控制策略和控制手段的实现。数学模型化的控制方法和传统的 PID⊖ 调节在城市轨道交通车辆控制中已经取得了重要的成果，但是由于控制参数的多变性和离散性，以及系统的非线性和子系统结构的可变性，加大了 PID 调节的复杂性和困难程度。因此利用人工智能原理的各种控制方法，特别是在网络环境下的控制方法，也逐步应用于车辆控制系统中。

⊖ PID，即比例-积分-微分，全称为 Proportion-Integral-Differential。

城市轨道交通车辆控制系统或是列车和外围系统的接口，都通过无线方式与地面联网，以满足整个运营系统调控和旅客信息服务的要求。因此城市轨道交通车辆需要提供一个良好的人机界面，使驾驶员能随时了解整个列车的运行状态和各主要单元部件的工作状态，以便在必要时进行人工干预。城市轨道交通电动列车驾驶员在操作时，只需发出一些简单的命令，而不必知道命令由谁来执行。城市轨道交通车辆需要带有系统操作软件和大容量存储器的高级控制机(微机控制系统)来作为控制核心，并选择传送信息量大且有实时性的网络(总线控制)来连接它们，以保证网络连接和实时响应。

在车辆控制系统中，还需要直接面向现场完成I/O处理，并能实现直接数字控制的智能化装置，将现场的各种实时过程变量实现数字化转换，并将这些变量送往功能层的相应控制子系统。

可以这样说，城市轨道交通车辆上的各个设备，通过机械、电气、电磁、网络等联系，形成一个统一的整体，通过驾驶员操纵实现列车运行的控制，而对于装置有列车自动控制(ATC)系统的电动列车，还可实现城市轨道交通系统的列车自动驾驶(ATO)、列车自动保护(ATP)、列车自动监控(ATS)、列车通信控制(TCC)等全自动控制。城市轨道交通车辆电气控制系统主要由主牵引传动系统、牵引与制动控制系统、辅助供电系统和车门控制系统组成。

城市轨道交通车辆控制原理如图1-1所示，首先动力电源电流由变电所送到接触网经受流器(受电弓)引流到车辆，然后经过车辆牵引传动控制系统将电流送入牵引电动机，牵引电动机驱动车辆运行，驾驶员通过操纵驾驶控制器改变牵引电动机的运行速度和运行方式，此时电流经过车辆轮对、钢轨(或回流装置)回到变电所，形成闭合回路。

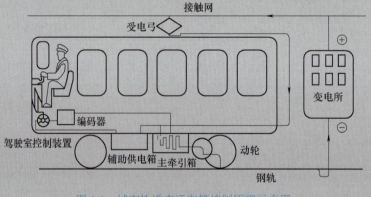

图1-1　城市轨道交通车辆控制原理示意图

任务一　城市轨道交通车辆电气控制系统基础

一、城市轨道交通车辆电气控制系统概述

图1-2所示为城市轨道交通车辆电气控制系统的组成框图。

城市轨道交通车辆的主牵引传动系统(主电路系统)是列车牵引动力和电制动力得以实现的载体。

辅助供电系统为城市轨道交通车辆提供辅助供电,其主要为下列系统提供电源:为主传动系统提供通风冷却中压电源和控制通信低压电源;为制动系统的空气压缩机提供中压电源和控制通信低压电源;为全车提供客室正常照明、应急照明;为空调系统提供中压电源和控制通信低压电源;为列车的自动控制系统、通信及列车综合管理系统提供低压电源。

牵引/制动控制系统是列车实现牵引和制动控制相关功能的控制电路系统,通过电气、器件的组合实现一定的逻辑功能。通过单元模块的控制程序运算,再经列车通信控制系统的实时响应,最终实现对列车的有效控制。

车门控制系统关系到城市轨道交通车辆的运营安全。车门是乘客乘降必须接触的车辆部件,关系到乘客的人身安全。因此在城市轨道交通车辆中,将客室车门的状态直接与列车的运行状态相关联,通过列车信息显示系统,告知和提醒驾驶员所有乘客车门的状态,从而保证行车的安全。图1-3所示为驾驶员驾驶城轨车辆。

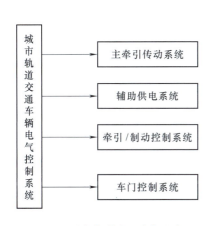

图1-2 城市轨道交通车辆电气控制系统的组成框图

图1-3 驾驶员驾驶城轨车辆

二、城市轨道交通车辆总体控制

在轨道交通运输中,采用电动机机械传动来满足车辆牵引的电气部分,称为电力牵引传动控制系统。它是以牵引电动机作为控制对象,通过控制系统对电动机的速度和牵引力进行调节,以满足车辆牵引和制动特性的要求。根据电动机形式的不同,控制系统可分为两大类,即采用直流牵引电动机的直流传动控制系统和采用交流牵引电动机的交流传动控制系统。

城市轨道交通车辆的控制实际上是对牵引电机的控制。利用电机的可逆性原理完成车辆牵引和电制动工况的控制。在牵引工况时,牵引电机用作电动机运行,城市轨道交通车辆通过受电弓将接触网的DC1500V(DC750V)电能引入到车底架下部高压箱中,在高压箱中受高速断路器控制后,经牵引逆变器送入牵引电动机,使牵引电动机驱动车辆轮对从而牵引列车。在电制动工况时,牵引电机用作发电机运行,通过牵引电机将列车的动能转化为电能,并经牵引逆变器、高速断路器、受电弓等将电能反馈给电网。如果电能不能回馈给电网，则通过牵引逆变器和制动电阻以热能的形式散发掉。图1-4所示为城市轨道交通车辆单元车的总体控制。

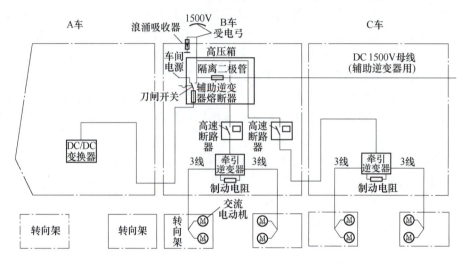

图1-4　城市轨道交通车辆单元车的总体控制

三、城市轨道交通车辆电气部件与设备

城市轨道交通车辆电气控制系统物化为车辆上的各种电气部件、设备及其控制电路。城市轨道交通车辆内部设备包括：服务于乘客的车体内固定附属装置和服务于车辆运行的设备装置。服务于乘客的设备有客室照明、通风、空调、座椅、扶手等；服务于车辆运行的设备有蓄电池箱、继电器箱、主控制箱、电动空气压缩机组、总风缸、电源变压器、各种电气开关和接触器等。除此之外，还有保证列车安全、正常、舒适运行的其他系统，如列车诊断系统、列车自动控制系统（ATC）、通信系统等。

图1-5给出了庞巴迪公司与长春客车厂生产的地铁车辆的主要设备配置。在城市轨道交通电动列车中，动车和拖车通过车钩连接成的一个相对固定的编组称为一个（动力）单元。一列车可以由一个或几个单元编组组成。图示列车为两单元六节编组，记为-A＊B＊C=C＊B＊A-，B为带受电弓的动车、C为动车（分别记作M′、M），A为带驾驶室的拖车（记作T_C），

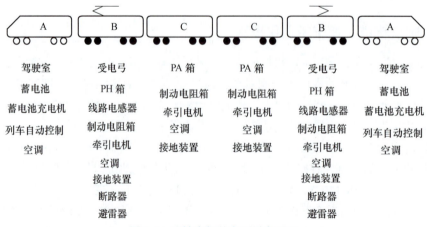

图1-5　地铁车辆的主要设备配置

图示列车也称为 4M2T 编组列车。PH 箱位于 B 车底架下部的牵引高压箱内，高速断路器位于 PH 箱的高压区内，与 B、C 车的逆变器箱相连接。PA 箱位于 C 车底架下部，主要由 C 车的逆变器和辅助逆变器组成。

列车的各车辆间电气设备靠密接式车钩实现机械、电气、气路的整体连接。其中每一节列车的两端(A 车驾驶端)装有全自动车钩，B 车通过半永久牵引杆与 A 车和 C 车连接，C 车之间通过半自动车钩连接。

任务二　城市轨道交通车辆电气控制系统主要部件功能

城市轨道交通车辆电气控制系统部件是用来对城市轨道交通车辆以及其他的牵引设备进行切换、检测、控制、保护和调节的电器及装置，称为牵引电器。牵引电器的工作条件和环境较为恶劣，如长时间受振动干扰、受灰尘侵袭，工作环境温度和湿度变化范围大，工作电压和电流变化范围大，并且受安装位置和空间的限制。为有效利用空间、便于检修，电器外形多呈平整的箱状，且宽度小，以便将电器尽可能成列布置。电器结构方面要便于更换触头、弹簧和其他易被磨损的零件。在零件的机械与电气强度方面，要求在电器操作次数频繁时仍有较大的安全因数，同时必须保证有最大的可靠性。

牵引电器一般分为主电路电器、控制电路电器和辅助电路电器三大部分。

一、主电路电器

城市轨道交通车辆主电路电器主要包括受电弓、高速断路器、主接触器、线路滤波器、制动电阻器、平波电抗器、浪涌吸收器和接地装置等。

（一）受电弓

1. 城市轨道交通车辆的供电与受流

因地铁和轻轨交通运输对速度的要求不高，所以常采用直流供电。直流供电的电压制式较多，其发展趋势是采用 IEC 标准中的 DC600V、DC750V、DC1500V 三种，我国国家标准《地铁直流供电系统》中规定采用 DC750V(波动范围 500~900V)和 DC1500V(波动范围 1000~1800V)两种。

我国常用的供电方式有接触网供电和接触轨供电两种形式。电动列车的受流方式依据供电方式的不同分为接触网受流和第三轨受流。接触网供电是指通过沿轨道线路上空架设的特殊输电线向行走在线路上的电动列车不间断地供应电能。电动列车利用顶部的受电弓与接触网滑动摩擦而获得电能。接触轨供电是指在列车行走的两条路轨以外，再加上带电的钢轨(一般使用钢铝复合轨)。带电钢轨设于两轨之间或其中一轨的外侧。列车受流器(集电装置也叫集电靴或取流靴)在带电轨上接触滑行取流。

通常城市轨道交通车辆在电网电压为 1500V 时多采用架空接触网形式，由安装在车辆顶部的受电弓集电。当电网电压为 750V 及以下时，较多由第三轨受电。例如，北京地铁、天津轻轨均采用 DC750V 电压、第三轨供电方式；上海地铁、广州地铁的大部分线路采用 DC1500V 电压、高架接触网供电方式。

2. 受电弓的结构组成

受电弓是城市轨道交通车辆的受流装置，安装在与车体几何中心点最近的车顶上部。当受电弓升起时，弓与网接触滑行，从接触网受取电流，通过车顶母线传送到车辆内部，供车辆设备使用。受电弓根据驱动动力的不同分为气动弓和电动弓两类。气动弓使用较普遍，故本书以气动受电弓为例进行分析。

城市轨道交通车辆的受电弓为单臂、轻型结构。在4M2T编组的列车中，受电弓一般安装于B车车顶；在2M2T编组的列车中，受电弓一般安装于A车车顶。

单臂受电弓的结构组成如图1-6所示。基础框架1由方形的中空钢管、角钢及钢板的焊接构件组成，通过支持绝缘子3固定安装在车顶，作为框架4、轴承、下部导杆的轴承滑轮、拉伸弹簧的悬挂及气压升弓传动装置的支承和安装部分。框架包括下部支杆5、下部导杆6、上部支杆7和上部导杆8，框架采用高强度冷拔无缝管制作。高度止挡2安装在下部导杆侧下方的基础框架上，用以限制受电弓的最大升弓高度不超过2050mm（从绝缘子的下部边缘测量起），保证受电弓垂向不产生位移。高度止挡的调整可通过受电弓两侧的两个螺栓及沉头螺母加以保证，最高位时两个螺栓同时与底架接触。弓头是弓与网相接触的部分，主要由集流头9、接触带10、转轴、端角11和弹簧盒组成。集流头为轻型钢结构，接触滑块共两对，为人工石墨材料，每对两条，总计四条碳滑块。端角是为了防止在接触网分叉处接触导线进入集流头底下而造成刮弓事故。弹簧盒的作用是为了

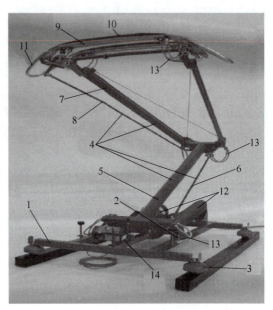

图1-6 单臂受电弓的结构组成

1—基础框架 2—高度止挡 3—绝缘子 4—框架
5—下部支杆 6—下部导杆 7—上部支杆 8—上部导杆
9—集流头 10—接触带 11—端角 12—升降弓装置
13—电流传送装置 14—吊钩闭锁器

保证弓头的垂向自由度。整个受电弓安装在4个绝缘子上。绝缘子由环脂充填树脂制成，通过M20的不锈钢螺母安装在车顶。升降弓装置12由传动风缸、拉伸弹簧及气路电磁阀组成。件13是由软编织铜线制成的电流传送装置。件14是保证降弓后车辆稳定运行的吊钩闭锁器。

3. 受电弓的工作原理

受电弓靠滑动接触受流，是移动设备与固定供电装置之间的连接环节，其性能的优劣直接影响到城市轨道交通车辆工作的可靠性。对受电弓受流性能的基本要求是：集流头与接触网接触可靠、磨耗小；升降弓时对车顶设备不产生有害冲击；运行中受电弓动作轻巧，动态稳定性能好。为此，在接触导线高度允许变化的范围内，要求受电弓滑板对接触导线有一定的接触压力，且升降弓的过程应具有先快后慢的特点，即升弓时集流头离开基础框架要快，贴近接触导线要慢，以防止弹跳；降弓时，弓与网的脱离要快，落在基础框架上要慢，以防止拉弧及对车顶产生有害的机械冲击。

受电弓的提升依靠升弓弹簧完成，降弓是通过传动风缸内部的降弓弹簧来实现的，其中压缩空气在传动风缸的充气及排气决定了受电弓的升与降。

（1）升弓过程 在列车及驾驶控制台激活的情况下，按下副驾驶控制台受电弓升弓按钮，相应的升弓电路工作，升弓电磁阀得电动作，打开风源至传动风缸的通路，传动风缸充

气后压缩其内部的降弓弹簧，在升弓弹簧的作用下克服自身重力升起。

风路系统：压缩空气经升弓电磁阀进入空气过滤器，经过滤器除水、除尘并净化，通过空气管路进入升弓节流阀。升弓节流阀调节压缩空气的流量，以确保受电弓的升弓速度。再经精密调压阀对压缩空气进行调节，以保证弓对网的工作压力。此压缩空气再经降弓节流阀后的安全阀，以保证工作压力不超过规定压力。最后压缩空气到达车顶受电弓风缸。升弓风路示意图如图1-7所示。

压缩空气经过空气管路和气动元件进入升弓风缸后，推动活塞动作，将压缩空气能量转化为气缸活塞的直线位移。驱动转臂将活塞直线位移转化成转臂的旋转运动，转臂带动下部导杆向上旋转，上部框架在导杆的作用下作逆转运动，使集流头升起。弓头上的集电装置在上框架导杆的作用下保持水平上升，以确保与接触网的接触良好。

当升弓初始时，降弓弹簧的压力最小，因此克服该力所需的风压较小，此时节流阀进出风压差最大，所以此时传动风

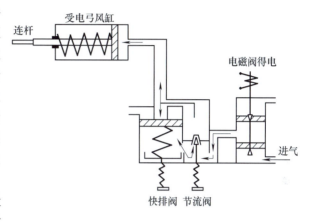

图1-7 升弓风路示意图

缸的活塞杆左移较快。随着弓不断升起，降弓弹簧的压力不断增大，克服该力所需的风压也不断增大，而且此时节流阀口的风压差不断减小，所以活塞杆左移渐慢，升弓速度也渐慢，这样就可避免升弓时弓对网造成过分冲击。可以通过改变节流阀口的大小来初步调整升弓时间。

（2）降弓过程 在列车及驾驶控制台激活的情况下，按下副驾驶控制台受电弓降弓按钮，电磁阀失电复位，风源停止向传动风缸供风，同时将压缩空气排向大气，受电弓在降弓弹簧及自身重力的作用下降到最低位置。

降弓风路示意图如图1-8所示。降弓过程分为两个阶段，即先快后慢。降弓时，当电空阀失电，传动风缸内的压缩空气经快排阀口排出，如图1-8a所示。随着传动风缸内压缩空气压力骤然下降，压力差不足以克服快排弹簧的作用，快排活塞上移，使快排阀口关闭。此时传动风缸内的残余风在节流阀口徐徐排出，如图1-8b所示。降弓初期弓与网快速分离，

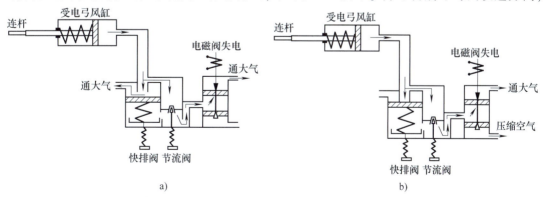

图1-8 降弓风路示意图

a）快速降弓风路 b）缓慢降弓风路

可以避免降弓过程中产生电弧,灼伤接触滑块;接近车顶时速度变缓,可保证降落到落弓位时不会对车顶产生过大冲击。通过改变节流阀口的大小,调节快排阀弹簧的压缩量,可以控制快排时间的长短,从而调整降弓时间。

(3)紧急操作　当车辆有压缩空气,但气压不足(低于3bar⊖)时,受电弓也可以手动升弓。此时使用B车车厢设备柜中的脚踏泵,同时手动或电动控制电磁阀开通风路,人工踩压脚踏泵打风,至风压足以升起受电弓为止。

4. 受电弓的主要技术参数

受电弓的主要技术参数有电气参数、机械参数及几何尺寸参数。受电弓的主要技术参数示例见表1-1(适用场合:A型车,网压DC1500V,4M2T编组)。

表1-1　受电弓主要技术参数示例

额定电压/V	DC1500	带绝缘子的高度/mm	300(折叠高度300+10)
电压范围/V	DC1000~1800	最小/最大工作高度/mm	175(463)/1600(2190)
额定电流/A	DC1050	最大升起高度/mm	1700
最大起动电流(30s)/A	DC1600	碳滑板长度/mm	800(1050)
最大停车电流/A	DC460	弓头宽度/mm	1550
标准静接触压力/N	120±10	升弓/降弓时间/s	升弓≤8,降弓≤7
静压力调节范围/N	100~140	绝缘性能	交流50Hz,5.75kV干闪络电压1min 交流50Hz,4.75kV湿闪络电压1min
滑板单向运动在工作高度范围内压力差/N	≤10		
滑板在工作高度范围内同一高度上,升与降的压力差/N	≤15		
运行速度/(km/h)	≤90	机械寿命	15×10³次
传动装置压力/kPa	额定550,最小300,最大800	受电弓总质量(绝缘子除外)/kg	200

(二)高速断路器(HSCB)

HSCB安装在含有受流装置车辆的底部高压箱内。庞巴迪公司生产的A型车,其HSCB安装在B车的PH箱内。每辆动车配置一个,正常状态下通、断车辆主电路(DC1500V电路),在车辆发生故障时执行保护指令,切断动力电源。因此HSCB既是主电路的总电源开关,也是总保护开关。

1. HSCB的主要性能指标

衡量HSCB性能的主要指标有两个:机械响应时间和分断能力。

(1)机械响应时间　机械响应时间是指从通过断路器的电流达到动作值,到主触头打开的时间,用T_m表示。机械响应时间(T_m)是电流增长率(di/

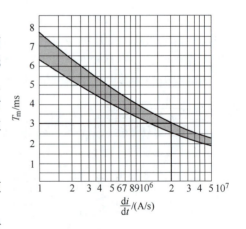

图1-9　高速断路器机械响应时间
　　　与电流增长速率关系

⊖ 1bar=0.1MPa=1×10⁵Pa,本书统一用bar。

dt）的函数，如图 1-9 所示。例如，当 di/dt = 2×10^7A/s 时，机械响应时间为 3ms。显然电流增长率越大，机械响应时间越短。

（2）分断能力　分断能力可用图 1-10 所示的高速断路器开断过程的电流、电压波形来说明。在相同的短路稳态电流情况下，开断电压 $\hat{U}_d$ 越高，电流增长率 di/dt 越大，则开断电流 $\hat{i}_d$ 越大，限制时间 T_L 越短，总开断时间 T_{tot} 越短，$I_d^2 \cdot t$ 积分越大。

2. HSCB 的主要特点

1）对地有很高的绝缘等级。由于高速断路器正常接在车辆的牵引主电路上，电压高、电流大，因此其绝缘结构应选取有很高绝缘等级的材料。

2）分断能力强，响应时间短。高速断路器既是电路的总电源开关也是总保护开关。为有效、可靠地保护其他用电设备，高速断路器必须动作迅速、可靠，并具有足够的断流容量。它的限流特性和高速切断能力能防止由于短路或过载而引起的用电设备毁坏。

3）不受气候条件的影响。高速断路器集成安装于箱中的主要优点是可以节省车下空间，并且使 HSCB 与外界环境隔离。

4）使用寿命长。

5）易于维护。

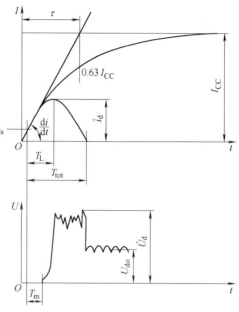

图 1-10　高速断路器开断过程的电流、电压波形

τ—短路时间常数　I_{CC}—稳态短路电流　I_{ds}—过电流动作电流设定值　di/dt—电流上升初始率　$\hat{i}_d$—开断电流　T_L—限制时间　T_{tot}—总开断时间　T_m—机械响应时间　$\hat{U}_d$—最大拉弧电压　U_{do}—恢复电压

3. HSCB 的结构

现以上海地铁 1 号线地铁车辆用高速断路器为例进行结构与工作原理分析。上海地铁 1 号线使用的是 TSE1250-B-I 型高速断路器，它是一种电磁控制自然冷却的单极直流断路器，安装在 B 车上。

TSE1250-B-I 型高速断路器包括：基架、短路快速跳闸装置（KS）、过载跳闸装置（S 型）、合闸装置和灭弧栅。图 1-11 所示为高速断路器的结构外形。

高速断路器的主要构件有：触头系统、灭弧机构、传动机构、自由脱扣机构、最大电流释入器、最小电压释入器和辅助开关。

1）触头系统。动、静触头采用双极串联形式，触头的接触形式采用线接触，接触面大、磨损较小、制造方便。触头制成单独零件，便于更换。

2）灭弧机构。采用串封闭式导弧角。

3）传动机构。用来操纵主触头闭合。传动形式有手动传动和电磁机构传动。

4）自由脱扣机构。位于传动机构与主触头之间，用来保证当电路发生短路时，传动机构还能起作用，高速开关能够可靠地开断电路。

5）最大电流释入器。即过载时通过拉杆作用于自由脱扣机构而开断，短路时直接撞击锁钩开断电路。

6）最小电压释入器。通过电磁机构作用，衔铁直接作用在锁钩上，使锁钩释放，主触头在开断弹簧作用下开断电路。最低电压 DC77V。

7）辅助开关。用于联锁、指示、控制作用。

4. HSCB 的工作原理

高速断路器的通断由高速断路器按钮控制。按下高速断路器按钮，列车控制线路工作，断路器线圈得电工作，带动机械锁位装置动作，高速断路器置"合"位并保持不变。分断时，欠电压脱扣装置动作，高速断路器分断。高速断路器每极有一个带有固定脱扣整定机构的短路快速跳闸"KS"。另外，每设置一个过载跳闸"S"，其跳闸值均可通过刻度盘来调整。

图 1-11 高速断路器的结构外形

如图 1-12 所示，当高速断路器合上以后，电流从上接线端 1→静触头 2→动触头 3→动触头臂 4→弹性连接板 5→下接线端 6，产生过载跳闸（S）装置 7 的磁场。当电流值超过其整定值时，该装置动作，通过拉杆 8→释放锁件 9→转换机构 10，转换轴 11 转至"分"位，同时带动动触头臂 4，使触头分断。

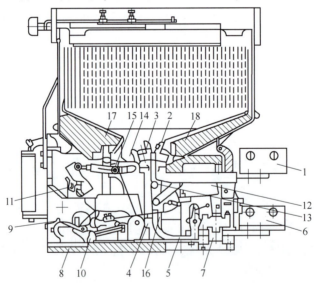

图 1-12 TSE1250-B-Ⅰ型高速断路器的结构原理

1—上接线端 2—静触头 3—动触头 4—动触头臂 5—弹性连接板 6—下接线端
7—过载跳闸（S）装置 8—拉杆 9—释放锁件 10—转换机构 11—转换轴
12—短路快速跳闸（KS）衔铁 13—撞击螺钉 14—转换杆
15—滚轴 16—短路快速跳闸拉杆 17、18—灭弧板

在短路故障情况下，过载跳闸系统动作慢。短路快速跳闸（KS）衔铁 12 首先动作，通过撞击螺钉 13，直接撞击动触头臂 4，由转换杆 14 和滚轴 15 之间的专用压紧装置迫使动静触头快速分断。由于 KS 跳闸装置的作用，操纵短路快速跳闸拉杆 16，转换机构解锁，转换轴

11转至"分"位,同时带动动触头臂4。

触头分断产生的电弧由电磁系统吸入灭弧栅内进行分割、冷却。此外高速断路器合闸线圈设计为短时工作制,其线圈只能短时通电(到合闸位靠机械联锁),断路器触头闭合后线圈不再通电,断路器分断之后再次合闸要求时隔2min以上。

5. HSCB 的参数举例

高速断路器参数示例见表1-2。

表1-2 高速断路器参数示例

额定电压/V	1500(1+20%)	KS释放的分断时间/(kA/ms)	$di/dt \geqslant 3$
额定电流/A	1250	机械反应时间/ms	2
短时允许电流/A	1400(2h)	机械寿命	20000次
	2000(2min)	控制电压/V	DC110
	3000(20s)	电寿命	1000次
额定分断能力/kA	35	分断频率(1h)	30次

(三) 主接触器

接触器按通断电路电流的种类可分为直流接触器和交流接触器;按主触头数目可分为单极接触器(只有一对主触头)和多极接触器(有两对以上主触头);按传动方式可分为电空接触器和电磁接触器等。城市轨道交通车辆的主接触器是一种用来频繁地接通和切断主电路的自动切换电器,它的特点是能进行远距离自动控制,操作频率较高,通断电流较大。

现以上海地铁1号线电动车辆BMS.15.06型单极直流电磁接触器为例,说明其工作原理及结构。

1. 电磁接触器的结构组成

电磁接触器一般由电磁机构、主触头、灭弧装置、辅助触头、支架和固定装置等组成。电磁机构包括铁心、带驱动杆的螺旋线圈和盖板。主触头用来通断电路,触头为镀银球面。灭弧装置包括吹弧线圈和带电离栅的灭弧罩,电离栅将进入的电弧分割成一系列短弧,然后使电弧加速冷却,吹弧线圈确保快速且有效地灭弧。直流接触器设计为模块结构,外壳材料阻燃、无毒、无环境污染。

2. 电磁接触器的工作原理

接触器的电磁线圈未通电时,衔铁在弹簧力作用下保持在释放位置。当电磁线圈得电后,铁心在电磁力作用下带动驱动杆克服弹簧力而运动。动触头在驱动杆带动下,触头上部与静触头点接触。随着驱动杆继续运动,动静触头间的压力不断增加,动触头在静触头上边滚动边滑动,进行研磨,一直到电磁力与弹簧力平衡为止。此时动静触头的接触点移到触头下部,完成触头闭合,主接触器进入工作状态。同时辅助触头依靠驱动凹轮,实现同步打开或闭合。

触头断开的过程则相反,失电后,电磁力减小,反力弹簧起作用,主触头分断,同时辅助触头的状态也相应变化。

主触头闭合时的研磨过程是将其表面的氧化物或脏物擦掉,以减小接触电阻。触头断开的弹簧力可使触头分断时所产生的电弧不致损坏正常接触点。通常弹簧采用圆柱螺旋弹簧。圆柱螺旋弹簧分为拉伸弹簧和压缩弹簧两种,BMS.15.06型直流电磁接触器采用的是压缩弹簧。

3. BMS.15.06 型直流电磁接触器的技术参数

BMS.15.06 型直流电磁接触器的主要技术参数见表 1-3。

表 1-3　BMS.15.06 型直流电磁接触器主要技术参数

额定电压/V	DC1500	闭合时间/ms	约 100
最大工作电压/V	DC1800	开断时间/ms	约 75
额定绝缘电压/V	DC1500	机械寿命	3×10^6 次
额定电流/A	600	电寿命	10^4 次
小时电流/A	630	触头压力/N	54~72
短时电流(5s)/A	800	控制电源/V	DC110
最大分断电流(15ms)/A	2400	控制功率/W	30

（四）线路滤波器

线路滤波器包括线路滤波电抗器和线路滤波电容器，安装于主电路牵引变流器中。

1. 线路滤波器的作用

1) 滤平输入电压。

2) 抑制电网侧发生的过电压，减少其对逆变器的影响，例如变电所操作过电压、大气雷击过电压等。

3) 抑制逆变器因换流引起的尖峰过电压。

4) 抑制电网侧传输到逆变器直流环节的谐波电流，抑制逆变器产生的谐波电流对电网的影响。

5) 限制变流器的故障电流。

2. 线路滤波电抗器

线路滤波电抗器与线路滤波电容器构成谐振电路，用于变流器直流环节。

为保证在任何电流值时电感均恒定，电抗器采用空心线圈结构。不同生产厂家电抗器的电感量选值不同，需与线路电容器的电容量相匹配。谐振频率按 $f=1/(2\pi\sqrt{LC})$ 计算，要求谐振频率与信号系统的调制频率有一定的差值，以免对信号系统产生影响，造成混乱。

对于网压为 DC1500V，逆变器容量在 1000kV·A 以上的系统来说，电感量一般为 5~8mH。

3. 线路滤波电容器

线路滤波电容器是一种非常特殊的直流电容器。从功能上看，由于它用于逆变系统的直流环节(DCLink)，因此称作"支撑电容器"。从性质上看，由于要求它能承受很大的谐波电流，因此称作"直流脉冲电容器"。

支撑电容器系列产品的主要参数示例见表 1-4。

表 1-4　支撑电容器系列产品主要参数示例

最大电流 I_{max}/A	600	最大浪涌电流 $\hat{C}_S$/kA	100
额定电压 U_N/kV	6	端子间直流试验电压 U_{TT}/kV	$1.5U_N(10s)$
自感 L_{self}/nH	≤40		
额定能量 W_N/kJ	18	端子对外壳交流试验电压 U_{TC}/V	$2U_i+1000(50Hz,10s)$ (U_i 为绝缘电压)
介质损耗因数 $\tan\delta_0$	2×10^{-4}		
最大峰值电流 $\hat{I}$/kA	10	自放电时间常数 $R_{is}C$/s	≥10000

单台电容器的电容量与额定电压 U_N 有关，U_N 越低，电容量可以做得越大。对应于不同的额定电压，电容量可从数百微法到数千微法甚至上万微法。

（五）制动电阻器

电阻制动时，制动电阻吸收惯性转动产生的电动机发电能量，将电能转换为热能散逸到大气中去。制动电阻箱悬挂安装于车辆底架下方。风扇通过栅格过滤吸入空气，冷却制动电阻。绝缘板给不同电阻提供绝缘。热量显示盒和压力开关组成的热量监视系统用来控制制动电阻温度。制动电阻器结构如图 1-13 所示。

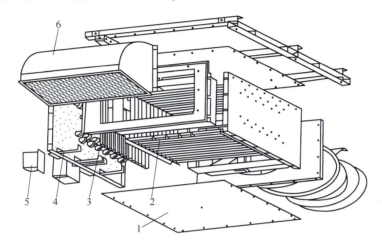

图 1-13 制动电阻器结构

1—底面板 2—显示热量的电阻排 3—绝缘板 4—铜棒 5—热量显示盒 6—风道

制动电阻应有充分的容量，用来承受持续制动下 100%的制动负载，直到制动力矩升到极限。带状电阻流过制动电流转化为热能，以发热的方式传递出去。根据这一原理，制动电阻除要求有良好的热容量、耐振动外，还要求能防腐蚀，在高温下不生成氧化层，并特别要注意在正常使用周期内不断裂。

制动电阻器的主要技术参数包括：

(1) 电阻值　20℃时的阻值与热态时的阻值。

(2) 电阻材料　材质及温度系数。

(3) 功率　等效持续功率与短时最大功率。

(4) 最高工作温度　一般 600℃左右。

(5) 冷却方式　多数采用强迫风冷，少数采用自然风冷(列车走行风)。

(6) 保护形式　过热、过电流、失风(若用强迫风冷)保护，IP 等级(电阻箱外观保护等级)。

制动电阻器(某公司 A 型车，网压 DC1500V，4M2T 编组)主要技术参数举例见表 1-5。

表 1-5 某制动电阻主要技术参数

20℃时的电阻值/Ω	2×3.0	冷却方法	强迫风冷
热态电阻/Ω	2×3.5	风量/(m³/s)	1.2
材料	AISI310S(不锈钢)	风压/Pa	300
短时功率/kW	2×750	风机功率/kW	1.2(AC380V,50Hz)
等效持续功率/kW	2×220	最高工作温度/℃	600(电阻带处)

（六）平波电抗器

平波电抗器是一个带铁心的大电感。根据电感元件隔交通直的性质以及电路的楞次定律，在牵引电动机支路串联平波电抗器后，当脉动电流流过时，平波电抗器将产生自感电动势 $\left(e=-L\dfrac{\mathrm{d}i}{\mathrm{d}t}\right)$ 阻止电流的变化，因而可以起到减小、敷平电流脉动的作用。

电感 L_d 与整流 I_d 的关系 $L_d=f(I_d)$ 应为一双曲函数（见图 1-14 中曲线 1）。

试验表明，具有铁心的电抗器可使 $I_d L_d$ 的乘积近似为常数，这样便使电流脉动系数近似不变，其特性曲线如图 1-14 中曲线 2。图中表明在小负载时，铁心磁路不饱和，L_d 值较大；当负载增加时，随着铁心磁路的饱和，L_d 值逐渐减小。

平波电抗器的电感值 L_d 取的越大，电流脉动程度将越小，这对牵引电动机的工作非常有利，但平波电抗器本身的尺寸和质量也必然增大。这不仅影响车辆设备的总体布置，而且整流电流的脉动越小

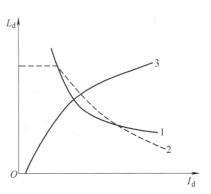

图 1-14　平波电抗器特性曲线

波形越平直，变压器一次侧电流畸变越严重，其谐波分量也相应增加，对供电系统的影响和对通信的干扰就更大，因此对平波电抗器的选择应有一个合适范围。通常是在一定的整流电压下，先规定好整流电流的脉动系数，然后计算出不同负载下对应的电感值，再选用合适的平波电抗器。

（七）浪涌电压吸收器（避雷器）

浪涌电压吸收器用于防止来自城市轨道交通车辆外部的过电压（如雷击等）对车辆电气设备的破坏。浪涌电压吸收器与被保护物并联，当出现危及保护物绝缘板的过电压时放电，从而限制绝缘板上的过电压值，它的保护范围应与变电所过电压保护相配合。

1. 结构原理

浪涌电压吸收器安装于 B 车车顶的受电弓侧。它包括一个火花间隙和一个非线性电阻，两部分装配于一个陶瓷壳内，用法兰盘密封。外壳用硅橡胶材料或其他抗紫外线、不分解的绝缘材料制成。其外形如图 1-15 所示。

在正常电压下火花间隙处于不通状态，当出现大气过电压时，发生击穿放电。当过电压达到规定值的动作电压，立即动作，切断过电压负荷，将过电压限制在一定水平，保护设备绝缘。当过电压终止后，迅速恢复不通状态，恢复正常工作。

图 1-15　浪涌电压吸收器

击穿电压的幅值同击穿时间的关系曲线称为伏秒特性。显然，要可靠地保护用电设备，浪涌电压吸收器的伏秒特性应比被保护绝缘板的伏秒特性低，即在同一过电压作用下避雷器先击穿。

非线性电阻（氧化锌）是一种非线性电阻器，它的电阻值随电阻器两端的电压变化而变化，

一般称为压敏电阻器,具有理想的伏安特性(相当于稳压二极管的反向特性)。在正常工作状态下呈高阻,流过的电流非常小,可视为绝缘体。当系统出现超过电压动作值的电压时,电阻呈低阻,流过的电流急剧增大,此时电流的增大抑制了电压的上升,使浪涌电压吸收器的残压被限制在允许值内,并将冲击电流迅速泄入地下,从而保护了与其并联的设备,避免绝缘击穿。当电压恢复到正常工作范围时,电阻呈高阻,避雷器又呈绝缘状态。

2. 浪涌电压吸收器的主要技术参数

1) 额定冲击释放电流、冲击电流、持续释放电流、短路电流。
2) 阈值电压、冲击释放电压、直流放电电压。
3) 爬电距离、放电距离。
4) 特性曲线。

3. 浪涌电压吸收器主要技术参数举例

某 A 型车,网压 DC1500V 的浪涌电压吸收器的主要技术参数见表 1-6。

表 1-6 浪涌电压吸收器主要技术参数

标称电压/V	DC1500	短路电流/kA	20
最大电压/V	DC2000	阈值电压/kV	7.1
额定冲击释放电流/kA	10	爬电距离/mm	165
冲击电流/kA	100		

(八) 接地装置

1. 接地装置的功能

接地装置的主要作用是为主电路提供回流通路,使电流经轮对到达钢轨,构成 DC1500V 完整的电路。同时防止电流通过轴承造成轴承内润滑油层的电腐蚀,以提高轴承的使用寿命。

2. 接地装置的安装

接地装置安装于转向架的轮对轴端,A 车转向架第 2 轴的右侧和第 3 轴左侧轴端各安装一个;B 车和 C 车转向架第 1、3 轴的左侧轴端各安装一个,在第 2、4 轴的右侧轴端各安装一个。

3. 接地装置的外形与结构

城市轨道交通车辆接地装置主要由接触盘、电刷架、弹簧支撑组成,其外形及内部结构如图 1-16 所示。

图 1-16 接地装置的外形及内部结构

二、控制电路电器

城市轨道交通车辆控制电路电器主要包括驾驶控制器装置、牵引控制系统电器和列车自动控制系统电器等。下面主要介绍驾驶控制器、速度传感器、继电器等电器件。

(一) 驾驶控制器

城轨车辆驾驶控制器为凸轮触点式控制器,其结构组成如图1-17所示,有主控制手柄、方式/方向手柄、主控器钥匙、转换开关组、凸轮组、警惕开关等,面板操作部分有主控制手柄、方式/方向手柄、主控器钥匙。

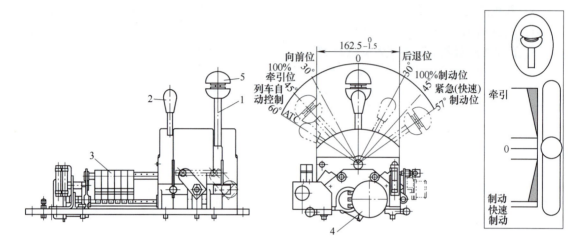

图1-17 驾驶控制器结构

1—主控制手柄 2—方式/方向手柄 3—转换开关组 4—凸轮组 5—警惕开关

1. 主控制手柄

主控制手柄有"0"位、"牵引"位、"制动"位、"紧急制动"位四个位置。

"0"位——机械零位。

"牵引"位——向前推动手柄(远离驾驶员),牵引给定值可无级输入,最前端位置为"100%牵引位"。

"制动"位——向内拉动手柄(拉向驾驶员),制动给定值可无级输入,在"100%制动位"有一阻滞,最里端位置为"紧急(快速)制动位",快速制动位带有限位凹槽。

2. 方式/方向手柄

方式/方向手柄用于选择驾驶方向。它有"向前""0""后退"三个位置。运行方向必须在车辆运行前选择,并且到下一站前停车保持有效。

"ATC列车自动控制"位——通过系统操作或手动控制向前运行。在制动位上通过操作主控制手柄,可摆脱"ATC"的指令进行制动。

"0"位置——没有驾驶模式时被激活。

"后退"位置——人工倒车模式。

方式/方向手柄与主控制手柄间存在机械联锁。只有当主控制手柄在"0"位,方式/方向手柄才能进行向前或向后位置转换。只有选择好方向,即方式/方向手柄在非"0"位,主控制手柄才可进行牵引或制动操作。一旦方式/方向手柄在非允许情况下改变了方向手柄的位置，则系统自动起动紧急制动。

3. 主控器钥匙

主控器钥匙用于激活驾驶台，位于驾驶控制器的右上角，有0、1两个位置。

"0"位置——关闭位置，只能在此位置取出或插入钥匙。主控器钥匙置于"0"位时，主控器手柄和方式/方向手柄均被锁死，不能对其进行操作且都处于"0"位。

"1"位置——激活驾驶台。驾驶员可进一步操作其他开关激活车辆。一旦主控制手柄和方式/方向手柄处于非"0"位，则主控器钥匙就会被锁死不能回零位。只有当主控制手柄和方式/方向手柄处于双"0"位时，主控器钥匙开关才能从"1"位移回"0"位。

4. 警惕开关

警惕开关是位于主控制手柄上端的两个半圆头开关。正常工作时，驾驶员必须用大拇指将两个半圆合拢，只有停车时才放开。人工驾驶时只有按下警惕开关，操纵主控制手柄，列车才能起动。若松开警惕开关3s（在弹簧作用下两个半圆头分开），列车立即进入紧急制动状态。

5. 电位器

在主控制手柄底部连接一电位器，当主控制手柄由"0"位移向"牵引"或"制动"位时，输出0~20mA电流的驾驶员指令给控制电路。

（二）速度传感器

传感器是一种测量装置，它能感受相应的被测量，并按照一定规律转换成可用输出量（电量），以满足信息的传输、处理、储存、记录、显示和控制要求。

微电子技术和微处理技术的发展，使传感器出现了新的突破。从实时处理发展到信息储存、数据处理和控制。近年来，在传感器智能方面获得了较大的进展。随着轨道交通车辆的控制系统越来越复杂，自动化的程度也越来越高。为了满足控制系统的功能要求，需要检测有关部件、系统或整车的有关量，如温度、压力、应力、力矩、转速、加速度、风速、空气流量、真空度、振动以及噪声等。因此，传感器在轨道交通车辆上得到了广泛的应用。

速度传感器安装于车辆轮轴上，它提供控制系统信号的选取、转换和传输。安装于城市轨道交通车辆上的速度传感器要求性能可靠、精度高、抗干扰性强。

上海地铁1号线电动车辆使用的速度传感器分为单信道速度传感器和双信道速度传感器两种，型号分别为GID-E和GID5，它们在电动车辆上的布置如图1-18所示。

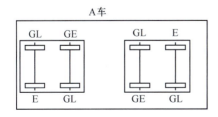
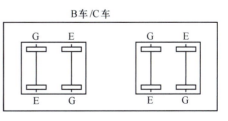

图1-18　车辆速度传感器的布置

电动列车A车上速度传感器的分布情况为：每根轮轴装有一只单通道传感器，为空气制动的滑行保护系统提供速度信号。GE为ATC系统速度传感器，GL为防滑速度传感器，E为接地装置。电动列车B车、C车上速度传感器的分布情况是：每根轮轴装有一只双通道传感器，分别为牵引和电制动系统的空转与滑行保护系统及空气制动的滑行保护系统提供速度信号。E 为接地装置，G 为防空转防滑行速度传感器。

1. 速度传感器的结构与工作原理

磁电式传感器主要用于城市轨道交通车辆的速度检测。传感器的原理如图 1-19 所示。磁电式传感器的基本原理是利用电磁感应原理，将输入机械位移转换成线圈中的感应电动势输出，它不需要外加电源。

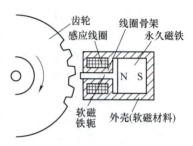

永久磁铁、感应线圈和外壳固定不动，齿轮安装在轮对轴端随轮轴一起旋转。当齿轮随轮轴旋转时，齿轮与软磁铁轭之间的气隙随之变化，从而导致气隙磁阻和穿过气隙的主磁通变化，在线圈中感应出电动势。设每转一圈传感器发出 110 个脉冲，其频率为

图 1-19 速度传感器原理图

$$f = \frac{nN}{60} \tag{1-1}$$

式中 n——转速，单位为 r/min；
      N——齿数，$N=110$。

脉冲速度信号经脉冲整形放大后输出整齐的矩形波信号，并将此信号送到计数器，把频率转换成转速。

速度传感器主要包括脉冲发生器、磁轮、密封件和外盖。速度传感器的磁轮使用螺钉固定在轴箱端盖上。带有电缆接线的脉冲发生器安装在速度传感器的盖上，脉冲发生器与磁轮之间存在小气隙，要求气隙范围在 0.4~1.4mm 之间。

2. 速度传感器的技术参数

速度传感器的技术参数见表 1-7。

表 1-7 速度传感器技术参数

工作电压 U_g/V	DC12~20	额定工作电压/V	DC15
信号输出电阻/kΩ	1	频率范围/kHz	1~5
轴出电压/V	峰值≥U_B - 2.5，低值≤0.6	探头与磁轮间气隙/mm	0.90×(1±5%)
负载电阻/kΩ	≥2.2	工作环境温度/℃	-40~80
静态输出电压/V	7±1		

（三）继电器

继电器是一种根据外界输入信号（电量或非电量）的变化，接通或断开小电流电路，以实现自动控制和保护功能的电器，如图 1-20 所示。

一般来说，继电器主要用来反映各种控制信号。其触点通常接在控制电路中，不直接控制主电路。与接触器不同，继电器负载较小，不需要灭弧装置，触点种类和数量较多、体积小，但对其动作的准确性要求高。

继电器主要由测量机构和执行机构两部分组成。测量机构接收输入量，并将其转变为继电器工作所必需的物理量，如电压、电流、压力等；执行机构用以改变继电器原来所处状况，并给被控器一个输入量。

图1-20 电气设备柜中的继电器

继电器的分类方法有很多,按工作原理可分为电磁继电器、感应继电器、热继电器等;按输入信号性质可分为电流继电器、电压继电器、压力继电器等;按输出方式可分为有触点式继电器和无触点式继电器。

1. 结构原理

以电磁式继电器为例,城市轨道交通车辆上应用的电流继电器、中间继电器和电压继电器均属于电磁式继电器。

电磁式继电器的电磁机构就是测量机构,当输入量达到其动作参数要求时,就将转变为衔铁的吸合动作。它的触点是执行结构,当输入量达到动作参数要求时,它由原来的开断状态转变成闭合状态,并接通被其控制的电路,从而得到一个输出电压。

继电器的输入量与输出量的关系称为继电器的输出-输入特性。当输入量由零增加到一定值(动作参数)时,衔铁被吸合,使触点闭合,接通被控电路,在输出端有电压输出,即输出量由零跃变到最大值。衔铁吸合后,如果将输入量减小到一定值(释放参数)时,反作用力大于电磁吸力,衔铁释放,触头开断,被控电路也断开,输出量由最大值下降到零。当输入量继续减小时,输出量维持为零值。通常动作参数远大于释放参数。继电器输入量的释放参数与动作参数之比称为返回系数 K。

继电器的触点接在控制电路中,通过电流较小(一般在20A以下)。其结构多采用板式和桥式的点接触银质触头。如果双断点桥式银质触头焊在弹簧片上(磷铜片),弹簧片既作为传导电流的触头支架,又产生触点压力,但主要由圆柱螺旋弹簧产生触点压力。

触点是继电器的执行机构,其工作必须可靠。对继电器触点的主要要求是:耐振动和冲击,不产生误动作;触点接触电阻要小,以便接触可靠;耐机械磨损和电磨损,抗熔焊;使用寿命长等。

2. 技术参数

继电器的主要技术参数有:额定电压、吸合电压、释放电压、吸合时间、释放时间、线圈消耗功率、触点接触电阻、绝缘电阻、触点负荷和寿命等。

3. 继电器举例

上海地铁 1 号线车辆主要使用 SH 系列继电器，见表 1-8。

表 1-8　SH 系列继电器

型　号	线圈电压	触点分配	型　号	线圈电压	触点分配
SH 04.22E	DC110V	二常开、二常闭	SH 8.62E	DC110V	六常开、二常闭
SH 04.40E	DC110V	四常开	SH 8.80E	DC110V	八常开
SH 8.44E	DC110V	四常开、四常闭	SH 8.53E	DC110V	五常开、三常闭

三、辅助电路电器

城市轨道交通车辆辅助电路电器主要包括空气压缩机装置、照明装置和空调等。这里主要介绍空调装置。

城市轨道交通列车的每个单元，即 A、B 和 C 车车顶上都安装了两个相同的空调装置（A/C），空调系统的作用就是确保车内有一个舒适的环境温度和湿度，即使室外的温度和湿度很高时，空调装置也能够给旅客提供充足的新鲜空气。城市轨道交通车辆空调装置一般不能用来取暖。

空调装置把空气吸入到安装在车顶板上部的风道里，空气在风道里按整车长度均匀分配，并通过安装在车顶上的空气隔栅吹入客室。A 车除了有客室通风系统，还安装了单独的驾驶室通风单元，驾驶室通风单元与风道系统相连，由人工控制。

新鲜空气通过四个横向的隔栅（新风入口）进入 A/C 单元，与从客室来的循环空气混合。循环空气通过空调单元端部的返回入风口进入空调。混合空气经处理后，经空气分配风道强迫进入客室，如图 1-21 所示。

1. 空调系统结构组成

空调系统结构主要包括 2 个冷凝盘管、2 个轴流风扇电动机（即室外热交换机），它们的作用是将室外风机吸入的新鲜空气经过盘管，实现内部制冷剂的冷凝；2 个涡旋式压缩机，其作用是吸入低温的制冷剂，将其压缩为高温高压的制冷剂后送出；2 个干燥过滤器，用以吸收制冷剂中的水分，同时过滤制冷剂中的杂质，避免制冷系统出现脏堵；1 套蒸发器（包括 1 个带有 2 个热力膨胀阀的蒸发器盘管、1 套风扇及其驱动电动机、1 个压力开关、1 个供风温度传感器和 1 个空气过滤器），其作用是将制冷剂与混合空气进行热交换；1 个基于微处理器的温度控制器，控制板通过数字输入/输出和 MVB 总线与车辆信息系统连接，用来报告故障、起动命令、起动授权和自检测结果。

2. 空调系统的运行模式

空调系统的运行模式有通风（无制冷）、预制冷（只有循环空气）、制冷（一般新鲜空气模式）、制冷（减少新鲜空气模式）、紧急通风（只有新鲜空气）、试验模式等。

通常的运行模式有通风、一般新鲜空气模式制冷和减少新鲜空气模式制冷三种，根据车内温度由温控器自动选择。当空调系统起动时，预制冷模式自动起动，一直保持到发出驾驶指令，在这期间没有新风被送入客室。此时如果车内有乘客，空气中的 CO_2 含量将增加，这会影响乘客的舒适度。当驾驶指令发出时，控制器根据客室温度开始制冷。

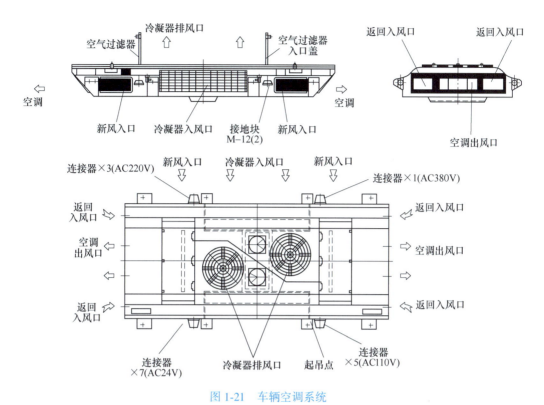

图1-21 车辆空调系统

制冷模式是将来自客室的循环空气和吸入的新鲜空气混合后，通过相应的空气调节风门进入蒸发器模块，被风扇强迫吹过蒸发器盘管。利用制冷剂使空气热量被翅片吸收，温度下降后，将冷却空气送入客室。

试验模式可以在每辆车的控制板上选择。空调系统一旦起动，就开始系列试验，检查系统是否正常工作。

紧急通风模式是在车载供电系统故障时（例如车载AC380V供电系统故障，空调无法使用），为了保持向客室内提供新鲜空气，将地板下的一个静止逆变器起动，由蓄电池供电，供风风扇工作，同时关闭循环空气盖，只允许外部空气供向车内。

如果由于空调单元的热过载而引起车内温度超出设定值，则要关闭部分空气调节风门以减少外部空气的供应量。

任务 城市轨道交通车辆运行工况与受力分析

一、城市轨道交通车辆动轮与钢轨的相互作用

目前城市轨道交通车辆运行采用的技术有轮轨技术和直线技术。绝大多数城市轨道交通车辆属于轮轨式，即运行工况依赖于车轮和钢轨的相互作用力。

在轮轨式城市轨道交通车辆中，牵引动力由牵引电动机通过传动机构传递给动车的动力轮对（动轮），由车轮和钢轨的相互作用产生使车辆运动的反作用力。根据物理学中摩擦的概念，轮轨之间的切向作用力就是静摩擦力。最大静摩擦力是钢轨对车轮的反作用力的法向分力与静摩擦因数的乘积。但实际上，动轮与钢轨间切向作用力的最大值比物理学上的最大静摩擦力要小一些，情况也更复杂一些。在分析车辆的轮轨相互作用时，引入了两个十分重要的概念——"粘着"和"蠕滑"。

1. 粘着

图 1-22 所示为动车以速度 v 在平直线路上运行时一个动轮对的受力情况（忽略内部各种摩擦阻力）。为了更清楚地表示，图中将接触的动轮与钢轨稍稍分开画出。

P_i 为一个动轮对作用在钢轨上的正压力，又称为轮对的轴重（也称为垂直载荷）。牵引电动机作用在动轮上的驱动转矩 M_i，可以用一对力形成的力偶代替。力 F'_i 和 F_i 分别作用在轮轴中心的 O 点和轮轨接触处的 O' 点，其大小为 $F_i = F'_i = M_i/R_i$，R_i 为动轮半径。

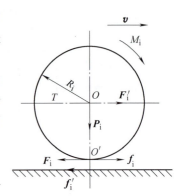

图 1-22 动轮对受力分析

在正压力 P_i 的作用下，动轮和钢轨的接触部分紧压在一起。切向力 F_i 使动轮上的 O' 点具有向左运动的趋势，并通过 O' 点作用在钢轨上。f'_i 表示动轮作用在钢轨上的力，其值 $f'_i = F_i$。由于轮轨接触处存在着摩擦，动轮上 O' 点向左运动的趋势将引起向右的静摩擦力 f_i，即钢轨对动轮的反作用力，其值 $f_i = f'_i$，f_i 称为轮周牵引力。因此，车轮上的 O' 点受到两个方向相反的力 F_i 和 f_i 的作用，而且

$$f_i = F_i \tag{1-2}$$

所以，O' 点保持相对静止，轮轨之间没有相对滑动，在力 F'_i 的作用下，动轮对作纯滚动运动。

这种由于正压力（垂直载荷）而保持动轮与钢轨接触处相对静止的现象在轨道牵引制动理论中称为"粘着"。相应的，在粘着状态下轮轨间纵向水平作用力的最大值 f_{max} 就称为粘着力。粘着力 f_{max} 与轮轨间垂直载荷之比称为粘着系数，用 μ 表示，即

$$f_{max} = \mu P_i \tag{1-3}$$

轮轨间的粘着与静力学中静摩擦的物理性质十分相似，但比物理上的"最大静摩擦力"要小得多。式（1-3）表明，在轴重一定的条件下，粘着力可以由轮轨间粘着系数决定。因此，为了便于实际应用，假定轮轨间垂直载荷在运行中固定不变，即粘着力的变化完全是由于粘着系数的变化而引起的。这样，粘着力与运行状态的关系被简化成粘着系数与运行状态的关系。

仍以图 1-22 为例进行分析，当切向力 F_i 增大时，静摩擦力 f_i 随之增大，并保持与 F_i 大小相等。当切向力 F_i 增大到某一数值时，静摩擦力 f_i 达到最大值。当轮轨间一旦出现切向力 F_i 大于粘着力，动轮上的 O' 将向左移动，轮轨间出现相对滑动，粘着状态被破坏。动轮与钢轨的相对运动由纯滚动变为既有滚动，也有滑动。此时钢轨对动轮的反作用力 f_i 由静摩擦力变为滑动摩擦力，其值迅速减小，并使动轮的转速上升。这种因驱动转矩过大，轮轨间的纵向水平作用力超过了维持静摩擦的极限值——最大静摩擦力，使轮轨接触点发生了相对滑动的现象，称为"空转"。空转时，轮轨间只能依靠滑动摩擦力传递切向力，传递切向力

的能力大大减弱,即牵引力反而大大降低,同时造成动轮踏面和轨面的剧烈磨耗。如果在列车起动时发生动车动轮"空转",列车没能起动而驾驶员又没有及时采取措施减小动轮受到的力矩,甚至可以发生把钢轨的轨头磨掉,动轮陷入钢轨凹下的深坑内的严重事故。因此,牵引运行应尽量防止出现动轮的空转。

粘着系数是由轮轨间的物理状态确定的。加大每轴的正压力,即轴重,可以提高每轴牵引力,但轴重受到钢轨、路基、桥梁等限制。动力分散型的城市轨道交通车辆,动轴数较多,很容易达到整列车所需的牵引力,因而轴重较小,这对保护轮轨的正常作用是有利的。

2. 蠕滑

分析牵引工况轮轨接触处的弹性变形(见图 1-23),可以进一步深化对粘着的认识。

在动轮正压力的作用下,轮轨接触处产生弹性变形,形成椭圆形的接触面。从微观上看,两接触面是粗糙不平的。由于切向力的作用,动轮在钢轨上滚动时,车轮和钢轨的粗糙接触面产生新弹性变形,接触面间出现微量滑动,即"蠕滑"。

蠕滑的产生是由于在车轮接触面的前部产生压缩,后部产生拉伸;而在钢轨接触面的前部产生拉伸,后部产生压缩。车轮上被压缩的金属,在接触表面的前部与钢轨被拉伸的金属相接触。随着动轮的滚动,车轮上原来被压缩的金属陆续放松,并被拉伸,而钢轨上原来被拉伸的金属陆续被压缩,因而在接触面的后部出现滑动。

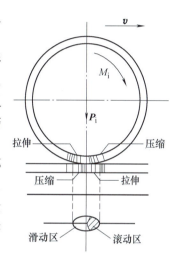

图 1-23 牵引工况轮轨接触处的弹性变形

轮轨接触面存在两种不同区域:滚动区和滑动区。接触面的前部,轮轨间没有相对滑动,称为滚动区,在图 1-23 中用阴影线表示;接触面的后部轮轨间有相对滑动,称为滑动区。这两个区域的大小随切向力的变化而变化。当切向力增大时,滑动区面积增大,滚动区面积减小。当切向力增大超过一定程度时,滚动区面积为零,整个接触面间出现相对滑动,轮轨间的粘着被破坏,即出现空转。

蠕滑是滚动体的正常滑动。动轮在滚动过程中必然会产生蠕滑现象。伴随着蠕滑产生静摩擦力,轮轨之间才能传递切向力。由于蠕滑的存在,牵引时动轮的滚动圆周速度将比其前进速度高。这两种速度的差称为蠕滑速度,蠕滑的大小用蠕滑率 σ 表示,即

$$\sigma = \frac{\omega R_i - v}{v} \tag{1-4}$$

式中 v——动轮的前进速度;

ω——动轮转动的角速度。

轮轨间由于摩擦产生的切向力反过来作用于驱动机构,随着切向力的增大,驱动机构内的弹性应力也增大。当切向力达到极限时,由于蠕滑的积累波及整个接触面,发展为真滑动。积累的能量使车轮本身加速,这时驱动机构内的弹性应力被解除。由于车轮的惯性和驱动机构的弹性,在轮轨间出现"滑动→粘着→再滑动→再粘着"的反复振荡过程,一直持续到重新在驱动机构中建立起稳定的弹性应力为止。

3. 粘着系数

粘着系数是一个由多种因素决定的变量。粘着系数与轮荷重、线路刚度、传动装置、走行部结构、车轮与钢轨的材质及表面状态、车速等因素有关。例如，在钢轨上撒上一层细石英砂，粘着系数高达 0.6，而一般钢轨粘着系数在 0.3~0.5 间变化。若轨面有一层薄油膜，则粘着系数下降，甚至可小到 0.15 以下。若轮荷重不同，轮轨接触面的变形也不同，粘着系数也会随之变化。粘着系数作为物理值具有随机性，变化范围很大，且影响因素很多，所以很难准确计算，一般都是依据经验或试验数据。由经验公式计算求得的粘着系数称为计算粘着系数，用 μ_j 表示。

欧洲铁路 $\quad \mu_j = \dfrac{7.5}{v+44} + 0.161 \quad\quad\quad\quad\quad\quad\quad\quad\quad (1-5)$

我国机车 $\quad \mu_j = 0.25 + \dfrac{8}{100+20v} \quad\quad\quad\quad\quad\quad\quad\quad\quad (1-6)$

例如，将 $v=80 \mathrm{km/h}$ 代入式(1-5)中，得到 $\mu_j \approx 0.22$，再代入式(1-6)中，得到 $\mu_j \approx 0.25$。

计算粘着系数在正常条件下不需要撒砂就能实现，在恶劣条件下，通过撒砂也能基本实现。但列车在曲线上运行时，由于钢轨超高及内外侧动轮走行距离不同引起的横向和纵向滑动等原因，粘着系数将要减小(即粘降)。当曲线半径 $R<600\mathrm{m}$ 时，粘着系数用公式 $\mu_r = \mu_j(0.67+0.0005R)$ 计算进行修正。例如 $v=80\mathrm{km/h}$，粘着系数为 $\mu_j = 0.22$，当 $R=300\mathrm{m}$ 时，修正后的粘着系数为 $\mu_r = \mu_j(0.67+0.0005R) = 0.22 \times (0.67+0.0005 \times 300) = 0.1804 \approx 0.18$。

随着电力技术的发展，牵引功率越来越大，牵引力和制动力都逐渐增大，轮轨间的粘着已成为限制增大牵引力和制动力的关键问题。

4. 影响粘着系数的主要因素

（1）动轮踏面与钢轨表面状态　干燥清洁的动轮踏面与钢轨表面粘着系数高；冰、霜、雪等天气的冷凝作用或小雨使轨面轻微潮湿时轨面粘着系数降低；大雨冲刷、雨后生成薄锈使粘着系数增大；油垢使粘着系数减小；在钢轨上撒砂则能较大幅度地提高粘着系数。

（2）线路质量　钢轨越软或道碴的下沉量越大，粘着系数越小；钢轨不平或直线地段两侧钢轨顶部不在同一水平高度，动轮所处位置的轨面状态不同都会使粘着系数减小。

（3）车辆运行速度和状态　车辆运行速度的提高，加剧了动轮对钢轨纵向和横向滑动及车辆振动，使粘着系数减小。特别是在轮轨表面被水污染的情况下，粘着系数随速度增大反而急剧下降。

车辆运行中由各种因素导致轴重转移，也影响着粘着系数。车辆驶过弯道、上坡道时，造成车辆车轮内侧(前端)增载，外侧(后端)减载，造成粘着系数大幅度减小，曲线半径越小，粘着系数减小得越多。

车辆的运行工况对粘着系数也有影响，牵引时的粘着系数比制动时要大一些。

（4）动车有关部件的状态

1）各动轴上牵引电动机的特性不完全相同，在同一运行速度下产生牵引力大的轮对将首先发生空转。

2）各个动轮的直径不同，直径小的动轮发出的牵引力大，容易首先发生空转。

3）各个动轮的动负荷不同，运行中动负荷轻的动轮将首先空转。

空转必然导致动车的粘着系数减小。

5. 改善粘着的方法和提高粘着系数的措施

（1）改善粘着的方法　改善粘着的方法有两大类：一是修正轮轨表面接触条件，即改善轮轨表面不清洁状态；二是设法改善轨道车辆的悬架系统，以减轻轮对减载带来的不利影响。

（2）提高粘着系数的措施　提高粘着系数的措施有很多，例如减少轴重转移，减少簧下质量，轮对在构架内的定位刚度不过大，在钢轨上撒砂，牵引电动机无级调速，用机械或化学等方法清洗、打磨钢轨，改进闸瓦材料（如用增粘闸瓦），改善车辆悬架以减小轴重转移等。例如，广州地铁采用电动机无级控制，使牵引电动机负载能自动地随粘着的变化进行调整。

6. 粘着定律

仍以图 1-22 为例进行说明。当力 F_i 增大时，反作用力 f_i 同样随之增大，这时动轮上的 O' 点与钢轨上的 O' 点没有相对滑动，即 $v_0=0$。车轮与钢轨间粘着力的极限值 F_{max} 接近于轮轨间的静摩擦力，即

$$F_{max} = 1000 \mu_{max} P_i \tag{1-7}$$

式中　F_{max}——由轮轨间的粘着条件决定的粘着力，单位为 N；

　　　μ_{max}——最大粘着系数；

　　　P_i——动轮荷重，单位为 kN。

当驾驶员操纵主控制手柄向前推时，动轮作用力 F_i 逐渐增大，钢轨反作用力 f_i 从 f_{i1} 增大到 f_{i2}，因轮轨间无相对滑动，车轮仍正常向前滚动。当 F_i 增大超过粘着力的极限值时，轮轨间的粘着被破坏，动轮因无足够的水平支承力就不能在钢轨上滚动，而开始在钢轨上滑动，造成动轮空转。这时，钢轨对车轮的反作用力 f_i（牵引力）也因由静摩擦力变为动摩擦力而急剧下降。随着轮轨间相对滑动速度的增加，动摩擦因数越来越小，粘着力的下降更为严重。结果动轮以轴为中心加速空转，车轮空转易造成传动装置和走行部分的损坏，并使轨与轮的接触面擦伤。

综上所述，列车牵引力最大值在任何时候都不得超过车辆各动轮与钢轨间粘着力的最大值的总和。这一原理称为粘着定律，可表示为

$$F_{max} \leq 1000 \mu_{max} P_\mu \tag{1-8}$$

式中　F_{max}——机车动轮最大轮周牵引力；

　　　P_μ——粘着重量，$P_\mu = nP_i$，n 为动轮数量。

实际上，当列车产生牵引力时，各轴的轴重会发生变化，有的增载，有的减载，这就称为牵引力作用下的轴重转移，又称为轴重再分配。轴重是指列车在静止状态时每个轮对施加于钢轨的重量。轴重转移将严重影响列车粘着重量的利用，限制动车车辆牵引力的发挥，影响电客列车走行部分及传动机构的强度。轴重转移在某些情况下可以达到轴重的 20% 或更高，牵引力越大，轴重转移越大。例如，列车起动及爬坡时，牵引力增大，轴重转移增大，随着列车功率增大，单位功率重量减小降低，粘着重量的利用问题就更为突出了。

二、城市轨道交通车辆运行受力分析

城市轨道交通电动列车运行中若只考虑列车沿轨道前进方向的作用力，则直接影响其运行的力有三种，即牵引力、运行阻力和制动力。列车纵向受力示意图如图 1-24 所示。这三

个力作用于列车,并影响列车运行。因此列车的运行分为三种工况:

牵引:作用在列车上的力有列车牵引力 F_K 和列车运行阻力 W,其合力为 $F-W$,列车起动加速。

惰行:作用在列车上的力只有列车运行阻力 W,其合力为 $-W$,列车惯性运行。

制动:作用在列车上的力有列车制动力 B 和列车运行阻力 W,其合力为 $-(B+W)$,列车减速。

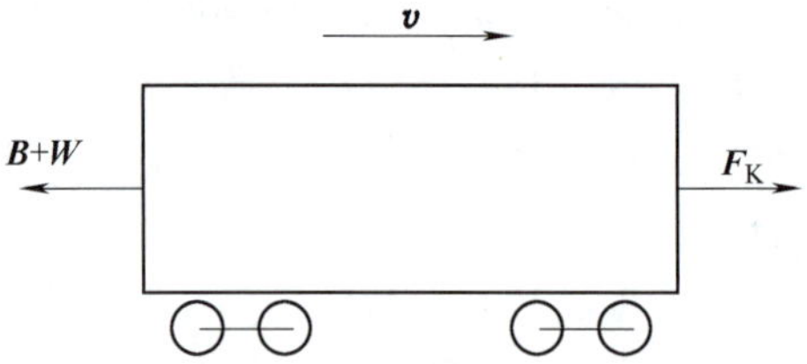

图 1-24 列车纵向受力示意图

1. 牵引力 F_K

列车牵引力是由传动装置引起的与列车运行方向相同的外力,是使列车产生运动和加速的力。牵引力受两个因素影响,一是牵引装置传给轮对的转矩,它与牵引电动机的速度特性和牵引特性有关;二是动轮与钢轨的相互作用,主要是轮轨间的粘着系数以及动轮的荷重。当牵引电动机选定后,轮轨间的粘着就成为影响牵引的关键因素。

(1)牵引力的形成 牵引电动机的输出转矩通过电动机轴、传动装置(联轴器、齿轮箱),使车辆动轮获得转矩 M。假设将车辆悬空,则转矩就是内力矩,只能使车轮发生旋转运动,而不能使车辆发生平移运动。但当车辆置于钢轨上使车轮和钢轨成为有压力的接触时,就产生了车轮作用于钢轨的可以控制的力 F,而 F 所引起的钢轨反作用于车轮的反作用力 F_K 就是使列车产生平移运动的外力(见图1-25)。这种由钢

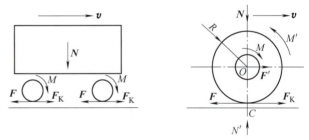

图 1-25 牵引力的形成

轨沿列车运行方向加于动轮轮周上的切向外力 F_K 就是列车的轮周牵引力,简称为列车牵引力。

(2)城市轨道交通车辆速度的形成 在列车牵引工况下,电动机输出轴上的转矩通过传动装置传递到小齿轮上。设小齿轮按逆时针方向转动产生 M',小齿轮驱动轴上的大齿轮,使动轮产生顺时针方向的力矩 M。而此力矩可用一对力偶(F,F')来代替,该力偶的力臂为 R,即 $F'=F=M/R$,其作用点分别在 O 点和 C 点上。在轮轨接触良好无滑动的情况下,作用在 C 点的力 F 全部传给钢轨,即轮对对钢轨的作用力。因钢轨静止,钢轨随即给轮对一个与力 F 大小相等、方向相反的反作用力 F_K,使车轮以轮轨接触点为连续瞬时转动中心向右滚动,从而使车辆向右作平移运动。这个反作用力 F_K 就是使机车前进的唯一外力——列车牵引力。城市轨道交通车辆力的传递过程如图1-26所示。

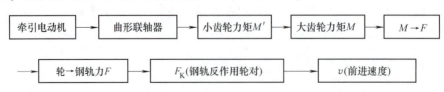

图 1-26 城市轨道交通车辆力的传递过程

2. 运行阻力 W

列车运行阻力是列车运行中由于各种原因自然发生的与列车运行方向相反的外力。它是阻止列车发生运动或是使列车自然减速,驾驶员无法控制阻力。

阻力根据引起的原因可分为基本阻力和附加阻力。列车运行阻力随所处环境的不同而变化,也与车辆结构设计、保养质量有关。

(1) 基本阻力　基本阻力在列车运行中总是存在的。列车在平直轨道上运行时一般只有基本阻力。产生基本阻力的主要因素有:

1) 滚动轴承及车辆各摩擦处之间的摩擦。
2) 车轮与钢轨间的滚动摩擦和滑动摩擦。
3) 冲击和振动引起的阻力。
4) 空气阻力。

基本阻力各因素对列车运行阻力的影响程度与运行速度有关。如低速时,轴承、轮轨等摩擦的影响大,空气阻力的影响小;高速时,空气阻力占主导地位,而摩擦的影响就不大。

对于地铁车辆而言,车辆主要在隧道中运行,由于车辆与隧道的横截面之比很小,在车辆与隧道的间隙中存在着强烈的气流摩擦和车辆前后的空气压力差,使空气阻力成为车辆的主要运行阻力。而且列车运行速度越高,基本阻力越大。因此城轨车辆在外形结构上进行了专门设计以减少空气阻力。例如,地铁车辆在 A 车前端下部设计扰流板的目的就是为了减少运行时的空气阻力,高速列车把外形设计成流线型也是为了减少高速时很大的气流阻力。

影响阻力的因素极为复杂,变化也很大,很难进行理论推算,所以一般采用理论和试验相结合,求出经验公式。在车辆单位重量下车辆的基本阻力公式为

$$W = a + bv + cv^2 \ (\text{N/t}) \tag{1-9}$$

由式(1-9)可以看出,基本阻力与列车速度是二次函数的关系,式中 a、b、c 均为试验数据。例如广州地铁 1 号线列车的基本阻力计算公式为 $W = 27 + 0.0042v^2\ (\text{N/t})$。

(2) 附加阻力　列车上坡、经过曲线、起动等发生在特定的情况下的阻力。

1) 坡道阻力 W_i。列车进入坡道后,由列车重力产生的沿坡道斜面的分力称为坡道阻力。

2) 曲线阻力。列车通过曲线轨道时增加的阻力就是曲线阻力。引起曲线阻力的原因有:车轮对于钢轨的横向及纵向滑动,轮缘与外轨头内侧的摩擦,滚柱轴承的轴端摩擦,中心销及中心销座因转向架的回转而发生的摩擦。曲线阻力与许多因素有关,如曲线半径、运行速度、外轨超高、车重、轴距、踏面的磨耗程度等。

3) 起动阻力。起动阻力对城市轨道交通车辆而言,因其起动性能好,故影响不大。

3. 制动力 B

制动力是由制动装置引起的与列车运行方向相反的外力。其作用是使列车产生较大的减速度或制动列车或防溜。驾驶员可以控制制动力。

(1) 制动力的形成　制动俗称刹车,制动性能的好坏在很大程度上限制了车辆的载重和列车的运行速度。地铁车辆有两套制动系统,即电气制动和空气制动,以电气制动为主,停车和紧急制动时采用空气制动(也称摩擦制动)。

摩擦制动和电气制动都是通过轮轨粘着产生制动力的。下面以闸瓦制动为例,说明通过轮轨粘着产生制动力的过程。图1-27所示为闸瓦制动力的形成。

设一个轮对上有两块闸瓦，在忽略其他各种摩擦阻力的情况下，轮对在无外力的平直轨道上滚动惯行。

若每块闸瓦以力 K 压向车轮踏面，闸瓦与踏面间会引起与车轮转动方向相反的滑动摩擦力 $2K\varphi_K$（φ_K 为动轮与闸瓦间的滑动摩擦因数），对于列车来说，此摩擦力是内力，不能使列车减速。此时制动转矩 M_b 为

$$M_b = 2K\varphi_K R_i \tag{1-10}$$

应用类似牵引力形成的分析方法，转矩 M_b 可以用轴心和轮轨接触处的力偶（B_i，B_i'）代替。力偶的力臂为车轮 R_i，作用力 $B_i = B_i' = M_b/R_i = 2K\varphi_K$。轮轨接触处因轮对的正压力 P_i 而存在粘着，切向力 B_i 将引起钢轨对车轮的静摩擦反作用力 b_i，$b_i = B_i = 2K\varphi_K$。b_i 作用在车轮踏面的 O' 点，方向与列车运行方向相反，是阻止列车运行的外力，称为制动力。制动力 b_i 也是轮轨间的粘着力，因而也受到粘着条件的限制，即

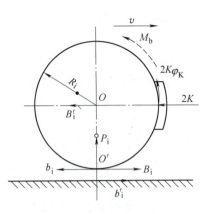

图 1-27 闸瓦制动力的形成

$$b_i \leqslant P_i \mu_b \tag{1-11}$$

式中　P_i——动车或拖车轮对的轴重；

　　　μ_b——制动时轮轨间的粘着系数。

整个列车总的闸瓦制动力为所有轮对闸瓦制动力之和，即

$$B = \sum b_i \tag{1-12}$$

由以上分析可知，制动力的调节可以通过改变闸瓦压力来进行，但不得大于粘着条件所允许的最大值，否则车轮会被闸瓦"抱死"，使车轮与钢轨间产生相对滑动。此时车轮的制动力将变为滑动摩擦力，这种现象称为"滑行"。滑行时制动力大为降低，制动距离增加。还会擦伤车轮与钢轨的接触面，因此应尽量避免。

电气制动与摩擦制动的不同只是制动转矩由电动机产生，而制动力都是通过轮轨粘着产生的，同样的应避免出现"滑行"。

（2）制动力与闸瓦系数　闸瓦与车轮间的摩擦因数 φ_K 与闸瓦材质、列车速度、闸瓦压力、闸瓦温度及状态有关。一般来说，闸瓦制动力 B 与速度成反比，速度越低，制动力越大。在一定的闸瓦压力 K 下，制动力的大小取决于闸瓦与车轮间的摩擦因数 φ_K 的值。从制动开始到停车，φ_K 不断变化。列车运行时，增大制动力可缩短制动距离并提高行车的安全性。但是并不是制动力越大，制动效果越好。制动力也和牵引力一样，必须遵守粘着定律。否则当制动力大于轮轨间的粘着力时，就像牵引力出现"空转"一样，也会发生轮轨间的"滑行"。列车一旦滑行，首先是制动力下降，其次会发生轮对踏面及轨面的擦伤。这就要求驾驶员在驾驶列车时（尤其是天气不好时，轮轨粘着状态不良），要特别加以注意。

为了保证正常制动，制动力必须不超过粘着力，即

$$\sum K\varphi_K \leqslant \varphi_K n \cdot 2G(t) \tag{1-13}$$

式中　φ_K——闸瓦与车轮间的摩擦因数；

　　　n——每个轮对的闸瓦数；

　　　$2G$——轴荷重。

为了提高列车运行的可靠性，城市轨道交通列车上设有空气制动防空转/滑行保护装置，

当某轴制动力过大，轮轨间发生滑动时，电子控制单元控制防滑阀将关闭压缩空气通路，开启制动缸通向大气的通路，进行排风缓解，然后再重新恢复正常制动。这样使车辆在粘着不利的情况下，尽快恢复制动作用，防止轮对踏面和钢轨造成擦伤。

实践练习

1. 在实训室完成对城市轨道交通车辆电气控制系统的认识和对其作用的了解。
2. 通过模拟操作受电弓，了解受电弓的升弓和降弓气路工作过程。根据受电弓图片，标出受电弓各部件的名称，说明其作用。
3. 通过模拟操作断路器，说明高速断路器在车辆上的安装位置及其作用。根据高速断路器图片，标出各部件的名称，并说明其作用。高速断路器的闭合和开断条件是什么？
4. 通过驾驶控制器实物操作，说明城市轨道交通车辆驾驶控制器的组成，列表说明各手柄在不同位置上的相互制约关系。
5. 根据自己对牵引的了解，画出城市轨道交通车辆牵引系统能量转换过程图。
6. 简述城市轨道交通车辆电气控制系统的组成。
7. 以 A 型车为例，列表说明城市轨道交通车辆电气设备布置。
8. 分析线路滤波器在城市轨道交通车辆控制系统中的作用。
9. 分析高速断路器的结构组成和工作原理。
10. 说明受流装置的种类和作用。
11. 区分接触器和继电器的相同点和不同点。
12. 说明制动电阻的应用场合。
13. 说明城市轨道交通车辆速度传感器的类型及用途。
14. 列表说明城市轨道交通车辆工作中有哪几种过电压，分别用什么方式和电器进行保护？
15. 解释粘着和蠕滑的概念。
16. 分析城市轨道交通车辆的运行工况，画出不同工况下城轨车辆的受力分析图。
17. 区分牵引力和制动力的形成原因。
18. 说明空转/滑行产生的原因，及其在城市轨道交通车辆上的防范措施。

项目二　城市轨道交通车辆牵引传动系统

　　本项目主要介绍城市轨道交通车辆各种牵引传动系统的组成及控制原理,全面介绍了主传动设备——直流牵引电动机、三相异步牵引电动机和直线牵引电动机的结构、工作原理及其特性,详细分析了主传动系统的牵引、制动、保护电路,介绍了单轨牵引传动系统。拓展任务介绍了城市轨道交通车辆使用的主要电力电子器件的种类、工作原理及应用场合,分析了城市轨道交通车辆用整流、斩波和逆变电路的工作原理,介绍了轨道交通车辆电磁兼容的相关内容。

  学习目标

1. 掌握城市轨道交通车辆牵引传动控制的类型。
2. 掌握城市轨道交通车辆电气制动的类型。
3. 会分析城市轨道交通车辆直流、交流传动的控制原理。
4. 能正确分析城市轨道交通车辆牵引和电制动电路。
5. 能正确分析城市轨道交通车辆高压电路工作原理。
6. 掌握城市轨道交通车辆主传动控制系统中的保护方式。
7. 掌握单轨牵引传动系统的原理。
8. 了解城市轨道交通车辆使用的电力电子器件的种类、工作原理和应用。
9. 会分析城市轨道交通车辆用整流、斩波和逆变电路的工作原理和应用。
10. 了解轨道交通车辆电磁兼容原理。

  项目描述

　　在轨道交通车辆中,用电动机驱动实现车辆牵引的传动控制方式,称为电力牵引控制(电传动系统)。它是以牵引电动机作为控制对象,通过控制系统对电动机的速度和牵引力进行调节,满足车辆牵引性能的要求。根据驱动电动机的形式不同,传动系统可分为两大类:采用直流牵引电动机的直流传动系统和采用交流(同步、异步)牵引电动机的交流传动系统。

　　电传动系统主电路一般是指一个车辆单元的牵引动力电路,主要由受流器、牵引箱(PA)、牵引电动机、制动电阻箱、电抗器及电气开关等设备组成。图 2-1 所示为牵引箱主牵引逆变器的外形结构。

图 2-1　牵引箱主牵引逆变器的外形结构

任务一　直流牵引传动系统

一、直流牵引电动机

1. 直流牵引电动机的结构与工作原理

由电磁感应定律可知：导体切割磁力线将在导体中产生感应电动势；由电磁力定律可知：通电导体在磁场内会产生电磁力。城市轨道交通车辆的牵引电动机就是利用这两种电磁效应，实现电能与机械能的能量变换的。

直流传动系统采用直流牵引电动机作为驱动电动机。由于直流串励牵引电动机具有适合牵引需要的"牛马"特性，即起动性能好、调速范围宽、过载能力强、功率利用充分、控制简单等优点，因此在直流传动系统中一直将其作为各种车辆的主要牵引动力。直流串励牵引电动机的结构如图 2-2 所示，其结构及主要组成部件作用见表 2-1。

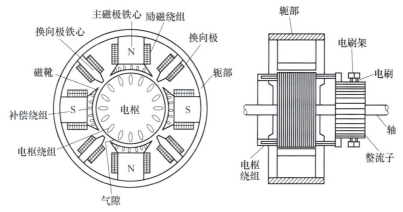

图 2-2　直流串励牵引电动机结构图

表 2-1 串励牵引电动机的结构及主要组成部件作用

部 位	主要组成部件			主 要 作 用
	名　　称	部件组成	使用材料	
定子	主极	主极铁心	热轧软钢板叠制	产生磁通，建立主磁场
		主极绕组	漆包线或绝缘扁铜线	
	换向极	换向极铁心	热轧软钢板叠制	改善换向
		换向极绕组	绝缘扁铜线	
	补偿线圈		绝缘扁铜线	改善负载特性，改善换向
	磁轭		铸钢或热轧软钢板叠制	提供磁路
转子	电枢	电枢铁心	硅钢片叠成	产生电磁转矩，实现机电能量转换
		电枢绕组	漆包线或绝缘扁铜线	
	换向器（整流子）	换向片	含少量银的铜合金	提供电流、整流、换向
		云母片	云母层压板，绝缘	
	轴		碳素钢	传递转矩

直流串励牵引电动机的工作原理如图 2-3 所示。定子主极绕组中通以直流电 I_L（励磁电流）建立主磁场，转子电枢绕组中流过电枢电流 I_a，在磁场作用下电枢导体将受到电磁力 F 的作用，在此电磁力的作用下，电动机克服阻力开始旋转，将电能转换为电动机旋转的机械能。

2. 直流牵引电动机的特性分析

（1）速率特性　直流电动机的速率特性可由下式表示

$$n = \frac{U_D - I_a \sum R}{C_e \Phi} \quad (2\text{-}1)$$

式中　U_D——牵引电动机的端电压，单位为 V；

　　　I_a——牵引电动机的负载电流，即电枢电流，单位为 A；

　　　$\sum R$——牵引电动机电枢回路中的电阻，单位为 Ω；

　　　Φ——牵引电动机的主极磁通，单位为 Wb；

　　　C_e——牵引电动机电动势常数。

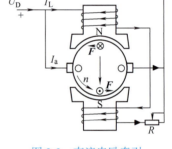

图 2-3　直流串励牵引电动机工作原理

式(2-1)中，主磁通 Φ 由电动机的磁化曲线决定，如图 2-4 所示，横坐标为电动机励磁电流与额定励磁电流之比，纵坐标为电动机主磁通与额定主磁通之比。典型的电动机磁化曲线具有饱和特性，即励磁电流 I_L/I_{LN} 增大，Φ/Φ_N 同比增大，当增大到一定值后，电动机主磁通增加缓慢，趋于饱和。一般牵引电动机要求工作在低饱和区（相当于横坐标的 0.6~0.9 范围内）。

直流电动机的速率特性曲线如图 2-5 所示。串励电动机由于电枢绕组与励磁绕组串联，励磁电流等于电枢电流。在磁路不饱和时电动机的转速随电枢电流的增加迅速减小呈双曲线关系；当磁路达到饱和，电动机的转速与电枢电流呈斜率为负的直线关系。而他励电动机，由于励磁绕组独立，电动机的主磁通取决于励磁电压，与电枢电流无关。不计电枢反应时，磁通 Φ 可视为常数，转速与电枢电流呈斜率为负的直线关系。一般情况下，电阻压降 $I_a \sum R$ 的数值

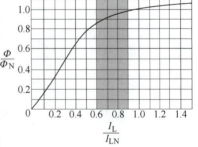

图 2-4　电动机磁化曲线

相对于 U_D 来说要小得多，所以转速随电枢电流的增加只是略有减小。

串励电动机转速随负载变化较大，称其具有软特性；而他励电动机转速随负载变化较小，称其具有硬特性。

根据他励绕组和串励绕组连接时磁动势的相加或相减情况，复励电动机可分为加复励和减复励两种。加复励电动机的转速特性介于他励和串励电动机之间，其特性的硬度由他励绕组磁势占总磁势的比例而定，他励绕组磁势比例越大，速率特性越接近他励电动机，反之则接近串励电动机的特性。

（2）转矩特性　直流电动机的转矩特性可由下式表示

$$M = M_E - \Delta M = C_M \Phi I_a - \Delta M \tag{2-2}$$

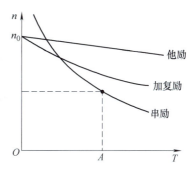

图 2-5　直流电动机速率特性曲线

式中　M——牵引电动机转矩，单位为 N·m；

　　　M_E——电动机电磁转矩，单位为 N·m；

　　　ΔM——电动机空载损耗引起的制动转矩，单位为 N·m；一般为电动机额定转矩的 1‰~3‰；

　　　C_M——牵引电动机转矩常数。

直流电动机转矩特性如图 2-6 所示。串励电动机的励磁电流 I_L 等于电枢电流 I_a，即磁通 Φ 由电枢电流 I_a 确定。I_a 较小时，Φ 正比于 I_a，电磁转矩 M_E 与 I_a 的平方成正比，曲线呈抛物线。I_a 较大时，磁路饱和，Φ 变化不大，M_E 近似与 I_a 成正比，曲线呈正斜率直线关系。但对电动机的轴转矩 M 来说，由于 ΔM 的影响，串励电动机的转矩 M 在较大工作电流范围内，与电枢电流 I_a 呈线性关系。他励电动机当励磁电流一定时，若不计电枢反应的影响，磁通 Φ 不变，电动机的电磁转矩 M_E 与电枢电流 I_a 成正比，曲线呈正斜率直线关系。

根据直流电动机的转矩特性与速率特性，可以得到直流电动机的机械特性 $M=f(n)$ 如图 2-7 所示。

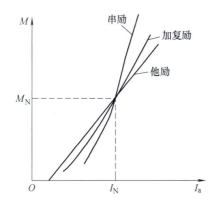

图 2-6　直流电动机转矩特性

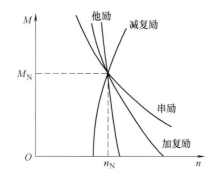

图 2-7　直流电动机机械特性

3. 直流牵引电动机与电动列车牵引特性分析

电动列车牵引力与电动机转矩、电动列车速度及电动机转速都成正比关系，因而电动列车的牵引特性曲线 $F=f(v)$ 与电动机的机械特性 $M=f(n)$ 只是坐标比例尺不同。

电动列车运行时，必须具有机械上和电气上的稳定性。

（1）机械稳定性　机械稳定性是指列车正常运行时，由于偶然的原因引起速度发生微量的变化后，电动列车本身能恢复到原有的稳定运行状态。

可以用列车速度获得增量 Δv 时，引起的反馈是负反馈还是正反馈来判断是否稳定。

图 2-8 是列车运行时的基本阻力曲线 $W_0=f(v)$ 和两条不同斜率的电动列车牵引特性 $F_1=f_1(v)$ 和 $F_2=f_2(v)$。设在某一速度 v_1 时，牵引力与阻力平衡（即交点 A），列车在此速度下恒速运行。由于偶然因素，列车速度获得了增量 Δv。如果这时牵引特性为 $F_2=f_2(v)$，从图中可以看出，速度增大 Δv 后，牵引力 F_2 大于阻力 W_0，将使速度继续增大，正反馈的结果使列车速度越来越高，所以 $F_2=f_2(v)$ 是不稳定的。反之，如牵引特性为 $F_1=f_1(v)$，当速度增大 Δv 后，牵引力 F_1 将小于阻力 W_0，列车运行速度将减小，负反馈直至返回到稳定工作点，因此牵引特性 $F_1=f_1(v)$ 是稳定的。

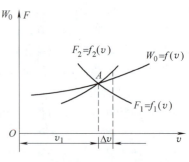

图 2-8　牵引特性机械稳定性分析

因此，可以认为机械稳定的条件是牵引特性曲线的斜率小于基本阻力曲线的斜率，即

$$\frac{\mathrm{d}F}{\mathrm{d}v} < \frac{\mathrm{d}W_0}{\mathrm{d}v} \tag{2-3}$$

由于列车的基本阻力曲线 $W_0=f(v)$ 的斜率具有正值，根据图 2-7 显示的不同励磁方式直流电动机的机械特性可知，除减复励电动机外，串励、他励、加复励的直流牵引电动机的特性曲线都具有负斜率，均满足稳定性条件，在列车牵引时均具有机械稳定性。

（2）电气稳定性　牵引电动机的电气稳定性是电动列车正常运行时，由于偶然的原因引起电流发生微量变化后，电动机本身能恢复到原有的电平衡状态。同样可以用电动机电流获得增量 ΔI_a 时，引起的反馈是负反馈还是正反馈来判断是否稳定。

直流牵引电动机的动态电压平衡方程为

$$U_\mathrm{D} = E + I_\mathrm{a}\sum R - L\left(\frac{\mathrm{d}I_\mathrm{a}}{\mathrm{d}t}\right) = C_\mathrm{e}\Phi n + I_\mathrm{a}\sum R - L\left(\frac{\mathrm{d}I_\mathrm{a}}{\mathrm{d}t}\right) \tag{2-4}$$

式中　U_D——牵引电动机的端电压，单位为 V；

E——牵引电动机的反电动势，单位为 V；

I_a——牵引电动机的负载电流，单位为 A；

$\sum R$——牵引电动机回路的总电阻，单位为 Ω；

L——牵引电动机的电感量，单位为 H；

C_e——牵引电动机的电动势常数；

Φ——牵引电动机的主极磁通，单位为 Wb；

n——牵引电动机的转速，单位为 r/min。

假定牵引电动机的电压 U_D 是一常数，如图 2-9 中的水平线所示。当牵引电动机稳态电压平衡方程 $f(I_\mathrm{a}) = C_\mathrm{e}\Phi n + I_\mathrm{a}\sum R$ 曲线为图中曲线 1 时，其交点 A 处的电流为 I_a1，此时电动机的端电压 U_D 等于 $C_\mathrm{e}\Phi n + I_\mathrm{a}\sum R$，为电气平衡状态。如果由于偶然因素，电动机的负载电流有一个微小的增量 ΔI_a，从图中曲线可以看出，电流的增加使 $f(I_\mathrm{a})$ 大于端电压 U_D，$U_\mathrm{D}-f(I_\mathrm{a})$ 为负值，即 $L(\mathrm{d}I_\mathrm{a}/\mathrm{d}t)$ 为负值，这将使电流减小，并

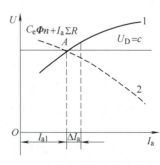

图 2-9　牵引特性电气稳定性分析

自动地恢复到 A 点稳定工作。反之，若 $f(I_a)$ 为曲线 2 时，当电流有增量 ΔI_a 后，$f(I_a)$ 小于端电压 U_D，使 $U_D-f(I_a)$ 为正值，即 $L(dI_a/dt)$ 为正值，电动机电流 I_a 将继续增加，不能恢复到原来的 A 点，电气平衡被破坏。所以，曲线 2 在电气上是不稳定的。

从上述分析可知，牵引电动机稳态电压平衡方程 $f(I_a)$ 的曲线斜率为正值时，就具有电气稳定性。图 2-10 分别给出了串励、他励电动机的 $f(I_a)$ 曲线，从曲线上可以看出：串励电动机在任何负载情况下，斜率均为正值，具有电气稳定性。他励电动机 $f'(I_a)$ 曲线斜率一般情况下也为正值，也具有电气稳定性，但其斜率要小得多。对于无补偿绕组的电动机，由于电枢反应的去磁作用，在大电枢电流时，图 2-10 中 B 点有可能进入电气不稳定状态。

（3）牵引电动机之间的负载分配

列车运行时，为了充分利用电动列车的功率及粘着重量，电动列车上各台牵引电动机的负载应该均匀分配。但实际上由于牵引电动机的特性和制造的分散性，各牵引电动机分担的转矩并不完全相同。

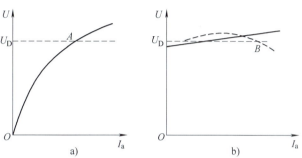

图 2-10 串励、他励电动机的稳态电压平衡曲线 $f(I_a)$
a）串励 b）他励

当两台特性有差异的牵引电动机（即使动轮直径完全相同）装在同一动车上并联运行时，从图 2-11a 可以看出，串励电动机由于特性较软，在同一运行速度下的负载电流 I_1 和 I_2 的差值 ΔI_a 比较小。有试验表明，当电动机特性差异为 1% 时，负载分配差异最大可达 5%。而特性差异程度相同的他励电动机，由于特性较硬（见图 2-11b），负载电流 I_1 和 I_2 的差值 ΔI_a 要比串励电动机大得多。所以串励电动机负载分配不均匀的程度远比他励电动机小。

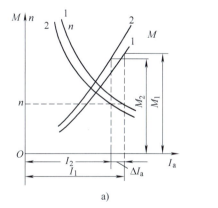 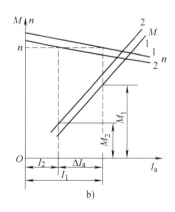

图 2-11 特性有差异时的牵引电动机负载分配
a）串励 b）他励

如果两台电动机的特性完全相同，而它们各自的动轮直径不同，那么两台电动机的转速将会产生某些差异。设一台的转速为 n_1，另一台的转速为 n_2，从图 2-12a 和图 2-12b 的比较可以看出，串励电动机负载分配不均匀程度比他励电动机小。就串励电动机本身而言，有试验数据表明，若动轮直径相差 1%，则负载分配最大差异可达 30%。

因此就牵引电动机间负载分配而言，串励牵引电动机优于他励电动机，但串励牵引电动

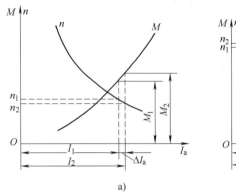
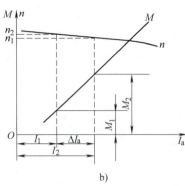

图 2-12 动轮直径有差异时的牵引电动机负载分配
a) 串励　b) 他励

机对动轮直径的选配要求要高。

（4）电压波动对牵引电动机工作的影响　接触网电压由于各种原因经常会发生波动，例如当电动列车运行经过两个牵引变电所供电的交界处时，供电电压会发生突然变化，在电动列车速度还来不及变化时，就可能产生较大的电流冲击和牵引力冲击。图 2-13 表示串励、他励电动机在电压突然增加时负载电流和牵引力（转矩）的变化。图中设电动机原来的端电压为 U_1，相应的转速特性曲线为 $n_1 = f_1(I_a)$，变化后的电压为 U_2，相应的转速特性曲线为 $n_2 = f_2(I_a)$。比较图 2-13a 和图 2-13b 可以看出，当电网电压波动时，由于他励电动机具有硬特性，其电流冲击和牵引力冲击都比串励电动机大得多，这种冲击将引起列车冲动并使牵引电动机的工作条件恶化。

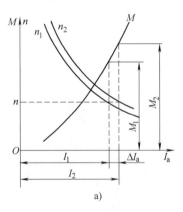
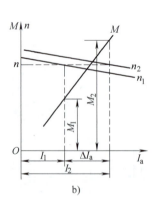

图 2-13　串励、他励电动机在电压突然增加时负载电流和牵引力的变化
a) 串励　b) 他励

另外，当电动机的外加电压突变时，由于他励电动机励磁电路电流不变，电枢反电动势不能及时增加，将导致过渡过程开始阶段电枢电流的冲击过大。而串励电动机的励磁绕组由于与电枢绕组串联，因而电流增长速度相同，虽受磁极铁心内涡流的影响，磁通增长速度稍慢于电枢电流的增长速度，但所引起的电流冲击比他励电动机要小得多。

因此，就电压波动对牵引电动机的影响而言，串励电动机要优于他励电动机。

（5）功率利用　图 2-14 给出了串励和他励电动机的机械特性 $M = f(n)$，变换比例后，也就是电动列车的牵引特性 $F=f(v)$。

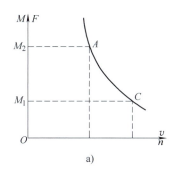
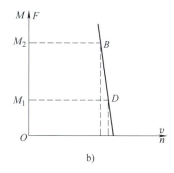

图 2-14 电动机的机械特性
a) 串励　b) 他励

假设串励和他励牵引电动机具有相同的额定转矩和额定转速。当转矩自 M_1 变化到 M_2 时，串励电动机的工作点由 C 点变为 A 点。因为功率是转矩和转速（即牵引力和速度）的乘积，其功率变化可用 A 点横、纵坐标所围成的矩形面积与 C 点横、纵坐标所围成的矩形面积之差来表示。同理，他励电动机在转矩自 M_1 变化到 M_2 时，他励电动机的工作点由 D 点变为 B 点，其功率变化可用 D、B 两点横、纵坐标所围成的矩形面积之差来表示。

两者相比，由于串励电动机具有软特性，转速随着转矩的增大而自动降低，所以串励电动机的功率变化比他励电动机要小，接近恒功率曲线，可以合理地利用与牵引功率有关的各种电器设备的容量。

（6）粘着重量利用　具有硬特性的牵引电动机，产生空转的可能性较小。

图 2-15 中曲线 1 是最大粘着力曲线，曲线 2 是滑动摩擦力曲线，曲线 3 和曲线 4、5 分别是他励电动机和串励电动机的机械特性曲线。

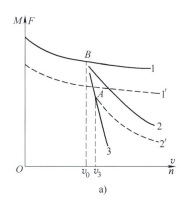
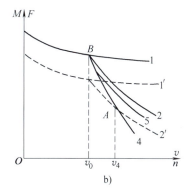

图 2-15 电动机特性与空转的关系
a) 他励　b) 串励
1—最大粘着力特性　2—滑动摩擦力特性　3、4、5—电动机机械特性

假定电动机原来工作在最大粘着牵引力曲线上的 B 点，速度为 v_0。如果偶然因素使轮轨间的粘着条件受到破坏，粘着力曲线 1 下降到 1′ 的位置，摩擦力曲线 2 也相应降到 2′ 的位置。在 v_0 速度下电动机的牵引力超过了粘着限制，逐渐发生空转。电动机的转速将沿着特性曲线上升，转速上升到 A 点时，滑动摩擦力等于牵引力，滑动速度不再增加。从图 2-15a 可以看出，

他励电动机因具有硬特性,在空转过程中牵引力随转速的上升而迅速下降,很快地与滑动摩擦力相平衡,停止空转。当引起粘着破坏的原因消失时,它能较快地恢复到原来的工作状态。

串励电动机由于特性较软,如图 2-15b 中曲线 4 所示,则空转后的稳定滑动速度 v_4 高于他励电动机的稳定滑动速度 v_3。如果串励电动机的特性如图 2-15b 中曲线 5 所示,则一旦粘着破坏,将产生更大的滑动速度形成空转,使车轮踏面磨损,牵引力下降。

由此可以得出结论:从粘着重量利用的观点出发,他励电动机优于串励电动机,也就是说串励电动机的防空转能力较差。

4. 串励直流牵引电动机的调速

根据式 (2-1),调节串励直流牵引电动机转速的常见方法有:改变牵引电动机的端电压 U 和改变牵引电动机的主极磁通 Φ。

(1) 改变牵引电动机的端电压 U——调压调速

1) 改变牵引电动机绕组的联结方式,例如串并联的方式。由于联结方式有限,所以可调的电压等级也有限,同时使电动机的连接复杂,现代城市轨道交通车辆中一般不用。

2) 在电动机回路串接电阻,通过凸轮调节电阻值或斩波方法调节电阻值来实现调压,这种方法应用已久,但也要消耗电能,因此并不经济。

3) 在电动机与电源之间串接斩波器,调节斩波器的导通比来改变电动机的端电压。现代城市轨道交通车辆中普遍采用此种方法。

(2) 改变电动机的主极磁通 Φ——磁削调速

磁削调速是一种通过减小流过牵引电动机的励磁电流来减小牵引电动机主极磁通量进行调速的方法。一般是在牵引电动机端电压已达到额定电压,而牵引电动机电流比额定值小时实施。这是一种辅助调速手段,磁场削弱的目的是扩大速度运行范围,充分利用功率。

1) 磁场削弱系数(用 β 表示)。同一牵引电动机电枢电流下,磁场削弱后(削弱磁场)牵引电动机主极磁动势与磁场削弱前(满磁场)牵引电动机主极磁动势之比称为磁场削弱系数。其表达式为

$$\beta = \frac{(IW)_\beta}{(IW)_m} \times 100\% \tag{2-5}$$

式中 $(IW)_\beta$——磁场削弱后(削弱磁场)主极磁动势;

$(IW)_m$——磁场削弱前(满磁场)主极磁动势。

该系数表明了牵引电动机主极磁动势削弱的程度。例如 $\beta = 40\%$,即表示削弱后电动机主极磁动势仅为削弱前电动机主极磁动势的 40%,其余 60% 被削弱掉了。β 越小,则表明磁场削弱越深。当电动机磁路不饱和时,可以用磁通代替磁动势,但当电动机磁路饱和后,不能用磁通代替磁动势,两者的差别较大。

2) 常用磁削方法。城轨车辆上普遍采用电阻分路法,即在牵引电动机主极绕组两端并联电阻,对励磁电流进行分流,其调节原理如图 2-16 所示,其中 R_1 为分路电阻。

满磁场时,接触器打开,牵引电动机电枢电流全部流过励磁绕组,$I_L = I_a$,满磁场磁动势为 $I_a W$;削弱磁场时,接触器闭合,磁场削弱电阻 R_1 并联在励磁绕组两端,对励

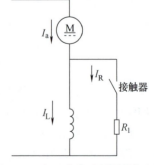

图 2-16 电阻分路法削弱磁场原理

磁绕组分流。此时电枢电流被分为两路，一路流过电阻 R_1 的电流 I_{R1}，另一路流过励磁绕组的电流 I_L，此时磁动势为 $I_L W$，且 $I_a = I_{R1} + I_L$，磁场削弱系数 β 的表达式为

$$\beta = \frac{(IW)_\beta}{(IW)_m} = \frac{I_L W}{I_a W} = \frac{I_L}{I_a} = \frac{I_L}{I_L + I_R} = \frac{R}{R + R_1} \tag{2-6}$$

式(2-6)说明 β 值取决于励磁绕组和分路电阻的电阻值。对确定的牵引电动机来说，励磁绕组的直流电阻 R 不变，故分路电阻 R_1 就决定了磁场削弱系数 β 的大小。要改变磁场削弱系数，只需改变分路电阻的大小即可。

注意实际牵引电动机电路中，励磁绕组上直接并联着一个不可调节的电阻 R_0，称为固定分路电阻。与分路电阻 R_1 不同，固定分路电阻的作用是为了改善牵引电动机的换向，它所带来的磁削系数称为固定磁削率。

电阻分路法的励磁绕组结构简单、磁削系数调节方便、附加电能损耗很小，是一种经济的调速方法，因此得到了广泛应用。

二、直流传动控制系统组成与控制原理

城市轨道交通车辆直流主传动系统由网侧高压电路、牵引电动机调速电路组成，主要设备有受流器，断路器，直流牵引电动机，传动齿轮箱，轮对、接地回流装置。城市轨道交通车辆直流主传动结构组成如图 2-17 所示。

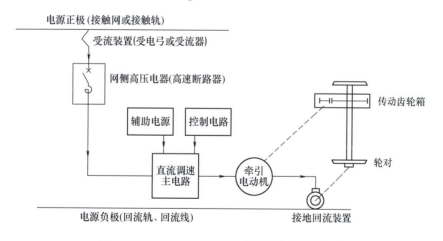

图 2-17　城市轨道交通车辆直流主传动结构组成

城市轨道交通车辆主传动系统的工作过程为：接触网或接触轨的直流电（DC1500V 或 DC750V）经动车上的受流器引入车内，经断路器、网侧高压电路、直流牵引电动机调速电路，再经接地回流装置回电源负极。随着电动机接入电源即行旋转，电能转换为机械能，牵引电动机产生的牵引转矩经过齿轮传动装置传递到动车轮对实现牵引运行。

直流传动的城市轨道交通车辆，其调速控制方式一般有两种基本形式：变阻控制和斩波调压控制。

1. 变阻控制

变阻控制是指通过调节串入电动机回路的电阻，改变直流牵引电动机端电压而达到调速目的，主要方法有凸轮调阻和斩波调阻。

（1）凸轮调阻控制　如图 2-18 所示，通过转动凸轮，接触器 KM 形成不同的开闭组合，

接入或切除若干起动电阻 R，以达到调节牵引电动机端电压的目的。这种调速方式是通过凸轮控制电阻进行的有级调节，因此会产生牵引力冲击，乘客乘坐时舒适度欠佳，另外存在能耗，因此并不是经济的调速手段。

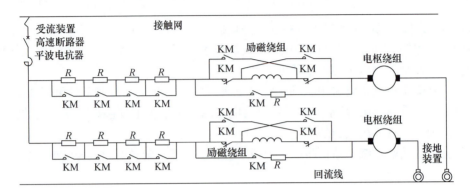

图 2-18　凸轮调阻控制

（2）斩波调阻控制　它是将晶闸管或门极关断晶闸管（GTO）等功率器件组成的斩波器（CH）作为电子开关，与起动电阻 R 并联，通过控制 CH 的导通时间，改变串入主电路的电阻，从而改变电动机的端电压，实现调速的方法，其原理如图 2-19 所示。

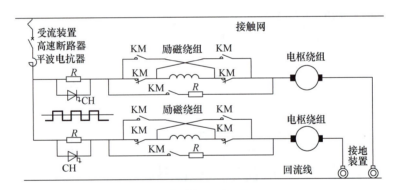

图 2-19　斩波调阻控制

设调速电阻为 R，功率器件的导通及关断时间分别为 T_{ON}、T_{OFF}，$T_{ON}+T_{OFF}$ 为一个周期 T。在一个周期内，随着器件的通断，R 所呈现的平均电阻为 $(T_{ON}/T)\cdot R$，调节 T_{ON} 即可改变平均电阻，可获得范围较宽的平滑变化的电阻，减少牵引进级时的冲动，提高粘着性能，改善乘坐舒适度。

2. 斩波调压控制

斩波调压控制是指通过控制接在电网与牵引电动机之间的斩波器的导通与关断来改变牵引电动机端电压的方法。其主传动电路如图 2-20 所示。

如图 2-20 所示，与斩波调阻相比，斩波调压控制用斩波器取代了起动电阻，组成了一个直流电动机斩波调速电路。在该电路中，当开关闭合时负载两端获得电源电压，而当开关断开时，负载两端的电压为零。若开关周期性地高速通断，则在负载两端得到一个脉冲序列电压。只要斩波开关的切换速度足够高，则可认为电动机的转速是稳定的，且仅由电压平均

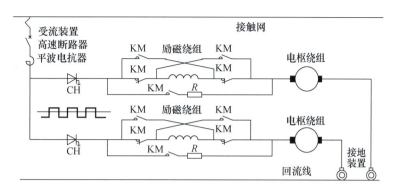

图 2-20 斩波调压控制

值的大小来决定。由于斩波控制的是电动机的电枢电压，因此这种调速控制称为电枢斩波控制。

斩波控制调速是一种经济的调速手段，而且随着电力电子技术的发展，大功率全控型电力电子器件的出现，使得斩波器的结构得以简化，所以在直流传动的城轨交通车辆调压线路中已广泛采用由门极关断晶闸管或绝缘栅双极性晶体管（IGBT）器件组成的大功率斩波器。

3. 直流牵引传动系统的电制动

城轨车辆的电制动是利用电机的可逆性原理。一台电机既可以作发电机也可以作电动机，只是运行条件不同，这就是电机的可逆性原理。城轨车辆牵引运行时牵引电机为串励，作电动机运行，将电网的电能转换为列车运行的动能；在制动时通过将电机与电网分离，可以把牵引电动机变为发电机，将列车运行的动能变为电能，这时牵引电机轴上的反向转矩作用在动轮上形成电制动力。电制动可以提高列车下坡时的运行速度，降低轨道车辆轮对及其闸瓦的磨耗。

电制动时牵引电机所产生的电能，如果利用电阻使之转化为热能耗散掉，则称为电阻制动或能耗制动。如果将电能重新反馈回电网中去加以利用，则称为再生制动或反馈制动。

（1）电阻制动 串励直流牵引电动机的电阻制动，按其接线方式不同可以分为两种，即他励式电阻制动和串励式电阻制动，如图 2-21 所示。

1）他励式电阻制动。将串励电动机的串励绕组与电枢绕组分离，串励绕组改由单独的电源供电，电枢绕组则与制动电阻 R_z 相联接，这种方式称为他励式电阻制动，如图 2-21a 所示。改变他励绕组的励磁电流和磁通，可以调节电动机的制动电流和制动力。

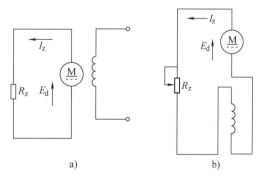

图 2-21 电阻制动
a) 他励 b) 串励

2）串励式电阻制动。牵引电动机励磁绕组反向与电枢串联，再接到制动电阻 R_z 上，电动机仍保持串励形式，如图 2-21b 所示。这种方式不需要有额外的励磁电源，但是需要改变制动电阻 R_z 的大小来调节制动电流和制动力。城市轨道交通车辆常采用斩波器与制动电阻并联的方式，依靠调节斩波器的导通比改变制动电阻的大小来调节制动电流和制动力。

(2) 再生制动 再生制动时，牵引电机处于发电机状态向电网反馈电能，如图 2-22 所示。采用 GTO 斩波装置，可以比较方便地实现再生制动。

三、直流斩波控制方式主电路实例分析

下面以某地铁车辆主电路为例，分析直流斩波控制方式主电路的工作原理。该主电路的原理接线图包括两部分，主传动线路输入滤波电路和牵引/制动电路。接触网供电电压 DC1500V，动车轴列式 B0-B0，四台串励直流电动机采用两串两并的连接方式，斩波调压，电阻制动，电阻分路磁场削弱。

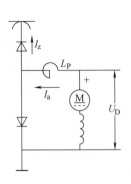

图 2-22 再生制动

1. 主传动线路输入滤波电路

主传动线路输入滤波电路如图 2-23 所示，包括网侧电路、滤波电路、起动限流环节、保护电路及接地装置。

(1) 网侧电路 由单臂受电弓 1Q1（安装在 B 车上）、避雷器 1F1、高速断路器 1Q3 组成，用以将接触网电压引入车内。

(2) 滤波电路 由滤波电容 1C1 及固定放电电阻 R1 和二次放电接触器 1K17 与电阻 1R2、滤波电感 1L1 组成。滤波电路的作用是为了克服浪涌电压及网压波动，同时还将直流斩波器产生的谐波限制在主电路内，避免对地铁系统中其他电子设备造成干扰。

工作时接触网电压 DC1500V 电压→受电弓 1Q1→高速断路器 1Q3→滤波电感 1L1→差动电流继电器 1U1→起动限流环节 1K15→1F2-1R1-1V1∥1K16→滤波电容 1C1/R1，输出稳定的馈电电压。

(3) 起动限流环节 作用是限制主电路起动电流过大，建立稳定的馈电电压。起动开始，首先闭合 1K15，电流经 1K15、快速熔断器 1F2、起动限流电阻 1R1、防迂回二极管 1V1 向滤波电容 1C1 充电。电压互感器 1U2 检测电容的充电电压，当电容电压充至 80% 网压及以上时，闭合快速充电接触器 1K16 短接起动限流电阻 1R1，加速建立稳定的馈电电压。当主电路跳闸，为保证安全，滤波电容 1C1 先由固定电阻 R1 放电，再由放电接触器 1K17 控制电阻 1R2 进行二次放电。

(4) 保护电路 由差动电流继电器 1U1、1Q2/1R4 固定接地装置、避雷器 1F1 构成。差动电流继电器 1U1 和 1Q2/1R4 固定接地装置接在主电路的输入与接地端之间，用以对主电路进行过电流保护及接地保护。当差动电流继电器 1U1 的 1、2 端电流差值超过 50A 时，起动限流环节 1K15 线路接触器断开。

1F1 是避雷器，对主电路大气过电压进行保护。

主电路通过接地电刷 1Q8~1Q11、车轴和轮轨构成负极回流。

2. 主传动牵引/制动电路

(1) 牵引电路 地铁车辆动车调速以调压调速为主、磁削调速为辅，即采用直流斩波调压调速，通过主极磁通削磁以扩展调速范围。电路如图 2-24 所示。

斩波器的工作方式为脉宽调制，斩波输出为两相一重，每相频率 250Hz，故工作频率为 500Hz，斩波器与电动机之间串有平波电抗器 1L3，用以平抑电流脉动。

牵引时四台牵引电动机两串两并，电流路径(向前时)为：

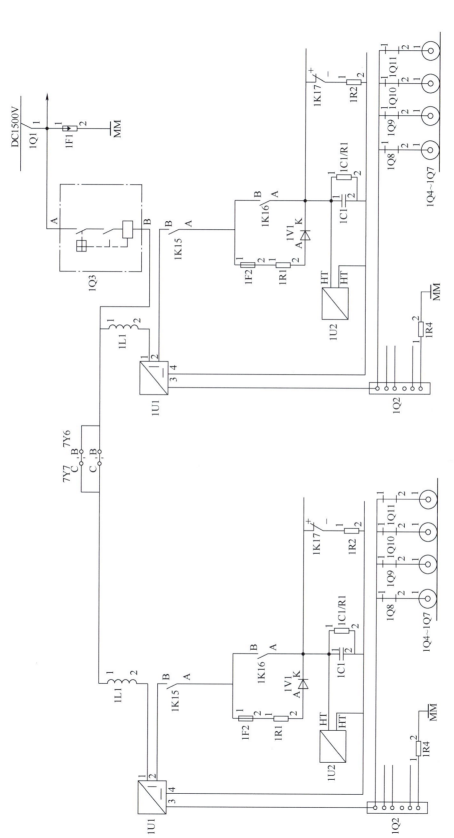

图 2-23 主传动线路输入滤波电路

1Q1—受电弓 1Q3—高速断路器 1F1—避雷器 1L1—滤波电感 1C1—滤波电容 R1—滤波电容固定放电电阻 1R1—起动限流电阻 1R2—二次放电电阻 1K15、1K16—接触器
1K17—二次放电接触器 1U1—差动电流继电器 1U2—电压互感器 1Q2—接地端子 1F2—快速熔断器 1V1—防正回二极管 1R4—接地电阻 1Q4~1Q11—接地装置

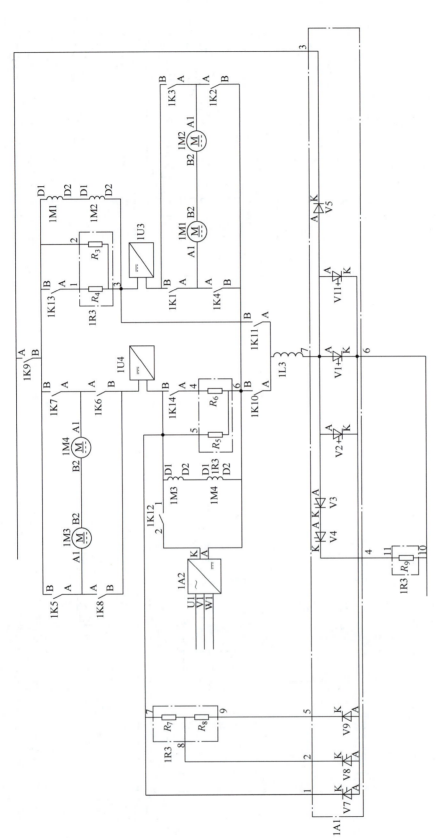

图2-24 主传动线路牵引/制动电路

1K1~1K14—接触器　1U3~1U4—电流互感器　1M1~1M4—牵引电动机　1A2—预励磁装置　1L3—平波电抗器　1R3-(R_3,R_6)—磁削电阻
1R3-(R_4~R_5)—固定分路电阻　1R3-(R_7~R_9)—制动电阻　1A1—斩波器（V1~V2—GTO主晶闸管，V3~V4—制动晶闸管，V7~V8—制动电阻调节晶闸管，
V9—串联制动二极管，V5—续流二极管，V11—短路保护晶闸管）

第一、第二电动机支路，馈电正端→1K9→第一牵引电动机励磁绕组1M1 D1 D2→第二牵引电动机励磁绕组1M2 D1 D2→电流互感器1U3→1K1→第一牵引电动机电枢绕组1M1 A1 B2→第二牵引电动机电枢绕组1M2 B2 A1→1K2→1K10→平波电抗器1L3→斩波器1A1 7、1A1 6→馈电负端→接地装置1Q8~1Q11（图2-23中）→轮对轴→钢轨回流。

第三、第四电动机支路，馈电正端→1K9→1K5→第三牵引电动机电枢绕组1M3 A1 B2→第四牵引电动机电枢绕组1M4 B2 A1→1K6→电流互感器1U4→第三牵引电动机励磁绕组1M3 D1 D2→第四牵引电动机励磁绕组1M4 D1 D2→1K10→平波电抗器1L3→斩波器1A1 7、1A1 6→馈电负端→接地装置1Q8~1Q11（图2-23中）→轮对轴→钢轨回流。

列车的运行方向由接触器1K1、1K2、1K5、1K6控制向前，接触器1K3、1K4、1K7、1K8控制向后。

磁场削弱电路：当速度达到36km/h，斩波器调节达到0.95时，闭合磁削接触器1K13，磁削电阻1R3-R4并入第一、第二电动机的励磁绕组支路；闭合磁削接触器1K14，磁削电阻1R3-R6并入第三、第四电动机的励磁绕组支路，实现磁场削弱级调速，磁场削弱系数为50%。注意：电动机励磁绕组上并联的电阻1R3-R3、1R3-R5为固定分路电阻，用以改善牵引电动机的换向，其固定磁场削弱系数为93%。

注意：牵引斩波器1A1中V11与V1、V2并联的作用是硬件过电流保护。平时不工作，当电路出现过电流时，V11触发导通短路，从而保护了主管V1、V2。

(2) 电制动电路　电制动时牵引电机变为发电机，只要发电机电动势E_d高于网压，则电路实施再生制动，即发电电能沿牵引电路的反方向回馈到电网中，但如果接触网电压过高或邻近供电区段无其他车辆吸收反馈的能量，则电路转为电阻制动，将发电能量消耗在制动电阻上。

制动时电流路径为：

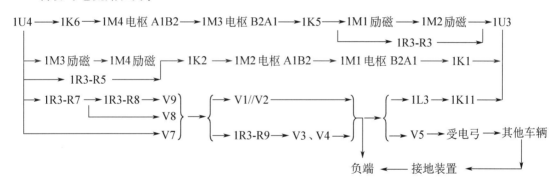

其中，为提高电气稳定性，电机支路1M4电枢A1B2→1M3电枢B2A1→1K5→1M1励磁→1M2励磁和电机支路1M3励磁→1M4励磁→1K2→1M2电枢A1B2→1M1电枢B2A1，两电机交叉励磁（互为励磁）。

预励磁电路1A2，并接在第三、第四电机的励磁绕组上。预励磁由接触器1K12控制，首先闭合1K12、1A2向1M3、1M4励磁绕组提供励磁电压，2s后断开，完成预励磁。这是因为当电路由牵引工况转为电制动工况时，电枢电流方向不变，剩磁方向不变，只有改变励磁电流方向，才能实现电机由电动机工况转换为发电机工况，为此必须预先反向他励励磁，以便使电机建立发电机工况时的初始电压。

当网压低于1800V或有其他车辆吸收电能时，优先进行再生制动。此时斩波器1A1主制动晶闸管 V1、V2 工作。V1、V2 导通时，两条电机支路的发电电流由电机正端经 1K11→平波电抗器 1L3→斩波器 1A1 的制动主晶闸管 V1、V2→二极管 V9→制动稳定电阻 1R3-R8/R7→电机负端，此时平波电抗器 1L3 储能；V1、V2 关断时，两条电机支路的发电电流由电机正端经 1K11→平波电抗器 1L3→二极管 V5→受电弓，向其他车辆反馈电能，经钢轨回流到负端，形成升压斩波再生制动。

当网压达到 1800V 或无其他车辆吸收电能时，转入电阻制动。此时斩波器制动晶闸管 V3、V4 工作，而 V1、V2 处于关断状态。为了保证低速时恒定的制动力矩，依靠斩波器 1A1 的 V7、V8 进行分级制动电阻，V8 导通时短接 1R3-R8 一级电阻制动，V7 导通时短接 1R3-R8 和 R7 二极电阻制动，通过无级控制斩波比，均匀地调节制动电流值。

3. 主要设备

（1）牵引电机　地铁车辆采用串励直流牵引电机，它具有起动转矩大、过载能力强、调速平滑且范围广、控制简单的特点。电机冷却采用自通风形式，架承式悬架，电机输出端与齿轮箱小齿轮间采用弹性（挠性）联轴器连接。换向器为紧圈式塑料换向器，换向器长度较短，从而增加了电枢铁心的有效长度，使电机有较大的转矩。

CUCS-5668h 型牵引电机的主要技术参数见表 2-2。

表 2-2　CUCS-5668h 型牵引电机主要技术参数

工作制	持续制	最大转速/(r/min)	3140
额定功率/kW	207	绝缘等级	H 级
额定电压/V	750	通风量/(m³/s)	0.28
额定电流/A	305	磁场削弱系数 β_0/β_{min}	93%/50%
额定转速/(r/min)	1470	齿轮传动比	5.95:1

（2）斩波器　斩波器采用门极关断晶闸管器件。GTO 器件的特点是其导通和关断都可采用门极触发的方法，不需要换流电路，大大简化了斩波器的线路和结构。斩波器原理如图 2-23 中点画线框内部分。地铁车辆斩波器控制方法如下。

1）起动牵引前期采用频率调制（即调 T），设定很小的脉宽（即定 t_{on}），频率从 60Hz 起调至 400Hz，之后转入脉宽调制（即调 t_{on}），对导通比 α 在 0.05~0.95 之间进行控制。斩波器调压公式为 $U=\alpha U_c$，故当调节 $\alpha=0.05~0.95$ 变化时，则对应 $U=(0.05~0.95)U_c$（U_c 为接触网电压）之间进行调节。

2）电制动时，门极可关断晶闸管 V1、V2 调节再生制动电流，V3、V4 电阻制动晶闸管调节电阻制动电流，V7、V8 和电阻（1R3-R7、R8、R9）构成分级电阻制动调节电路。

斩波器的主要技术参数见表 2-3。

表 2-3　斩波器主要技术参数

两相一重相位差	180°
工作频率/Hz	500
GTO 导通比	$0.05<\alpha<0.95$

CSG2003—45A01 型 GTO 的主要技术参数见表 2-4。

表 2-4　CSG2003—45A01 型 GTO 主要技术参数

最大可控制关断电流/A	2000	触发电流/A	<2.5(25℃)
最大截止电压/V	4500	可重复最大反向电压/V	4500
GTO 正向正压降/V	<3.5(2000A,125℃)	电流增长率/(A/μs)	400
最大不重复冲击电流/kA	13(10ms)	环境温度范围/℃	-40~125

斩波器冷却采用内外隔离方式，通风冷却示意图如图 2-25 所示。斩波器箱内装有循环空气通风机，箱内空气借助风机循环流动。箱内还有一个热交换器，箱内空气与箱外空气互相隔离，但可通过热交换器进行热量交换。热交换器也有一个通风机，将热量排到大气中去。因此斩波器箱内的热量一部分通过箱体表面散热，一部分通过热交换器排入大气。由于箱内空气只在箱内循环，不与外部空气接触，因此能保持很高的清洁度。

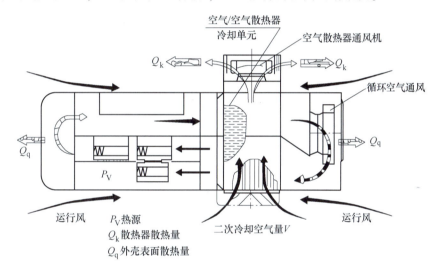

图 2-25　斩波器箱通风冷却示意图

直流传动的城轨车辆其特点是采用直流牵引电机，通过控制励磁电流使牵引电机具有所要求的软特性和良好的防空转性能。直流电机结构上的缺点是存在电刷和换向器，无法改变电机存在的火花和环火的致命缺陷，从而限制了直流电机的功率和容量，也限制了直流传动列车的发展。

任务二　交流牵引传动系统

一、交流牵引电动机的原理分析

直流牵引电动机具有良好的牵引和制动性能，通过调节端电压和励磁，就可以方便地调速。但是，直流牵引电动机的防空转性能较差，换向器与电刷结构尚存在一系列缺点：等功率下电动机的体积和质量较大，换向困难、电位条件恶化，易产生环火和繁杂的维护。特别是在高电压大功率时，换向变得困难，电位条件恶化，造成电动机的工作可靠性降低。随着大功率晶闸管,特别是近年来全控型电力电子器件的迅速发展,可调压调频的逆变装置已经成功解决了交流电动机的调速问题。交流异步电动机没有换向器,作为牵引电动机就消除了由此引起的一连串问题,而且具有结构简单、成本低、工作可靠、寿命长、维修和运行费用低、防空转性能好等一系列优点,所以是一种较理想的牵引电动机,在城市轨道交通领域中正在迅速取代直流牵引电动机。

目前城市轨道交通车辆普遍采用的是交流异步牵引电动机,这是因为同步电动机需要集电环和电刷,或者在转子上安装旋转整流器,不适于频繁起动和停止的工作需要,也不能在轮径不同或牵引电动机转速有差别时,由一台逆变器驱动多台电动机并联工作。

交流异步牵引电动机在空间利用和自重上都优于同步电动机,尤其是笼型异步电动机,在工业上是最常用的。这种电动机非常经济、耐用、可靠。异步电动机采用VVVF控制,即直流电通过逆变器变为三相交流电,用电压和频率的变化来控制异步电动机的转速,获得最佳的调速性能,并实现再生制动。

1. 三相异步电动机的转差率和转速

三相异步电动机最基本的工作原理之一是在气隙中建立旋转和正弦分布的磁场。若忽略槽的影响,则三相绕组分布对称。正弦三相对称电源加到三相定子绕组上会建立一个同步旋转磁场。若初始时转子处于静止状态,磁场将从转子导条上扫过,在短路的转子电路中感应出相同频率的电流。气隙磁链和转子磁动势相互作用产生转矩。只有当转子的转速与磁场的转速(同步转速)出现转速差,才会感应出转子电流,从而产生转矩。旋转磁场的同步转速 n_s 与电动机转子实际转速 n 之差与旋转磁场的同步转速之比称为转差率

$$s = \frac{n_s - n}{n_s} \tag{2-7}$$

异步电动机的转速为

$$n = n_s(1-s) = \left(\frac{60f_1}{p}\right)(1-s) \tag{2-8}$$

式中 f_1——定子频率,单位为Hz;
　　　p——电动机极对数;
　　　s——转差率。

2. 异步电动机的等效电路

三相笼型异步电动机的转子为笼型结构,两端具有两个短路环。异步电动机本质上可看作一个具有旋转和短路的二次绕组的三相变压器,定子铁心和转子铁心都是由铁磁钢薄片叠成的,电动机中的气隙实际上是均匀的。所以异步电动机也可以用类似于变压器电路的异步电动机每相等效电路(见图2-26a)来表示。图中定子绕组的内阻、漏抗分别为 r_1、x_1,转子绕组的内阻、漏抗分别为 r_2、x_2。定子绕组的电压、电动势、电流相量分别为 U_1、E_1、I_1,转子绕组的电动

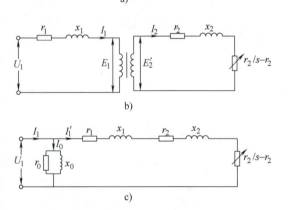

图2-26　交流异步电动机等效电路

势、电流相量分别为 E'_2、I_2,励磁支路的电阻、电抗、电流相量分别为 r_0、x_0、I_0。

旋转磁场以同步转速 n_s 旋转。如果转子静止不动($s=1$),转子与旋转磁场的相对转速就是 n_s,在转子中产生的感应电动势 E'_2 的频率等于旋转磁场的频率 f。

如果转子旋转,转差率为 s,则转子与旋转磁场的相对转速为 sn_s,在转子中产生的感应电动势为 sE'_2,频率为 sf,二次漏抗为 sx_2。

由图 2-26a 可知,二次电流 I_2 为

$$I_2 = \frac{sE'_2}{\sqrt{r_2^2 + (sx_2)^2}} = \frac{E'_2}{\sqrt{\left[r_2 + \left(\frac{r_2}{s} - r_2\right)\right]^2 + x_2^2}} \tag{2-9}$$

图 2-26a 也可以用图 2-26b 来表示,电动机带负载相当于在变压器的二次侧接入负载电阻($r/s-r_2$)。

与变压器的计算相同,将二次侧以 1:1 的电流比换算到一次侧;并考虑到励磁电流 I_0 比较小,可以将励磁电路移到电源侧,得到简化的等效电路如图 2-26c 所示。

3. 异步电动机的特性

根据图 2-26c 所示的每相等效电路,可以求出感应电动机的各项特性。

(1) 电流 一次负载电流 I'_1(等于二次电流到一次电流的换算值),即

$$I'_1 = \frac{U_1}{\sqrt{\left(\frac{r_1+r_2}{s}\right)^2 + (x_1+x_2)^2}} \tag{2-10}$$

一次电流 I_1 为

$$I_1 = I'_1 + I_0 \tag{2-11}$$

式中 I_0——励磁电流,单位为 A。

(2) 功率 由定子向转子输入的电磁功率 P_2,即消耗在负载($r_2/s-r_2$)上的功率为

$$P_2 = \frac{I'^2_1 r_2}{s} = \frac{\frac{U_1^2 r_2}{s}}{\left(\frac{r_1+r_2}{s}\right)^2 + (x_1+x_2)^2} \tag{2-12}$$

转子铜损 P_{Cu2} 为

$$P_{Cu2} = I'^2_1 r_2 \tag{2-13}$$

转子输出的机械功率 P_0 为

$$P_0 = P_2 - P_{Cu2} = I'^2_1 r_2 \frac{1-s}{s} = \frac{\frac{U_1^2(1-s)r_2}{s}}{\left(\frac{r_1+r_2}{s}\right)^2 + (x_1+x_2)^2} \tag{2-14}$$

(3) 转矩 一般电动机的输出机械功率可表示为

$$P_0 = \omega T \tag{2-15}$$

转差率为 s 的异步电动机输出转矩 T 为

$$T = \frac{P_0}{\omega} = \frac{60}{2\pi n} P_0 = \frac{60}{2\pi n_s} \frac{\frac{U_1^2 r_2}{s}}{\left(\frac{r_1+r_2}{s}\right)^2 + (x_1+x_2)^2} \tag{2-16}$$

当频率和电源电压恒定时，式(2-16)即异步电动机的输出转矩 T 是转差率 s 的函数。

4. 异步电动机转矩-转速曲线

电动机转矩由定子气隙产生的磁通和转子电流决定，转子电流与转子导体切割磁通的次数即转差率成正比。所以，当电源的频率、转差和加在电动机上的电压变化时，转矩相应变化。

转差率由 1 到 0，即转子由静止到同步转速时异步电动机的转矩、负载电流和一次电流变化如图 2-27 所示。

当电源的频率、电压变化时，电动机的电流和转矩相应变化曲线如图 2-28 所示。不同定子电压下的转矩-转速曲线如图 2-28c 所示。由于在电源电压降低时，气隙磁链减小，所以在低转速时，定子电流往往非常大，从而造成高铜损耗。若增加定子频率而电压保持恒定，转矩-转速曲线如图 2-28b 所示，随着频率的增加，气隙磁链和转子电流减小，转矩相应减小。在低频区域成比例的同时降低定子

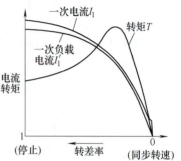

图 2-27　异步电动机的转矩、电流和转差率关系曲线

电压，即电压/频率＝常数时，转矩-转速曲线如图 2-28d 所示，转矩对定子电流的灵敏度很高，控制定子电流可具有快速的瞬态响应。

当电源的电压与频率之比保持恒定时改变频率，电动机的电流和转矩相应变化的曲线如图 2-29 所示。在转矩恒定区域，电动机的气隙磁链保持恒定，在变频运行时电动机可以以较大转矩起动，因此电动机的效率较高。

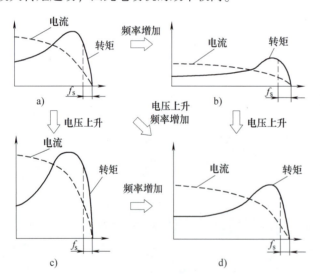

图 2-28　异步电动机基本特性曲线的变化
f_s—转差频率

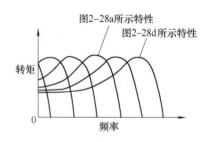

图 2-29　U/f 恒定时异步电动机基本特性曲线的变化

根据前面分析可知，电动机只有具有转速增加时转矩减小、转速减小时转矩增大的特性才能稳定地运行，由图 2-28、图 2-29 可知，稳定状态下的转速要比最大转矩转速稍大。

由于此时转差频率比电源频率要小得多，r_2/s 比 r_1、(x_1+x_2) 都大得多，异步电动机的转矩可近似表示为

$$T = K\left(\frac{U}{f}\right)^2 f_s \tag{2-17}$$

二、交流异步电动机的转速控制

最简单、经济的控制异步笼型电动机转速的方法是在保持电源频率恒定的情况下改变定子电压的大小。在供电频率下，三相定子电压通过与每相相连的晶闸管的触发延迟角来控制，输出的电压或电流波形中含有较多的谐波，造成电动机转矩脉动大，功率因数较差。虽然交流电动机实现了在一定范围内的调速，但还不能与直流调速系统相媲美，只能用于一些调速要求不高的场合，如风机、泵类等负载的拖动。随后发展的转差频率速度闭环控制系统基本上解决了异步电动机平滑调速的问题，同时也基本上具备了直流电动机双闭环控制系统的优点，结构也不算太复杂，已能满足许多工业应用的要求，具有较广泛的应用价值。然而，当生产机械对调速系统的动静态性能提出更高要求时，上述系统还是比直流调速系统略差一些。原因在于，其控制规律是从异步电动机稳态等效电路和稳态转矩公式出发推导出的平均值控制，完全不考虑过渡过程。就变频调速而言，其形式也有很多，传统的变频调速方式采用的是 U/f 控制。这种控制方式结构简单，但由于它是基于电动机的稳态方程实现的，系统的动态响应指标较差，还无法完全取代直流调速系统。

1971 年，德国学者 F. Blaschke 提出了交流电动机的磁场定向矢量控制理论，标志着交流调速理论的重大突破。矢量控制，就是交流电动机模拟成直流电动机来控制，通过坐标变换来实现电动机定子电流的励磁分量和转矩分量的解耦，然后分别独立调节，从而获得高性能的转矩和转速响应特性。

矢量控制主要有两种方式：磁场定向矢量控制和转差频率矢量控制。但无论采用哪种方式，转子磁链的准确检测是实现矢量控制的关键，直接关系到矢量控制系统性能的好坏。一般情况下，转子磁链检测可以采用直接法或间接法来实现。

1985 年，德国鲁尔大学的 Depenbrock 教授提出了一种新型交流调速理论，即直接转矩控制。这种方法结构简单，在很大程度上克服了矢量控制中由于坐标变换引起的计算量大、控制结构复杂、系统性能受电动机参数影响较大等缺点，系统的动静态性能指标都十分优越，是一种很有发展前途的交流调速方案。因此，直接转矩控制理论一问世便受到了广泛关注。

1. 异步电动机的转速控制方法

为了得到与串励直流电动机类似的牵引特性，异步电动机的转速控制有以下几种方法：U/f 恒定控制、恒转差频率控制、恒功率控制和恒电压控制。

（1）U/f 恒定控制 可以在较大的速度范围内输出恒定转矩。其特性与串励直流电动机保持电枢和励磁电流恒定、调节电压改变速度的控制方法相同。

由异步电动机的转矩公式（2-17）可知，保持电源的电压与频率之比 U/f 及转差频率 f_s 恒定可以得到这一特性；另外，从车辆的速度与电源频率基本成正比，而车辆的速度与电动机的反电动势也是正比关系来看，电源电压应当与车辆的速度即电源频率成正比，也就是保持 U/f 恒定。但是，逆变电路输出电压的最大值受电网电压限制，采用这种控制方法得到的速度范围不是无限的。它相当于应用串励直流电动机的车辆用调节电阻来控制主电动机的端电压得到的速度范围。

U/f 保持恒定时，如果忽略定子的漏阻抗，则气隙磁通和转矩也不变。但是，当定子频率 f 降至一定数值以下时，虽然定子漏抗数值也相应减小，但定子电阻却与频率无关，此时定子电阻压降影响大大增加，因而造成气隙磁通迅速减小，转矩随之减小，所以用恒 U/f 运行时，低频特性不够满意。为此，在低频时要适当加大电压，即增大 U/f 值以保持气隙磁通不变。

（2）恒转差频率控制　这是一种逆变电路的输出电压达到最大值后，仅改变逆变电路输出频率的控制方法。在式（2-17）中，保持 U 和 f_s 恒定，则转矩 T 与电源频率的平方（即车辆速度的平方）基本成反比。这相当于串励直流电动机的自然特性。

（3）恒功率控制　恒转差频率控制时，随着速度增加，转矩急剧下降；如果设计时转差频率对于最大值留有余地，则在速度增加的同时增加转差频率，可以防止转矩下降过多。

根据式（2-17），使转差频率 f_s 与电源频率 f 成正比地增加，则转矩 T 与电源频率，即车辆速度基本成反比，转矩的下降幅度比恒转差频率控制方式小。

这种控制方法使转差频率 $(f-f_s)/f$ 为恒定，由图 2-28 可知，随着电源频率增加，对应于转矩最大值的转差频率变小，所以 f_s 不能取得过大。此时，电源电压恒定、转差频率与电源频率成正比，输入电流基本恒定，称为恒功率控制。这种方式等效于串励直流电动机的削弱磁场控制。

（4）恒电压控制　U/f 恒定控制时，即使逆变电路输出电压为最大，如果输出电流、转差频率到最大转矩对应点时还有裕量，可以用恒转矩控制扩大速度范围。

根据式（2-17），U 恒定而增加 f，则使 f_s 与 f 的平方成正比地增加。但如前所述，f_s 增加的范围十分有限，f_s 与 f 的平方成正比地增加的速度范围比较窄。

以上的方法只是用于开环控制系统。如果采用闭环系统，则可使 U/f 为常数，这样在包括低频在内的整个频率范围内都可得到恒磁通运行。

目前，用于城市轨道交通车辆的闭环控制系统有转差-电流控制（如上海地铁 2 号线地铁车辆牵引电动机控制）、矢量控制（如广州地铁 1 号线地铁车辆牵引电动机控制）及直接转矩控制（如深圳地铁 1 号线地铁增购车辆牵引电动机控制）等。

2. 异步电动机矢量控制调速

为了改善异步电动机的动态性能，产生了矢量控制理论，矢量控制主要以产生同样的旋转磁动势为准则，把三相定子电流变换为等效的二相定子电流，也就是把三相异步电动机等效为二相异步电动机。若将互相垂直的两绕组分别通以直流电流，产生合成磁动势 F，并让包含两绕组在内的整个铁心旋转，这样合成磁动势 F 也旋转，若此旋转磁动势的大小和转速与二相固定交流绕组产生的磁动势相同，则交流两相异步电动机等效为直流电动机，这个等效变换为旋转变换。

矢量控制调速系统主要是对转矩与转子磁通 Φ 的控制，转矩给定值由转差决定，磁通给定值根据速度给定，在基速以下磁通恒定，超过基速，则进行磁场削弱。矢量控制逆变器分为电流型和电压型，电流型逆变器通过转矩调节器输出给定旋转坐标系中电枢绕组电流给定值，通过磁通调节器输出给定旋转坐标系中励磁绕组电流给定值，对上述两变量进行旋转逆变变换，得到在静止坐标系中对应的给定值，再经过坐标变换，等效为三相异步电动机定子电流的给定值，把给定电流作为可控电流逆变器的三相电流控制信号，由逆变器驱动电动机。在城市轨道交通车辆传动控制中，多采用电压型逆变器。

（1）矢量控制的优势　传统的 U/f 控制属于标量控制，其与矢量控制的比较见表2-5。矢量控制的特点是，除了电压控制所进行的大小和频率控制外，还同时对相位进行控制，因此它与 U/f 控制相比，转矩反应速度高达10倍以上。它的电动机电流可以按励磁电流和转矩电流独立控制，可以高速高精度地控制转矩电流。为此需要准确地设定电动机的参数，并要求控制装置具有强大的演算处理能力。

表2-5　传统 U/f 控制与矢量控制的比较

项　目	传统 U/f 控制	矢　量　控　制	项　目	传统 U/f 控制	矢　量　控　制
电压控制信息	大小、频率	大小、频率、相位	转矩反应	数百毫秒	数十毫秒
电流控制	实效值控制	励磁电流、转矩电流独立控制	CPU演算量	小	大

在城市轨道交通车辆驱动控制上引入矢量控制具有如下优点：
1）优化空转再粘着的控制性能。
2）提高轻负荷再生时的再生效率。
3）提高乘坐舒适性（无转矩冲击）。
4）提高匀速驾驶和自动驾驶的精度。

有趋势表明，矢量控制将淘汰标量控制，而成为交流电动机传动系统的工业标准控制技术。

（2）矢量控制的基本原理　通过图2-30可以清楚地了解直流电动机的原理模式与转矩控制原理。在直流电动机中，若忽略电枢反应和磁场饱和，则输出转矩可表示为

$$T = K'_t I_a I_L \tag{2-18}$$

式中　I_a——电枢电流，单位为 A；
　　　I_L——励磁电流，单位为 A。

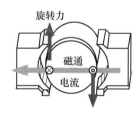
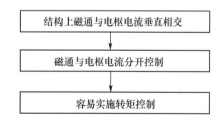

图2-30　直流电动机的转矩控制

直流电动机的构造决定了由励磁电流产生的励磁磁链 Ψ_L 与由电枢电流产生的电枢磁链 Ψ_a 是垂直的。这意味着当通过控制电枢电流 I_a 来控制转矩时，励磁磁链 Ψ_L 不受其影响而且在电枢磁链 Ψ_a 为额定值时可以获得快速的瞬态响应和较高的转矩。由于两电流是彼此解耦的，因此控制励磁电流 I_L 时，也不会影响电枢磁链 Ψ_a。

交流异步电动机的磁场时刻处于旋转之中，如图2-31所示。若将异步电动机放在一个同步旋转的参考坐标系（d-q）上进行控制，磁场的旋转就会同磁极物理位置固定的直流电动机一样，呈现停止状态，此时异步电动机可获得类似于直流电动机的性能特性，因此，可以采取与直流电动机等价处理的方法。这种以外观上静止的磁链为基准所进行的电流控制就是

矢量控制。

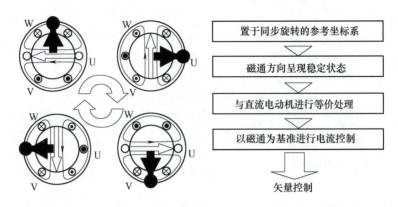

图 2-31 感应电动机的旋转磁场

（3）感应电动机的等效电路与电流矢量 图 2-32 给出了在稳态条件下感应电动机的 d-q 等效电路。为简单起见，忽略转子的漏感，此时转子磁链和气隙磁链相等。定子电流可以表示为

$$I_m = \sqrt{I_d^2 + I_q^2} \tag{2-19}$$

式中 I_d——流过电感的定子电流励磁分量；

I_q——流过转子回路的定子电流转矩分量。

如同直流牵引电动机励磁电流 I_d 与转矩电流 I_q 垂直相交一样，将磁链 Ψ 的方向作为 d 轴、将与 d 轴垂直相交的方向作为 q 轴，以这些为基准轴对电动机电流进行矢量处理，如图 2-33 所示。

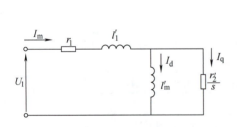

图 2-32 感应电动机的稳态等效电路

r_1——一次侧电阻 l_1'——漏电感 l_m'——励磁电感
r_2'——二次侧电阻 s——转差率

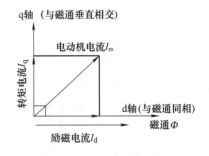

图 2-33 磁通与电流矢量

（4）电流矢量的转矩控制 在感应电动机控制中因为发生的转矩与磁链和二次侧电流（转矩电流）之积成比例关系，而磁通与励磁电流成比例关系，所以，矢量控制时的转矩按下式得出

$$\begin{aligned} T &= K\Phi I_q \\ &= K' I_d I_q \end{aligned} \tag{2-20}$$

式中 K、K'——比例常量；

Φ——磁通；

I_q——转矩电流；

I_d——励磁电流。

由于感应电动机发生的转矩是由励磁电流与转矩电流之积所得，所以通过分离励磁电流和转矩电流并进行单独调整，便能够像直流电动机一样对感应电动机进行控制，无论是正常控制还是过渡控制，都能获得灵敏的转矩控制。

由于感应电动机的励磁电感比漏电感大，所以在磁通（励磁电流）调节时需要大能量的进出，时间长。因此，对于要求反应快速的转矩控制来讲，通常采取这样的方法：即在保持稳定励磁电流的情况下调整转矩电流，从而获得不同的转矩。图2-34用图解的方式分析了在磁通为恒值时增加定子电流分量I_q以增大转矩的情形。

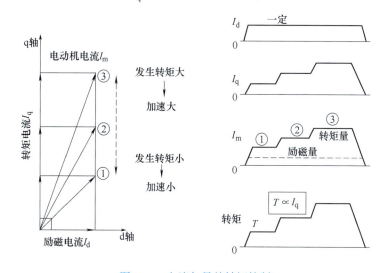

图2-34 电流矢量的转矩控制

（5）电压矢量控制的电压控制 通过对图2-35电压、电流的矢量图进行分析可知，为了得到规定的励磁电流I_d与转矩电流I_q，需要把电动机的端子电压U_1（相当于逆变器的输出

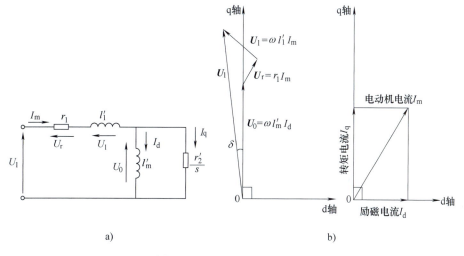

a) b)

图2-35 电压、电流的矢量图

a）等价电路 b）矢量图

电压）由电动机常量设定为规定值。也就是说，感应电动机的端电压 U_1 是通过励磁电感电压 U_0（相当于二次侧电阻的电压）和电动机电流 I_m 产生的电压下降量 U_r、U_1 矢量合成获得。相对于电动机端子电压 U_1 的 U_1 的相位角 δ 是控制信息，对于传统 U/f 控制来说，它增加了电压控制的自由度，是矢量控制中的重要控制信息。

图 2-36 是转矩调节中的电压矢量控制方法的原理分析。设想一种情况，即保持磁通电流指令 I_{dp} 不变，而将转矩电流 I_{qp} 变成 I'_{qp}。此时，将电动机电流（指令）I_{mp} 变成 I'_{mp}。矢量演算器为了不使励磁电流 I_d 发生变化（使磁通保持一定），在保持励磁电感的电压 U_0 不变的情况下，分别把端子电压的大小 U_1 和相位角 δ 修正为 U'_1 与 δ'。由于磁通不会同时发生变化，因而可以获得高速的转矩反应。

3. 直接转矩控制调速

感应电动机控制的本质是控制电磁转矩。感应电动机高性能的转矩控制方法主要有直接转矩控制和矢量控制方式，这两种方式都可以使电动机保持快速动态响应以及良好的稳态性能。其区别仅

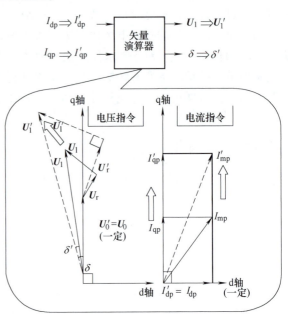

图 2-36 转矩调节中的电压矢量控制方法的原理

在于直接转矩控制建立在定子磁场旋转坐标系中，矢量控制建立在转子磁场旋转坐标系中。采用高性能的直接转矩控制技术，感应电动机的控制性能可与他励直流电动机相媲美。

直接转矩控制通过定子磁链定向，直接对转矩进行控制，省去了繁杂的解耦过程，使得系统结构简单、控制方便。该方式在每个采样周期所选用的电压矢量，总是保证转矩在 $t=0$ 时刻能最快地向着正确的方向变化。这种方法选择的电压矢量，在各控制周期的开始时刻控制效果最佳，但是整个控制周期内的效果却未必最好。通过研究分析，采用预期电压法选择电压矢量可以改善这种情况，减小转矩的脉动。预期电压法的操作方式如下：首先根据转矩偏差、磁链偏差和转速计算出一个能达到最佳控制的预期电压，然后用电压型逆变器的 6 个工作电压中与之相邻的两个电压矢量来合成它，计算出各自的工作时间，然后用零电压补足采样周期。采用该类型的直接转矩控制系统，通过电压合成，每个周期内一般有两个非零电压和一个零电压以最佳的时间搭配，交替作用，从而相当于将控制频率增到了两倍或两倍以上，使控制更加准确，性能在整个周期内趋向最佳。

一般认为，传统的直接转矩控制采用两个滞环比较器，通过 bang-bang 控制⊖实现对磁链和转矩的解耦控制；而矢量控制的主要目标是采用坐标变换方法对定子电流进行解耦控制，并间接地实现对转矩和磁链的解耦控制。两者的主要区别在于：矢量控制一般

⊖ bang-bang 控制，又称棒棒控制，是时间最优控制，最早由前苏联数学家庞特·里亚金提出。

具有PWM[⊖]逆变器和定子电流闭环,而直接转矩控制没有。实际上,目前的直接转矩控制和矢量控制正在不断地融合,取长补短,构成更加优良的控制系统,将是未来的发展方向。

(1) 直接转矩控制与矢量控制的分析比较

1) 转矩脉动方面。直观来看,直接转矩控制的转矩脉动来自其使用的滞环控制方式,即俗称的bang-bang控制方式。但实际上,滞环方式是利用有效电压空间矢量和零矢量交替使用来实现的,而目前使用的矢量控制也都是PWM逆变方式,各种类型的交流PWM技术,无一例外都使用了有效电压空间矢量和零矢量交替作用的规律,因此矢量控制虽然在控制部分采用了平滑调节,但到了逆变器部分仍然是一种开关状态切换的bang-bang控制,从这个角度来说,两者原理相同,都存在转矩脉动问题。

转矩脉动对于实际运行的影响,既与脉动幅度有关,又与频率有关。频率越低,系统转动惯量的机械滤波作用越小,危害越明显。直接转矩控制采用滞环偏差控制,转矩偏差幅值固定,中速时脉动频率高,低速和高速时脉动频率都低,在设定滞环偏差时,中速时的频率需要保证不超出开关损耗的限制。矢量控制采用固定载波频率的方式,载波频率受开关损耗限制,应该与直接转矩控制的中速段相当,在高速段和低速段则相当于转矩脉动的频率不变,脉动幅值降低了。也就是说,直接转矩控制的转矩脉动,在中速段最轻微,低速和高速段较差;而矢量控制恰好相反,中速段与直接转矩控制差不多,低速和高速段反倒要好些,平均情况比直接转矩好。

对于转矩脉动问题,直接转矩控制有着改进的可能,例如,分段设定滞环偏差,或采用多电平技术,增加有效电压矢量个数。总的来说,直接转矩控制的脉动问题的确比矢量控制严重,但脉动转矩大体上仍属于高频脉动,脉动幅值不大,对运行性能的影响不是特别明显。

2) 转矩响应速度方面。直接转矩控制的转矩响应速度快于矢量控制,关键在于它不采用电流调节方式,而是采用电压矢量一次到位来改变转矩。矢量控制的许多方案使用了转矩电流闭环调节,为保证调节稳定,其时间常数不能太短,因此导致转矩响应速度慢。故直接转矩控制相对矢量控制,转矩响应速度优势明显。

3) 其他方面。对于电动机参数的依赖问题,直接转矩控制的电压模型对电动机参数要求很低,只要定子电阻即可,但电压模型在低速时误差很大,因此低速时需要电流模型,而直接转矩控制的电流模型包含了转子磁链,对电动机参数的依赖较多。对于转矩控制精度,直接转矩要高于矢量控制,但仅指平均值精度,并且误差属于同一数量级。

总的来说,直接转矩的动态性能优于矢量控制,但差别并不大。

(2) 直接转矩控制感应电动机工作特性 采用直接转矩控制技术,可瞬时控制感应电动机转矩,并能将负载扰动对速度的影响降到最低,从而很容易地控制轮对空转、滑行并使之最小化。在直接转矩控制中磁通和转矩可分别控制,从而在瞬态和稳态下均可获得最大转矩电流,效率较高,且更好地利用了驱动系统的电流能力。

⊖ PWM,Pulse Width Modulation的缩写,即脉冲宽度调制(脉宽调制),是利用微处理器的数字输出来对模拟电路进行控制的一种非常有效的技术。

直接转矩控制感应电动机工作分三个区，如图2-37所示。

1) 恒转矩控制区。当逆变器电压 U 增大时，增大逆变器频率 f，保持 U/f 比值恒定，感应电动机的磁通保持不变。

2) 恒功率控制区。当电压增加到接近逆变器最大输出值时，电压保持不变而仅增加频率，感应电动机磁通相应减小。

3) 自然特性区。恒功率控制同样受限于频率的增加，进入感应电动机自然特性区，保持电压及转差频率恒定。

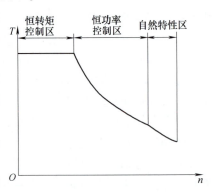

图 2-37　直接转矩控制感应电动机工作特性区

（3）直接转矩控制原理　根据对空间电压矢量的描述可知，在适当的时刻依次给出定子电压空间矢量，则可得到定子磁链的运动轨迹，形成正六边形磁链。异步电动机电磁转矩的大小不仅与定子磁链的幅值、转子磁链的幅值有关，还与它们之间的夹角——磁通角有关。磁通角从0°到90°变化时，电磁转矩从零变化到最大值。在实际运行中，一般保持定子磁链幅值为额定值，以充分利用电动机铁心，而转子磁链幅值由负载决定，因此要改变电动机转矩的大小可以通过改变磁通角的大小来实现。

直接转矩控制就是通过空间电压矢量来控制定子磁链的旋转速度，以改变定子磁链的平均旋转速度的大小，从而改变磁通角的大小来控制电磁转矩。

1) 若要增大电磁转矩，就施加正向有效空间电压矢量，使电压的幅值足够大，定子磁链的转速就会大于转子磁链，磁通角增大，从而使转矩增加。

2) 若要减小电磁转矩，则施加零电压矢量，定子磁链就会停止转动，磁通角减小，从而使转矩减小；若要迅速减小电磁转矩，则施加反向有效空间电压矢量，定子磁链就会向反方向旋转，磁通角迅速减小，从而使转矩迅速减小。

通过转矩调节来控制空间电压矢量的工作状态和零状态的交替出现，就能控制定子磁链空间矢量的平均角速度的大小。t_1 时刻的定子磁链 $\boldsymbol{\Psi}_s(t_1)$、转子磁链 $\boldsymbol{\Psi}_r(t_1)$ 以及磁通角 $\theta(t_1)$ 的位置如图2-38所示。

从 t_1 时刻到 t_2 时刻，若定子电压空间矢量为 $\boldsymbol{U}_2(110)$，则定子磁链空间矢量由 $\boldsymbol{\Psi}_s(t_1)$ 向 $\boldsymbol{\Psi}_s(t_2)$ 旋转。根据电动机等效原理可知，转子磁链空间矢量的转动速度比定子的小，因此从 t_1 时刻到 t_2 时刻，$\theta(t)$ 加大，转矩增大。

如果在 t_2 时刻，定子电压空间矢量为零电压，则 $\boldsymbol{\Psi}_s(t_2)$ 保持在 t_2 时刻的位置不变，而转子磁链空间矢量继续旋转，因此 $\theta(t)$ 减小，从而使转矩减小。或者如果在 t_2 时刻定子电压空间矢量为 $\boldsymbol{U}_6(101)$，则

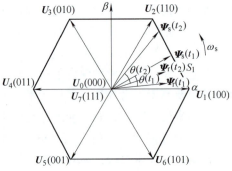

图 2-38　空间电压矢量图

$\boldsymbol{\Psi}_s(t_2)$ 沿 S_1 顺时针转动，而 $\boldsymbol{\Psi}_r(t_2)$ 由于惯性继续逆时针转动，因此 $\theta(t)$ 迅速减小，转矩也就迅速减小。这样通过转矩两点式瞬态调节来控制 $\theta(t)$，就能获得高性能的动态转矩特性。

由以上分析可知，非零电压矢量能产生定子磁链并使它运动，形成正六边形的磁链轨迹；零电压矢量能控制定子磁链停止转动，只要适当地控制电压矢量的顺序和作用时间，就

可以迫使磁链按所需轨迹运动。

由于六边形磁链会产生较大的电流脉动，因而转矩脉动也较大，只能用在大功率领域（即开关频率和开关损耗均有限制）的场合。为了减少脉动，人们就通过合理选择非零电压矢量和零电压矢量控制逆变器的开关状态按一定的规律变化，来获得幅值不变而又旋转的圆形磁链轨迹。

传统异步电动机直接转矩控制结构如图 2-39 所示，$\boldsymbol{\Psi}_s^*$ 和 T_e^* 分别由定子磁链和转矩给定，$\boldsymbol{\Psi}_s$ 和 T_e 分别为定子磁链和转矩估计值，ω^* 为速度给定，ω 为实际度检测值，θ_s 为定子磁链角。

用直接转矩控制方法，在低速区采用圆形磁链的间接转矩控制，充分利用开关频率，可获得好的电流波形；高速采用直接转矩控制，在有限的开关频率下，通过优化的磁链轨迹，可获得转矩的快速动态调节能力。弱磁区工作在方波电压模式下，独特的动态弱磁方法，可以在弱磁区获得同样好的转矩动态调节性能。

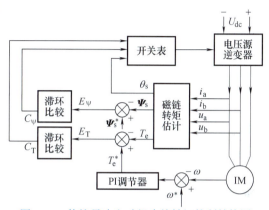

图 2-39　传统异步电动机直接转矩控制结构图

直接转矩控制在静止坐标系下对感应电动机的定子磁链实行定向控制的同时，直接控制电磁转矩，即选择固定于定子绕组的坐标系，以空间矢量概念建立逆变器输出的电压与定子磁链定向控制、电磁转矩控制的策略。

表 2-6 为感应电动机正向转动、定子磁链矢量处于图 2-38 中 S_1 区域时，各电压空间矢量的作用。

表 2-6　电压空间矢量作用表

电压矢量	对磁链的作用	对转矩的作用	电压矢量	对磁链的作用	对转矩的作用
$U_0(000)$	幅值不变	减小	$U_4(011)$	幅值略有变化	快速减小
$U_1(100)$	幅值略有变化	增大	$U_5(001)$	幅值增大	减小
$U_2(110)$	幅值减小	减小	$U_6(101)$	幅值增大	减小（与速度有关）
$U_3(010)$	幅值减小	快速减小	$U_7(111)$	幅值不变	减小

在城轨车辆控制系统中，异步电动机直接转矩控制常分成三个区段来控制：

① 电动机额定频率的 30% 以下采用圆形磁链定向的间接转矩控制，控制框图如图 2-40 所示。

② 电动机额定频率的 30% 到额定点采用定子磁链矢量正六边形定向的直接转矩控制，控制框图如图 2-41 所示。

③ 额定点以后为磁场削弱控制方式，控制框图如图 2-42 所示。

图 2-40~图 2-42 中 INV 为逆变器模型，其根据开关状态计算相电压；AMM 为感应电动机全阶状态观测器模型；AMA 为磁链幅值计算单元；AΨR 为磁链控制单元；DMC 为磁链 bang-bang 控制器，确定磁链轨迹；AFR 为开关频率调节器，通过调节转矩容差来控制逆变器开关频率；ATR 为转矩 bang-bang 控制器；ASS 为开关单元，选择最优开关方式输出。

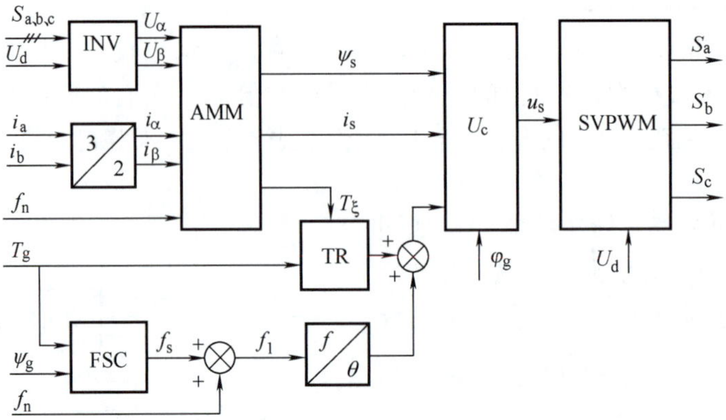

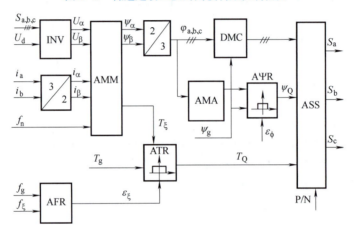

图 2-40　低速起动区段的间接转矩控制框图

图 2-41　恒磁通运行区较高频率段的直接转矩控制框图

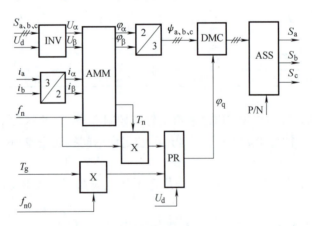

图 2-42　磁场削弱时直接转矩控制框图

三、交流主传动案例分析

1. 城市轨道交通交流动车 1C4M 主电路工作原理

图 2-43 所示为一城市轨道交通交流动车 1C4M 单元车交流主传动系统原理电路图。

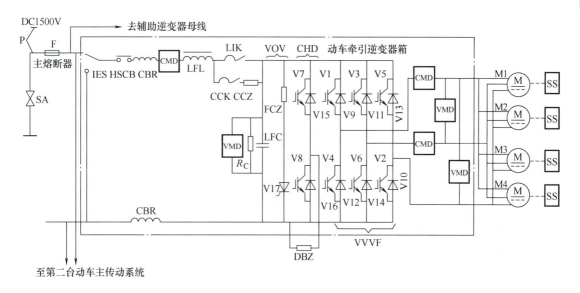

图 2-43　1C4M 单元车交流主传动系统原理电路图

SA—浪涌电压吸收器　IES—隔离开关　HSCB—高速断路器　LFL—滤波电抗器　LFC—滤波电容器构成线路滤波器
CCZ—充电电阻　CCK—充电接触器　LIK—线路接触器　VMD—电压传感器　CMD—电流传感器　SS—速度传感器
DBZ—制动电阻　M1~M4—交流电动机　CBR—差动电流保护器　FCZ—过电压保护电阻

牵引时，电能传递路径为：电网 DC1500V 电压通过受电弓 P、主熔断器 F、隔离开关 IES、高速断路器 HSCB、线路滤波器 LFC、线路接触器 LIK 及动车牵引逆变器给牵引电动机 M1~M4 供电。在再生制动时以相反的路径使电网吸收电动机反馈的能量。各环节电路及作用如下。

（1）充电限流环节　由接触器 CCK 与电阻 CCZ 构成。在受电弓升起、高速断路器闭合后，为防止过大的充电电流冲击使滤波电容器受损，首先闭合 CCK，待电容电压达到一定值后，闭合线路接触器 LIK，将充电电阻 CCZ 短接。

（2）VVVF 逆变器　由 V1~V15 构成。其作用是在牵引工况将直流电能变换为电压和频率可调的交流电能供给牵引电动机。在电制动工况时，逆变器以整流方式将电能反馈给电网（再生制动）或消耗在电阻上（电阻制动）。

（3）"软撬杠"保护环节　即 V7、V8 构成的斩波器。斩波器的主要功能是用于电阻制动，用它来调节制动电流的大小，另一个功能是过电压保护。如果在逆变器的直流电路中有短时的过电压，则斩波器工作，通过它对电阻 DBZ 放电，待过电压消除后斩波器截止。这种过电压的保护环节也叫"软撬杠"。

（4）"硬撬杠"保护环节　V17 是晶闸管，FCZ 是过电压保护电阻。当直流环节发生过电压，经斩波器放电后仍不能消除，则晶闸管 V17 导通，直流电路通过 FCZ 放电。因为晶闸管只能触发导通，而不能用门极触发方式关断，因此 V17 触发后必须立即断开高速断路器 HSCB，否则会造成直流电路持续放电。这种过电压保护环节叫"硬撬杠"。显然"硬撬杠"的保护动作整定电压值比"软撬杠"的高（有的主电路中不设"硬撬杠"保护环节）。

（5）其他保护环节　R_C 是固定并联在滤波电容器 LFC 上的放电电阻。为安全考虑，要求在主电路断电后 LFC 两端电压在 5min 内降到 50V 以下。由此可以确定放电的时间常数及放电电阻值。

IES 是隔离/接地开关，在需要主电路接地时将它转换到接地位置。

CBR 为差动电流传感器,用以检测直流电路流入与流出的电流差,以检测接地等故障。

SA 为浪涌电压吸收器(避雷器),保护因雷击或因变电所的开关动作引起过电压对主电路器件的损害。

在图 2-43 中,一台 VVVF 逆变器给同一辆车四台并联的牵引电动机 M1~M4 供电,这种逆变器与电动机的配置方式称为"车控"方式,即"1C4M",如广州地铁采用的就是车控供电方式。也有一种配置是一台逆变器给同一转向架上两台并联的牵引电动机供电,称为"架控"方式,即"1C2M",如天津滨海地铁就采用了架控供电方式。供电方式的选择取决于牵引、制动特性要求,以及逆变器与电动机的容量。如果一台逆变器仅给一台牵引电动机供电,称为"轴控"方式,即"1C1M"。在城轨动车中由于牵引电动机功率较小,没有必要采用轴控方式。

2. "两动一拖(2M1T)"单元车主电路原理

图 2-44 为"两动一拖(2M1T)"单元车主电路结构框图。电网经受电弓后分别经两台动车(B 车和 C 车)的高速断路器给相应的主牵引逆变器供电,每节动车由一台主牵引逆变器控制两个转向架的四台交流牵引电动机,四台交流牵引电动机采用并联形式运行;而在拖车(A 车)上的辅助逆变器的供电是由受电弓受流后经过隔离二极管进行的。图 2-45 所示为逆变器箱(PA 箱)主电路。牵引逆变器箱设计为 PH 箱和 PA 箱,其中 PH 箱一般在 B 车,箱中只有主牵引逆变器;PA 箱一般在 C 车,一台牵引逆变器和一台辅助逆变器安装在同一逆变器箱内。

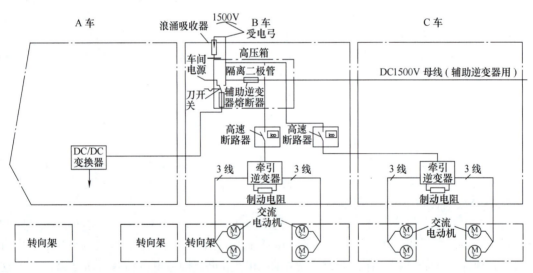

图 2-44 "两动一拖(2M1T)"单元车主电路结构框图

3. 广州地铁 1 号线车辆主牵引系统案例分析

(1)牵引/制动系统的组成 广州地铁 1 号线车辆牵引和电制动系统由德国 Adtranz 公司提供,是国内首家采用交流传动和动力分散型控制技术的地铁车辆项目。整个系统由受电弓、高速断路器 HSCB、VVVF 牵引逆变器、DCU/UNAS(牵引控制单元)、牵引电动机、制动电阻等组成,如图 2-46 所示。

列车受电弓从接触网受流,通过高速断路器后,将 DC1500V 电压送到 VVVF 牵引逆变器。VVVF 牵引逆变器采用 PWM 模式,将 DC1500V 逆变成频率、电压可调的三相交流电,平行供给车辆四台交流笼型异步牵引电动机,对电动机进行调速,实现列车的牵引、制动功能。其变流器件采用 4500V/3000A 的 GTO 晶闸管,最大斩波频率为 450Hz。VVVF 输出电压的频率调节范围为 0~112Hz，幅值调节范围为 0~1147V 交流电。

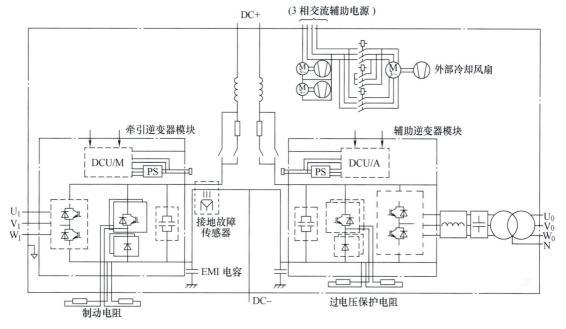

图 2-45 庞巴迪公司 PA 箱逆变器主电路

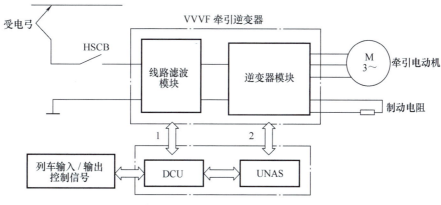

图 2-46 广州地铁 1 号线车辆牵引系统组成示意图
1—DCU 对 VVVF 逆变器的线路电容器充/放电控制
2—DCU/UNAS 对 VVVF 逆变器及电动机转矩控制

（2）牵引系统基本参数　见表 2-7 和表 2-8。

表 2-7　牵引逆变器 VVVF 技术参数

线电压 U_N/V	DC1000~1800	输出电压 U_N/V	0~1050
输入线电流 I_N/A	480	输出频率 f_A/Hz	0~112
最大线电流（牵引）I_{NDMAX}/A	692	GTO 晶闸管最大开关频率 f_P/Hz	450
最大线电流（制动）I_{NBMAX}/A	1171	制动斩波模块斩波频率 f_B/Hz	250
最大输出电流 I_{AMAX}/输出电流 I_A/A*	1080/720	模块冷却方式	强迫风冷
最大保护电流 I_{MAX}/A	2900	模块冷却片风速 v_L/(m/s)	8

*注：指逆变器设计输出电流最大值与额定输出电流。

表 2-8　牵引电动机(1TB2010—0GA02)技术参数

技术参数	连续定额	小时定额	技术参数	连续定额	小时定额
输出功率 P_M/kW	190	210	额定转矩 M_N/N·m	1008	1114
额定电压 U_N/V	1050	1050	最大转速 n_{MAX}/(r/min)	3510	3510
额定电流 I_N/A	132(1800min^{-1})	144(1800min^{-1})			

(3) 基本工作原理　整个控制系统由输入值设定、速度测量、电动机控制、脉冲发生器、能量反馈各环节构成。DCU 通过列车线接受来自控制系统的牵引/制动力绝对值(以百分比的形式),与此同时还接受驾驶员发出的牵引或制动指令,以决定是否施加牵引或制动力。

当给定值给出后,必须经过以下条件的处理才能对牵引电动机实施控制。

1) 输入值设定。

① 载荷校验:DCU 根据相应动车的载荷状况来调整实际牵引/制动力。这是因为采用了动力分散型控制,可保持车钩之间的相对运动最小,并且使整车达到相同的动态特性。

② 冲击限制:给定值大小的变化速率必须符合冲击限制的规定,但在防滑/防空转功能激活的时候则不受此限制。

③ 速度限制(牵引时):广州地铁 1 号线车辆规定了三个速度限制,速度控制的优先级高于电动机控制(正常速度:80km/h;倒车速度:10km/h;慢行速度:3km/h)。

④ 线电流限制(牵引时):在牵引工况时,线电流控制的优先级高于电动机控制,出于功耗的考虑,该限制值为每节动车不超过 720A。

⑤ 欠电压保护(制动时):在制动时,网压一直受到检测,当网压降到 1500V 以下时,制动力矩随速度和网压相应地减少,这时不足的制动力由 DCU 制动系统自动补充气制动。

⑥ 空转/滑行保护:空转/滑行保护通过比较拖车、动车之间的速度差异,以适当减少力矩设定值来实现。该保护能确保输出所要求的最大牵引/制动力,当拖车速度检测失败时,该保护还可以通过仿真计算拖车速度来保证正常功能。

2) 速度检测。每台牵引电动机轴上装设一个速度传感器和两个输出通道。每个通道相差为 90°的方波(电动机每转为 256 个脉冲),通过判断相差确定转向。每个牵引控制单元(DCU)连接三个速度传感器。正常情况下,该数值直接送入 DCU 进行牵引控制,在进行速度测量的时候,如果出现各速度值不相等的情况(例如空转/滑行时),甚至在极端情况下,一台电动机的速度信息对于牵引控制来说也是足够的。当 DCU 监控逻辑系统发现有一个速度传感器故障时,马上封锁该速度信号,以免对牵引控制造成严重影响。

除了电动机速度,在 DCU 中同样检测拖车的速度。在拖车的一个轮对轴上装有一个编码速度传感器,与动车上使用的电动机速度传感器不同,该传感器是单通道(每周 111 个脉冲)。

在 DCU 中有两块电路板 A305 与 A306(中断处理与速度测量板),专门用来处理速度信号。速度值通过计算脉冲数与参考时钟周期计算得到。

3) 电动机控制。采用空间矢量控制,电动机的磁通大小和方向(空间矢量)通过逆变器输出线电压、相电流和电动机速度等参数可近似得到。而绕组中的电流和电动机电压作为空间矢量与磁通量有关,该解耦过程就可实现单独控制磁通和转矩(磁场定向控制)。磁场定向控制结构图如图 2-47 所示。

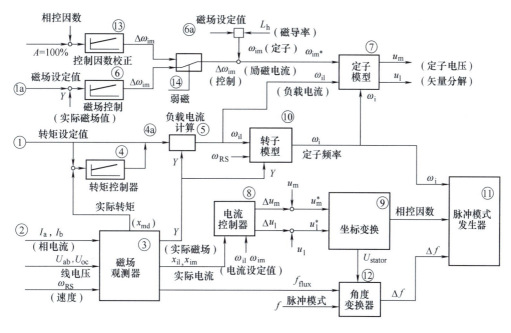

图 2-47　磁场定向控制结构图

控制系统的输入转矩设定值①是经过控制系统的其他参数的校核(如负载、线电流、速度、冲击限制、防滑/防空转保护)才输入到控制系统的。磁场设定值可以通过电动机的参数计算①a得到,该值在整个正常速度范围内有效。

电动机转矩电流的产生取决于励磁磁场和转子磁场的交互作用。如果是异步电动机,励磁磁场和转子磁场均由定子电流产生。定子电流通过坐标变换为两部分,一部分(励磁电流)产生磁场,另一部分(负载电流)与励磁磁场积分再与励磁磁场一起形成转矩。为了清楚地表现各电流的关系,定义了一个旋转坐标系(I,m),该坐标系与磁场矢量 Ψ 同步,该变换的优点在于励磁电流部分和负载电流部分可以单独地进行控制(与并励直流电动机原理相同)。

为了获得理想的励磁磁场矢量,系统使用了磁场观测器③,通过电动机相电流、电动机线电压和速度②输入,磁场观测器在静止的坐标系(a,b)中计算磁场的绝对值(Y)和磁场矢量的角度位置(Ψ_{flux}),该旋转坐标系可以通过该磁场矢量定义,通过坐标变换,将静止的电流矢量转变为旋转系统,在磁场坐标中电流为(x_{il},ω_{il}),实际转矩为(x_{md})。

除了产生实际转矩(x_{md}),磁场观测器可以在当前电动机参数的基础上通过以下步骤计算系统的状态:实际转矩和设定转矩的差值反馈给一个 PI 转矩控制器④,由该控制器提供一个操作变量,该变量加上固定的预控制初始值④a,通过当前磁场值(Y),经负载电流计算⑤计算负载电流设定值(ω_{il})。

实际磁场和磁场设定值的差异也反馈给磁场控制器 PI⑥,该控制器产生一个操作变量($\Delta\omega_{im}$)。该变量加上固定的预控制初始值⑥a计算出励磁电流的设定值(ω_{im})。

励磁电流的设定值输入电动机的定子模型⑦,获得定子电压矢量的两个分量(u_m,u_l),电流控制器⑧从属于矢量预控制,负载电流设定值/实际值和励磁电流设定值/实际值的差异单独地通过该控制器传递，构成定子电压的动态部分（Δu_m，Δu_1）。

通过该方式产生的定子电压再通过坐标变换⑨，从磁场导向的坐标系转换回定子导向的坐标系，在这个过程中产生电压矢量和它的角度位置（$\Psi_{ustator}$），电压矢量的绝对值与电网电压的电流有一个偏移（相控因数角度），为了确保逆变器的控制角度，将该偏移量传送到角度变换器⑫。

在转子模型⑩中，转差频率通过负载电流（ω_{i1}）和实际磁场（Y）计算得到，定子频率（ω_1）可以通过转差频率和实际速度（ω_{RS}）相加得到，该频率也是通过脉冲模式发生器⑪传递的。

脉冲模式发生器⑪从频率和相控因数计算出合适的脉冲模式，同样，该发生器还决定电压矢量（用于下一个采样步骤）的角度位置（$\Psi_{pulse\ pattern}$）并将该值送入控制系统。

磁场矢量的角度（Ψ_{flux}）叠加上磁场坐标系统电压矢量的角度位置（$\Psi_{ustator}$）必与电压矢量（$\Psi_{pulse\ pattern}$）的电流角度位置相对应，这些角度位置产生的任何差异将作为一个动态控制校正值传到脉冲发生器⑪中，该发生器在定子电压曲线中产生一个相应的相位跳变。

当在更高速度时，电动机达到控制的限制点 A_{max}（方波操作时，A_{max} = 100%）。电动机过渡到弱磁模式⑭，在该模式下，脉冲的控制优先于逆变器设定转矩的输入控制，通过实际的相控因数与控制模式限制值比较，由 PI 控制器⑬产生一个变量（$\Delta\omega_{im}$），加到固定的预控制初始值⑥a中。

4）脉冲模式发生器。脉冲模式发生器根据电动机控制的三个输入变量（相控因数、定子频率和校正角）实时计算牵引逆变器中的 GTO 触发脉冲。

逆变器每相 GTO 按照以下原则触发：在一个 GTO 晶闸管导通期间，另一个关断。脉冲模式发生器于是为每相 GTO 提供了一个"潜在调整指令"，用于保护逆变器应该关断而没有关断的情况，该指令迅速导通该相的两个 GTO 来保护逆变器。

由于系统散热的原因，逆变器的工作频率（GTO 的开关频率）被限制在 450Hz，调制脉冲数在定子频率 30Hz 内保持不变，该模式称为异步模式。同步脉冲模式为在每半波周期内有不同的方波数（线电压），即 9 分频、7 分频、5 分频、3 分频、方波。在 3 分频转为方波的时候，为了防止波形幅度变化剧烈，有一个过渡过程，由 3M 转为 3S，3M 指的是在半个波的周期内输出电压（方波）导通宽度小于 60°，3S 指的是在半个波的周期内输出中间电压（方波）导通宽度大于 90°，该变换的主要目的是减少逆变器输出电压的谐波干扰。

当定子的频率低于 30Hz 时，逆变器工作在异步模式下，在定子频率 13~30Hz 的工作范围内调制波频率为 450Hz；定子频率低于 13Hz 时根据特性曲线载波频率为 200Hz，该过程主要是确保在起动时有足够小的电动机电压。图 2-48 所示是脉冲模式区域分布图。

触发脉冲从脉冲发生器到逆变器保护单元（UNAS），通过逆变器设定的保护和禁止功能过滤，以光脉冲信号的形式控制逆变器。

为了使电动机的控制与逆变器开关的周期同步，脉冲发生器在下一个电动机控制周期前输出一个同步脉冲。

5）能量反馈。在电动机的能量反馈中，能量优先反馈到电网中，如果在电制动的情况下，能量不能被电网完全吸收，多余的能量必须转换为热能消耗在制动电阻上，否则电网电压将抬高到不能承受的水平。

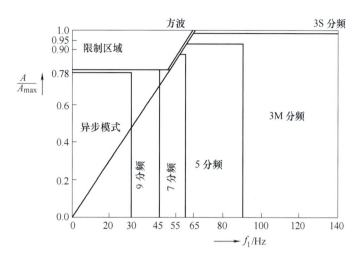

图 2-48 脉冲模式区域分布图

制动斩波器的存在能确保大部分的能量反馈回电网，同时又保护了电网上的其他设备。由于采用动车分散型的若干动力单元连接的编组形式，必须确保一节动车不能吸收另一节动车的制动能量（例如由于电压传感器误差的原因），为此，制动时必须监测线电流的方向，如果电流流向列车，线电压传感器的误差将通过一个比例积分器来调节。

（4）牵引控制单元 DCU 及逆变器保护监控单元 UNAS

1）牵引控制单元的结构。广州地铁 1 号线车辆牵引系统主要由 VVVF 牵引逆变器、牵引控制单元 DCU/UNAS 及制动电阻组成。

牵引控制单元 DCU 和逆变器保护单元 UNAS 设计成一上下两层的机箱，共装有 25 块电子插件板。各电子插件板为标准的印制电路板，使用多层板技术，电子插件板上的元器件采用表面封装（SMD）或插装（DIL）。

DCU 的 A314 和 A315 板、UNAS 的 A329 和 A330 板的前面板上通过 Hartm8 接插件（48 针）与外部电路连接。

2）牵引控制单元 DCU 的基本功能。为 VVVF 逆变器提供 PWM 信号，采用空间磁场矢量控制的转矩控制模式，为牵引电动机提供矢量控制。

DCU 为双微机工作方式，其 CPU 采用 16 位中央处理器 80C166，工作频率为 20MHz。主控制微机（A304 板）负责车辆控制和牵引/制动控制，处理所有的数字/模拟信号，产生相应的控制信号；另一个微机（A303 板）接收主控制微机传送来的控制信号，计算产生 VVVF 逆变器的脉冲模式，经 UNAS 保护程序控制 GTO 的通/断状态。

整个 DCU 系统的局部总线采用 Adtranz 设计的专用 GERTKAC 总线，连接主控制单元（A304 板）、速度信号处理（A305 板）、中断控制模块（A306 板）和 PDA 数据存储模块（A307 板）。

牵引控制单元基本功能：

① 牵引系统的控制与调整。

② 脉冲模式的产生与优化。

③ VVVF 逆变器与牵引电动机的控制和保护。

④ 对列车状态的监测与保护（HSCB 高速断路器，K1、K3 和 K4 接触器，车门的状态，气制

动缓解,牵引/制动,列车向前/向后及慢行等)。

⑤ 再生制动与电阻制动的控制与调节。

⑥ 电制动与气制动的自动转换及列车保压制动的实现。

⑦ 防滑/防空转保护及载荷调整。

⑧ 逆变器线路滤波电容器的充放电控制。

⑨ 列车速度的获取与处理及自动计算停车距离。

⑩ 列车牵引控制系统的故障诊断与存储。

⑪ 为其他控制系统提供列车状态信号。

⑫ 提供串行接口与 PTU 连接,进行监测与控制。

⑬ 提供"黑匣子"功能(在 0~470s 范围内,记录列车的电压 U、电流 I、速度 v 状态和走行公里)。

⑭ 提供"看门狗"(CPU 硬件定时复位)功能。

3) DCU 的基本工作原理。DCU 主要负责牵引/制动控制、脉冲模式产生、逆变器保护、速度测量、牵引/制动指令参考值处理、转矩控制、电压电流控制等。

DCU 从列车线和外部控制系统(ATO)接收驾驶员指令及 RVC(牵引/制动参考值转换器)的指令参考值,接收本车的 3 个电动机速度信号、拖车的 1 个轮对轴速度信号、各个模拟信号测量值,根据参考值和实际检测值进行计算。脉冲模式发生器 A303 板产生脉冲模式指令信号(PMA、PMB、PMC、PMBS),送入逆变器保护单元 UNAS 处理后再向 VVVF 的逆变模块和制动斩波模块发出。为了故障和状态显示的需要,DCU 的 3 个等级的故障信号和 3 个列车模拟信号值(速度、网压、牵引力)输出到中央故障存储单元 CFSU;为了满足列车制动的需求,DCU 向电子制动单元 ECU 输出 3 个电制动信号(电制动转矩、电制动正常、滑行保护作用);UNAS 向 DCU 提供牵引电动机控制所需的所有测量值(如电动机电流、电容电压等),以及 UNAS 的保护动作信息;VVVF 内的线路滤波电容由 DCU 直接控制充放电;通过一个 V24 接口,用 PTU 读取过程数据存储器 PDA 和"黑匣子"KWR 中的数据。

DCU 的软件主要分为车辆控制软件、牵引/制动控制软件和故障诊断软件等。

牵引/制动控制软件主要分为几个模块:线路电容器充放电控制模块、牵引/制动指令参考值处理模块、转矩矢量控制模块、电阻制动控制模块等。

① 线路电容器充放电控制模块。控制充电接触器 K3、放电接触器 K4 和线路接触器 K1 的动作及电容器的充放电。该模块在软件和硬件中均设有联锁,保证 K3 和 K4 不会同时闭合,以避免主电路短路。

② 牵引/制动指令参考值处理模块。DCU 接收输入的牵引/制动指令、方向指令、限速指令及指令参考值等,在牵引/制动工况下对参考值进行转矩特性调整,使转矩参考值与车辆的牵引/制动转矩特性相适应,并经过冲击极限、最大速度限制、最大线电流、防滑/防空转粘着保护计算等,形成最终的牵引/制动转矩参考值,传送到转矩矢量控制模块。

③ 转矩矢量控制模块。转矩控制采用矢量控制模式,基本思想是将交流电动机等效为直流电动机,按直流电动机的控制理论来实现对交流电动机的控制,以获得与直流电动机一样的良好动态特性。应用坐标变换方法,根据电动机的相电流、线电压和转速,通过磁场观测器,计算出电动机转子的实际磁场矢量、实际转矩等。通过矢量变换,实现对异步交流电动机转速和磁场的完全解耦,控制电动机的转子磁场。转矩矢量控制模块是 DCU 控制软件

中的核心部分。

④ 电阻制动控制模块。列车制动时，一般优先进行再生制动。该模块检测电容电压 XUD，一旦超过设定值（1800V），由再生制动转入电阻制动，并计算制动斩波器的开通占空比，输出斩波器通断指令信号。

故障诊断软件对 DCU/UNAS、VVVF 及各种外围设备的故障进行诊断，将故障数据记录在处理数据存储单元 PDA 中。

4）UNAS 基本功能。逆变器保护单元 UNAS 负责 VVVF 牵引逆变器的保护，与 DCU 一起组成车辆的牵引/制动控制系统。

UNAS 处理 DCU 脉冲模式发生器 A303 板产生的脉冲模式指令信号和控制微机 A304 板发出的使能信号，转化成各个 GTO 的通断指令。通过控制 GTO 的通断，在 VVVF 工作的过程中进行保护（软保护），防止电过载和热过载。相模块中 GTO 联锁逻辑保护 UNAS 与 GTO 之间的开关指令和通断状态反馈信号采用光纤传输，以防止电磁干扰。当有 GTO 通断故障时，向 DCU 发出线路接触器 K1 分断指令，实施与电源的隔离。UNAS 的诊断微处理器存储保护动作信息，用 PTU 经 RS232 串行接口读取存储的数据。另外，UNAS 可通过 4 根故障信号线向 DCU 发送 16 个故障码，存入过程数据存储器 PDA 中。

在 UNAS 的中央处理诊断板（A325）的面板上提供了与 PTU 通信的串行接口，可对 VVVF 和 UNAS 进行监测。

5）DCU 的 PCB 板功能描述。A303 是中央控制板的脉冲模式发生板；A304 是中央处理板的控制/调整/监测板；A305、A306 是速度信号处理和中断控制板；A307 是 PDA 数据存储器；A308 是测量值调整板；A309 是温度测量及 U/I 转换板；A310 是 PWM 指令参考值处理板；A311、A312 是输入信号调整板；A313 是输出信号调整板；A314、A315 是输入/输出接口板。

DCU 工作框图如图 2-49 所示，图中表示了 DCU 各功能模块之间的关系及各个功能模块的输入输出信号。

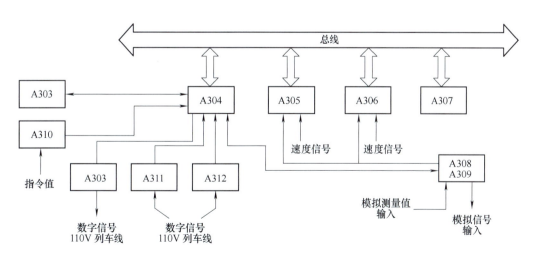

图 2-49　DCU 工作框图

任务三 直线电动机牵引传动系统

一、直线牵引电动机原理分析

近年来，作为最有实用价值的非粘着驱动方式，直线牵引电动机在城市轨道交通车辆中的应用也已越来越受到各国的重视。

直线电动机可认为是旋转电动机在结构方面的一种演变，将旋转电动机轴向切开，沿水平方向展开，就可以得到直线电动机的基本结构（见图2-50）。由定子演变而来的一侧称为初级，由转子演变而来的一侧称为次级。由于用直线运动取代了旋转运动，因此称这种电动机为直线电动机。

直线电动机无旋转部件，呈扁平形，因此可降低城轨车辆的高度，从而缩小地铁隧道直径，降低工程成本。直线电动机能够非接触式地直接实现直线运行是其最大的特点，因此可不受粘着的限制，能获得较高的加速度和减速度。另外，直线电动机运行噪声较小。这些都是适合城市轨道交通车辆应用的突出优点。

图2-50 直线电动机的基本结构

直线电动机也可分为直线异步电动机（LIM）、直线同步电动机（LSM）和直线直流电动机（LDCM），在城市轨道交通中以LIM应用较多。

1. 直线异步电动机的分类

（1）按结构分类 可分为平板形单边式（见图2-51a）、平板形双边式（见图2-51b）和圆筒形（见图2-52）。

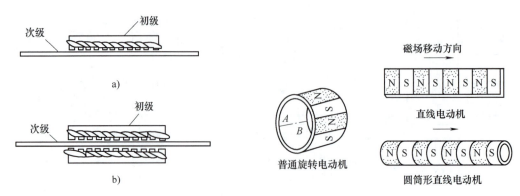

图2-51 短初级平板形直线异步电动机示意图
a）单边式 b）双边式

图2-52 圆筒形直线异步电动机示意图

(2) 按电源分类　可分为三相电源和二相电源。

(3) 按动体分类　可分为短初级方式(即以初级作为动体,如图 2-51 所示)和短次级方式(即以次级作为动体,如图 2-53 所示)。

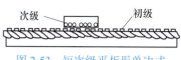

图 2-53　短次级平板形单边式直线异步电动机示意图

2. 结构与原理

(1) 直线异步电动机结构　直线异步电动机也由定子和转子组成,定子也由带齿槽的电工钢片叠成,定子槽里也同样嵌有绕组;转子大多采用由非磁性体(铜板或铝板)和磁性体(钢板)构成的复合金属板,以兼具两者优点。由于在运行时初级与次级之间要作相对运动,可以是定子移动,也可以是转子移动,为保证两级之间的磁耦合,在制造时将初级与次级制造成不同的长度。若初级短、次级长,就称为短初级长次级;若初级长、次级短,就称为长初级短次级。从制造成本和运行费用考虑,一般采用短初级长次级。次级只有感应电流的流动,不需要外界供电。初级和次级导体之间有一定距离即气隙,一般说来,直线电动机的气隙要比旋转电动机的气隙大。

(2) 直线异步电动机的原理　感应电动机的基本工作原理图如图 2-54 所示。为便于理解,我们从旋转感应电动机原理分析入手。图 2-54a 所示为旋转感应电动机,将其从顶上沿径向剖开并将圆周拉直,可得到图 2-54b 所示的直线感应电动机。当直线感应电动机的三相初级绕组通入三相或二相正弦交流电时,会产生气隙磁场,该磁场在直线电动机的长度方向呈正弦分布。当电流随时间变化时,气隙磁场将按照一定相序排列方向沿直线移动,称为行波磁场(traveling magnetic field)。次级金属板可看成有无数并列安置的导条,次级导条在行波磁场切割下将感应出电动势并产生电流。所有次级导条的电流和气隙磁场相互作用便产生电磁推力。在这个推力的作用下,若初级固定不动,则次级就顺着行波磁场运动的方向作直线运动。

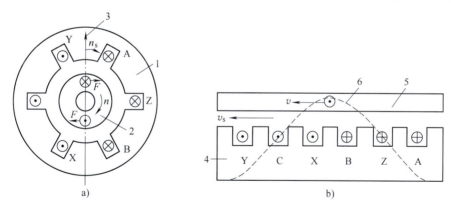

图 2-54　感应电动机的基本工作原理图
a) 旋转感应电动机　b) 直线感应电动机
1—定子　2—转子　3—磁场方向　4—初级　5—次级　6—行波磁场

(3) 直线异步电动机的磁场　当初级绕组通入三相或二相正弦交流电时,在直线电动机的长度方向产生行波磁场,这与旋转电动机中产生旋转磁场(rotating magnetic field)的原理相同。以时间 t 和距离 x 作为函数变量的磁通密度 B 的计算公式为:

$$B = B_0 \cos\left(\omega t - \frac{\pi x}{\tau}\right) \quad (2\text{-}21)$$

式中　ω——电源角频率，单位为 rad/s；

　　　t——时间，单位为 s；

　　　x——定子表面上的距离，单位为 m；

　　　τ——极距，单位为 m。

极距 τ 是磁通密度 B 的半波长。图 2-55 所示波形是 $t=0$ 时的 B 波形。随着三相电流的变化，B 波将按照相序排列方向沿直线移动（即行波磁场）。行波磁场的移动速度称为同步速度 $v_s = 2\pi f$。

设次级金属板中将引起涡流的感应电压为 E_e，磁通的作用面积为 A，则

$$E_e = -A\frac{dB}{dt} = \omega A B_0 \sin\left(\omega t - \pi\frac{x}{\tau}\right) \quad (2\text{-}22)$$

次级有电感 L 和电阻 R，则金属板上的涡流电流 I_e 为

$$I_e = \frac{E_e}{Z} = \frac{E_e}{Z}\sin\left(\omega t - \pi\frac{x}{\tau} - \varphi\right) \quad (2\text{-}23)$$

式中　$Z = \sqrt{R^2 + (\omega L)^2}$，$\varphi = \arctan\frac{\omega L}{R}$。

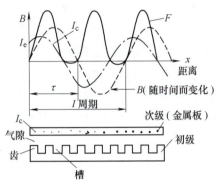

图 2-55　直线异步电动机的行波磁场、涡流 I_e 和连续推力 F

涡流电流 I_e 在行波磁场作用下产生电磁推力 F，如图 2-55 所示，F 有正有负，但正推力远大于负推力。次级移动的速度即电动机的运动速度 $v = (1-s)v_s$。

3. 直线异步电动机的特性

（1）推力-速度特性　如图 2-56 所示，将直线异步电动机的推力-速度特性与旋转异步电动机的特性相比较，则转差率 s 为

$$s = \frac{v_s - v}{v_s} \quad (2\text{-}24)$$

在电动机运行状态下，s 在 0~1 之间。旋转异步电动机的转矩最大值发生处转差率较低，而直线异步电动机的最大推力在高转差率处，即 $s \approx 1$ 处。可见，直线异步电动机的起动推力大，高速区域的推力小，比较符合动车的驱动要求。如图 2-57 所示，直线异步电动机的推力-速度特性近似成直线，其推力为

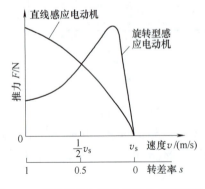

图 2-56　直线异步电动机的推力-速度特性与旋转异步电动机的特性比较

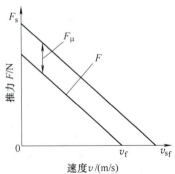

图 2-57　直线异步电动机的推力-速度特性

$$F = \frac{(F_s - F_\mu)(v_f - v)}{v_f} \tag{2-25}$$

式中 F_s——起动推力;

F_μ——摩擦力;

v_f——空载速度。

(2) 速度-时间特性 直线异步电动机的速度随时间以指数函数规律增加，其特性可表示为

$$v = v_f(1 - e^{-\frac{t}{T}}) \tag{2-26}$$

图 2-58 所示为 $T=1$ 时的直线异步电动机的速度-时间特性，实际上时间常数 T 随负荷质量等因素而变化。

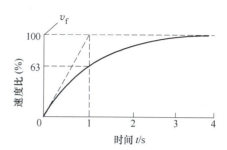

图 2-58 直线异步电动机的速度-时间特性

(3) 推力-气隙特性 图 2-59 所示为直线异步电动机的推力 F 随气隙 g 变化的特性。气隙小对电动机特性和工作稳定性有利。但为了保证在长距离运行中，初、次级不致相擦，通常直线异步电动机的气隙要比旋转异步电动机大。一般旋转异步电动机的极距气隙比为 $\tau/g = 10$ 左右，而直线异步电动机的极距气隙比为 $\tau/g = 20$ 左右；因而 LIM 的效率和功率因数都较低。

(4) 推力-负荷占空因数特性 负荷占空因数即通电时间与整个周期时间之比，当负荷占空因数增大时，直线异步电动机的推力按指数函数规律下降，如图 2-60 所示。

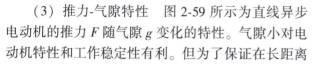

图 2-59 直线异步电动机的推力-气隙特性　　图 2-60 直线异步电动机的推力-负荷占空因数特性

(5) 边缘效应 直线电动机不像旋转电动机是闭合圆环结构，而是长直的、两端开断结构。由于动体长度有限，存在着始端和终端，引起了边缘效应（端部效应），这是直线电动机和旋转电动机的基本差异。直线电动机的纵向（磁场移动的方向）和横向都存在边缘效应。

1) 静态纵向边缘效应。由于铁心和绕组不连续，使得各相的互感不相等，即使电源是对称的三相交流电压，由于三相绕组在空间位置不对称，在各相绕组中也将产生不对称电流，利用对称分量法将得到顺序、逆序和零序电流。因而在气隙中出现脉振磁场和反向行波磁场，运行过程中将产生阻力并增大附加损耗。这种效应当初、次级相对静止时也存在，因而称为静态纵向边缘效应，纵向即磁场移动的方向。

2) 动态纵向边缘效应。直线电动机的初、次级相对运动时，次级导体板在行波磁场方向上的涡流分布是不对称的（见图2-61）。这使得初级进入端的磁场削弱，离开端的磁场加强。这种当初、次级相对运动时的磁场和涡流分布的畸变称为动态纵向边缘效应。运动速度越高，动态纵向边缘效应越显著，使行波磁场方向上的推力分布不均匀，起减小推力的作用。

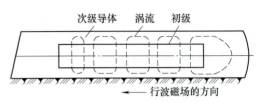

图2-61 直线电动机行波磁场方向上的涡流分布

3) 横向边缘效应。城市轨道交通车辆应用的直线电动机，大多是次级导体板的宽度小于初级铁心的宽度，因而在横向的边缘区域磁场削弱，造成空载气隙磁场横向分布的不均匀，这是第一类横向边缘效应。

次级导体板对电流分布及气隙磁场密度沿横向分布的影响，称为第二类横向边缘效应。次级导体板的宽度大于初级铁心的宽度时影响较大。

4. 直线异步电动机的优缺点

（1）优点

1) 直线电动机最主要的优点是直接产生直线运动而不需要中间转换装置。

2) 起动推力大，可实现大范围的加速和减速，零部件不受离心力的作用，直线速度不受限制。

3) 直线电动机的初级和次级的结构都很简单，特别是次级，有时甚至可直接利用部分设备本体或运行轨道。可在条件恶劣（潮湿、粉尘、有害气体）的环境中使用。

4) 总体结构简单，扁平形部件高度低；噪声小，自重轻，维修容易。

5) 短初级平板形直线电动机的次级长，因而散热面积大，材料的热负荷可以取得较高。

（2）缺点

1) 效率和功率因数低（一般取0.6～0.65）。通常直线异步电动机的极距气隙比值要比旋转异步电动机大一倍左右。初级和次级之间的气隙大，需要的磁化电流大，所以空载电流大；边缘效应特别是纵向边缘效应减小了驱动推力，增大了损耗。

2) 除驱动推力外，直线电动机初级和次级间有吸引力，因而必须增加构架强度。

3) 应满足长距离保持一定气隙的精度要求。

5. 直线牵引电动机在动车中的应用

直线牵引电动机应用于城市轨道交通车辆时，初级可以设置在车上，也可以设置在地面，分别称为车载初级式和地面初级式。

直线电动机没有旋转部件，不需要齿轮、轴承、不接触就可以传递动力。在城市轨道交通车辆中，利用直线电动机来实现非粘着驱动，突破了动轮和轨道之间依靠粘着传递动力的种种限制。同时可降低车辆高度，从而缩小地铁隧洞直径（见图2-62），降低工程成本。

城市轨道交通车辆较多采用车载初级式异步直线电动机，初级安装在车辆的转向架上，从地面接触网受电，电源的变换和控制设备都安装在车上，动车的质量比较大。而次级就是沿线路敷设在两根走行钢轨之间的导体板，建设费用比较便宜。

对客流量很大的线路，为了减轻动车重量，实现地面对列车的集中控制，采用沿线路敷

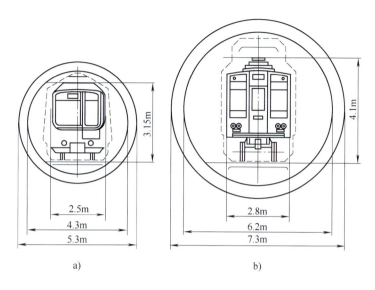

图 2-62 地铁隧洞直径比较图
a) 采用直线牵引电动机的东京都营 12 号线 b) 采用旋转牵引电动机的东京都营新宿线

设线圈的地面初级式异步直线电动机比较有利。

超导磁悬浮列车多采用地面初级式直线电动机，LSM 及 LD-CM 比较有利，仅有日本的 ML-100 型超导磁悬浮列车采用了 LIM 电动机。

二、直线电动机车辆牵引系统案例分析

以广州地铁 4 号线直线电动机车辆牵引系统为例对牵引系统的组成、控制原理与主要设备的技术参数进行分析。

4 号线列车是采用直线电动机的车辆，车辆交流传动系统采用一台 VVVF 逆变器向两台直线感应电动机供电，实现直线电动机牵引；采用 IGBT 器件和脉宽调制技术的牵引 VVVF 逆变器，实现牵引、再生制动控制。VVVF 逆变器系统采用微机控制技术，并有诊断和故障信息储存功能；VVVF 逆变器系统采用间接矢量控制方式。广州地铁 4 号线的牵引电动机为三相 8 极的直线感应电动机，安装在转向架上的部分属于电动机的初级，安装在轨道中间的感应板是电动机的次级。

1. 牵引系统的构成

牵引系统的主电路如图 2-63 所示。

车辆中每个 VVVF 逆变器驱动两台直线电动机，两个 VVVF 逆变器都安装在 B 车上。当 VVVF 逆变器接收到牵引手柄给出的牵引指令后，CHB 闭合，滤波电容器 FC 充电。当滤波电容的电压达到一定值时（FC 的电压小于网压 80~100 V），LB 闭合，接着 CHB 分离，逆变器的门极开始工作。如果 DCPT12、DCPT22（滤波电容电压传感器）检测到的电压高于 1980V，门极将停止工作，同时 LB 分离，OVCR F1、OVCR F2（过电压保护晶闸管）导通，对 OVCR FR1、OVCR FR2（过电压保护电阻）放电。电容 CE1、CE2 的作用是吸收电动机地线的谐波。当需要对 VVVF 箱进行检修时，需要将 MS 箱隔离开关打到接地位置，这时 DCHS1、DCHS2（放电开关）闭合，FC1、FC2（滤波电容器）和 FL1、FL2（滤波电抗器）等储能元器件通过 DCHR1、DCHR2（放电电阻）放电，保证检修人员的作业安全。

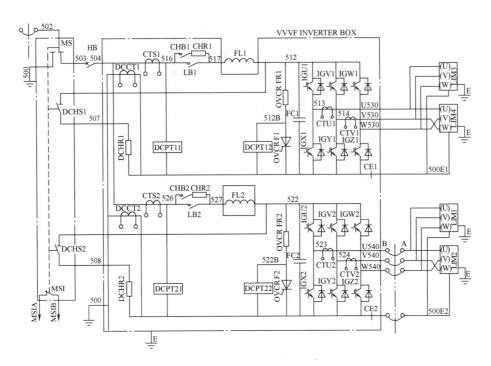

图 2-63　车辆牵引系统的主电路图

MS—主隔离开关　　DCHS1、DCHS2—放电开关　　DCHR1、DCHR2—放电电阻　　HB—高速断路器
CHB1、CHB2—充电接触器　　CHR1、CHR2—充电电阻　　LB1、LB2—线路接触器　　FL1、FL2—滤波电抗器
FC1、FC2—滤波电容器　　OVCR FR1、OVCR FR2—过电压保护电阻　　OVCR F1、OVCR F2—过电压保护晶闸管
CTS1、CTS2—输入电流传感器　　DCPT11、DCPT21—线电压传感器　　DCPT12、DCPT22—滤波电容电压传感器
CE1、CE2—电容　　DCCT1、DCCT2—差动电流传感器　　CTU1、CTU2/CTV1、CTV2—逆变器输出电流传感器
LIM1～LIM4—直线电动机

2. 牵引系统及其控制

逆变器将 1500V 直流电压转换为驱动三相直线感应电动机所需的三相交流电压。逆变器由 IGBT 模块组成，该逆变器能够实现变压变频控制，它能够控制牵引电动机的磁通量和转矩，使得列车速度能在一个很宽的范围内调节。该逆变器还能够实现牵引/再生制动操作和向前/向后操作，不需切换主电路，它是通过对转差频率及输出相序的控制来实现的，也就是说只需控制门极信号即可控制车辆的运行方向及运行工况。

牵引系统正常情况下采用来自硬线的 PWM 牵引力指令，如果检测到硬线 PWM 信号超出正常的范围，VVVF 逆变器就会采用来自 TMS (列车管理系统) 的总线的牵引力指令。如果硬线 PWM 信号和 TMS (列车管理系统) 总线都失效，列车还有一条紧急的备用硬线，当该紧急备用硬线被激活后，列车以 20km/h 的目标值驾驶，如果这时列车速度超过 22km/h，VVVF 逆变器将停止输出。另外，考虑到列车损失 1/2 动力时，运营要求在 AW2 状态下，仍能在 60‰ 的坡道上起动，并能保证列车行驶到最近车站。列车增加了高加速功能，当该功能被激活后，转矩指令值就会乘以计划值的 1.335 倍。这些功能的设置可以尽量降低由于列车故障对运营的影响。

3. 牵引系统的矢量控制

直线电动机采用矢量控制方式，其控制性能可与他励电动机相媲美，能实现快速控制转矩，能将负载的扰动对速度的影响降到最低。在矢量控制中磁通和转矩可分别控制，从而在瞬态和稳态下均可获得最大转矩电流，因此效率较高，更好地利用了驱动系统的电流能力。用于牵引驱动的矢量控制方法属于转子磁场定位间接矢量控制，该方法使用电压前馈控制和电流反馈控制相结合，产生所需要的电动机电流，以维持转子磁场定位（也就是说，转子磁通的q轴分量等于零），并实现转矩的瞬态控制。

广州地铁4号线车辆的矢量控制方法如图2-64所示。

通过矢量控制可以实现正常情况下的列车牵引、感应板次边阻抗变化的补偿、感应板与直线电动机之间气隙变化的补偿、感应板缺失时防止直线电动机过电流、再生制动等功能。

（1）感应板次边阻抗变化补偿 当感应板的电阻发生改变，转矩电流（I1QF）发生变化，VVVF逆变器的控制系统检测到这一变化后，会根据I1QF和I1QR的不同来改正转差频率，使q轴电流回复到原来的值，控制直线电动机转矩的波动。

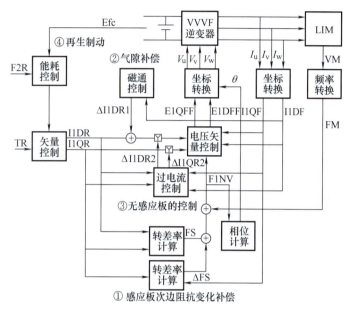

图 2-64 电动机矢量控制图

Efc—滤波电容器电压 E1DFF—定子d轴的前馈电压 E1QFF—定子q轴的前馈电压 I1DR—定子电流的d轴分量指令 I1QR—定子电流的q轴分量指令 I1DF—定子电流的d轴分量 I1QF—定子电流的q轴分量 F1NV—逆变器输出频率 FS—转差率 FM—电动机频率 TR—电动机转矩指令 F2R—转子磁链幅值

（2）气隙变化控制 当直线电动机与感应板之间的气隙变化时，直线电动机的互感值发生变化，磁通电流（I1DF）也发生变化。控制系统检测到这一变化后，将根据I1DF和I1DR的不同来改变d轴电流的指令值（I1DR），使d轴电流回复到原来的值，控制直线电动机转矩的波动。

（3）无感应板时的控制 当直线电动机通过感应板不连贯时，直线电动机的互感值将减少，直线电动机的电流大大增加。当直线电动机电流超过VVVF逆变器的设定值时，传动控制系统将降低d轴电流I1DF和q轴电流I1QF的指令值，防止逆变器和直线电动机过电流。

4. 系统主要设备参数

系统主要设备参数见表2-9～表2-13。

表2-9 牵引逆变器技术参数

供电系统	DC1500V（范围1000~1800V，瞬时1980V）	最大输出电压/V	AC1404
逆变输出容量/（kV·A）	1080（峰值）	电流/A	1116（峰值）

表2-10　直线电动机技术参数

输出功率/kW	120（持续功率），155（小时功率）	同步速度/(km/h)	44.5
电压/V	1100	绝缘等级	200级
电流/A	162（持续功率），210（小时功率）	线圈温升极限/K	200（电阻测量法）
频率/Hz	22	质量/kg	1550（包括防护板，不包括安全鼻）

表2-11　间隙传感器技术参数

传感器原理	涡电流	线性度（%）	≤1（25℃）
测量范围/mm	0~25	采样周期/ms	0.5
适用材料	铝和铜		

表2-12　高速断路器技术参数

额定电压/V	2000	分断能力（2000V/2mH时）/A	30000（1500V, t=15ms）
额定电流/A	1000	过电流整定值/A	2200

表2-13　滤波器、接触器主要技术参数

滤波电抗器/mH	10.0±1	LB1、LB2/CHB1、CHB2	400A/400A
滤波电容器/mF	6.6		

任务四　单轨牵引传动系统

一、单轨交通概述

1. 单轨的定义

单轨（又称独轨）系统是一种车辆与特制轨道梁组合成一体运行的中运量轨道运输系统。轨道梁不仅是车辆的承重结构，同时是车辆运行的导向轨道。单轨系统主要有两种类型：一种是车辆跨骑在单轨梁上运行的形式，称为跨座式单轨系统；另一种是车辆悬挂在单轨梁上运行的形式，称为悬挂式单轨系统。

2. 单轨的起源

1952年，瑞典的格伦设计出新型的跨座式轨道系统，并以1:2.5的比例在德国科隆市附近的Fuhligen进行模型试验，轨道梁由钢筋混凝土制成。据记载，在1.9km长的试验轨道上，车厢可达到130km/h的运行速度。1957年，格伦再次在原地建造了一条长1.8km的实体轨道，测试结果与模型试验相近。这种形式的单轨系统就以格伦的全名缩写命名为ALWEG型单轨系统。ALWEG型单轨系统很快便成为了世界单轨设计的风尚，虽然在之后的十多年间的发展速度较快，但似乎仅限于游乐园或展览会场区内的游客运输，尚未进入城市轨道交通系统的领域。到了20世纪80年代后期，欧洲的单轨交通才开始进入城市轨道交通体系。

3. 单轨交通系统在中国的发展

我国第一条单轨交通线路于 2000 年在重庆开始修建。根据重庆山城丘陵的地理特点，选择了爬坡能力强、转弯半径小的高架跨座式胶轮单轨交通系统。目前，重庆轻轨 2 号线和 3 号线采用的就是跨座式单轨系统。图 2-65 所示为重庆轻轨 2 号线所用车辆类型。

图 2-65　重庆轻轨 2 号线所用车辆类型

4. 跨座式单轨交通的特点

（1）跨座式单轨交通的优势

1）占地面积小、空间利用率高。跨座式单轨交通轨道梁一般利用城市道路中央的隔离带设置结构墩柱，圆墩柱直径为 1~1.5m，区间双线轨道结构宽度一般为 5m。而普通城轨交通区间高架结构宽度为 8~9m，圆墩柱直径约为 2m。

2）建设周期短。由于跨座式单轨交通轨道梁一般采用标准轨道梁，可在工厂预制、现场拼装，且接触网刚性布置在轨道侧壁，比普通架空接触网以及第三轨施工方便，可大大缩短施工周期。

3）转弯半径小，爬坡能力强，乘坐舒适度高。由于跨座式单轨车辆转向架采用充气橡胶轮胎作为走行轮，噪声小，且转向架与车体间的悬架装置为空气弹簧，车体振动幅度小。线路最大坡度可达 6%，最小曲率半径为 100m。

（2）跨座式单轨交通的不足

1）能耗较大。由于采用橡胶车轮使车辆所受阻力比钢轮大，因此，单轨交通的能耗比普通城轨交通的大。

2）道岔结构复杂，搬动时比普通城轨交通道岔费时，因此限制了列车运行时间间隔不能小于 2.5min。

二、跨座式单轨系统牵引系统案例分析

以重庆轻轨 3 号线跨座式单轨系统为例，对其牵引系统的组成、控制原理及主要设备的

技术参数进行分析。

重庆轻轨 3 号线跨座式单轨列车采用 6 辆编组方式：= $MC_1 * M_2 * M_4 * M_5 * M_3 * MC_2$ =。列车车体下部的主要电气设备及其动力分配如图 2-66 所示。系统采用 DC1500V 供电，VVVF 逆变器调压，三相异步电动机牵引，再生制动。(注意：负极受电弓升起后不再降下，列车的受电由正极受电弓提供)。

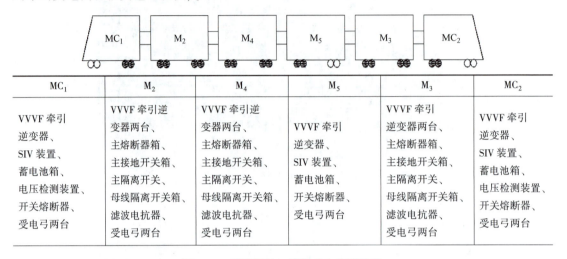

MC_1	M_2	M_4	M_5	M_3	MC_2
VVVF 牵引逆变器、SIV 装置、蓄电池箱、电压检测装置、开关熔断器、受电弓两台	VVVF 牵引逆变器两台、主熔断器箱、主接地开关箱、主隔离开关、母线隔离开关箱、滤波电抗器、受电弓两台	VVVF 牵引逆变器两台、主熔断器箱、主接地开关箱、主隔离开关、母线隔离开关箱、滤波电抗器、受电弓两台	VVVF 牵引逆变器、SIV 装置、蓄电池箱、开关熔断器、受电弓两台	VVVF 牵引逆变器两台、主熔断器箱、主接地开关箱、主隔离开关、母线隔离开关箱、滤波电抗器、受电弓两台	VVVF 牵引逆变器、SIV 装置、蓄电池箱、电压检测装置、开关熔断器、受电弓两台

图 2-66　重庆轻轨 3 号线动力分配示意

1. 牵引系统的组成

重庆单轨车牵引系统的主电路图如图 2-67 所示。主电路由受电装置、熔断器、避雷/浪

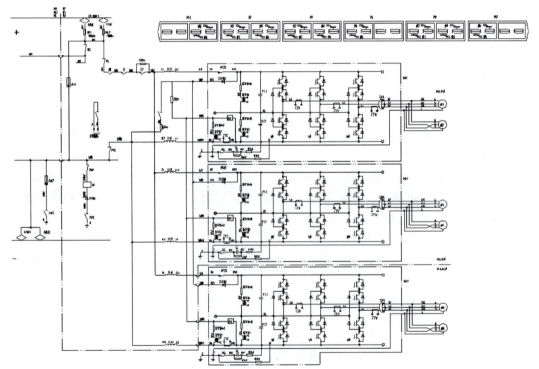

图 2-67　重庆轻轨 3 号线主电路图

涌吸收器、高速断路器、输入滤波器、VVVF牵引逆变器、线路接触器等部件组成。在受电装置附近装有一台避雷/浪涌吸收器，每个动力单元的主逆变器受高速断路器（HSCB）保护，高速断路器可高效地保护由于短路、接地造成的过电流，其保护特性与相应的牵引变电站64D保护系统相匹配和协调。输入滤波器由电抗器和电容器组成，故障情况下滤波器储存的能量当即被释放，不会对车辆部件造成二次性损坏。

VVVF牵引逆变器采用电压型三点式逆变器，一台牵引逆变器控制两台牵引电动机，即1C2M方式。VVVF牵引逆变器包括输入滤波器、三相逆变器模块，自然冷却后，实施输入过电流、输出过电流、低输入网压、过压、过热、相电流电压不平衡和牵引电动机过电流等保护。每台逆变器配装一台高速断路器，使用双微机系统对VVVF进行控制。

2. 主要牵引设备

（1）受电装置　跨座式单轨车辆受电（集电）装置分为正极和负极两种，两种受电装置安装在转向架上，采用侧面滑动受电方式。在驾驶室车辆和M_5车辆上各安装两台负极受电弓，在其他车辆上各安装两台正极受电弓。

1）正极受电装置：开弓时采用弹簧装置，收弓时采用压缩空气。收弓时使下降风缸动作，折叠式受电装置在折叠位置，由锁钩装置将受电弓锁住，使其与接触网脱离。当需要受电装置开弓时，可使电磁线圈得电，解开锁钩装置，弹簧装置将受电装置撑开与接触导轨接触受电。

2）负极受电装置：与正极受电装置相比，负极受电装置不设自动折叠装置，使负线受电装置经常与负线接触导轨接触。需要时可用手压到折叠位置，由锁钩装置锁住，解锁时用手动压缩解锁。

3）滑板：受电装置滑板为铜系粉末冶金制成。

4）车辆接地装置：考虑到跨座式单轨车辆采用橡胶轮胎，每辆车配有一接地装置，当车辆到达车站和车辆段时，与安装在轨道梁上的接地板接触，以保证乘客在车站和车辆段检修作业人员的生命安全。

5）接触网受流模式：跨座式单轨接触网受流模式不同于传统轮轨交通所采用的第三轨或架空接触网模式，是一种全新的城市轨道交通接触网受流模式，除了正极受流接触网外，设置专门的负极回流接触网（回流轨）。电流经车辆负极受电弓再经回流轨回流，负极接触网和正极相同。接触网位于轨道侧面中部并被车体包络，与轨道梁中心线方向平行且呈"之"字形布置，接触受流面相对轨道梁侧面向外，受电弓相对轨道侧面向内与接触网接触线摩擦受流。受电装置的结构外形如图2-68所示。

（2）传动装置　单轨牵引传动装置如图2-69所示，与普通车辆一样，由牵引电动机、联轴器和齿轮减速箱等零部件组成。所不同的是，普通车辆的传动装置安装在轮对的两个车轮之间，而跨座式则全部放在构架外侧。

图2-68　受电装置

a）正极受电装置　b）负极受电装置

重庆"较新"线单轨车辆的牵引电动机为三相笼型异步电动机。电动机的输出功率为 105kW，线电压为 1100V，额定转速为 3439r/min，电动机绝缘等级为 H 级，自然通风冷却，转子导条采用铸铝材料。电动机固定在跨座式转向架上，通过弹性联轴器与齿轮箱连接，齿轮箱的传动比为 6.55 :1，有利于提高牵引电动机的转速，减小牵引电动机的体积，为解决牵引电动机安装空间不足创造了条件。

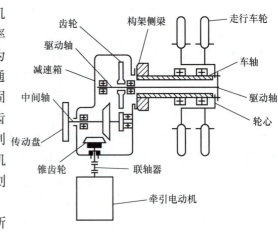

图 2-69　单轨牵引传动装置

三相笼型异步电动机结构图如图 2-70 所示，主要由定子和转子两个部分组成，定子、转子之间是间隙。转子绕组是用作产生感应电动势并产生电磁转矩的，它的转子绕组是短路绕组，在转子的每个槽中放有一根导体，导体比铁心长，在铁心两端用两个端环将导体短接，形成短路绕组。若将铁心去掉，则剩下的绕组形状似笼子，故称为笼型绕组。它的缺点是调速能力差，起动转矩小，因此在一些要求平滑调速和起动转矩大的工况下，采用多种方式进行控制。

（3）牵引逆变器　牵引逆变器的作用是将接触网上的 DC1500V，经过调频调压为 AC1100V，提供给列车主牵引电动机。牵引逆变器 VVVF 的技术规格见表 2-14。

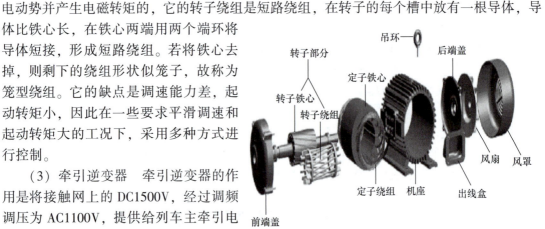

图 2-70　笼型异步电动机结构图

表 2-14　牵引逆变器 VVVF 的技术规格

控制系统	自动加速和减速
额定输出	285kV·A（每个逆变器供两台牵引电动机）
最大输出	330kV·A
额定电压 U_N	AC1100V
输出频率 f	0~100Hz
牵引电动机连接	每个单元的两台牵引电动机并联
转矩控制	矢量控制系统的电流参考直接控制
开关元件	IGBT
逆变器冷却系统	自然风冷
控制电路电源	DC110V 和 AC380V、50Hz

（4）断路器装置　断路器装置由高速断路器、电磁接触器及各种继电器等组成。其主要作用是切断和接通负荷电路，切断故障电路，防止事故扩大，保证安全运行。单轨交通车

辆采用 UR6 型高速断路器，是单极双向装置，具有电磁吹弧，自然风冷的直流断路器。断路器设计为检测过电流后迅速地响应，电弧发生时通过瞬时的恒定过电压形式迅速抑制电弧。断路器装置的外形图及结构图如图 2-71 所示。

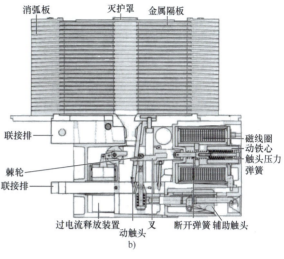

图 2-71 UR6 型高速断路器外形及结构图
a) 外形图 b) 结构图

任务一 常用电力电子器件类型、原理与应用

一、门极关断晶闸管

GTO（Gate-Turn-Off）即门极关断，本书中作为门极关断晶闸管（Gate-Turn-Off Thyristor）的简称。

1. GTO 的结构及工作原理

GTO 是晶闸管的一种派生器件。它的主要特点是，既可用一个小的正门极电流脉冲触发使其导通，又能被负门极电流脉冲触发使其关断。GTO 用于电动机传动、静止无功补偿器（SVC）和大功率交直流电源。

GTO 与普通晶闸管一样，也是 PNPN 四层三端器件，其外形和图形符号如图 2-72 所示。GTO 是一种多元的功率集成器件，它内部包含了数十个甚至是数百个共阳极的 GTO 元，这些小的 GTO 元的阴极和门极则在器件内部并联在一起，且每个 GTO 元阴极和门极距离很短，有效地减小了横向电阻，因此可以从门极抽出电流而使它关断。

其内部结构如图 2-73 所示。

GTO 的触发导通原理与普通晶闸管相似，阳极加正向电压，门极加正触发信号后，使 GTO 导通。但要关断 GTO 时，给门极加上足够大的负电压，可以使 GTO 关断。由图 2-72b

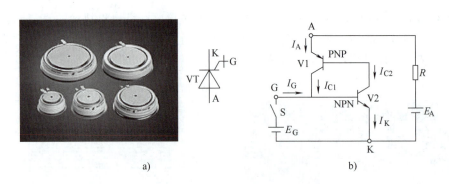

图 2-72 GTO 外形及原理图

a) GTO 外形　b) GTO 图形符号与工作原理图

所示，当要关断 GTO 时，给门极加上负电压，晶体管 $P_1N_1P_2$ 的集电极电流被抽出来，形成门极负电流 I_G。由于 I_{C1} 的抽走使 $N_1P_2N_2$ 晶体管的基极电流减小，进而使其集电极电流 I_{C2} 减小，于是引起 I_{C1} 的进一步下降，形成一个正反馈过程，最后导致 GTO 阳极电流的关断。

2. GTO 的驱动电路

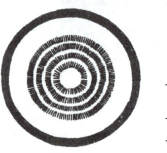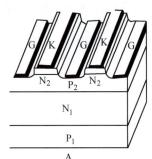

图 2-73　GTO 内部结构图

GTO 的触发导通过程与普通晶闸管相似，GTO 导通的条件一是加正向偏置，二是门极加触发电压。但影响它关断的因素却有很多，GTO 的门极关断技术是其正常工作的基础。

理想的门极驱动信号（电流、电压）波形如图 2-74 所示，其中实线为电流波形，虚线为电压波形。

触发 GTO 导通时，门极电流脉冲应前沿陡、宽度大、幅度高、后沿缓。这是因为上升陡峭的门极电流脉冲可以使所有的 GTO 元几乎同时导通，而脉冲后沿太陡容易产生振荡。而后关断脉冲前沿陡可缩短关断时间，后沿坡度太陡则可能产生正向门极电流，使 GTO 导通。

GTO 门极驱动电路包括导通电路、关断电路和反偏电路。图 2-75 是 GTO 双电源供电的门极驱动电路，该电路可用于三相 GTO 逆变电路。

（1）门极导通电路　在无导通信号时，晶体管 V1 未导通，电容 C_1 被充电至电源电压，约为 20V。当有导通信号时，V1 导通，产生门极电流。已充电的电容 C_1 可加快 V1 的导通，从而增加门极导通电流前沿的陡度。此时，电容 C_2 被充电。

（2）门极关断电路　当有关断信号时，晶体管 V2 导通，C_2 经 GTO 的阴极、门极、V2 放电，形成峰值 90V、前沿陡度大、宽度大的门极关断电流。

（3）门极反偏电路　电容 C_3 由 -20V 电源充电、稳压管 V4 钳位，其两端得到上正下负、数值为 10V 的电压。当晶体管 V3 导通时，此电压作为反偏电压加在 GTO 的门极上。

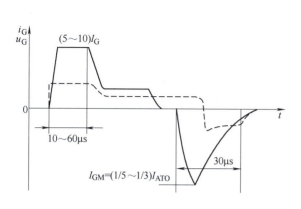

图 2-74　GTO 门极驱动信号波形

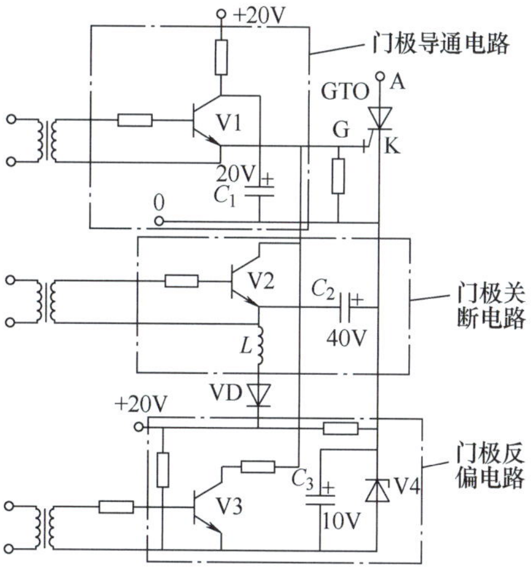

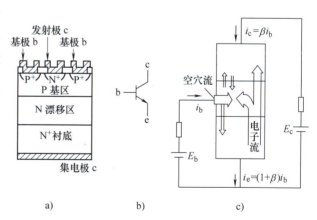

图 2-75　门极驱动电路

二、电力晶体管

电力晶体管（Giant Transistor，GTR），是一种耐高电压、大电流的双极结型晶体管。

1. GTR 的结构和工作原理

（1）基本结构　通常，GTR 的集电极最大允许耗散功率在 1W 以上，或最大集电极电流在 1A 以上，其结构和工作原理都和小功率的双极结型晶体管非常相似。GTR 由三层半导体、两个 PN 结组成，有 PNP 和 NPN 两种结构，其电流由两种载流子（电子和空穴）的运动形成，所以称为双极型晶体管。

图 2-76a 所示为 NPN 型 GTR 的内部结构，其电气图形符号如图 2-76b 所示。大多数 GTR 是用三重扩散法制成的，或者是在集电极高掺杂的 N^+ 硅衬底上用外延生长法生长一层 N 漂移层，然后在上面扩散 P 基区，接着扩散掺杂的 N^+ 发射区。

大功率晶体管通常采用共发射极接法，图 2-76c 给出了共发射极接法时的电力晶体管内部主要载流子流动示意图。图中，从基极注入的越过正向偏置发射结的空穴流，一部分与电子复合。发射极的电子流一部分在基极中与空穴复合，一部分越过集电极。还有因热骚动产生的载流子构成的集电结漏电流。

图 2-76　GTR 结构、电气图形符号和内部载流子流动
a）GTR 结构　b）电气图形符号　c）内部载流子流动

一些常见 GTR 的外形如图 2-77 所示。从图可见，GTR 的外形除体积比较大外，其外壳上都有安装孔或安装螺钉，便于将晶体管安装在外加的散热器上。因为对 GTR 来讲，单靠外壳散热是远远不够的。例如，50W 的硅低频 GTR，如果不加散热器，其最大允许耗散功

率仅为2~3W。

（2）工作原理　在电力电子技术中，GTR主要工作在开关状态。晶体管通常连接成共发射极电路，NPN型GTR通常工作在正偏（$I_b>0$）时大电流导通、反偏（$I_b<0$）时处于截止的高电压状态。因此，给GTR的基极施加幅度足够大的脉冲驱动信号，它将处于导通和截止的开关工作状态。

2. GTR的特性与主要参数

（1）GTR的基本特性

1）静态特性。共发射极接法时，GTR的典型输出特性如图2-78所示，可分为三个工作区。

截止区：在截止区内，$I_b \leq 0$，$U_{be} \leq 0$，$U_{bc}<0$，集电极只有漏电流流过。

放大区：$I_b>0$，$U_{be}>0$，$U_{bc}<0$，$I_c=\beta I_b$。

饱和区：$I_b>\dfrac{I_{cs}}{\beta}$，$U_{be}>0$，$U_{bc}>0$。$I_{cs}$是集电极饱和电流，其值由外电路决定。两个PN结都为正向偏置，是饱和的特征。饱和时集电极、发射极间的管压降U_{ces}很小，相当于开关接通，这时尽管电流很大，但损耗并不大。GTR刚进入饱和时为临界饱和，如I_b继续增加，则为过饱和。用作开关时，应工作在深度饱和状态，这有利于降低U_{ces}和减小导通时的损耗。

2）动态特性。动态特性是描述GTR开关过程的瞬态性能，又称开关特性。GTR在实际应用中，通常工作在频繁开关状态。图2-79表明了GTR开关特性的基极、集电极电流波形。

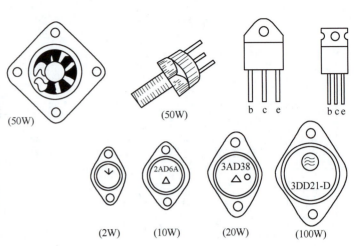

图2-77　常见GTR外形

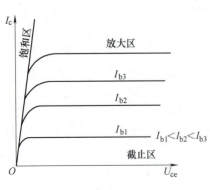

图2-78　GTR共发射极接法的输出特性

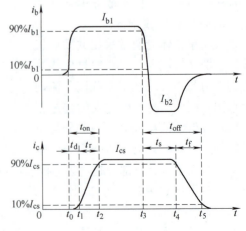

图2-79　开关过程中i_b和i_c的波形

整个工作过程分为开通过程、导通状态、关断过程、阻断状态四个不同的阶段。图中开通时间 t_{on} 对应着 GTR 由截止到饱和的开通过程，关断时间 t_{off} 对应着 GTR 由饱和到截止的关断过程。

GTR 的开通过程是从 t_0 时刻起注入基极驱动电流，这时并不能立刻产生集电极电流，过一小段时间后，集电极电流开始上升，逐渐增至饱和电流值 I_{cs}。把 i_c 达到 $10\%I_{cs}$ 的时刻定为 t_1，达到 $90\%I_{cs}$ 的时刻定为 t_2，则 $t_0 \sim t_1$ 这段时间称为延迟时间，以 t_d 表示，$t_1 \sim t_2$ 这段时间称为上升时间，以 t_r 表示。

要关断 GTR，通常给基极加一个负的电流脉冲。但集电极电流并不能立即减小，而要经过一段时间才能开始减小，再逐渐降为零。把 i_b 降为稳态值 I_{b1} 的 90% 的时刻定为 t_3，i_c 下降到 $90\%I_{cs}$ 的时刻定为 t_4，下降到 $10\%I_{cs}$ 的时刻定为 t_5，则 $t_3 \sim t_4$ 这段时间称为储存时间，以 t_s 表示，$t_4 \sim t_5$ 这段时间称为下降时间，以 t_f 表示。

延迟时间 t_d 和上升时间 t_r 之和是 GTR 从关断到导通所需要的时间，称为开通时间，以 t_{on} 表示，则 $t_{on} = t_d + t_r$。

储存时间 t_s 和下降时间 t_f 之和是 GTR 从导通到关断所需要的时间，称为关断时间，以 t_{off} 表示，则 $t_{off} = t_s + t_f$。

GTR 在关断时漏电流很小，导通时饱和压降很小。因此，GTR 在导通和关断状态下损耗都很小，但在关断和导通的转换过程中，电流和电压都较大，随意开关过程中损耗也较大。当开关频率较高时，开关损耗是总损耗的主要部分。因此，缩短开通和关断时间对降低损耗、提高效率和运行可靠性很有意义。

（2）GTR 的参数　这里主要介绍 GTR 的极限参数，即最高工作电压、集电极最大允许电流、集电极最大耗散功率和最高工作结温等。

1）最高工作电压。当 GTR 上所施加的电压超过规定值时，就会发生击穿。击穿电压不仅和晶体管本身特性有关，还与外电路接法有关。

BU_{cbo}：发射极开路时，集电极和基极间的反向击穿电压。

BU_{ceo}：基极开路时，集电极和发射极之间的击穿电压。

BU_{cer}：实际电路中，GTR 的发射极和基极之间常接有电阻 R，这时用 BU_{cer} 表示集电极和发射极之间的击穿电压。

BU_{ces}：当 $R = 0$，即发射极和基极短路时，用 BU_{ces} 表示其击穿电压。

BU_{cex}：发射结反向偏置时，集电极和发射极之间的击穿电压。

其中 $BU_{cbo} > BU_{cex} > BU_{ces} > BU_{cer} > BU_{ceo}$，实际使用时，为确保安全，最高工作电压要比 BU_{ceo} 低得多。

2）集电极最大允许电流 I_{cm}。GTR 流过的电流过大，会使 GTR 参数劣化，性能将变得不稳定，尤其是发射极的趋肤效应可能导致 GTR 损坏。因此，必须规定集电极最大允许电流值。通常规定共发射极电流放大系数下降到规定值的 1/3 ~ 1/2 时，所对应的电流 I_c 为集电极最大允许电流，以 I_{cm} 表示。实际使用时还要留有较大的安全裕量，一般只能用到 I_{cm} 值的一半或稍多些。

3）集电极最大耗散功率 P_{cm}。集电极最大耗散功率是指在最高工作温度下允许的耗散功率，用 P_{cm} 表示。它是 GTR 容量的重要标志。晶体管功耗的大小主要由集电极工作电压和工作电流的乘积来决定，它将转化为热能使晶体管升温，晶体管会因温度过高而损坏。实际使用时，集电极允许耗散功率和散热条件与工作环境温度有关。所以在使用中应特别注意集电极电流 I_c 不能过大，散热条件要好。

4) 最高工作结温 T_{jm}。GTR 正常工作允许的最高结温，以 T_{jm} 表示。GTR 结温过高时，会导致热击穿而烧坏。

3. GTR 的二次击穿和安全工作区

（1）二次击穿问题 实践表明，GTR 即使工作在最大耗散功率范围内，仍有可能突然损坏，其原因一般是由二次击穿引起的，二次击穿是影响 GTR 安全可靠工作的一个重要因素。

二次击穿是由于集电极电压升高到一定值（未达到极限值）时，发生雪崩效应造成的。按道理，只要功耗不超过极限，管子是可以承受的，但是在实际使用中，由于出现负阻效应，集电极电流 I_c 进一步剧增。由于管子结面的缺陷、结构参数的不均匀，使局部电流密度剧增，形成恶性循环，导致管子损坏。

二次击穿的持续时间在纳秒到微秒之间，由于管子的材料、工艺等因素的分散性，二次击穿难以计算和预测。防止二次击穿的方法有：①应使实际使用的工作电压比反向击穿电压低得多；②必须有电压电流缓冲保护措施。

（2）安全工作区 以直流极限参数 I_{cm}、P_{cm}、U_{cem} 构成的工作区为一次击穿工作区，如图 2-80 所示。以二次击穿电压与二次击穿电流组成的 P_{SB}（二次击穿功率）如图中虚线所示，它是一个不等功率曲线。若以 3DD8E 晶体管测试数据为例，其 P_{cm} = 100W，$BU_{ceo} \geqslant$ 200V，但由于受到击穿的限制，当 U_{ce} = 100V 时，P_{SB} = 60W，U_{ce} = 200V 时，P_{SB} = 28W，所以，为了防止二次击穿，要选用功率足够大的管子，实际使用的最高电压通常比管子的极限电压低很多。

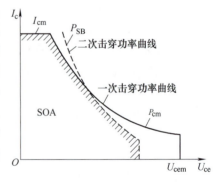

图 2-80 GTR 安全工作区

安全工作区是在一定的温度条件下得出的，例如环境温度25℃或壳温75℃等，使用时若超过上述指定温度值，允许功耗和二次击穿耐量都必须降额。

4. GTR 的驱动与保护

（1）GTR 基极驱动电路

1) 对基极驱动电路的要求。由于 GTR 主电路电压较高，控制电路电压较低，所以应实现主电路与控制电路间的电隔离。

在使 GTR 导通时，基极正向驱动电流应有足够陡的前沿，并有一定幅度的强制电流，以加速开通过程，减小开通损耗，如图 2-81 所示。

GTR 导通期间，在任何负载下，基极电流都应使 GTR 处在临界饱和状态，这样既可降低导通饱和压降，又可缩短关断时间。

在使 GTR 关断时，应向基极提供足够大的反向基极电流（如图 2-81 波形所示），以加快关断速度，

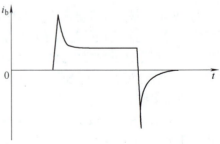

图 2-81 GTR 基极驱动电流波形

减小关断损耗。

应有较强的抗干扰能力，并有一定的保护功能。

2）基极驱动电路。图 2-82 是一个简单实用的 GTR 驱动电路。该电路采用正、负双电源供电。当输入信号为高电平时，晶体管 V1、V2 和 V3 导通，而 V4 截止，这时 V5 就导通。二极管 V8 可以保证 GTR 导通时工作在临界饱和状态。流过二极管 V8 的电流随 GTR 的临界饱和程度而改变，自动调节基极电流。当输入低电平时，V1、V2、V3 截止，而 V4 导通，这就给 GTR 的基极一个负电流，使 GTR 截止。在 V4 导通期间，GTR 的基极-发射极一直处于负偏置状态，这就避免了反向电流的通过，从而防止同一桥臂另一个 GTR 导通产生过电流。

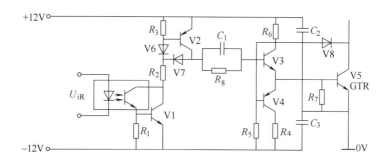

图 2-82　实用的 GTR 驱动电路

3）集成化驱动。集成化驱动电路克服了一般电路元器件多、电路复杂、稳定性差和使用不便的缺点，还增加了保护功能。例如法国 THOMSON 公司为 GTR 专门设计的基极驱动芯片 UAA4002。采用此芯片可以简化基极驱动电路，提高基极驱动电路的集成度、可靠性、快速性。它把对 GTR 的完整保护和最优驱动结合起来，使 GTR 运行于自身可保护的准饱和最佳状态。

（2）GTR 保护电路　为了使 GTR 在厂家规定的安全工作区内可靠地工作，必须对其采用必要的保护措施。而对 GTR 的保护相对来说比较复杂，因为它的开关频率较高，采用快熔保护是无效的。一般采用缓冲电路，主要有 RC 缓冲电路、充放电型 R-C-V 缓冲电路和阻止放电型 R-C-V 缓冲电路三种形式，如图 2-83 所示。

RC 缓冲电路简单，对关断时集电极-发射极间电压上升有抑制作用。这种电路只适用于小容量的 GTR（电流在 10A 以下）。

充放电型 R-C-V 缓冲电路增加了缓冲二极管 V2，可以用于大容量的 GTR。但它的损耗（在缓冲电路的电阻上产生的）较大，不适合用于高频开关电路。

阻止放电型 R-C-V 缓冲电路较常用于大容量 GTR 和高频开关电路的缓冲器。其最大优点是缓冲产生的损耗小。

为了使 GTR 正常可靠地工作，除采用缓冲电路之外，还应设计最佳驱动电路，并使 GTR 工作在准饱和状态。另外，采用电流检测环节，在故障时封锁 GTR 的控制脉冲，使其及时关断，保证 GTR 电控装置安全可靠地工作；在 GTR 电控系统中设置过电压、欠电压和过热保护单元，以保证安全可靠地工作。

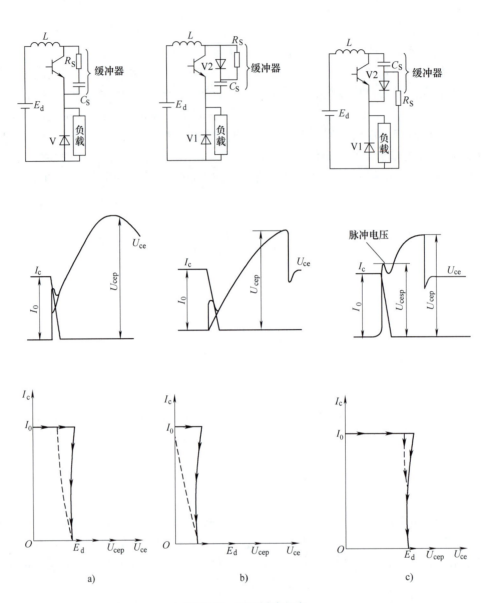

图 2-83　GTR 缓冲电路

a) RC 缓冲电路　b) 充放电型 R-C-V 缓冲电路　c) 阻止放电型 R-C-V 缓冲电路

三、电力场效应晶体管 MOSFET

电力场效应晶体管是指绝缘栅型中的 MOS 型（Metal-Oxide Semiconductor）场效应晶体管（Field Effect Transistor，FET），简称电力 MOSFET（Power MOSFET）。电力 MOSFET 是一种单极型、多数载流子、"零结"、电压可控的器件。与 GTR 相比，电力 MOSFET 具有开关速度快、损耗低、驱动电流小、无二次击穿现象等优点。它的缺点是电压还不能太高、电流容量也不能太大。在低压、小功率和高频（数百千赫）开关应用中特别多，如步进电动机驱动。

1. 电力 MOSFET 的结构及工作原理

（1）结构　电力 MOSFET 有三个极分别是：栅极 G、源极 S、漏极 D，有 N 沟道和 P 沟道两种。N沟道中多数载流子是电子，P沟道中多数载流子是空穴。其中每一类又可分为增强型和耗尽型两种。耗尽型就是当栅源间电压$U_{GS}=0$时存在导电沟道，漏极电流$I_D \neq 0$；增强型就是当$U_{GS}=0$时没有导电沟道，漏极电流$I_D=0$，只有当$U_{GS}>0$（N沟道）或$U_{GS}<0$（P沟道）时才开始有漏极电流I_D。电力MOSFET的结构和电气图形符号如图2-84所示。

电力MOSFET与小电力MOSFET的原理基本相同，但是为了提高电流容量和耐压能力，在芯片结构上却有很大不同：电力MOSFET采用小单元集成结构来提高电流容量和耐压能力，并且采用垂直导电排来提高耐压能力。

几种不同电力MOSFET的外形如图2-85所示。

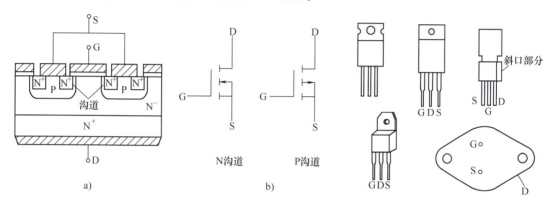

图2-84 电力MOSFET结构和电气图形符号
a）电力MOSFET结构 b）电气图形符号

图2-85 几种电力MOSFET的外形

（2）工作原理 当D、S加正电压（漏极为正，源极为负），栅源电压$U_{GS}=0$时，P体区和N漏区的PN结反偏，D、S之间无电流通过；如果在G、S之间加一正电压U_{GS}，由于栅极是绝缘的，所以不会有电流流过，但栅极的正电压会将其下面P区中的空穴推开，而将P区中的少数载流子电子吸引到栅极下面的P区表面。当U_{GS}大于某一电压U_T时，栅极下P区表面的电子浓度将超过空穴浓度，从而使P型半导体反型成N型半导体而成为反型层，该反型层形成N沟道而使PN结J_1消失，漏极和源极导电。电压U_T称为开启电压或阈值电压，U_{GS}超过U_T越多，导电能力越强，漏极电流越大。

2. 电力MOSFET的特性与参数

（1）电力MOSFET的特性

1）转移特性。I_D和U_{GS}的关系曲线反映了输入电压和输出电流的关系，称为MOSFET的转移特性，如图2-86a所示。从图中可知，I_D较大时，I_D与U_{GS}的关系近似呈线性，曲线的斜率被定义为MOSFET的跨导，即$G_{fs}=\dfrac{dI_D}{dU_{GS}}$。

MOSFET是电压控制型器件，其输入阻抗极高，输入电流非常小。

2）输出特性。图2-86b所示为MOSFET的漏极伏安特性，即输出特性。从图中可以看出，MOSFET有三个工作区：

截止区：$U_{GS} \leq U_T$，$I_D=0$，这与电力MOSFET的截止区相对应。

饱和区：$U_{GS}>U_T$，$U_{DS} \geq U_{GS}-U_T$，当U_{GS}不变时，I_D几乎不随U_{DS}的增加而增加，近似为一常数，故称饱和区。这里的饱和区并不和电力MOSFET的饱和区对应，而对应于后者的放大区。当用作线性放大时，MOSFET 工作在该区。

非饱和区：$U_{GS}>U_T$，$U_{DS}<U_{GS}-U_T$，漏源电压 U_{DS} 和漏极电流 I_D 之比近似为常数。该区对应于电力 MOSFET 的饱和区。当 MOSFET 作开关用而导通时即工作在该区。

在制造电力 MOSFET 时，为提高跨导并减少导通电阻，在保证所需耐压的条件下，应尽量减小沟道长度。因此，每个 MOSFET 元都要做得很小，

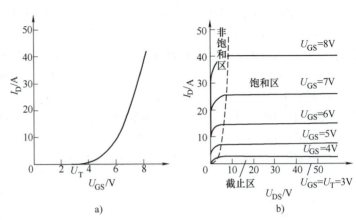

图 2-86　电力 MOSFET 的转移特性和输出特性
a）转移特性　b）输出特性

每个 MOSFET 元能通过的电流也很小。为了能使器件通过较大的电流，每个器件由许多个 MOSFET 元组成。

3）开关特性。图 2-87 所示为用来测试 MOSFET 开关特性的电路。图中 u_p 为矩形脉冲电压信号源，波形如图 2-87b 所示，R_S 为信号源内阻，R_G 为栅极电阻，R_L 为漏极负载电阻，R_F 用于检测漏极电流。因为 MOSFET 存在输入电容，所以当脉冲电压 u_p 的前沿到来时，输入电容有充电过程，栅极电压 u_{GS} 呈指数曲线上升，如图 2-87 所示。当 u_{GS} 上升到开启电压 U_T 时开始出现漏极电流 i_D。从 u_p 的前沿时刻到 $u_{GS}=U_T$ 的时刻，这段时间称为开通延迟时间 $t_{d(on)}$。此后，i_D 随 u_{GS} 的上升而上升。u_{GS} 从开启电压上升到 MOSFET 进入非饱和区的栅压 U_{GSP} 这段时间称为上升时间 t_r，这时相当于电力 MOSFET 的临界饱和，漏极电流 i_D 也达到稳态值。i_D 的稳态值由漏极电压和漏极负载电阻所决定，U_{GSP} 的大小和 i_D 的稳态值有关。u_{GS} 的值达到 U_{GSP} 后，在脉冲信号源 u_p 的作用下继续升高直至到达稳态值，但 i_D 已不再变化，相当于电力 MOSFET 处于饱和状态。MOSFET 的开通时间 t_{on} 为开通延迟时间 $t_{d(on)}$ 与上升时间 t_r 之和，即

$$t_{on}=t_{d(on)}+t_r \tag{2-27}$$

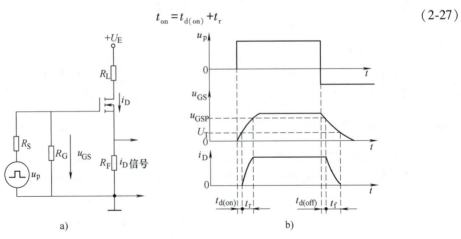

图 2-87　电力 MOSFET 开关特性
a）MOSFET 开关特性的测试电路　b）波形

当脉冲电压 u_p 下降到零时,栅极输入电容通过信号源内阻 R_S 和栅极电阻 $R_G(\geqslant R_S)$ 开始放电,栅极电压 u_{GS} 按指数曲线下降,当下降到 U_{GSP} 时,漏极电流 i_D 才开始减小,这段时间称为关断延迟时间 $t_{d(off)}$。此后,输入电容继续放电,u_{GS} 从 U_{GSP} 继续下降,i_D 减小,当 $u_{GS} < U_T$ 时沟道消失,i_D 下降到零。这段时间称为下降时间 t_f。关断延迟时间 $t_{d(off)}$ 和下降时间 t_f 之和为关断时间 t_{off},即

$$t_{off} = t_{d(off)} + t_f \tag{2-28}$$

从上面的分析可以看出,MOSFET 的开关速度和其输入电容的充放电有很大关系。使用者虽然无法降低输入电容 C_{in} 的值,但可以降低栅极驱动回路信号源内阻 R_S 的值,从而减小栅极回路的充放电时间常数,加快开关速度。MOSFET 的工作频率可达 100kHz 以上。

MOSFET 是场控型器件,在静态时几乎不需要输入电流。但是在开关过程中需要对输入电容充放电,仍需要一定的驱动功率。开关频率越高,所需要的驱动功率越大。

(2) 电力 MOSFET 的主要参数

1) 漏极电压 U_{DS} 是 MOSFET 的额定电压,选用时必须留有较大的安全裕量。

2) 漏极最大允许电流 I_{DM} 是 MOSFET 的额定电流,其大小主要受管子的温升限制。

3) 栅源电压 U_{GS}。栅极与源极之间的绝缘层很薄,承受电压很低,一般不得超过 20V,否则绝缘层可能被击穿而损坏,使用中应加以注意。

总之,为了安全可靠,在选用 MOSFET 时,对电压、电流的额定等级都应留有较大的安全裕量。

3. 电力 MOSFET 的驱动与保护

(1) 电力 MOSFET 的驱动 对栅极驱动电路的要求如下:

1) 能向栅极提供需要的栅压,以保证可靠开通和关断 MOSFET。

2) 减小驱动电路的输出电阻,以提高栅极充放电速度,从而提高 MOSFET 的开关速度。主电路与控制电路需要电的隔离。

3) 应具有较强的抗干扰能力,这是由于 MOSFET 通常工作频率高、输入电阻大、易被干扰的缘故。

理想的栅极控制电压波形如图 2-88 所示。提高正栅压上升率可缩短开通时间,但也不宜过高,以免 MOSFET 开通瞬间承受过高的电流冲击。正负栅压幅值应要小于所规定的允许值。

(2) 栅极驱动电路举例 图 2-89 所示是电力 MOSFET 的一种驱动电路,它由隔离电路与放大电路两部分组成。隔离电路的作用是将控制电路和功率电路隔离开来;放大电路是将

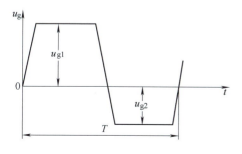

图 2-88 理想的栅极控制电压波形

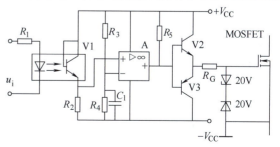

图 2-89 电力 MOSFET 的一种驱动电路

控制信号进行功率放大后驱动电力 MOSFET，推挽输出极的目的是进行功率放大和降低驱动源内阻，以减小电力 MOSFET 的开关时间并降低其开关损耗。

驱动电路的工作原理是：当无控制信号输入时（u_i = "0"），放大器 A 输出低电平，V3 导通，输出负驱动电压，MOSFET 关断；当有控制信号输入时（u_i = "1"），放大器 A 输出高电平，V2 导通，输出正驱动电压，MOSFET 导通。

实际应用中，电力 MOSFET 多采用集成驱动电路，如日本三菱公司专为 MOSFET 设计的专用集成驱动电路 M57918L，其输入电流幅值为 16mA，输出最大脉冲电流为 +2A 和 -3A，输出驱动电压为 +15V 和 -10V。

电力 MOSFET 的薄弱之处是栅极绝缘层易被击穿损坏。一般认为绝缘栅场效应晶体管易受各种静电感应而击穿栅极绝缘层，实际上这种损坏的可能性还与器件的大小有关，管芯尺寸大，栅极输入电容也大，受静电电荷充电而使栅源间电压超过 ±20V 而击穿的可能性相对小些。此外，栅极输入电容可能经受多次静电电荷充电，电荷积累使栅极电压超过 ±20V 而击穿的可能性也是实际存在的。

为此，在使用时必须采用若干保护措施。

1）防止静电击穿。电力 MOSFET 的最大优点是具有极高的输入阻抗，因此在静电较强的场合难于泄放电荷，容易引起静电击穿。防止静电击穿应注意：首先在测试和接入电路之前，器件应存放在静电包装袋、导电材料或金属容器中，不能放在塑料盒或塑料袋中，取用时应拿管壳部分而不是引线部分，工作人员需通过腕带良好接地；其次，将器件接入电路时，工作台和烙铁都必须良好接地，焊接时烙铁应断电；再次，在测试器件时，测量仪器和工作台都必须良好接地。器件的三个电极未全部接入测试仪器或电路前不要施加电压，改换测试范围时，电压和电流都必须先恢复到零；最后注意栅极电压不要过限。

2）防止偶然性振荡损坏器件。电力 MOSFET 与测试仪器、接插盒等的输入电容、输入电阻匹配不当时可能出现偶然性振荡，造成器件损坏。因此在用专用仪器测试时，在器件的栅极端子处外接 10kΩ 串联电阻，也可在栅极与源极之间外接大约 0.5μF 的电容器。

3）防止过电压。首先是栅源间的过电压保护。如果栅源间的阻抗过高，则漏源间电压的突变会通过极间电容耦合到栅极而产生相当高的 u_{GS} 电压，这一电压会引起栅极氧化层永久性损坏，如果是正方向的 u_{GS} 瞬态电压还会导致器件的误导通。为此要适当降低栅极驱动电压的阻抗，在栅源之间并接阻尼电阻或并接约 20V 的稳压管。特别要防止栅极开路。

其次是漏源间的过电压保护。如果电路中有电感性负载，则当器件关断时，漏极电流的突变会产生比电源电压还高得多的漏极电压，导致器件的损坏。应采取稳压管钳位、二极管 V-RC 钳位或 RC 抑制电路等保护措施。

4）防止过电流。若干负载的接入或切除都可能产生很高的冲击电流，以致超过电流极限值，此时必须用控制电路使器件回路迅速断开。

5）消除寄生晶体管和二极管的影响。由于电力 MOSFET 内部构成寄生晶体管和二极管，通常若短接该寄生晶体管的基极和发射极就会造成二次击穿。另外寄生二极管的恢复时间为 150ns，而当耐压为 450V 时恢复时间为 500~1000ns。因此，在桥式开关电路中电力 MOSFET 应外接快速恢复的并联二极管，以免发生桥臂直通短路故障。

四、绝缘栅双极晶体管 IGBT

1. IGBT 的结构和工作原理

IGBT(Insulated Gate Bipolar Transistor)是由美国 GE 公司和 RCA 公司于 1983 年首先研制成的，它在电力半导体器件的历史上是一个重要的里程碑。在中等功率(数千瓦到数兆瓦)范围内，它是非常受欢迎的电力电子器件，并且广泛应用于直流/交流传动和电源系统。

IGBT 可视为双极型电力 MOSFET 与功率场效应晶体管的复合，其结构原理与符号如图 2-90 所示，其结构由 N 沟道 VDMOSFET 与 GTR 组合，N 沟道 IGBT(N-IGBT) 比 VDMOSFET 多一层 P^+ 注入区，形成了一个大面积的 P^+N 结 J_1，使 IGBT 导通时由 P^+ 注入区向 N 基区发射少子(空穴)，从而对漂移区电导率进行调制，使得 IGBT 具有很强的通流能力。简化等效电路表明，IGBT 是 GTR 与 MOSFET 组成的达林顿结构，一个由 MOSFET 驱动的厚基区 PNP 晶体管 R_N 为晶体管基区内的调制电阻。通过施加正向门极电压形成沟道，提供晶体管基极电流可使 IGBT 导通；反之，若提供反向门极电压则可消除沟道，使 IGBT 因流过反向门极电流而关断。它的研制成功为提高电力电子装置的性能，特别是为斩波器、逆变器、变频器的小型化、高效化、低噪化提供了有利条件。

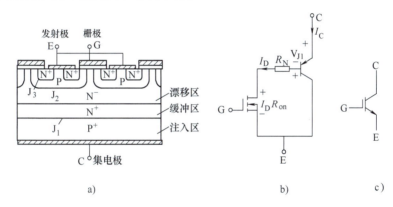

图 2-90 IGBT 结构、简化等效电路和电气图形符号

a) 内部结构断面示意图　b) 简化等效电路　c) 电气图形符号

IGBT 是一种绝缘栅双极型晶体管，利用加在栅极和发射极之间的电场来进行控制。导通和关断集电极和发射极间输出时，可根据栅极电压特性曲线来控制电流上升率和电压上升率。IGBT 不需要吸收电路，但电流和电压同时存在时，IGBT 必须承受开关损耗。大功率 IGBT 的开关动作时间为 $1\sim2\mu s$。IGBT 在满电流时导通电压约为 4V。虽然这比 GTO 的要高些，但开关频率较高时，IGBT 变流器从空载至满载时的损耗比 GTO 变流器的要小，因为没有与负荷有关的线路损耗。过电流时，IGBT 脱离饱和，电压远大于 4V，损耗功率过大，造成 IGBT 损坏。为防止过电流，门极驱动单元 GDU 监控集电极-发射极电压，在临界状态时立即接通关断电路。与 GTO 技术采用的防止击穿方式不同，IGBT 技术采用保护关断电路来防止过电流。为防止中间直流环节的过电压，通过 IGBT 接入负荷电阻作为瞬间电压限制器或阻尼电阻。由于导通电压为正温度系数，IGBT 并联电路是热稳定的，这也是大功率工作时所需要的。通过并联电路中的对称阻抗，力求电流尽可能均匀分布。

比较而言，IGBT 的开关速度低于 MOSFET，却明显高于 GTR；IGBT 的通态压降同 GTR

相近，但比 MOSFET 低得多；IGBT 的电流、电压等级与 GTR 接近，而比 MOSFET 高，其开关损耗比两者低得多。IGBT 通过多年的发展从无抗短路能力到具有抗短路能力，从存在"二次击穿"现象到无"二次击穿"现象，从存在电流擎住现象到无电流擎住现象，并实现了导通压降的降低、栅极电荷的减小、开关速度的提高和拖尾电流的减小（开关损耗的减小）。耐压最高也达 6500V，最大额定电流也提高到 2400A 。

2. IGBT 的基本特性

（1）IGBT 的静态特性　图 2-91 中转移特性为 I_C 与 U_{GE} 间的关系。$U_{GE(th)}$ 为开启电压，指的是 IGBT 能实现电导调制而导通的最低栅射电压，$U_{GE(th)}$ 随温度升高而略有下降，在 25℃ 时，$U_{GE(th)}$ 的值一般为 2~6V。输出特性指的是 IGBT 的伏安特性，以 U_{GE} 为参考变量时 I_C 与 U_{CE} 间的关系，分为三个区域：正向阻断区、有源区和饱和区。分别与 GTR 的截止区、放大区和饱和区相对应。当 U_{GE} 大于开启电压 $U_{GE(th)}$ 时，MOSFET 内形成沟道，为 MOSFET 提供基极电流，IGBT 导通；因电导调制效应使电阻 R_N 减小，从而使通态压降减小；在栅射极间施加反压或不加信号时，MOSFET 内的沟道消失，晶体管的基极电流被切断，IGBT 关断。

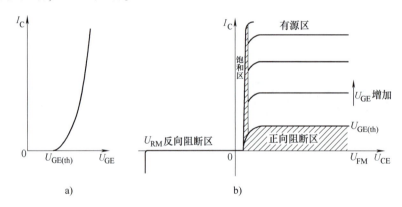

图 2-91　IGBT 的转移特性和输出特性
a）转移特性　b）输出特性

（2）IGBT 的动态特性　图 2-92 所示为 IGBT 的开关过程中开通与关断时 U_{GE} 与 I_C 相对应的时间关系。IGBT 的开通过程与 MOSFET 相似，因为开通过程中 IGBT 在大部分时间作为 MOSFET 运行。图中 $t_{d(on)}$ 为开通延迟时间，指的是从 U_{GE} 上升至其幅值 10% 的时刻到 I_C 上升至 10% I_{CM} 所需的时间。t_r 为电流上升时间，指的是 I_C 从 10% I_{CM} 上升至 90% I_{CM} 所需的时间。t_{on} 为开通时间，指开通延迟时间与电流上升时间之和。U_{CE} 的下降过程分为 t_{fv1} 和 t_{fv2} 两段，t_{fv1} 指的是 IGBT 中 MOSFET 单独工作的电压下降过程，t_{fv2} 指的是 MOSFET 和 PNP 晶体管同时工作的电压下降过程。$t_{d(off)}$ 为关断延迟时间，指的是从 U_{GE} 后沿下降到其幅值 90% 的时刻起到 I_C 下降至 90% I_{CM} 所需的时间。t_f 为电流下降时间，指的是 I_C 从 90% I_{CM} 下降到 10% I_{CM} 所需的时间。t_{off} 为关断时间，指的是关断延迟时间与电流下降之和。电流下降时间又可分为 t_{fi1} 和 t_{fi2} 两段，t_{fi1} 指的是 IGBT 内部的 MOSFET 的关断过程，I_C 下降较快；t_{fi2} 指的是 IGBT 内部的 PNP 晶体管的关断过程，I_C 下降较慢。

3. IGBT 的擎住效应

当 IGBT 的工作电流增大到一定值时，虽然撤去了栅压，但是器件依然导通，即器件导通后其栅极不再具有控制能力，称为电流擎住效应。擎住效应又称自锁效应，从结构原理上分析，由于 NPN 晶体管基极与发射极之间存在体区短路电阻，P 形体区的横向空穴电流会在该电阻上产生压降，相当于对 J_3 结施加正偏压，一旦 J_3 开通，栅极就会失去对集电极电流的控制作用，电流失控。由于车辆牵引系统相当于一个大电感，因此电压和电流的冲击都是很大的，这样就很容易使 IGBT 满足寄生晶体管开通擎住的条件，形成动态擎住效应，造成整个电路无法正常工作，故选择的 IGBT 必须具有足够的电流容量并且通过合适的栅极电阻 R_g 来延长 IGBT 的关断时间，从而防止擎住效应。

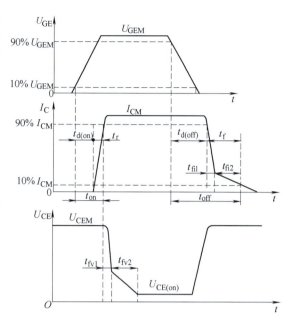

图 2-92 IGBT 的开关过程

4. IGBT 驱动电路设计要求

电力电子器件的驱动电路是电力电子主电路与控制电路之间的接口，对整个装置的运行效率、可靠性和安全性都有重要的意义，所以电力电子器件都有一定的驱动要求。根据 IGBT 的工作特性，可以将 IGBT 驱动电路的要求归纳如下：

1）IGBT 是电压型驱动器件，栅射极之间存在数千皮法的极间电容。因此，驱动电路的内阻应尽可能小，以提供足够大的充放电电流，缩短开关时间和降低开关损耗。所以驱动电路与 IGBT 的连线应尽可能的短。

2）用内阻小的驱动源对栅极电容放电，以保证栅极控制电压 u_{GE} 有足够陡的前后沿，降低 IGBT 的开关损耗；IGBT 开通后，栅极驱动源应能提供足够的电压，使 IGBT 工作在饱和状态，减少损耗。

3）驱动电平 U_{GE} 要综合考虑，当 U_{GE} 正向增大时，IGBT 通态压降和开通损耗均下降，但负载短路时的集电极电流 I_C 增大，IGBT 能承受短路电流的时间减小，对其安全不利，因此 U_{GE} 不能过大，一般选 15~20V。在 IGBT 反向关断时，为尽快抽取 PNP 管的存储电荷，须施加一负偏压 U_{GE}，但它受 IGBT 的栅射极间最大反向耐压限制，一般取 -10~-1V。

4）需要提供良好的过电压和过电流保护功能，同时过电压保护和过电流保护也是必要的。IGBT 的栅极驱动电路应尽可能实用、简单，并有很强的抗干扰能力。驱动电路同时还要提供控制电路与主电路之间的电气隔离环节。栅极电压进入稳定阶段，栅极几乎不从驱动电路取电流，因此场控器件所要求的驱动功率不大，人们把门极驱动电路集成在一个芯片内，同时也增加了各种保护功能和与微处理器接口的逻辑电路。

任务二 电流电压变换电路

直流斩波电路与三相逆变电路是城市轨道交通车辆电力牵引系统中广泛应用的电力电子

电路,直流斩波电路用于构成驱动直流电动机的调压调速主电路和辅助电路的前级,三相无源逆变电路用于构成驱动交流电动机的 VVVF 主电路和辅助电路的后级。

一、直流斩波电路

斩波电路是将恒定直流电压变换成为负载所需的直流电压的变流电路。它通过周期性地快速通、断,把恒定直流电压"斩"成一系列的脉冲电压,改变这一脉冲列的脉冲宽度或频率就可调节输出电压的平均值。斩波电路还可以用来调节电阻的大小和磁场的强弱。作为直流电动机调速的有效手段,斩波电路广泛应用于城市轨道交通车辆和其他电动运输车辆,如城市无轨电车、工矿电力机车、高速电动车组以及由蓄电池供电的搬运车、叉车、电动汽车等。

1. 斩波器的调压原理

20 世纪 20、30 年代出现的城市有轨电车,速度控制采用的是调节电动机转速的传统方法:直流电动机由恒压直流电源供电,改变串接在电路中的电阻值来改变电动机的端电压,从而调节电动机转速。

直流电动机回路串联电阻调速的电路用机械开关切除或加上电阻,当分别闭合或断开电路中的开关时,改变了电动机回路中的电阻值,也就改变了直流电动机的端电压和转速。

在串联电阻调速电路中,串入电阻和负载流过相同的电流,而其两端的电压为电源电压与负载电压之差。于是在电阻上将消耗大量的功率,特别是电动机的转速较低时,电源供给的功率大部分消耗在电阻上。显然,改变电阻值调速的方法能耗大,生成的热量又会带来地铁隧道升温等问题。

斩波器就是将负载与电源接通继而又断开的一种通/断开关,它能从固定输入的电源电压产生出经过斩波的负载电压,如图 2-93 所示。斩波器用单点画线框内的一个晶闸管代表。在 t_{on} 期间内斩波器导通,电源给负载电路供电。在 t_{off} 期间内斩波器关断,负载电流经过续流二极管 V_{fw} 流通,负载端被短路。这就在负载端产生经过斩波的直流方波电压。改变电压方波的施加宽度或频率就可以改变加于负载电路上的直流平均电压。由于通常斩波频率 $f(=1/T)$ 较高 $(125\sim600\mathrm{Hz})$,使得负载的工作特性仅与加于其上的一系列电压方波的直流平均值 E_0 有关。

平均负载电压 E_0 可表示为

$$E_0 = E\frac{t_{on}}{t_{on}+t_{off}} = E\frac{t_{on}}{t} = \alpha E \tag{2-29}$$

式中　t_{on}——导通时间;

　　　t_{off}——关断时间;

　　　α——斩波器的导通比,$\alpha = t_{on}/T$,$T = t_{on}+t_{off}$ 为斩波周期。

可见只要调节 α,即可调节负载的平均电压,这就是通常所说的导通比控制。导通比控制可以用下述三种不同的方法来实现:

1) 脉冲宽度调制,即保持斩波频率 f 不变,只改变导通时间 t_{on},也简称为定频调宽。

2) 频率调制,即改变斩波周期 T,同时保持导通时间 t_{on},或者关断时间 t_{off} 不变,也常简称为定宽调频。

3) 脉宽和频率的综合调制,即按照某种规律同时改变导通时间 t_{on} 和斩波周期 T。通常是分段地改变斩波周期 T，而连续地控制 t_{on}。

对于频率调制，一方面频率必须在较大范围内改变，以满足输出电压调节范围的要求。这使得变频调制运行时滤波器的设计比较困难，对信号传输和通信干扰的可能性较大。另一方面，在输出电压很低的情况下，较长的关断时间会使直流电动机的负载电流断续。

对于脉宽和频率的综合调制，往往由于很难找到能满足多方面要求的综合规律或者这种规律的实现较复杂，实际上很少采用。一般仅用于要求在很大范围内调节的负载。

因此对于斩波器传动，脉宽调制是优先选用的一种方法。

图 2-93 所示的斩波器电路结构所产生的输出电压低于输入电压（即 $E_0<E$），常被称为降压斩波器。然而若像图 2-94 那样改变斩波器的电路结构，则能提供较高的负载电压（即 $E_0>E$），称为升压斩波器。

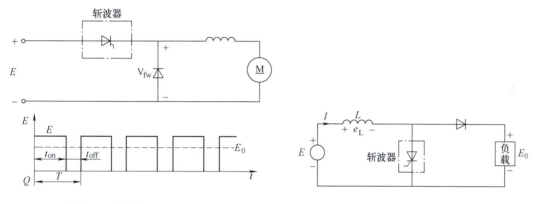

图 2-93　斩波器的调压原理　　　　图 2-94　升压斩波器

当斩波器导通时电感器与电源 E 接通，来自电源的电能被储存在电感器中。当斩波器关断时就强制电感器电流通过二极管和负载而流通。电感器两端感应的电压 e_L 为负。该电压加在电源电压上，强制电感器电流进入负载。这样，储存在电感器中的电能便释放到负载。

若忽略电源电流的脉动，那么在斩波器导通期间由电源输入到电感器的电能为

$$W_i = EIt_{on} \tag{2-30}$$

在斩波器关断期间，由电感器释放到负载的电能是

$$W_0 = (E_0-E)It_{off} \tag{2-31}$$

对于无损耗系统，在稳态时，这两项电能应是相等的，即

$$EIt_{on} = (E_0-E)It_{off} \tag{2-32}$$

由此可知

$$E_0 = E\frac{t_{on}+t_{off}}{t_{off}} = E\frac{T}{T-t_{on}} = \frac{E}{1-\alpha} \tag{2-33}$$

因此当 α 在 0~1 范围内变化时，电压 E_0 的变化范围就是（E, $+\infty$）。直流电动机的再生制动就是利用了这一工作原理。图 2-93 中的 E 若表示直流电动机的电枢电压，E_0 表示直流电源，则通过适当调节导通比即可把电能从下降中的电动机电压 E 回馈到固定的电源电压 E_0 中去。

2. 斩波器供电的谐波问题和解决办法

由于斩波器的开关工作方式，使得斩波器工作时电源电流是由一系列脉冲方波组成的，

其中含有高次谐波。这些高次谐波一般会对系统产生不良影响,如电源电压波动、信号干扰、电源波形畸变以及附加发热等。

电源电流谐波与斩波频率、电流脉动幅值等因素有关,不同类型斩波器的情况也不一样。减小电源电流谐波的方法通常有以下几种。

(1) 提高斩波频率　提高斩波频率不仅有利于减小电源电流谐波,而且对降低负载电流脉动、减小平波电抗器、改善牵引电动机换向和提高系统动态品质都有好处,但它受到调速范围的限制。斩波器的导通时间 t_{on} 和关断时间 t_{off} 由于换相和元器件性能的影响都存在下限值,为 150~200μs。因此导通比的实际控制范围达不到 0~1。为扩大导通比的控制范围,希望尽可能地降低斩波频率。现在实际使用的斩波频率一般在 200~400Hz 之间。

(2) 采用多相多重斩波器　将多个斩波器并联给一台牵引电动机供电,各个基本斩波器在相位上有规律地相互错开运行,则构成多相多重斩波器。"相"是指从电源端看,不同相位的斩波回路数。"重"是指从负载端看,不同相位的斩波回路数。图 2-95 所示为一个三相三重斩波电路。三个基本斩波器 CH1、CH2 和 CH3 以 $T/3$ 的相位移轮流工作,合成负载

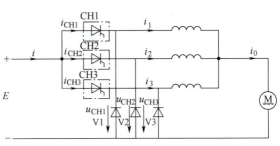

图 2-95　三相三重斩波电路

电流 i_0 为各项斩波器输出电流 CH1、CH2、CH3 之和,分析该电路可以按每相斩波器的导通比划分为三种不同的情况,其相应的波形如图 2-96 所示。

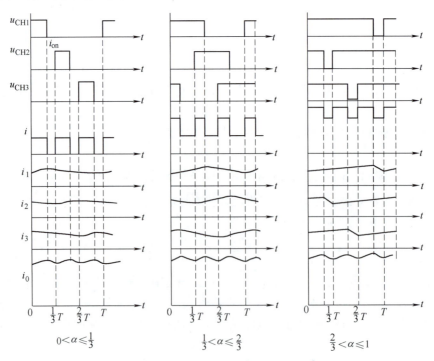

图 2-96　三相三重斩波器波形

由波形图可以看出，采用 m 相 m 重斩波器一方面使电源电流的脉动频率提高了 m 倍（相当于斩波频率提高 m 倍），另一方面使电源电流的脉动幅值降低为单相时的 $1/m$，因此大大改善了电源侧的谐波问题。另外由负载侧看，m 相 m 重斩波器的最大负载电流脉动率仅为单相时的 $1/m$，这有利于牵引电动机的运行。并且平波电抗器的体积和质量会显著下降。

（3）采用输入滤波器　有一种简单的电容滤波器如图 2-97a 所示，能减少电源谐波，电容提供（或吸收）脉动电流，而电源仅提供平均电流。理论上，电容的容量必须无穷大才能使电源电流被完全滤平，因此电容越大滤波效果越好。实际上，为减小电容的尺寸，常常采用 LC 滤波器，如图 2-97b 所示。

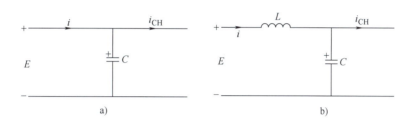

图 2-97　输入滤波器
a）C 滤波器　b）LC 滤波器

一般来说，LC 滤波器中的储能元件 L 和 C 的容量越大滤波效果越好，但实际中必须根据具体要求和条件来合理选择。值得注意的是，LC 滤波器的谐振频率 $\left(\dfrac{1}{2\pi\sqrt{LC}}\right)$ 应避开斩波频率，否则会发生谐振，引起电源电压大的振荡。通常斩波频率应至少是滤波器谐振频率的 2~3 倍。顺便指出，滤波电感还有一个附带的作用，那就是在处于短路状态时，它能在电源和负载之间起瞬态隔离作用。

二、逆变电路

逆变是整流的逆过程。直流电能通过逆向变换向交流电源反馈能量的逆变电路称为有源逆变电路，它通常是一种工作在相控角大于 90°的相控整流电路。直流电能通过逆向变换得到交流电能而直接供给负载，因其输出端没有电源，所以此电路称为无源逆变电路。无源逆变电路输出的频率和电压的大小，取决于负载的实际需要，可以是定频、定压，也可以是调压、调频。

性能良好的逆变电路包括三部分，第一部分是电力电路及缓冲电路，电力电路是利用电力电子器件进行能量变换的主体，缓冲电路与电力电子器件并联，用于吸收电力电子器件上的换相过电压。第二部分是控制电路，完成对主电路的控制，实现逆变，并使逆变器具有调压、调频，或稳压、稳频等良好的动、静态性能。第三部分是电力电子器件的门控电路，包括设计在门控电路中的过电流保护等部分。

逆变电路因为其性能可靠，动、静态性能卓越和节能等优点，在各个领域获得越来越广泛的应用。在包括城市轨道交通在内的电力牵引领域，以 VVVF 逆变电路为核心的交流传动，正在以很大的优势逐步取代直流传动及其配套的斩波器，恒频恒压的逆变电路则为车辆的空调、空气压缩机提供三相 50Hz 电源。

早在 20 世纪 30 年代，欧洲一些国家的电气化铁路就曾利用多台交流和直流旋转电动机，实现了将来自电网的单相工频电能变为三相调频电能，驱动感应电动机作为电力机车的牵引电动机。但是装置十分复杂、笨重，价格也很昂贵。20 世纪 50 年代，又曾采用水银整流器、引燃管和闸流管等离子器件，构成静止式变频器，但这些器件的管压降大，同时有控制性能差、体积大、水冷却、寿命短等缺点。20 世纪 60 年代开始用电力半导体器件构成逆变电路，实现了高性能、高效益的轨道车辆交流传动。

由全控型电力电子器件构成的逆变电路不必另设半控型电力电子器件需要的强迫换相电路，主电路相当简单，结构犹如一个逆方向工作的可控整流电路，把直流电能变为可变频调压的交流，送给单相或三相负载等。而且采用不同的全控型电力电子器件如 GTR、GTO、IGBT 时，其主电路没有原则差别，差别主要在于门极（栅极）控制电路和保护方法有所不同。

1. 单相桥式逆变电路

逆变电路从其结构而言，也像整流电路那样有零式（中间抽头式）和桥式、单相和多相等之分。

图 2-98 是一个单相桥式逆变电路的原理示意图，其中 K_1、K_2 和 K_3、K_4 是两组理想开关。当逆变电路工作于方波工作模式下，K_1、K_2 和 K_3、K_4 交替开关从而产生幅值为 U_d 的方波输出电压，即负载上可得到交流电压 u_R，相应地交流电流为 i_R。负载电压和负载电流的频率取决于两组理想开关的切换频率。

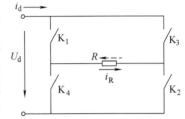

图 2-98 单相桥式逆变电路原理示意图

用全控型器件，如 IGBT 取代图 2-98 中的开关后，得到图 2-99a 所示的单相桥式 IGBT 逆变器的主电路。

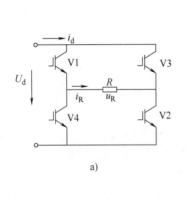

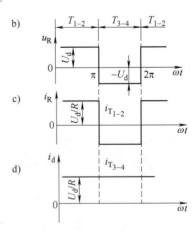

图 2-99 电阻负载单相桥式 IGBT 逆变器电路及波形

图 2-99b 和图 2-99c 是 IGBT 逆变器在电阻负载下的输出电压 u_R 和输出电流 i_R 的波形。在 0~π 期间，$IGBT_1$ 和 $IGBT_2$（分别用 V1 和 V2 表示）导通；在 π~2π 期间，$IGBT_3$ 和 $IGBT_4$（分别用 V3 和 V4 表示）导通。图 2-99d 则为直流输入电流 i_d 的波形，图中假设 IGBT 的开关是瞬时完成的理想过程。

对于感性负载，负载电流滞后电压一个相位角，当两组开关已经切换，电压已经反向时，感性负载电流仍将在滞后角时间内保持原来的流通方向，如果强迫开断这一感性负载的滞后电流，必然会引起过电压造成电力电子器件的击穿损坏。为此，在感性负载下，每个电力电子器件上还需反向并联一个快速二极管，以构成滞后电流的通路，如图 2-100a 所示。

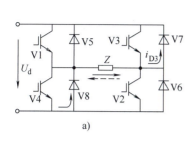
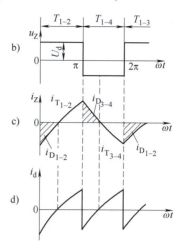

图 2-100　感性负载时单相桥式 IGBT 逆变电路及波形

a）感性负载下的逆变电路　b）输出电压波形　c）输出电流波形　d）直流输入电流波形

在图 2-100a 中 $\omega t=\pi$ 时刻，当 $IGBT_1(V1)$ 和 $IGBT_2(V2)$ 关断、$IGBT_3(V3)$ 和 $IGBT_4(V4)$ 导通后，感性负载电流从 V1、V2 转移到由 V7、V8 及电源所构成的续流回路中，使负载电流在滞后角内继续保持原方向流通。同理在 V3、V4 切换到 V1、V2 后，负载电流改经 V5、V6 和电源电路续流。负载电流 i_Z 的波形如图 2-100c 所示，波形由两段指数曲线组成，阴影部分为二极管中的电流，其余为 IGBT 中的电流。图 2-100d 所示为直流输入电流 i_d 的波形，它由正方向的负载电流和反方向的反馈电流组成，由图可见，在二极管导通期间，感性负载向电源反馈了能量。

2. 三相桥式逆变电路

（1）结构　三相桥式逆变电路如图 2-101 所示，图中应用 GTO 作为逆变管，也可用其他全控型器件构成逆变电路；若用晶闸管时，还应有强迫换相电路；但逆变电路的基本结构都是相同的。

从电路结构上看，如果把三相负载 Z_A、Z_B、Z_C 看成三相整流变压器的三个绕组，那么三相桥式逆变电路犹如三相桥式可控整流电路与三相桥式二极管整流电路的反并联，其中可控电路用来实现直流到交流的逆变，不可控电路为感性负载电流提供续流回路，完成无功

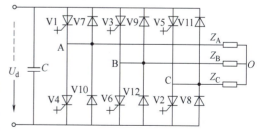

图 2-101　三相桥式逆变电路

能量的续流或反馈。因此与 GTO 并联的六个二极管 V7～V12 称为续流二极管或反馈二极管。C 为滤波电容器，也称支撑电容。

图 2-101 所示的三相桥式逆变电路其管子的导通次序和整流电路一样，也是 V1、V2、V3……各管的触发信号依次互差 60°。根据各管导通时间的长短，分为 180°导通型和 120°导

通型两种。对瞬时完成换相的理想情况，180°导通型的逆变电路在任意瞬间都有三只管子导通，各管导通时间为180°。同相中上下两桥臂中的两只管子称为互补管，它们轮流导通，如 A 相中的 V1 和 V4 各导通 180°，但相位也差 180°，不会引起电源经 V1 和 V4 的贯穿短路。所以 180°型三相桥式逆变电路每隔 60°，各管的导通情况依次是 V1、V2、V3；V2、V3、V4；V3、V4、V5；…；V5、V6、V1。120°导通型逆变电路中各管导通 120°，任意瞬间只有不同相的两只管子导通，同一桥臂中的两只管子不是瞬时互补导通，而是有 60°的间隙时间。所以逆变器的各管每隔 60°，依次按 V1、V2；V2、V3；V3、V4；…；V6、V1 次序导通。当某相中没有逆变管导通时，该相的感性电流经该相中的二极管流通。

（2）基本参数　按 180°导通方式工作的三相桥式逆变电路，每隔 60°为一个阶段，其等效电路、相电压、线电压、图形及数值见表 2-15。表中设三相负载对称 $Z_A = Z_B = Z_C$。

表 2-15　逆变器导通顺序及相电压

$\omega_e t$		0°~60°	60°~120°	120°~180°	180°~240°	240°~300°	300°~360°
导通的晶闸管		V1、V2、V3	V2、V3、V4	V3、V4、V5	V4、V5、V6	V5、V6、V1	V6、V1、V2
负载等值电阻							
输出相电压值	U_{AO}	$+U_d/3$	$-U_d/3$	$-2U_d/3$	$-U_d/3$	$+U_d/3$	$+2U_d/3$
	U_{BO}	$+U_d/3$	$+2U_d/3$	$+U_d/3$	$-U_d/3$	$-2U_d/3$	$-U_d/3$
	U_{CO}	$-2U_d/3$	$-U_d/3$	$+U_d/3$	$+2U_d/3$	$+U_d/3$	$-U_d/3$
输出线电压值	U_{AB}	0	$-U_d$	$-U_d$	0	$+U_d$	$+U_d$
	U_{BC}	$+U_d$	$+U_d$	0	$-U_d$	$-U_d$	0
	U_{CA}	$-U_d$	0	$+U_d$	$+U_d$	0	$-U_d$

在 0°~60°阶段，晶闸管（或其他全控型电力电子器件）V1、V2、V3 同时导通，A 相和 B 相负载 Z_A、Z_B 都与电源的正极连接，C 相负载 Z_C 与电源的负极连接，由于三相负载对称，如取负载中心点 O 为电压的基准点，则 A 相的电压 U_{AO} 和 B 相的电压 U_{BO} 相等，均为 $U_d/3$，U_d 为直流电源电压。C 相的电压为 $-2U_d/3$。

同理在 60°~120°阶段，逆变管 V1 关断。V2、V3、V4 导通，Z_B 与电源正极接通，Z_A、Z_C 与负载接通，故 $U_{BO} = +2U_d/3$，$U_{AO} = U_{CO} = -U_d/3$，其余类推。最后得出，任何一相的相电压的波形为六阶梯波，U_{BO} 滞后于 U_{AO} 120°，U_{CO} 滞后于 U_{BO} 120°，如图 2-102a 所示。

线电压由相电压相减得出，即

$$U_{AB} = U_{AO} - U_{BO}（如 0°~60°阶段其值为零）$$

$$U_{BC} = U_{BO} - U_{CO}（如 0°~60°阶段其值为 U_d）$$

$$U_{CA} = U_{CO} - U_{AO}（如 0°~60°阶段其值为 -U_d）$$

线电压波形如图 2-102b 所示，它们是宽为 120°的矩形波，各线电压波形依次相差 120°。初相角为零的六阶梯波（如图 2-102 中的 u_{BO}）的基波可用傅里叶级数求得，相电压中无余弦项、偶次项和三的倍数次谐波。电压中最低为五次谐波，含量为基波的20%，其次为七次谐波，含量为基波的14.3%。

对于基波无初相角的矩形波线电压，其中谐波分量与相电压中的谐波分量相同，只是符号不同，使波形产生差异。线电压比相电压的幅值大$\sqrt{3}$倍。

根据图2-102可以算出六阶梯波的相电压和方波线电压的有效值之间仍有$\sqrt{3}$倍的关系。实际的电压波形较上面分析的结果略有误差，这是由于在分析中忽略了换相过程，也未扣除逆变电路中的电压降落的缘故。

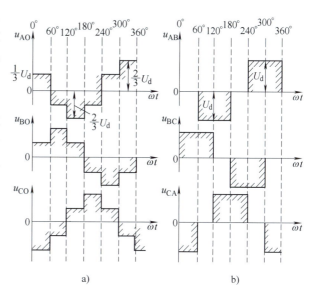

图2-102　180°导通型三相逆变器的输出波形
a) 相电压波形　b) 线电压波形

当三相逆变器按120°导通方式工作时，如在0°~60°阶段中V6、V1导通，则Z_A、Z_B分别接电源正、负极（见图2-101），Z_C不通电，则$U_{AO}=U_d/2$，$U_{BO}=-U_d/2$，$U_{CO}=0$。在60°~120°阶段V1、V2导通，Z_A、Z_C分别接正、负电源，Z_B不通电，则$U_{AO}=U_d/2$，$U_{BO}=0$，$U_{CO}=-U_d/2$。据此类推，获得图2-103所示的输出电压波形。与图2-102相反，图2-103的相电压为矩形波，而线电压为六阶梯波。

由图2-103可见，逆变器采用120°导通方式时，由于同一桥臂中上下两管有60°的导通间隙，对换流的安全有利，但管子的利用率较低，并且若电动机采用星形联结时，则始终有一相绕组断开，在换流时该相绕组中会引起较高的感应电动势，应采用过电压保护措施。而180°导通方式无论采用电动机星形联结还是三角形联结，正常工作时不会引起过电压，因此对于电压型逆变器，180°导通方式应用得较为普遍。

3. 正弦脉宽调制逆变电路

（1）脉宽调制(PWM)工作原理

由于逆变器中电子开关的存在，在恒定的直流电压作用下，逆变器

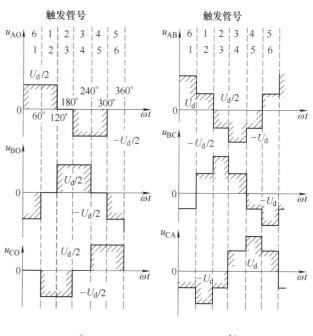

图2-103　120°导通型三相逆变器的输出电压波形
a) 相电压波形　b) 线电压波形

可以通过自身的多次开关控制输出电压并优化输出谐波。PWM 的调压方法是把逆变电路的输出电压斩波成为脉冲，通过改变脉冲的宽度、数量或者分布规则，以改变输出电压的数值和频率，其基本原理如图 2-104 所示。基波电压 U_1 在方波工作模式下具有最大的幅值（$4U_d/\pi$）。如图 2-104 所示，通过产生两个凹口，U_1 的幅值可以被减小，随着凹口宽度的增加，基波电压将随之减小。

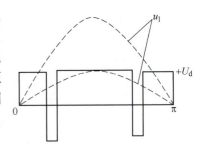

图 2-104　PWM 控制输出电压的工作原理

PWM 方法种类很多，它只需对逆变器本身加以控制，使调压、调频一次完成。PWM 调节迅速而不需增加功率设备，因而是逆变电路调压、调频（VVVF）的主要方法，有正弦 PWM、空间矢量 PWM（SVM）、瞬时电流控制正弦 PWM、随机 PWM、特定谐波消除 PWM、最小纹波电流 PWM 等。尤其以正弦脉宽调制（SPWM）的谐波分量最少，应用最广。

从获得 SPWM 波的方法来看，有三角波（载波）与正弦波（调制波）相交，得出开关切换模式的 SPWM 逆变器。还有锯齿波（载波）与正弦波（调制波）相交，马鞍形波与正弦波相交，三角波（载波）与准正弦的阶梯波（调制波）相交等方法得出的 SPWM 波。所有这些控制方法和指定次数的谐波消去法所追求的目标，都是使输出的波形中谐波最少，最接近正弦波。

从逆变电路的负载端来看，又有追求电动机的气隙磁通（磁链）尽量接近圆形的磁链跟踪型逆变器。逆变器通过六种开关状态的切换，形成六阶梯波的输出电压，加到三相电动机的定子绕组上。此电压与逆变器的每一种开关状态相对应，电动机中就有一个合成的空间电压矢量。但是由于六阶梯波逆变器只能提供六边形的旋转磁场，在低频下，电动机的转矩不均衡，会出现电动机转轴的轻微颤动或步进现象。经过 PWM 控制，电压矢量相应增加，其磁链可追近圆形，从而使电动机气隙中获得准圆形的旋转磁场。

（2）正弦脉宽调制（SPWM）逆变电路　在城市轨道交通车辆中，逆变电路的负载大多是感应电动机，要求可以调压、调频，而且输出是正弦波形。为此可以把一个正弦半波作 i 等分，把正弦曲线每一等分所包含的面积，都用一个与其面积相等的等幅矩形脉冲来代替。这样，由数量足够多的等幅而不等宽的矩形脉冲所组成的波形就与正弦的半波等效，而另一半波也可用相同的方法得到。与正弦波等效的等幅矩形脉冲序列波形如图 2-105 所示，各脉冲的幅值是相等的，所以逆变器可由恒定的直流电源供电。当逆变器各开关元件在理想状态工作时，显然驱动开关元件的控制信号也应该是与图 2-105 相似的一系列脉冲波。

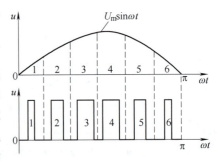

图 2-105　与正弦波等效的等幅矩形脉冲序列波形

1）单极性正弦脉宽调制。单极性 SPWM 是指逆变器输出相电压在任何半周内始终为一个极性，如图 2-106a 所示。它的控制信号由两个半周中不对称的等腰三角形载波与正弦调制波相交得出，如图 2-106b 所示。当正弦波的瞬时绝对值超过三角波时，逆变器的开关管导通，反之关断，从而获得按正弦规律分布的一系列脉冲。正弦调制波的频率即为逆变器输出电压的频率。每个正弦半波中三角形载波数为整数，图 2-106b 中其值为 6。这样输出的电压波形对称，谐波分量较少。

设三角形载波的频率为 f_T，正弦调制波的频率为 f_R，两者之比为载波比 N，图 2-106 中为 12。显然，载波比越大，逆变器输出的谐波分量越少。所以载波比的下限受谐波分量的规定值所限制，而载波比的上限受逆变器开关管的开关频率所限制，如晶闸管仅为 200Hz，而 IGBT 可高达 50kHz 左右。

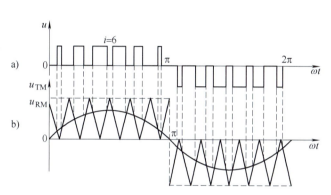
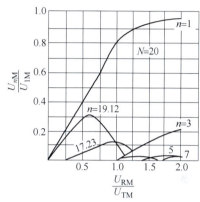

图 2-106　单极性 SPWM 波形（脉冲数 $i=6$）
　　a）输出电压波　b）两种控制电压波的相交

图 2-107　单极性 SPWM 在载波比为 20 时的基波和谐波

设三角形载波电压的幅值为 U_{TM}，正弦调制电压的幅值为 U_{RM}，显然，无论改变哪个幅值，两个控制电压波的交点都起变化，因而可获得不同宽度的输出电压脉冲。通常是改变正弦调制电压的幅值，若使其幅值 $U_{RM}=0$，则各脉冲宽度都等于零。又如 U_{RM} 变得相当大时，各脉冲连成一片，成为矩形输出波，其输出电压达到最大值。当然，实际上的正弦调制电压幅值不应超过三角形载波电压的幅值，若正弦波幅值太接近三角波的幅值，则在三角波峰值附近的脉冲间隙时间太小，会导致开关管，特别是开关速度较慢的晶闸管来不及关断，而使输出脉冲相连，在双极性 SPWM 逆变中则造成贯穿短路。

图 2-107 所示为单极性 SPWM 在载波比为 20 时，其谐波分量 $U_n(n=3、5、7、\cdots)$ 和基波分量 U_{1M} 幅值的比值与调制深度 U_{RM}/U_{TM} 的关系。

由于图 2-106a 所示的电压脉冲波为奇函数，波形对称于 $\pi/2$，所以输出电压的傅里叶级数表达式中无常数项和余弦项，并且无偶次谐波。由图 2-107 可见，其谐波分量仅在第 20 ± 1 次较大，这是由于其载波比 $N=20$ 的缘故。由图还可看出调制深度在 $0 \leqslant U_{RM}/U_{TM} < 1$ 的实用阶段，逆变器输出的基波分量随着调制深度的加大而线性增加。

综上所述，单极性的 SPWM 逆变器输出电压中的低次谐波分量很少，而 $N\pm1$ 次谐波因其谐波次数较高又被电感性负载所抑制。此外，在实用阶段这种逆变器可随调制深度的不同，线性控制输出电压。

2）双极性正弦脉宽调制。双极性 SPWM 是逆变器输出半个周期内，同一桥臂的上、下两个元件作互补式通、断工作的控制方式，所以逆变器输出相电压在任何半周内，都有正、负极性交替出现。由此取其基波，可得交变的正弦波电压，其输出电压的脉冲波如图 2-108b 所示。双极性 SPWM 是由对称于横坐标的三角形载波与正弦调制波相交得出的，如图 2-108a 所示。

与单极性 SPWM 相同，双极性 SPWM 也只需控制正弦调制波的频率和幅值，就能调节双极性 SPWM 逆变器输出电压的频率与数值。

为了使输出电压脉冲为奇函数，并在 $0 \sim \pi$ 内对称于 $\pi/2$ 轴，必须使载波比 N 为奇数，如图 2-108 中 $N=11$，这样可使电压的傅里叶级数中没有常数项、余弦项和偶次项的谐波。

对于图 2-108b 所示的奇函数，电压脉冲波 $u(t)$ 可视为幅值为 U_d 的矩形波，减去幅值为 $2U_d$ 的负电压脉冲波而形成的。设这些负电压脉冲波的前、后沿相角分别为 α_1、α_2、…、α_{2i-1}、α_{2i} 等，这里 i 为 $0 \sim \pi$ 内的负电压脉冲个数。当 N 为奇数时，如图 2-107 中 $N=11$、$i=5$，故有 $i=(N-1)/2$ 的关系，由此得出双极性 SPWM 电压脉冲列的傅里叶级数表达式

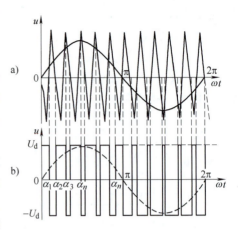

图 2-108 双极性 SPWM 波形
a) 三角形载波与正弦调制波的相交
b) 输出相电压波

$$u(t) = \sum_{n}^{\infty} U_{nM} \sin(n\omega t) \tag{2-34}$$

式中 U_{nM}——第 n 次谐波的幅值；
ω——基波角频率；
n——谐波次数，$n=1$、3、5、…。

而

$$U_{nM} = \frac{2}{\pi} \int_0^\pi u(t) \sin n\omega t \mathrm{d}(\omega t)$$

$$= \frac{2}{\pi} \left\{ \int_0^\pi U_d \sin n\omega t \mathrm{d}(\omega t) - 2U_d \left[\int_{\alpha_1}^{\alpha_2} \sin n\omega t \mathrm{d}(\omega t) + \int_{\alpha_3}^{\alpha_4} \sin n\omega t \mathrm{d}(\omega t) + \cdots + \int_{\alpha_{2n-1}}^{\alpha_{2n}} \sin n\omega t \mathrm{d}(\omega t) \right] \right\}$$

由此得出

$$U_{nM} = \frac{4U_d}{n\pi} \left[1 - \sum_{j=1}^{i} (\cos n\alpha_{2j-1} - \cos n\alpha_{2j}) \right] \tag{2-35}$$

式中 n——谐波次数，$n=1$、3、5、…；
j——脉冲次序，$j=1$、2、…、i。

最后得逆变器在双极性 SPWM 时的输出电压表达式

$$u(t) = \sum_{n=1}^{\infty} \frac{4U_d}{n\pi} \left[1 - \sum_{j=1}^{i} (\cos n\alpha_{2j-1} - \cos n\alpha_{2j}) \right] \sin n\omega t \tag{2-36}$$

输出的基波相电压幅值为

$$u(t) = \frac{4U_d}{\pi} \left[1 - \sum_{j=1}^{i} (\cos n\alpha_{2j-1} - \cos n\alpha_{2j}) \right] \sin \omega t \tag{2-37}$$

图 2-109 给出双极性 SPWM 在 $N=19$ 时的谐波分量与基波分量的比值 U_{nM}/U_{1M} 与调制深度的关系，N 越大，谐波越少。

由图 2-109 可见，双极性 SPWM 的低次谐波也很少，$n = N \pm 1$ 的谐波较大，但易被电动机等感性负载所抑制，此外基波分量随调制深度的加大而线性增加。这种调制方式对目前通用的二点式（二电平）逆变器是合适的，但要预防上下桥臂上的两个互补管的贯穿短路，为此必须先关断后开通。

在实际应用中，不能超出所采用的开关管的最高工作频率，所以在输出频率高的阶段，载波比应取较小值。在输出频率很低的阶段，载波比可以取得相当高，甚至载波比也可以不为整数，这就是所谓"异步正弦脉宽调制"。但大功率逆变器的载波比不宜太高，以便降低开关损耗。

3）自然采样与规则采样。作为控制逆变器中各开关元器件通断的依据，上述一系列脉冲波形的宽度可以用自然采样与规则采样两种方法求得。当阶梯波的阶数等于载波比时，其输出电压与三角波轴线对称，为对称规则采样。若阶数增加一倍，其输出电压不对称，则为不对称规则采样，两者分别如图 2-110a、b 所示。后者因阶数多而更接近正弦。

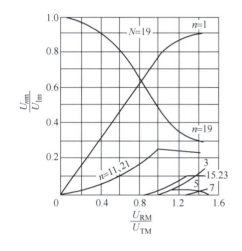

图 2-109 双极性 SPWM 在 $N = 19$ 时的基波与谐波

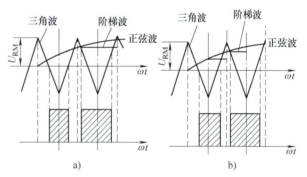

图 2-110 SPWM 逆变器的规则采样
a) 对称规则采样 b) 不对称规则采样

4. 牵引逆变器主电路形式的确定

牵引逆变器分电压型逆变器和电流型逆变器。由于电流型逆变器输出电流谐波成分较大，目前已很少采用，城市轨道交通车辆交流牵引系统的逆变器应采用主流型产品，即电压型逆变器。目前交流牵引采用的逆变器主要有电压型二点式逆变器及电压型三点式逆变器。

三点式逆变器电路的主要优点是在中间直流电压一定的前提下，降低对开关元器件耐压等级的要求并可改善牵引变流器交流输出波形。日本 E2 系、E4 系等车辆的牵引变流器大量采用了三点式电路；欧洲生产的直流电压为 3000V 的电力机车、动车组采用了三点式逆变器，我国 200km/h 分散交流动车组采用 2800V 中间直流电压，也采用了三点式逆变器。图 2-111a 是采用 IGBT 作为开关元器件的三点式逆变器的相构件单元电路。

图 2-111b 是采用 IGBT 作为开关元器件的二点式牵引逆变器相构件单元电路，主要应用于 20 世纪 90 年代中期以后开发的中、大功率变流器装置，目前开发的在城市轨道交通车辆这一功率和电压等级上的牵引逆变器越来越多地采用这种电路形式，这是由于 IGBT 和 IPM 的耐压等级不断提高，已完全能满足 1500V 直流输入电压的牵引逆变器的需要，而且由于

IGBT 或 IPM 的开关频率较高，即使采用二点式逆变电路，异步牵引电动机谐波电压、谐波电流成分仍可被降至在允许的范围内。因此，城市轨道交通车辆采用耐压 3300V 系列的 IGBT 或 IPM 作开关元器件的二点式逆变器即可满足牵引的要求，而不必采用结构及控制方式均较复杂的三点式逆变器，可以说作为一种过渡性的电路形式，三点式逆变器将退出城市轨道交通车辆这一功率及电压等级的交流牵引传动系统。

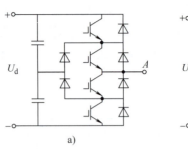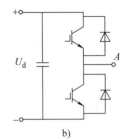

图 2-111　牵引逆变器主电路形式
a）IGBT 三点式逆变器相构件单元电路
b）IGBT 二点式逆变器相构件单元电路

需要指出，在电力电子研究领域，由二极管、晶闸管组成的整流逆变电路，逆变器都是在零电流时开关，定义为软开关，所以器件的开关损耗可以忽略不计。而由 IGBT 等组成的逆变电路在非零电流开关，称为硬开关。硬开关逆变器中器件的开关波形，有一系列的有害影响，主要表现在：①开关损耗。即器件开通和关断过程中，电压和电流波形的叠加产生一个很大的能量损耗脉冲。尽管应用阻容缓冲器关断损耗可以被减小，但总的开关损耗还会增加，随着开关频率的增加，逆变器的损耗增加，从而使效率下降。②器件应力。在这种电路中，开关都要穿过伏安特性的有源区，增加了器件的电应力。长时间操作会降低器件的可靠性。③电磁干扰问题（EMI）。快速器件开关过程中存在的高电压电流变化率、耦合电感、寄生电容等会产生严重的电磁干扰问题。④对电动机影响。高电压变化率会导致电动机绝缘性降低。

任务三　轨道交通车辆电磁兼容

电磁兼容性（EMC）是指电气装置在其电气环境中正常工作且不对该环境中任何事物造成不能承受的电磁干扰的能力。其范围覆盖所有的设备以及轨道车辆与相应的供电输入/输出的接口，甚至包括轨道车辆的受电弓。

一、标准

列车上所有能够产生电磁干扰的电子元器件与电气设备都将按下述方式进行设计：所有车辆设备的电磁干扰不应干扰车载设备或其他轨道设备的正常运行；车载设备应具有足够的自身抗电磁干扰能力，以使其能正常运行。我国对于符合相关欧洲标准、国际标准的装置，认为其满足电磁兼容性的保护要求。

二、车辆及其环境之间的干扰

列车不仅是一个干扰源，而且还是一个干扰吸收源，频繁地产生干扰并接受干扰。轨道车辆的 EMC 必须考虑其电磁环境与车辆之间的相互作用，这个环境除了指典型的轨道交通环境之外，还包括轨道安装的整个物理环境。当进行分析时，还必须考虑车辆的非固定状态和人的因素。

1. 轨道车辆产生的场衰减乱真辐射

轨道装置外部的场衰减乱真辐射可能的干扰/吸收源包括：①移动式无线电设备及私人手机；②无线电及电视接收机；③空中安全设备；④道路安全设备；⑤点对点无线电链路及列车无线电通信设备；⑥内置心脏起搏器的人；⑦轨道交通公司的无线电服务（例如站与站之间的无线电路）。

因为车辆是移动的，对固定地点的干扰仅在短时间内有效；受电弓与架空供电线之间因接触而产生的乱真辐射在原则上是无法减少的。

所有不同的电子电源转换装置是可能的干扰源。一方面包括主要的牵引设备，如制动斩波器、主变流器或辅助变流器，通过电动机、制动电阻或隔离变压器等导电体将辐射干扰传输到敏感元件上；另一方面所有的电子控制设备又是进一步的干扰源，包括所有由数字电子元器件组成的设备，母线、信号电缆、数据传输电缆或控制电缆都是敏感元件上干扰的一部分。

2. 轨道车辆产生的传导辐射

轨道车辆车顶供电电网与运行轨道之间的回流电流引起的传导干扰电流，大部分回流电流从接地轨道流向土壤，并在建筑物的接地系统内产生杂散电流。

轨面信号系统是主要的敏感元件，供电电网、轨道车辆本身都可能对车辆线路产生谐波电流。

3. 无线电设备产生的电磁干扰

表 2-16 所列数据（采用近似公式估算）为德国境内安装的一些典型发射机的预测场强。

表 2-16 发射机的功率及预测场强　　　　　　　　（单位：V/m）

发射机	频率/MHz	传输功率/kW	距离 100m 处场强	距离 500m 处场强
长波	0.14~0.28	1000	95	19
中波	0.52~1.60	500	70	14
短波	3.90~26.10	500	50	10
FM-VHF	87.50~108.00	100	22	4
VHF	47.00~68.00 174.00~230.00	100~500	22~50	4~10

注：VHF 指甚高频。

表 2-16 数据表明：波长越长，传输功率越大，近距离时场强越强。

对车辆及装置的电磁干扰具有特殊影响的一个因素即为移动式无线电设备，如无线电话、CB 无线电等，因为它们可以在非常近的地方使用。距离装置的最小间隙仅为 0.4m，这个距离对手机等来说是相当常见的，即对于额定容量为 6W 的发射机而言其场强有可能达到 20 V/m。

4. 静电释放（ESD）产生的电磁干扰

人们穿着绝缘性能良好的鞋子行走在绝缘效果良好的地板面上会产生静电释放，而静电释放会对周围的设备产生电磁干扰。这种情况下，放电电压与空气湿度有关，还取决于鞋子与地板面的绝缘电阻以及人的电容量。

5. 高速瞬变传导干扰所产生的电磁干扰

当电流或电压发生瞬变时，会产生极强的干扰，如机械触头分断与闭合形成的电弧而引起电磁干扰,通过磁场产生的电感耦合与通过电场产生的电容耦合,强度会随着电流的变化率而提高。

6. 高能量干扰(浪涌)产生的电磁干扰

高能量干扰源包括雷电袭击、主断路器在大功率系统站内的开关动作、短路、熔断器的熔断、保护元件动作以及大负荷分合等。

7. 对携带心脏起搏器的人的电磁干扰

由列车内电气系统产生的磁场会干扰正在使用的心脏起搏器,在列车内任何地点的磁场强度(该地点是指带有正在使用的心脏起搏器的人所在的位置)必须低于相关规定的极值,如图 2-112 所示,在 0~10Hz 时磁通密度的极限值为 500μT(磁场强度=400A/m)。装置测量在距装置/容器表面 0.6m 距离内,带有心脏起搏器的人能承受的磁场强度曲线极限应严格遵循;整车测量距整车地板 0.8m 的高度处合成总的磁场(由敷设的电缆、架空接触/第三轨、供电电子/电气装置)不得高于带心脏起搏器的人所承受的磁场极限值。

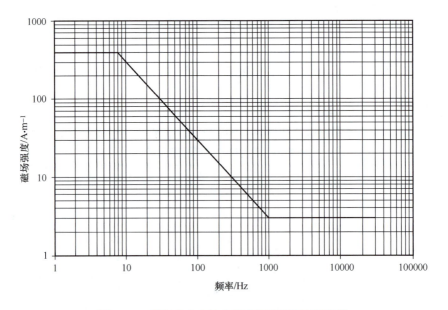

图 2-112　列车内坐或站立承受的磁场强度极限值

三、确保轨道车辆电磁兼容性的措施

1. 确保轨道车辆系统环境电磁兼容性的措施

为保证电磁兼容性,接地和连接、屏蔽、电路滤波等基本措施被用来防止干扰和减少干扰辐射。在车辆系统环境中确保电磁兼容性的措施应用于所有的系统元件上。

(1) 做好接地和连接　在正常运营环境下,牵引系统要以合适的方式接地,以防止电流流经车辆接地,因为车体虽可同时用于安全接地、等电位接地和屏蔽接地,但回流接地独立于车辆上的安全接地。由于这个原因,车体形成一个单元,其独立的梁、墙等导电部件以低阻抗、低感抗的方式进行导电连接,即通过尽可能大的表面积和尽可能多的点连接。列车单元车辆在电气上有很好的导电连接,前端车钩电气绝缘,并且车钩的金属部分通过两个保护电阻与车体相连。

对电子控制装置的箱体、支架、装配骨架等进行接地和连接，应做到以下几点：

1）电子控制元器件的支架将通过尽可能大的表面积对装配骨架进行良好的接地，以确保低阻抗，若有必要，应使用齿形垫圈。

2）装配骨架应通过尽可能大的表面积和尽可能多的点与车辆框架进行连接。若不能通过螺栓式接插件或焊接实现接地，则应使用额外的搭接带连接装配骨架与车体，并避免使用接地导线。

3）在经黄色铬酸盐、油漆或阳极化处理的表面，应使用诸如齿形垫圈之类的可靠接触垫圈。

4）通过适当的接地方式，门、地板、屏柜接插件等应组成一个高度互连、大面积的接地设计。

5）对于一个在故障时可能带电的电气设备，它的任何导电部分都应通过内部连接列入等电位接地的范围。

6）对于任何不属于电气设备的导电部件也应通过内部连接列入等电位接地的范围。

7）通过连接带的接地连接应具有低阻抗的特性，即接地板要尽可能短而厚（宽长比最大为5∶1）。

8）接触面应具有良好的导电性能并且面积尽可能地大。

对于所有电子元器件而言，其一次侧电源即蓄电池电压要和二次侧电压隔离，如DC/DC变换器。蓄电池的参考电位应连接到机壳接地点，而电子元器件的参考电位（DC/DC变换器次边接地点）应同装配骨架低阻抗、低感抗地连接，而且这些连接应尽可能地短而宽。在车辆内部的不同设备之间信号的传输也要进行电位隔离。

为满足接地和连接所要求的触点和材料，应按下列步骤进行操作：

1）所有接地连接具有良好的传导性，抗振动，易于检查，并位于裸露的接触面之间。

2）螺栓式联接要采用可靠的接触垫圈，特别是对于不导电的表面。

3）接触面防腐蚀。

4）连接要有机械保护。

5）如有可能，不同的金属之间互相不接触，以防止接触电压造成的腐蚀。

（2）处理好屏蔽　与接地、滤波类似，屏蔽也是确保系统电磁兼容性的一个基本措施，即把所有屏蔽层连接到车体上。

在应用过程中，用于屏蔽的所有导电部件尽量多点连接在一起。城轨车辆上的电缆屏蔽在两端连接到车辆构架上，就是用来抵抗电磁场无线电频率、高低频磁场，从而保证良好屏蔽效果的唯一方法。

对于电子元器件的屏蔽，应遵守下列几点原则：

1）如果用装配骨架或机壳作为屏蔽，则它们应由导电材料制成，且所有外壳部件应低阻抗、低感抗、大面积地连接在一起。

2）可采用冲孔板来保证通风，不过与其他屏蔽单元一样，应保证接触良好。

3）装配骨架的插件应具备金属前端面板，这些面板也要同装配骨架良好地接触。

4）避免缝隙大于10cm。

5）电缆屏蔽层应以低阻抗、低感抗连接到装配骨架或机壳的入口点处。

6）线路滤波器和信号滤波器要安在一个表面区域，以低阻抗、低感抗的方式连接到机壳或装配骨架上，滤波器应位于电路穿过屏蔽处。

7）如果用装配区域或支架作为屏蔽，其材料也应为导电材料，所有外壳部件连接在一起的接触面应尽可能大，且连接处的阻抗和感抗应较低。

8）门、盖板等应与框架、侧墙在多点进行导电性连接。该连接可在门的铰链处用拉带，在盖板处通过紧固件进行连接，在门边缘处也应有其他的接触面。

9）若在装配区域或支架内有产生强烈干扰辐射的设备，在这些设备和敏感设备之间应放置屏障。例如：利用金属板，将金属板和装配区域/支架进行多点低感抗连接。

10）未屏蔽的信号电缆在屏蔽区域需对其提供屏蔽或在进入屏蔽区域入口处进行滤波。

11）未完全封闭的屏蔽（如一侧屏蔽接触）只对静态和低频电场有效。

12）要使对电场、磁场和电磁场的屏蔽有效，屏蔽必须由连续的覆盖层组成。因此，电缆屏蔽在电缆的两端进行连接，连接阻抗应尽可能低。安装应防冲击、振动以及防腐蚀。

信号与数据导线屏蔽连接有许多可能性，通常应考虑以下几方面：

1）信号与数据导线的屏蔽至少必须两端都接地，因为只有两端连接的屏蔽才能提供对干扰场的有效屏蔽，且数据速率与许多信号的传递频率不会允许干扰变量的滤波（有效频谱与干扰会部分重叠起来）。

2）屏蔽层应以尽可能宽的表面积接触，并且应保证低阻抗、低感抗连接。

3）尽可能避免在屏蔽终端使用单根导线。

4）电缆屏蔽应与外壳入口相连接，这样干扰电流不至从屏蔽层流入内部。

5）如果不可能使产生相当大干扰的导线之间保持最小的间隙，如果导线走向在长距离内保持平行，那么像数据总线之类的特别敏感的引线必须另外放在一个导线内，或者用电缆通道或屏蔽相隔离与列车地导电连接。上述导线应与车辆地尽可能低阻抗、低感抗相连，至少两端必须如此连接。

对电动机电缆等功率单元的屏蔽，可以用来限制电磁干扰：电子功率元件通过放置在全封闭金属箱的内部来实现屏蔽，通风孔应该采用冲孔板、金属栅格等，盖子、盖板、通风孔都要与电动机机壳进行很好的密封。对电动机机壳的所有出线要进行屏蔽、滤波或电位隔离。

(3) 电路中尽可能考虑滤波　滤波是用来降低电子元器件传导干扰和提高抗干扰的基本方式。为使滤波发挥最大效果，应遵循下列几点：

1）滤波器直接位于屏蔽处或其附近。

2）滤波器外壳或滤波器参考接地同支架、屏蔽护套或箱体以低阻抗和低感抗连接。

3）应注意保证输入和输出导线之间的解耦良好，输入和输出导线决不可相互平行布置。

4）如果使用旁路电容或旁路滤波器，要用螺栓固定到屏蔽地上。

5）滤波器漏电流不能流向内部参考电位，而是应通过低阻抗和低感抗连接流向屏蔽地或车辆地。

6）如果装配区域不是屏蔽区或滤波器位于屏蔽外，则从滤波器到电子元器件的连线要进行屏蔽。

7）如果滤波器位于装配区域内，应屏蔽从屏蔽层到滤波器的连线。

8）所有由蓄电池供电的电子控制元件或单元要配有合适的滤波器。

9）下列情况下的电子控制单元（和信号发送器）的电源线无需滤波。

10）由其他电子控制单元通过它们的滤波电源供电的电源线（例如：通过电位隔离 DC/DC 变换器）。

11）两个元器件之间的电源线被屏蔽。

此外，所有带继电器、接触器之类感性负载的机械连接应配有合适的暂态抑制装置，而带控制和信号元器件的机械接触器应配有合适的变阻器。

（4）注意电缆的敷设　由于不同线路与功能单元内的电缆之间存在感性与容性耦合，所以考虑 EMC/EMI 来选择和布置电缆是提高电磁兼容性的基本方法。电缆之间的电容耦合在电缆平行敷设时出现，耦合度取决于：电缆平行敷设的轨道区间长度，电缆之间的距离，必要时还要考虑电缆距地面的距离。电感耦合发生在导线环内，感应干扰的强度主要取决于导线环的面积。

电动机的导线、辅助设备的引线是特别易于受干扰的。信号导线、数据传输总线、天线的引线、声音与图像的导线对场感应耦合特别敏感。故电缆敷设应遵守下列要求：

1）应使用多芯电缆作电源线。在必须采用单芯电缆的情况下，整个电路电缆应尽可能布置得相互靠近。

2）导线尽量布置得靠近车辆构架或其他与车辆构架导电连接的金属部件。

3）一般屏蔽铰接电缆用作敏感信号的信号线。

4）屏蔽电力电缆用作电动机引线。

5）载有不同类型信号的导线不能布置在同一屏蔽内。

由于轨道车辆空间的限制，根据制造经验采用三种电缆，不同类别的电缆要分开走线，见表 2-17。

表 2-17　EMC-电缆类别

EMC-电缆类别		电缆负载
A	A1	DC1500V 电缆（正极和回流）
	A2	电动机电缆、电阻电缆、辅助设备电缆
B		蓄电池导线、控制电缆
C		数据传输总线、信号传输导线、天线、扬声器的引线、音频与视频导线

为保证足够的去耦，不同电缆之间尽可能保持下列最小间隙（表 2-18）。

表 2-18　不同电缆之间的最小间隙　　　　　　　　　　　　　　（单位：m）

电缆类别	A 类	B 类	C 类
A 类		0.1	0.2
B 类	0.1		0.1
C 类	0.2	0.1	

要尽可能完全满足下列标准：

1）分开布置不同类别的电缆，尽量保持建议的间隙。

2）整个电路电缆应紧凑布置，特别是电力电缆。

3）为利用衰减效应，电缆尽量布置在靠近车辆接地处，如金属电缆管、导管等应同车辆接地进行连接。

4）如果不同电缆类别的最小间隙不能保持，特别是C类电缆，那么可以用与车辆接地连接的管路、金属板、导管来分隔。

5）C类电缆要屏蔽。

6）如果不同类别电缆直角交叉，不需要考虑最小间隙。

2. 确保车辆部件系统电磁兼容性的措施

确保车辆部件系统电磁兼容性的措施遵从系统内的基本电磁兼容性措施，考虑不同单元组的分析结果和特殊要求，特殊的部件还必须根据项目专门设计EMC/EMI措施。

（1）牵引传动系统　电压源型逆变器、制动斩波器和线路滤波器安装在一个金属箱内形成电磁屏蔽。电动机电缆应屏蔽并且屏蔽的两端要接地。

制动电阻装在带冲孔板的金属箱内，冲孔尺寸约为12mm×12mm，板厚约为2mm。敷设导线时将输出线与输入线靠近在一起，制动电阻器的导线应敷设在金属管内。电缆槽应与车辆接地在多个点上采用低阻抗、低感应连接。

使用合适的线路滤波器和触发模式用来降低牵引设备和辅助电源的传导发射。

为降低高频传导发射，辅助逆变器的AC输出设有正弦滤波器，并在每根输出线到地设有电容器。如果必须满足整车的发射限制，可在DC输入到地之间加设电容器。

采用恰当的接地方式可降低对信号和通信系统的干扰。车辆里的安全和回流接地要分开并连接到接地电刷上，如果ATC设备对EMI很敏感，可在安全和回流接地中引入电容器，从而短路接地系统中的杂散电流，如图2-113所示。

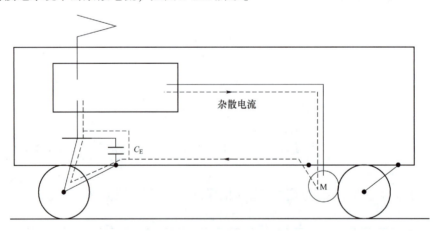

图2-113　安全和回流接地的电容

（2）辅助控制系统　主要考虑辅助控制系统外部接口相关的防范措施，其中包括接地、屏蔽、滤波和数据接口的结构。一般遵守以下通用规则：

1）辅助控制系统设备的外壳/装配骨架，应以低阻抗的方式多处和车辆地连接。

2）辅助控制系统的电源经过线路滤波器和电位隔离的DC/DC变换器供给，蓄电池供电的电源线中用于电位隔离的I/O线无需满足此要求。

3）辅助控制系统DC/DC次边负极等内部参考电位要以低阻抗的方式和外壳或装配骨架连接，应避免用电缆连接，首选螺栓接头或在一个表面区焊接。

4）辅助控制系统其他电子控制单元的所有接口以电位隔离的方式进行。

5）辅助控制系统数据总线的连接应无电位差。

6）所有蓄电池电压的 I/O 连线配有合适的信号滤波器和一个过电压保护装置。

对于在客室内、驾驶室后墙内等处的安装区域(到输入斩波器、辅助逆变器等的距离大于 1m)，要考虑下列措施：

1）安装区域的墙体(包括顶部和底部)是良好的电导体。

2）导电部件所有的角落应以一种传导方式多次连接，所有连接之间的间隙最大为 0.5m。

3）盖板、门等要和屏柜以传导的方式进行多次连接，例如通过铰链和锁附件。

4）电缆进入屏柜入口处的屏蔽以低阻抗的方式连接。

以上所有措施均可用于中央控制单元等控制系统，这些措施同样适用于其他控制器件。

(3) 确保乘客信息系统和无线通信系统电磁兼容性的措施　确保乘客信息系统和无线通信系统电磁兼容性的措施原则上同辅助控制系统一样，但需要对接收器天线和发送器天线的位置采取一些措施，接收器天线位置尽量远离可能的 EMI 源。

产生强烈电磁场的发送器天线位置应尽量远离易受电磁干扰的设备，天线电缆要和其他信号和电力电缆隔离。其中要特别注意的是防止屏蔽门门控的干扰。具体措施如下：

1）所有装置和部件的箱体都具有低电感和低欧姆的专有屏蔽接地点，采用星形连接，该接地点与车辆外壳连接。

2）每个功能模块都采用金属外壳进行屏蔽，各模块内所有电路板的接口部分和控制部分都有屏蔽罩，并接入屏蔽接地点，使电子装置具有与环境和屏蔽相同的电位，能有效屏蔽低、高频磁场与电磁场，从而显著减少干扰耦合。

3）所有供电电源采用隔离式 DC/DC 电源模块，电源接入都采用电磁兼容性高频滤波处理，使 20kHz~100MHz 频率范围中有足够的衰减，并具有抗 2500V 浪涌的能力。

4）系统各电子装置之间接口和通信都采用了光电耦合隔离措施，传输线采用屏蔽电缆，以满足电磁兼容性要求，提高系统的抗干扰能力。

实践练习

1. 说明主传动系统的结构组成，简要说明各种工况形式。
2. 列表分析直流传动的速度控制方式。
3. 为什么在直流传动系统中优先选择串励直流牵引电动机？
4. 什么是牵引电动机的机械稳定性和电气稳定性？
5. 根据直流传动主电路图，画出牵引工况和电制动工况时主电路的电流路径。
6. 以串励直流牵引电动机为例，画图说明如何实现其由电动机向发电机的转换。
7. 分析交流异步牵引电动机取代直流牵引电动机的原因。
8. 列表分析交流异步牵引电动机的速度控制方式。
9. 什么是矢量控制？矢量控制调速的原理是什么？
10. 什么是直接转矩控制？直接转矩控制调速的原理是什么？
11. 根据交流传动电路图，说明牵引工况和电制动工况时电路的工作原理和方式。

12. 比较交流传动主电路中的"软撬杠"保护和"硬撬杠"保护。
13. 比较直线牵引电动机与旋转牵引电动机的优缺点。
14. 根据直线电动机车辆电路图,说明牵引工况和电制动工况电路的工作原理和方式。
15. 找出城市轨道交通车辆电气系统中常用的全控型电力电子器件的种类,试比较其优缺点。
16. 分析比较升压斩波器和降压斩波器的工作原理及应用场合。
17. 试说明斩波器在城市轨道交通车辆中的应用,并分析其工作过程。
18. 对斩波器供电的谐波问题,简述常用的电路解决方案。
19. 什么是逆变?典型的逆变电路包括哪几部分?
20. 分析电压型和电流型逆变电路的工作原理。
21. 试区分120°导通方式和180°导通方式逆变器的应用场合。
22. 什么是脉宽调制?分析正弦脉宽调制(SPWM)逆变电路的工作原理。
23. 分析比较二点式逆变器和三点式逆变器的工作原理及应用场合。
24. 选取某一城市轨道交通车辆,分析其主传动电路原理及控制原理。
25. 简要比较单轨系统与交流传动系统的传动方式。
26. 简述城轨车辆主牵引系统中确保电磁兼容性的措施。

项目三　城市轨道交通车辆牵引与制动控制系统

本项目主要介绍城市轨道交通车辆牵引与制动控制系统电路，详细分析主传动系统牵引、制动、保护控制电路。拓展任务介绍了城市轨道交通电动列车信息与诊断系统的原理，以及城市轨道交通车辆布线相关技术。

 学习目标

1. 掌握电动列车控制电路的基本构成及原理。
2. 掌握牵引控制单元的功能。
3. 掌握电气制动控制单元的功能。
4. 会分析高压供电设备控制电路。
5. 会分析牵引和制动控制电路。
6. 会分析电动列车起动控制电路。
7. 了解电动列车信息与诊断系统原理。
8. 了解电动列车布线原理与技术。

 项目描述

城市轨道交通车辆的电气控制主要有两种，一种是传统的有接点电路控制方式，它通过一系列接触器、继电器等器件的"接通"和"断开"来传递控制与检测信号，从而实现整车的控制，这种控制线路也称为继电器控制线路，这种控制技术成熟，应用也比较广泛。图3-1所示为某城市轨道交通车辆电气控制柜内部接触继电器控制外观图。我国早期的城市轨道交通车辆，例如上海地铁1、2号线和广州地铁1号线等电动列车控制采用的都是传统的110V有接点电路控制方式，驾驶室设有各种控制按钮，这些控制按钮通过列车线实现对列车的控制。

另外一种是总线控制方式，总线控制是基于计算机技术的控制，包括列车总线WTB和车辆多功能总线系统MVB。总线控制时，列车所有的控制监测信号包括车门控制和监测信号、气制动检测信号等均通过总线进行传输，并由列车控制系统通过软件实现起动联锁保护功能。总线控制的国际标准IEC60375已于1999年正式通过。

继电器控制线路是一种逻辑电路，属于低压直流小功率电路。它主要由驾驶控制器、低压电器、主电路与辅助电路中各电器的电磁线圈及其联锁、开关等组成，通过驾驶操纵台上各按键开关和驾驶控制器手柄操纵，实现对主电路、辅助电路中各电气设备的控制，从而完成对电动列车的牵引、制动操作和控制。控制线路又是最复杂的线路，线路图样数量多，有几十个继电器和大量的开关按钮、指示灯、电磁阀等。面对这样一套错综复杂的线路图，最重要的就是要利用电工原理，理出一条清晰的思路来，化繁为简，化难为易，从而学会识读和分析控制线路。

图 3-1　某城市轨道交通车辆电气控制
柜内部接触继电器控制外观图

任务一　电动列车电气控制系统电路识读

1. 常用电气设备符号及其说明

在城市轨道交通车辆控制线路中，要用到大量的电器元器件，如电磁继电器、时间继电器、电磁阀、各类开关和按钮等,为便于识图,本书将线路图中通用的符号按现行国家标准进行汇总,见表3-1。由于各城轨车辆电气控制采用的技术不同,电气线路的作图标准也有所不同,因此表3-1仅就采用国家标准的城市轨道电气线路的电气设备符号加以说明。

表3-1 常用电气设备图形符号及其说明

序号	图形符号	说明	序号	图形符号	说明
1		受电弓	12		双绕组变压器
2		接地	13		熔断器
		接机壳			
3		插头和插座	14		电阻
4		避雷器、火花间隙	15		电容
5		扼流圈 电抗器	16		三相笼型异步电动机
6		换向或补偿绕组 串励绕组 并励或他励绕组	17		串励直流电动机 他励直流电动机
7		电流互感器 脉冲变压器	18		常开联锁 一般开关
8		电压互感器	19		常闭联锁
9		接触器主触头	20	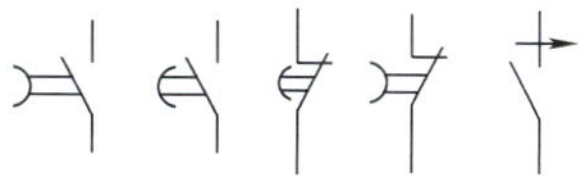	延时联锁
10		断路器	21		具有自动释放的负荷开关
11		常开按钮 常闭按钮	22	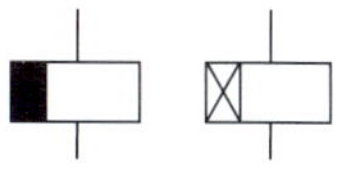	时间继电器线圈

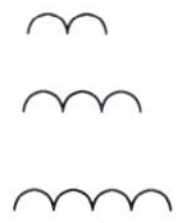

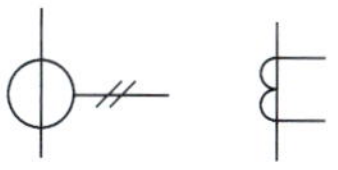

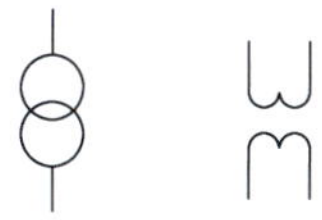

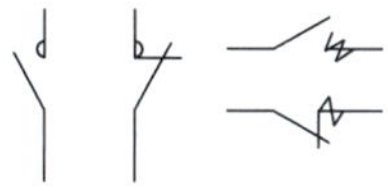

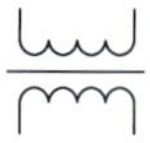

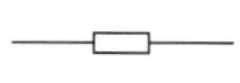

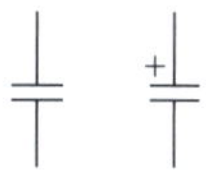

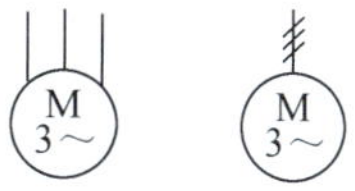

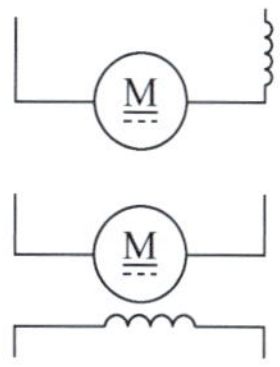

121

1) 各电气设备在电气线路图中除按表内符号表示外,在符号旁边还应标明相应电气设备在电路中的代号。且在所有该设备的各联锁旁边也标注同一代号,说明是同一电器在电路中不同位置的控制关系,或在该电器线圈图形符号的下方,给出该电器所有联锁及其连接,如图 3-2 所示,2K07 线圈下方列出了 2K07 的 8 组联锁及位置。

2) 导线也是电气线路图中的一部分,特别是一些重要的导线应在电路图中标明导线代号,不同类型和不同作用的导线可用不同字母或汉字表示,如图 3-2 所示,30400 就是直流负端线的线号。

3) 常开联锁、常闭联锁(也称正联锁、反联锁)是对电器的工作线圈未通电、电器处于释放状态时的联锁位置而言,若其联锁是打开的即为常开联锁(正联锁),若其联锁是闭合的即为常闭联锁(反联锁)。当电器工作线圈通电,电器动作后,常开联锁闭合,常闭联锁则打开。

4) 并不是所有的电器联锁都有常开、常闭的概念。对于某些组合电器的联锁,除标出其所属电器的代号外,还应表明该联锁的接通位置,此类联锁又称位置联锁,如主控制器联锁。

5) 对于凸轮控制器或鼓形控制器,在电路图中将这类触头闭合次序沿轴向展开为一个平面的触头闭合电路图,简称展开图。在某工作位置联锁是接通的,则在该位置相应的导线下方以黑点(或黑线段)表示。

2. 电路图识图

(1) 电路类型标注 在城市轨道交通车辆的电路图中,一般分为九类电路,为了区分不同电路,通常采用两位数字编号进行分类,见表 3-2。

表 3-2 城市轨道交通车辆控制系统电路图电路类型编号

数 字 编 号	电 路 类 型	数 字 编 号	电 路 类 型
01	主电路(高压电路)	06	空调电路
02	牵引/制动控制电路	07	辅助设备电路
03	辅助供电电路与辅助电路	08	车门控制电路
04	检测和信息电路	09	特殊设备电路
05	照明电路		

(2) 设备及元器件的标注 城市轨道交通车辆设备和元器件的标注采用流水号的标注方法。一般为三位,由数字与字母组合而成。第一位是数字,表示电路类型;第二位是字母,表示设备及元器件类型,表 3-3 列出了电路设备及元器件常用符号的含义;第三位是数字,表示该设备及元器件的序号。

表 3-3 城市轨道交通车辆电路设备及元器件常用符号的含义

A—主控制器	B—传感器
F—低压断路器	H—指示灯
K—接触器、继电器	R—电阻
S—按钮和转换开关	V—二极管
Y—车钩电气接线盒	P—压力继电路

例如,主控制器 2A1,其中

"2"——表示器件属于牵引/制动控制电路；

"A"——表示主控制器；

"1"——表示该类器件的第一个设备。

（3）电气联锁标注　继电器、接触器等的电气联锁用两位数字标注。第一位表示联锁顺序；第二位则成对出现，"3、4"表示常开联锁的两个节点，"1、2"表示常闭联锁的两个节点。例如图3-2中继电器"2K07"线圈下部有所有联锁的标注，共有8对联锁，6对常开，2对常闭。"13—14"表示继电器第1对为常开联锁，"61—62"表示继电器第6对为常闭联锁。

（4）设备联锁及元器件位置、导线的来源与去向标注　用带括号的五位数字标注。前两位表示其所在电路的类型，中间两位表示处于该类电路的第几张图样，最后一位表示其处在该张图样中的第几区。例如图3-2中（02014）表示该导线来源于牵引/制动控制电路第1张图样的第4区。

导线线号也采用五位数字标注。第一位数字表示电路类型。第二、三位表示该类电路的第几张图样，最后两位表示该导线的编号。

（5）车钩装置的触点标注　自动车钩与永久车钩不同。永久车钩采用弹性触点连接形式，自动车钩为了保证可靠连接采用弹性触点并联连接形式。图3-3a中的9Y06为C车2位端车钩电气接线盒的连接，63与64为不可伸缩触点，263与264为可伸缩弹性触点，在另一单元的C车2位端车钩电气接线盒与之相连接的分别是可伸缩触点和不可伸缩触点，这样保证列车过曲线横向振动时每对触点都能够可靠连接。

（6）压力开关标注　压力开关在电路图中的标注符号如图3-3b所示。压力开关符号上下的参数为其动作整定值，图示当气压大于7.0bar时，节点"01—04"闭合；当气压小于6.0bar时，节点"01—02"闭合；当气压处于6.0~7.0bar之

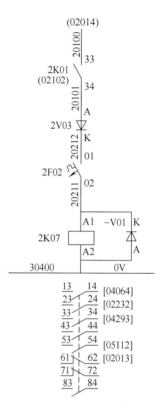

图3-2　城市轨道交通车辆控制线路示例

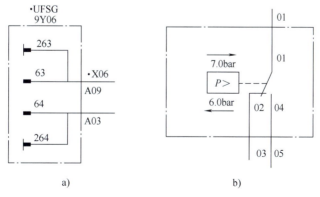

图3-3　城市轨道交通车辆车钩触点和气压开关电路符号

a）车钩触点　b）压力开关

间时，节点保持先前状态，图中箭头方向即为节点分合的方向。

（7）电路图的分区　为了查找方便，城市轨道交通车辆电路图借用平面坐标形式定位。横向用数字"1、2、3、4、5、6、7、8"均分；纵向用字母"A、B、C、D、E、F"均分。每张电路图有文字区描述电路功能，说明电路的类型、代号和页码，具体描述如图3-4、图3-5所示。

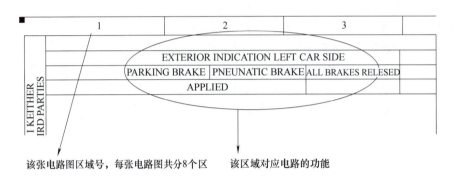

图3-4　车辆电路图上部的分区和功能指示

图3-5　车辆电路图下部的分区和标题框信息指示

（8）电路的结构及逻辑顺序　借用逻辑函数方法来描述电路的结构及逻辑顺序。

1）电路中有关导线、开关、联锁和电器工作线圈一律用该电器的各车辆规定代号表示。

2）电路中串联连接的元器件用逻辑与"·"表示其电路结构，并联连接的元器件用逻辑或"+"表示。

3）描述控制电路一般从控制电源正极端开始，但有时为了简明和叙述方便可从重要导线开始。

4）继电器、接触器、开关、按钮等的常开联锁用该电器的代号书写，常闭联锁在该电器的代号上加一短直线表示逻辑非，电磁线圈用该电器的代号外加方框表示。

3. 常用联锁方法

控制线路必须满足主、辅线路的控制需求，如电器按一定次序动作，驾驶员按一定顺序操作，因此必须设置一些联锁来满足控制线路的逻辑要求。

在设置控制线路的联锁时，首先必须满足线路的控制要求，在此前提下应尽量减少联锁数目，因为多设一个联锁就增加了线路发生故障的可能性，同时也增加了分析处理故障的难度。另外，对于需要在列车有故障时维持运行的线路，同样要在控制线路中作相应考虑。对于可能由于误操作造成事故的现象，也应在线路中予以避免或设法补救。因此在设置控制线路的联锁时应统筹考虑，权衡处理。

常用联锁方法有两大类，即机械联锁与电气联锁。

（1）机械联锁　为避免因驾驶员的误操作造成人身及设备不安全，需设置一些机械联锁。目前采用的机械联锁主要有：

1）驾驶控制器换向手柄与调速手柄间的机械联锁。

2）驾驶台上按键开关与电钥匙的机械联锁。

3）换向手柄及电钥匙与钥匙箱的机械联锁。

（2）电气联锁　电气联锁方法的种类较多，下面仅介绍几种常用的联锁方法。

1）串联联锁。在某电器的工作线圈前串联若干其他电器的联锁，称为串联联锁。如图 3-6 所示，在继电器 K 的线圈电路中串有 a、b、c 三个电器的联锁，其中 a、b 为常开联锁，c 为常闭联锁。该电路要求在

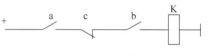

图 3-6　串联联锁

a、b 两电器处于吸合状态而 c 电器处于释放状态时继电器 K 才能吸合，而 a、b、c 三个电器中任意一个不符合上述工作状态时，继电器 K 即失电释放。

串联联锁是多个条件使一个电器通电，而其中任一条件消失即使电器线圈失电。在电路中凡要求满足多个条件才能接通电路的环节一般采用串联联锁电路。但串联联锁越多，可靠性越低，因此，应尽量减少串联联锁的数量。

2）并联联锁。在某个电器工作线圈前并联若干其他电器的联锁，称为并联联锁。如图 3-7 所示，在继电器 K 的线圈前并有 a、b、c 三个电器的联锁，其中 a、b 为常开联锁，c 为常闭联锁。该电路要求在 a、b 两电器处于释放状态而 c 电器处于吸合状态时继电器 K 的线圈不通电处于释放状态，而 a、b、c 三个电器中任意一个不符合上述工作状态时，继电器 K 即得电吸合。

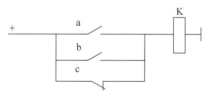

图 3-7　并联联锁

并联联锁是多个条件中的任一条件成立则该电器线圈得电，只有全部条件消失该电器线圈才失电。这种联锁方法对电器的动作顺序没有固定要求，电路中常用这种联锁作为双重供电线路以保证重要电路供电的可靠性。

3）自持联锁。在某电器工作线圈前的电路中并联有该电器本身的常开联锁，称为自持联锁。如图 3-8 所示，在继电器 K 的线圈电路中并联有 a、k 两个联锁，当 a 电器处于吸合状态时其常开联锁闭合，继电器 K 的线圈得电。该继电器吸合，其本身的常开联锁也闭

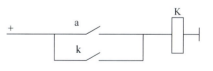

图 3-8　自持联锁

合，此后，即使 a 电器释放，继电器 K 的线圈也仍可由自身的常开联锁供电保持吸合状态。只有在其常开联锁以外的电路断开时，继电器 K 的线圈才会失电。这种电路的特点是：电器吸合时需要一定的条件，在电器吸合后这种条件可能消失，但电器此时仍能保持吸合状态，只有在电路的其他部分断开时，才能使该电器释放。

自持联锁常用于电器工作的条件可能构成后又消失，但又需要在构成条件消失后，必须

保持该电器持续工作的场合。如列车起动继电器控制电路中继电器 2K01 的(14—13)联锁即为自持联锁。

4) 延时联锁。延时联锁是指某电器的线圈得失电与其联锁动作不同步。其实现方法有多种，如采用在电器铁心上加短路铜套，或在继电器本身某些联锁上加装钟表机构，二者的不同之处在于前者的所有联锁都具有延时性，后者仅加有钟表机构的联锁有延时而其他联锁不具有延时。在要求有短暂延时时，也可以在要求滞后动作的电器线路中多串联一个要求先动作电器的常开联锁实现，或者在电器的工作线圈旁并联一电容，在线圈断电后，电容通过电器线圈放电，使线圈延时失电，电器延时释放。

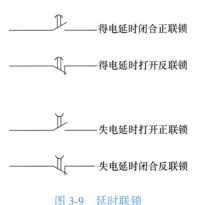

图 3-9　延时联锁

延时联锁有四种，表示方法如图 3-9 所示。

4. 城市轨道交通车辆中常用低压电器

(1) 继电器　继电器是一种实现自动控制和保护功能的电器，它是根据外界输入信号的变化，接通或断开小电流电路的电器。其特点是额定电流小、不需要灭弧装置、节点数量较多、体积小。

继电器主要由感测机构、中间机构和执行机构组成。继电器的分类按照工作原理分为电磁式继电器、电动式继电器、电子式继电器、热继电器等；按照功能分为中间继电器、时间继电器、温度继电器、压力继电器、欠电压继电器等。

1) 电磁继电器。电磁继电器是利用电磁铁铁心与衔铁间产生的电磁吸力作用而工作的一种电器元件。它主要由电磁线圈、触头和二极管组成。当在电磁线圈两端通上额定电压时，电磁铁铁心与衔铁间产生吸力作用，继电器动作，常开触头闭合，常闭触头断开。

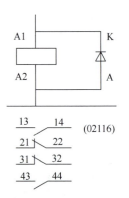

图 3-10　电磁继电器

在电路图中电磁继电器的表示符号如图 3-10 所示。图中长方形表示电磁线圈，A1、A2 是电磁线圈的两端，其中 A1 接 110V，A2 接电路负端。K 是二极管的阴极，A 是二极管的阳极。二极管与电磁线圈反向并联，用以在线圈断电后，线圈上的持续电流通过二极管放电。13—14 和 43—44 是常开联锁，21—22 和 31—32 是常闭联锁。当 A1—A2 接通 DC110V 电压时，继电器动作，常开联锁 13—14 和 43—44 闭合，常闭联锁 21—22 和 31—32 断开。数字 02116 表示该继电器的一组常开联锁(13—14)在电路中的具体位置。

2) 时间继电器。时间继电器的作用在于能按预定的时间接通或分断电路，实质上是一个定时器。时间继电器按结构不同可分为机械式和电子式，按工作方式不同可分为通电延时和断电延时两种。

大多数的时间继电器都是电子式，其利用 RC 电路电容的充放电特性，即电容器充电时，电容器上的电压渐渐上升的原理作为延时基础。通过改变充放电时间常数 τ 的大小，来调节延时时间，实现延时功能。这种继电器的优点是延时范围广、精度高、体积小、耐振动。

图 3-11 所示为 3K15 断电延时时间继电器。Z1、Z2 短接，当 A1 端接通 DC110V 时，继电器动作，常开联锁 15—18 和 21—24 闭合，延时 2s 后，A1 脚仍然有 DC110V，但此时联锁 15—18 和 21—24 会自动断开。此继电器为起动限制继电器，用于控制空气压缩机的起动。

图 3-12 所示为 3K18 通电延时时间继电器。Z1、Z2 短接，当 A1 端接通 DC110V 时，继电器不动作，延时 2s 后动作，常开联锁 15—18 和 25—28 闭合，直到 A1 端取消 DC110V 时，继电器失电，常开联锁才断开。

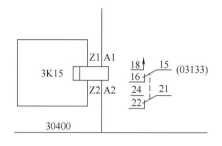

图 3-11　3K15 断电延时时间继电器 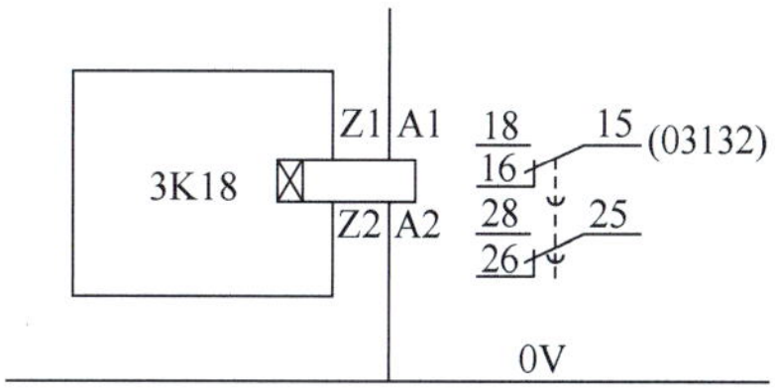　　图 3-12　3K18 通电延时时间继电器

图 3-13 所示也是一种断电延时时间继电器，只有当 A1 和 B1 都接通 DC110V 时，继电器才动作，常开联锁闭合。当 A1、B1 中任何一端取消 DC110V，继电器延时 ts 后常开联锁断开。以图中 2K40 为例，当 A1、B1 均接通 DC110V 时，继电器动作，常开联锁 15—18 闭合；当 B1 端取消 DC110V，延时 3s(可以设定 0~10s)后联锁 15—18 断开。

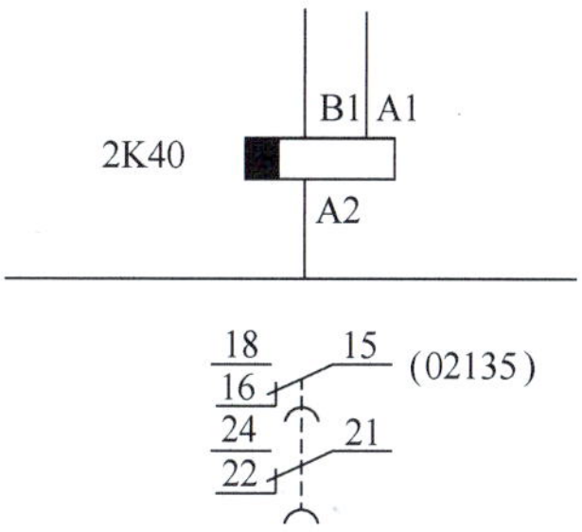

图 3-14 所示是一种脉冲(闪烁)继电器，当 A1 端接通 DC110V 时，继电器动作，常开联锁闭合，经 ts 延时，常开联锁断开，又经 ts 延时，常开联锁第二次闭合。就这样，常开联锁不停地断开闭合，直到 A1 端取消 DC110V 时止。例如，车门电路中的车门灯闪烁继电器 8K42 就是此种继电器。当 A1 端接通 DC110V 时，继电器动作，常开联锁 15—18 闭合，车门灯亮，0.5s 后该联锁断开，车门灯灭，经过延时 0.5s 后该联锁又闭合，灯又亮，如此反复，形成车门灯闪烁提示。

图 3-13　断电延时时间继电器

3) 欠电压继电器。欠电压继电器一般用在电路中起欠电压保护作用。当继电器线圈接通+110V 时，继电器动作，当电压小于设定值时，继电器就失电断开。图 3-15 所示为 3K05 型欠电压继电器。当 01 端的电压小于 85V 时，常开联锁 06—07 断开，切断了连接蓄电池的 110V 列车线，防止蓄电池过度供电。

图 3-16 给出了列车上常用的另外一种欠电压继电器 7U01，用来监控网压。由于该继电器监控的电压较高，需要一个变压器(1U01)配合使用。

图 3-16 中，1U01 变压器把接触网的高电压按一定比例变换成低电压。在继电器 7U01 内部，该低电压的大小决定联锁 1.01—1.02 和 2.01—2.02 的状态。在实际电路中，联锁 2.01—2.02 串联在受电弓升弓检测电路中，当网压大于 1000V 时，联锁 2.01—2.02 闭合，受电弓升弓按钮灯亮，表示受电弓升起。联锁 1.01—1.02 串联在列车空调起动电路中，当网压大于 1200V 时，联锁 1.01—1.02 闭合，列车空调可以起动，当接触网电压小于 1200V 时，列车空调将被自动关断(库内车间电源供电时除外)。

图 3-14 脉冲(闪烁)继电器　　　　图 3-15 3K05 型欠电压继电器

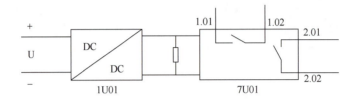

图 3-16 特殊欠电压继电器

（2）主令电器　主令电器是指在电气控制系统中用来发出指令的电器。主令电器按功能分为五类，即按钮、开关、主令控制器（驾驶控制器）、组合开关和其他主令电器等。

1）按钮。按钮是一种手动且一般可自动复位的主令电器。列车上的按钮分为普通按钮、带显示灯按钮和拍打按钮。拍打按钮又称"紧急按钮"或"蘑菇按钮"，表面呈红色，安装在驾驶室里，正、副驾驶台各有一个，当用力拍打此按钮时，它会自锁，触头保持在断开状态，只有在逆时针方向旋转后它才会复位。要注意，拍打紧急按钮会造成降弓和紧急制动，所以，在非紧急状态下不能拍打该按钮。普通按钮、带显示灯按钮都比较简单，这里不作详细描述。

2）开关。开关分为普通旋转开关、自复位旋转开关、行程开关和钥匙开关。城市轨道交通车辆上常用的开关种类如图 3-17 所示。

图 3-17 城市轨道交通车辆常用开关

普通旋转开关是当开关旋转到某一位置时能固定在该位置上，如控制驾驶室灯的开关就是普通旋转开关。

自复位旋转开关是一种有回复力的开关，当开关被旋转到任一位置时松开手，它会自动旋回到原来的位置，如开断蓄电池的开关 3S01，就是自复位旋转开关，当把它旋转到"合"或"开"位置上松开手，它会自动旋回到"零"位。

行程开关又称限位开关，用以控制机械设备的行程及限位保护。其原理是根据运动部件的行程位置而切换电路。例如用来检测车门状态的 S1、S2 行程开关。

钥匙开关是需要特定的钥匙才能打开或关闭的，如驾驶台的钥匙开关需要用到 78#钥匙。

（3）电磁阀　电磁阀是一种用电路来控制气路的元件，通常情况下，电磁阀处于关闭状态，气路不通，当通电以后，由于电磁力的作用，电磁阀打开，气路能够通过电磁阀。在车门、空调及制动系统中都用到了电磁阀。

（4）接触器　接触器作为执行元件，是一种用来频繁地接通和分断主电路、辅助电路以及较大容量控制电路的自动切换的电磁开关。它的特点是能进行远距离自动控制，操作频率较高，通断电流较大。接触器按主触头通过电流种类的不同，可分为交流接触器和直流接触器两种。

接触器主要由主触头、传动机构、灭弧装置、辅助接点组成。

主触头是电器的执行机构，直接关系到电器工作的可靠性。触头有四种工作状态：触头闭合状态、触头闭合过程、触头断开状态和触头断开过程。触头磨损有机械磨损、化学磨损和电气磨损三种，电气磨损是最主要的，发生在触头闭合电流的过程和触头开断电流的过程。触头熔焊主要发生在触头闭合电流的过程和触头处于闭合状态时。触头熔焊后就不能执行断开电路的任务，甚至引起严重故障。

辅助接点与主触头同步工作，用于信号逻辑判断与控制。

在触头开断电流时，一般在两触头间会产生电弧。电弧是空气被电离后产生的一种导电离子体，并伴随高温产生。电弧对电气元器件的危害主要有：①由于电弧的高温，会将电器接触点的表面金属熔化、熔焊，其周围的绝缘材料可能也会因高温而炭化和损坏；②因电弧具有导电性，易引起弧短路。所以地铁列车上的接触器都有灭弧装置。

直流接触器和交流接触器因开断电流不同，灭弧方法不同。

交流接触器的灭弧方法主要有：①电动力灭弧：利用触头分断时本身的电动力将电弧拉长，使电弧热量在拉长的过程中冷却而迅速熄灭；②栅片灭弧：由灭弧栅和灭弧罩组成，利用金属栅片将长弧分割成若干短弧，增加电弧的电压降，使电弧无法维持而熄灭。

对于直流接触器，由于直流电弧不像交流电弧有自然过零点，所以更难熄灭，因此一般采用磁吹式灭弧。

任务二　电动列车的激活控制

1. 列车激活（蓄电池接通）控制

城市轨道交通车辆的控制电路电源电压为DC110V，在升弓前由蓄电池提供DC110V，升弓后由辅助供电系统DC/DC模块提供。

起动或激活列车时，必须先接通列车蓄电池，其控制电路如图3-18所示。操纵蓄电池开关3S01置接通（ON）位置。

列车控制继电器3K11的线圈经3S01（23—24）联锁→车辆控制继电器3K12（61—62）联锁→车辆分断激活继电器3K13（22—21）联锁而得电自持，控制电路为

$$30412 \cdot 3S01(23—24) \cdot \overline{3K12(61—62)} \cdot \overline{3K13(22—21)} \cdot \boxed{3K11} \cdot 30400$$

3K11动作，接通牵引/制动控制电路的紧急制动回路和零速继电器（速度监控继电器）回路，受电弓才能升弓取流。3K11的自持电路为

$$30412 \cdot [3S01(23—24)+3K12(54—53)] \cdot 3K11(13—14) \cdot \overline{3K13(21—22)} \cdot \boxed{3K11} \cdot 30400$$

同时，一组列车控制继电器3K11联锁（33—34），通过3S01（13—14）联锁使列车线X05

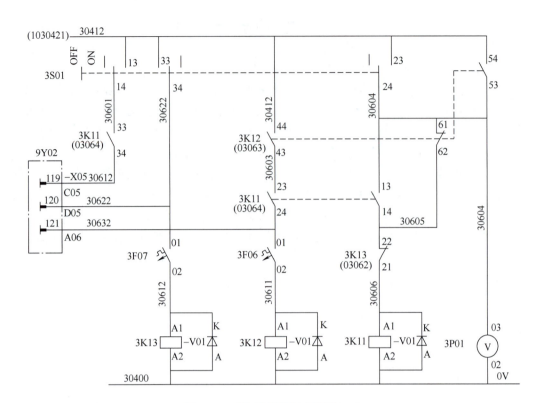

图 3-18 列车激活控制电路图(一)

激活。该线通过车钩传递(9Y02~9Y06)使图 3-19 中 C 车激活继电器 3K14 得电。图 3-19 中，若车辆车钩连挂继电器 9K01、车辆所有车钩都连挂好继电器 9K02 和车辆车钩解钩继电器 9K03 状态显示连挂正常时，车辆激活列车线通过 3K14 联锁(14—13)接通自持。

车辆激活列车线得电后通过车钩传递回 A 车，使得 A 车的车辆控制继电器 3K12 被激活。电路为

9Y02 · 30632 · 3F06(01—02) · 3K12 · 30400

3K12 得电动作，并保持自持。自持电路为

30412 · 3K12(44—43) · 3K11(23—24) · 3F06(01—02) · 3K12 自持得电。

这样可保证在激活端 A 车内的 3K11 和 3K12 继电器线圈保持得电状态，即使 3S01 按钮被缓解或回到零位(中性位置)，由于自持电路的作用也能使 3K12 和 3K11 继续保持得电状态。列车激活自保持，列车线保持接通，此时列车两个 A 车的 3K12 继电器都被激活。

蓄电池电压表 3P01 通过 3K12 的(54—53)联锁接到 DC110V 车载供电系统中，这样方便驾驶员和检修人员监控蓄电池电压。

当需要关闭列车激活列车线时，需通过操作 3S01 开关置断开(OFF)位进行。此时电路为 30412 经蓄电池开关 3S01(33—34)→3F07(01—02)→车辆分断激活继电器 3K13 线圈得电，继电器动作，其一组联锁(22—21)断开使 3K11 线圈失电。3K11 失电，则 13—14 和 23—24 两组联锁断开使继电器 3K12 失电，从而使列车的蓄电池电源被断开连接。

此时，在两个 A 车中车辆分断激活继电器 3K13 都得电动作，电路为

30412 · 3S01(33—34) · 3F07(01—02) · 3K13 · 30400

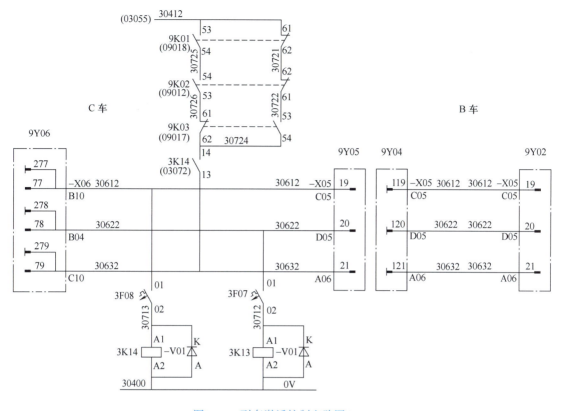

图 3-19 列车激活控制电路图(二)

通过 3K13 的(22—21)联锁隔离 3K11 继电器,列车激活自保持列车线将失电,所有 3K12 继电器将断开连接,列车被关闭。

总结列车的激活控制,可以这样理解:驾驶员通过操纵蓄电池开关 3S01 进行激活控制。激活电路是由 3K11 列车线激活控制继电器、3K12 车辆控制继电器、3K14 C 车激活继电器控制。关闭电路则是由车辆分断激活继电器 3K13 控制。"激活"简单理解就是给操纵控制电路接通 DC110V 电源,"关闭"则是切断 DC110V 供电电源。

2. 蓄电池充电与供电控制

蓄电池充电与供电的控制原理如图 3-20 所示。

DC110V 控制电源线有两种类型:一种是电磁电源线(有联锁控制电路电源线),为车辆接触继电器线路和 DC110V 供电负载(主要是紧急照明、列车两端的头尾灯、紧急通风和门控电动机)提供电源;另一种是电子电源线,为车辆所有电子设备提供 DC110V 电源。

分析图 3-20 电路可知,电路中 3G02 是列车低压电源变换器,用以在列车升弓后将接触网电源转换为 DC110V 电源;3G03 是蓄电池组;3K05 是蓄电池低压继电器;3K06 是蓄电池接触器;3F05、3F04 是低压断路器。

图 3-20 中,直流变换器输出的 DC110V 电源一方面通过蓄电池充电器 3Q03—F03(—F03 为蓄电池熔丝)给 3G03 蓄电池组充电;另一方面通过 3Q03—F01 和 3Q03—F02 向列车提供车载电压 DC110V,即通过 3Q03—F01、3V02 将 DC110V 电源送到列车线 30410,为所有电子设备提供 DC110V。通过 3Q03—F02、3K06 常开联锁 01—02 和 3V03 将 DC110V 电源

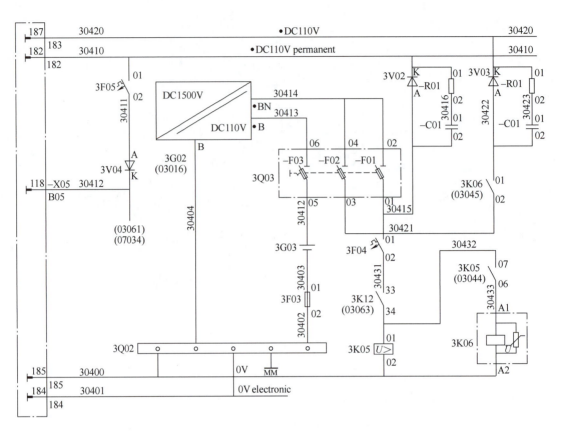

图 3-20 蓄电池充电和供电电路

送到列车线 30420，为接触器、继电器电路和 DC110V 供电负载提供电源。

当蓄电池充电器断开，则由蓄电池为电磁电源线提供 DC110V 供电电源，即图 3-18 中的 DC110V 电源就是由蓄电池正端线 30412 提供，而电子电源线 30410 经低压断路器 3F05、二极管 3V04 将变换器的 DC110V 电源也送到列车线 30412，为列车激活电路提供控制电源。

激活车载主要用电设备的供电源，即给列车线 30420 供电，受制于蓄电池接触器 (3K06) 的得失电状态。当列车激活蓄电池电源通过低压断路器 3F04→车辆控制继电器 2K12 的 (33—34) 联锁→蓄电池低压继电器 3K05 线圈得电，当蓄电池电源大于 85V 时，继电器 3K05 (07—06) 联锁闭合，使蓄电池接触器 3K06 线圈得电，其常开联锁 (01—02) 闭合，蓄电池电源经该联锁传送到电源列车线 30420，这样列车才真正激活，车辆电路有 DC110V 电源。如果蓄电池电压下降低于限制值，则蓄电池低压继电器 3K05 失电打开，蓄电池接触器 3K06 失电断开连接，列车线无电源。

图 3-20 中二极管 3V02 和 3V03 隔离位于 A 车的两个蓄电池供电单元。3Q02 是蓄电池阴极电路的基极星形配电盘。30400 是列车线 30420 供电的用电设备的蓄电池阴极（电源负端）线。30401 是列车线 30410 供电的用电设备的蓄电池阴极（电源负端）线。

3. 列车驾驶台激活控制

（1）驾驶台的激活　城市轨道交通列车有两个驾驶室，为了便于管理和有序的控制，当一个有效激活后另一个则为无效。用 78# 钥匙插入驾驶台侧的钥匙开关 (3S01) 中，逆时针旋转至位置 "1"，该端的列车驾驶台便被激活。列车被激活后，钥匙被锁死在钥匙开关中，

此时,可以进行以下操作:

1) 缓解或施加停车制动。
2) 闭合或断开高速断路器。
3) 升起或降下受电弓。
4) 开起或关断列车空调。

当进行以上操作后,即使关断了驾驶台钥匙开关,即顺时针方向旋转至位置"0",由于激活了接触器的逻辑控制,停车制动、高速断路器、受电弓和列车空调都能保持原有的状态。对列车驾驶台的激活是为了确定列车的主从驾驶端,从而确定了列车的操作端和非操作端,只有在操作端才能有效地对列车进行操作。

(2) ATC(列车自动控制系统)的激活　ATC 单元直接和蓄电池连接,但因其内部有电源,能独立于蓄电池工作。激活驾驶台的同时也激活了 ATC 设备。

(3) 牵引保护(ATP)的激活　正常状态下要激活牵引保护,必须符合如下条件:

1) ATC 设备已激活。
2) ATP 钥匙开关处于"合"的位置。
3) 相应的驾驶台已被激活。

轨旁 ATP 故障时要激活牵引保护,必须符合如下条件:

1) ATC 设备已激活。
2) ATP 钥匙开关处于"合"的位置。
3) 相应的驾驶台已被激活。
4) 列车起动前按下"RM"(人工驾驶模式)按钮。

在这种情况下,列车只能选择人工驾驶(RM 模式)。

库内动车保护必须符合如下条件:

1) ATC 设备已激活。
2) ATP 钥匙开关处于"合"的位置。

库内只能人工驾驶,如果轨旁 ATP 和车载 ATP 之间没有数据传输,系统将自动转为 RM 模式,这种情况下,无需去按"RM"按钮。若列车在正线运营时出现轨旁 ATP 故障,列车将实行在库内一样的保护。

列车从正线进入库内的过程中,需要转换成 RM 模式。在离开正线之前,显示屏会提醒驾驶员按下"RM"按钮。进入 RM 模式,列车才能够进库。

如果 ATP 发现有危险的操作状态,它会立刻触发紧急制动,直到列车完全停止。如果 ATP 触发了紧急制动,必须在列车停止后按下"RM"按钮,以解除列车的紧急制动状态。

(4) 列车起动继电器控制　如图 3-21 所示,列车起动继电器控制由列车电源线正端线 30420 提供 DC110V,经过列车控制低压断路器 2F01 提供给列车线 20100,为后续的列车运行方向、制动控制电路和列车牵引控制电路供电。操作驾驶台主控制器钥匙开关,转至起动位,使 2A01 的 S01 行程开关闭合,电源通过二极管 2V01、车辆控制起动继电器 2K07 常闭联锁(62—61),使 2K01~2K03 列车起动继电器得电,控制逻辑为

$$30420 \cdot 2F01 \cdot 20100 \cdot 2A01—S01(01—02) \cdot 2V01 \cdot (\overline{2K07}+2K01) \cdot (\boxed{2K01}+\boxed{2K02}+\boxed{2K03}) \cdot 30400$$

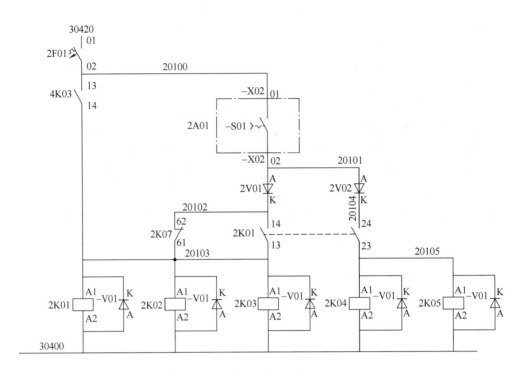

图 3-21 列车起动继电器控制电路

2K01 得电后其一组常开联锁(14—13)使上述控制电路自持,另一处常开联锁(24—23)闭合,电源由二极管 2V02、继电器 2K01 常开联锁,使列车控制起动继电器 2K04、2K05 得电,控制电路逻辑为

$$20101 \cdot 2V02 \cdot 2K01(24—23) \cdot (\boxed{2K04} + \boxed{2K05}) \cdot 30400$$

此时由于驾驶台被激活,车辆控制屏(TMS-MMI)被置于显示状态,同样驾驶台的指示灯也被置亮,显示设备状态,如受电弓、HSCB 等。

(5) 车辆起动继电器控制 随着驾驶台被激活,驾驶台的开关按钮就可以操作,但每辆车的控制操作还需要本节车的车辆控制起动继电器 2K07 得电才行,控制电路如图 3-22 所示。通过 2K01 的常开联锁(33—34)闭合,电源线 20100 经过二极管 2V03、空气自动开关 2F02 使得 A 车的 2K07 得电,控制电路逻辑为

$$20100 \cdot 2K01(33—34) \cdot 2V03 \cdot 2F02(01—02) \cdot \boxed{2K07} \cdot 30400$$

列车车辆控制总线 20212 通过车钩电气连接器使以后各节车辆控制接通继电器 2K07 得电吸合,控制电路逻辑为

$20212 \cdot 9Y02\text{-}9Y03 \cdot 2F02 \cdot \boxed{2K07} \cdot 30400$;

$20212 \cdot 9Y04\text{-}9Y05 \cdot 2F02 \cdot \boxed{2K07} \cdot 30400$;

$20212 \cdot 9Y06\cdots$

低压断路器 2F02 用以对该环节进行过电流保护。

(6) 驾驶台互锁控制 当驾驶员在一端驾驶室,钥匙开关 2A01—S01 已合,控制的 A 车的 2K07 的常闭联锁(62—61)被 2K01 的常开联锁旁路,列车控制起动继电器 2K01~2K05 处于自持及吸合状态。此时在另一端驾驶室,钥匙开关 2A01—S01 的作用无效,此时即使

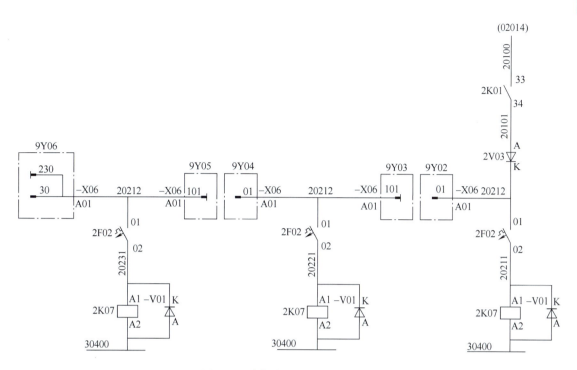

图 3-22 车辆起动继电器控制电路

钥匙开关 2A01—S01 闭合，由于车辆控制继电器 2K07 已吸合，其常闭联锁（62—61）断开，各列车控制起动继电器 2K01～2K05 不能得电，即实现了防止另一个驾驶室被激活的功能。这样通过线路联锁设计保证了列车两端驾驶室不能同时使用，只允许一端驾驶室得电操作，否则将引起电气动作紊乱，使列车安全失去保障。

在特殊运行模式（自动运行时的折返）时，前面提到的驾驶钥匙开关功能被 4K03 联锁（13—14）所取代，这时只有 2K01、2K02、2K03 三组列车控制继电器被接通，从而保证车辆的基本运行控制操作和运行保护功能。

任务三　电动列车的初始条件设置控制

1. 列车方向控制

只有当车辆处于静止时才能预先选择车辆的运行方向，如果驾驶员需要设置列车方向，需要在激活的驾驶台将驾驶员控制器方向手柄推向前（F）位或推向后（R）位，其控制电路如图 3-23 所示。

在驾驶台被激活（使用 2A01—S01 钥匙开关）、2K01～2K05 列车控制起动继电器得电后，可以通过操作主控制器 2A01 中的方式/方向手柄带动相应的行程开关（S12～S14）闭合，便可以预先选择车辆的运行方向。方向继电器的控制系统与车辆控制系统一起通过 2F01 由列车电源（DC110V）正极供电。

如果设定为"F"（前行）位，则行程开关 S12 闭合，电源经由空气保护开关 2F03，"前行"接触继电器 2K14 得电，"前行"列车控制线 20312 被接通。

如果设定为"R"（后退）位，则行程开关 S13 闭合，电源经由空气保护开关 2F06，"后退"

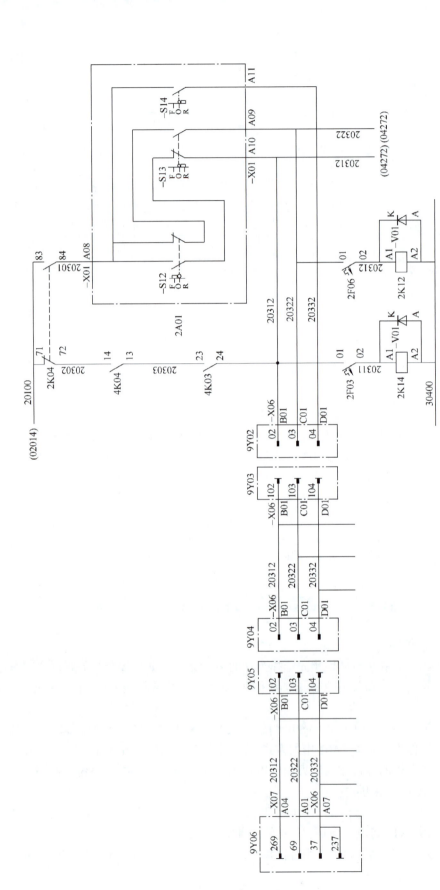

图 3-23 列车方向控制电路

接触继电器 2K12 得电或被激活,"后退"列车控制线 20322 被接通。

在非头车的 A 车中,由于位于 C 车端部半自动车钩处的列车控制线交叉布置,因此与之相对应的反向列车控制线和接触继电器被接通,并将相应的信息通过列车线传递给牵引控制单元(1A1)和电子制动单元 BECU(2A03)。

在 B、C 车的每个驱动控制回路中,有一对速度继电器的反联锁使牵引控制单元(DCU)无动作,该联锁防止列车在运行过程中发生换向动作。因此,只有在列车完全停稳后,速度继电器确认失电状态下,才能改变列车方向。

在手动方式或 ATC 方式下,方向"向前"指令通过向前方向控制继电器传送到工作端的 A 车 ATC 单元。

在特殊操作模式(自动运行时的折返)下,非头车 A 车运行方向是由 ATC 系统通过 4K03 常开联锁(24—23)闭合和 4K04 常开联锁(13—14)闭合预先设定的。

2. 受电弓控制

受电弓控制分为气路控制和电路控制。

受电弓电路控制如图 3-24 所示。由列车电源线(DC110V)正端 30420 提供电源,由受电弓和高速断路器控制保护低压断路器 2F30 进行过电流保护。

当列车激活后,列车控制系统进入工作准备状态,列车控制起动继电器 2K04 和紧急制动继电器 2K10 分别得电工作,驾驶员可以操作升弓开关 2S01 来执行"升弓"指令,操作降弓控制开关 2S02 来执行"降弓"指令。

(1)升弓控制 当按下升弓开关 2S01,电源经由低压断路器 2F31,使升弓起动继电器 2K31 得电,控制电路逻辑为

$$30420 \cdot 2F30 \cdot 2K04 \cdot \overline{2S02} \cdot 2S01 \cdot 2F31 \cdot \boxed{2K31} \cdot 30400$$

一组 2K31 联锁(14—13)控制各自单元车辆受电弓保持继电器 2K33 得电吸合。具体电路为:电源列车线 30420 经低压断路器 2F33、紧急制动继电器 2K10(此继电器失电起动紧急制动,在后续制动电路图分析)常开联锁(54—53)、降弓继电器 2K32 常闭联锁(21—22)、升弓起动继电器 2K31 常开联锁(14—13)、车间电源供电继电器 3K08(此继电器与升弓保持继电器 2K33 互锁,完成列车车间电源供电和受电弓供电方式的单一供电形式)常闭联锁(31—32)使得受电弓保持继电器 2K33 得电,并通过自身常开联锁(14—13)完成自持。其控制电路逻辑为

$$30420 \cdot 2F33 \cdot 2K10 \cdot \overline{2K32} \cdot (2K31+2K33) \cdot \overline{2K08} \cdot \boxed{2K33} \cdot 30400$$

2K33 得电后一组常开联锁(24—23)开启受电弓驱动电路,控制电源由控制电源列车线 30420 经低压断路器 2F33、紧急制动继电器 2K10 常开联锁(64—63)、降弓继电器 2K32 常闭联锁(31—32)、受电弓保持继电器 2K33 常开联锁(24—23)闭合,控制受电弓电磁阀 2Y01 得电,开通升弓气路,使受电弓升弓并保持受电弓处在合适工作位置。其控制电路逻辑为

$$30420 \cdot 2F33 \cdot 2K10 \cdot \overline{2K32} \cdot 2K33 \cdot \boxed{2Y01} \cdot 30400$$

(2)降弓控制 按下降弓控制开关 2S02,其常闭联锁(21—22)分断,升弓起动继电器 2K31 失电,同时 2S02 的常开联锁(13—14)闭合,使降弓继电器 2K32 得电,控制电路逻辑为

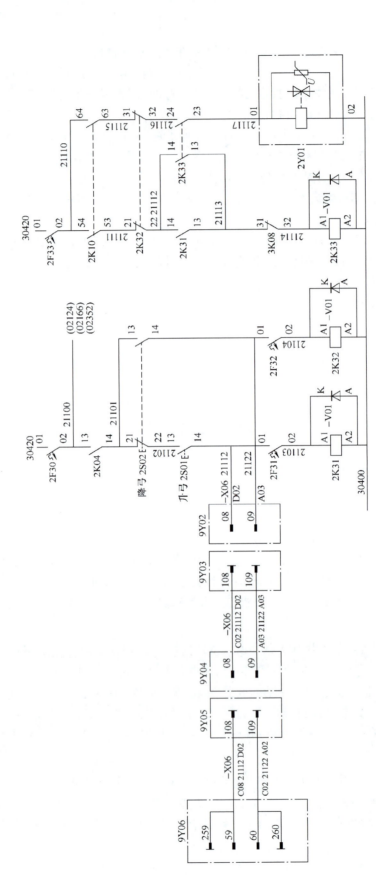

图 3-24 受电弓控制电路

$$30420 \cdot 2S02 \cdot 2F32 \cdot \boxed{2K32} \cdot 30400$$

其一组常闭联锁(21—22)和(31—32)打开,使得 2K33 和 2Y01 失电,受电弓(2K06)落弓。在紧急情况时,单只受电弓可以通过操作设在 A 车驾驶控制面板的紧急制动开关使受电弓降弓(双弓),当该开关被激活,2K10 继电器失电,其常开联锁(54—53)和(64—63)直接分断 2K33 和 2Y01。

要使受电弓能够升起来,升弓气压不能小于 3bar。当升弓气压小于 3bar 时,可以利用 A 车 8 号座位下的脚踏泵来提供足够的升弓气压。当列车在"有电无气"状态下升弓时,可以先按下升弓按钮,使电磁阀 2Y01 得电,连接受电弓的气路被打开,然后踩脚踏泵升弓,这就是通常说的"有电无气"升弓方法。

(3) 受电弓状态检测　受电弓的状态可以从按钮灯上判断。当升弓按钮绿灯亮时,表示所有受电弓都已升起;当降弓按钮红灯亮时,表示所有受电弓都已降下;当升弓按钮绿灯和降弓按钮红灯都不亮时,表示两个受电弓处于不同的状态(如升单弓)。列车对受电弓"升弓"和"降弓"状态的检测方式是不同的,"升弓"状态是通过电压继电器 7U01 来检测的,如图 3-16 特殊欠电压继电器所示。1U01 是变压器,它把接触网的高电压按一定比例变换成低电压。在继电器 7U01 的内部,该低电压的大小决定触头 1.01—1.02 和 2.01—2.02 的状态。触头 2.01—2.02 串联在受电弓升弓检测电路中,当 $U>1000V$ 时,触头 2.01—2.02 闭合,受电弓升弓按钮绿灯亮,表示受电弓升起。"降弓"状态是通过位置传感器 7B01 来检测的,当受电弓物理位移接近 7B01 时,其连接电路的两接点 1.3—2.4 导通,受电弓降弓按钮红灯亮,表示受电弓降下。

3. 高速断路器控制

高速断路器 1Q02 的起动控制由列车电源线(DC110V)正端 30420 供电,由受电弓和高速断路器控制低压断路器 2F30 进行过电流保护,其控制电路如图 3-25 所示。

(1) 合闸控制　用高速断路器"合"按钮 2S04 来吸合高速断路器(HSCB)1Q02。当该开关置"合"位,通过 2S04 的常开联锁(13—14)施加于列车导线 21203,使高速断路器"合"起动继电器 2K34 得电吸合,控制电路逻辑为

$$21100 \cdot 2K04 \cdot \overline{2S03} \cdot 2S04 \cdot 2F34 \cdot \boxed{2K34} \cdot 30400$$

2K34 得电后,高速断路器起动"合"列车线 21212 被激活,并通过车钩传递到另一单元激活相应的高速断路器"合"起动继电器。

高速断路器控制电路分成两个阶段,一个是高速断路器驱动线圈起动阶段;另一个是高速断路器保持阶段,其控制原理如图 3-26 所示。当高速断路器"合"起动继电器 2K34 得电后,控制电源由列车线 30420 提供,经过低压断路器 2F36、起动继电器 2K34 的常开联锁(13—14)使 HSCB 起动限制时间继电器 2K36 得电,其控制电路逻辑为

$$30420 \cdot 2F36 \cdot 21300 \cdot 2K34 \cdot \boxed{2K36} \cdot 30400$$

一组 2K36 常开联锁(15—18)使高速断路器线圈 2K38 得电动作,其控制电路逻辑为

$$21502 \cdot \overline{2K35} \cdot 2K33 \cdot 2K10 \cdot 2K36 \cdot \boxed{2K38} \cdot 30400$$

高速断路器 1Q02 得电动作,控制电路逻辑为

$$30420 \cdot 2F36 \cdot 2K38(01\text{-}02)(03\text{-}04)(05\text{-}06) \cdot \boxed{1Q02} \cdot 30400$$

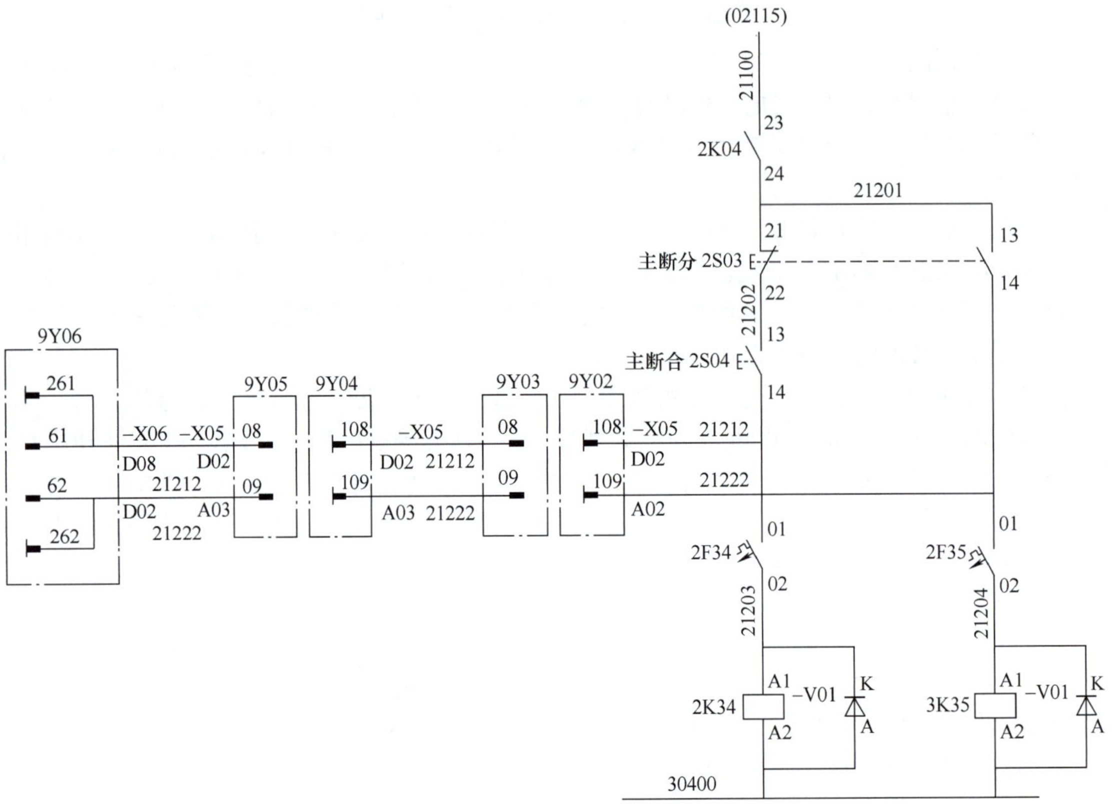

图 3-25 高速断路器合闸起动控制电路

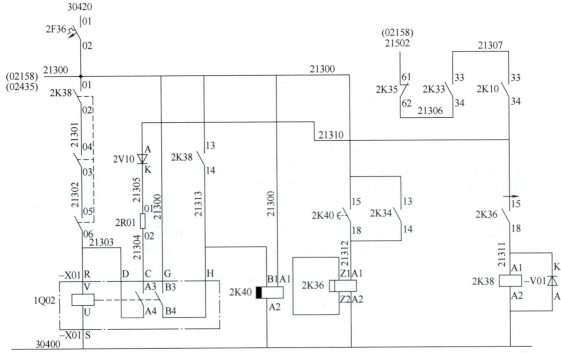

图 3-26 高速断路器控制原理

当联锁装置到相应的位置，高速断路器辅助触头 A3—A4 和 B3—B4 闭合。由于时间继电器 2K36 的动作特性是：当继电器得电时，常开触头闭合，经过一定时间后(1s)，常开触头又断开。因此，2K38 在得电 1s 后又失电，而高速断路器线圈继续由串接了限流电阻 2R01 的电路供电。其控制电路逻辑为

$$30420 \cdot 2V10 \cdot 2R01 \cdot 1Q02(A3—A4) \cdot \boxed{1Q02} \cdot 30400$$

这样就保护了高速断路器线圈不会长时间通电而造成烧损。

(2) 分闸控制 当要分断高速断路器时，可以用高速断路器"分"按钮 2S03 来人为分断高速断路器(HSCB)1Q02。当该按钮在"分"位置，通过 2S03 联锁(21—22)先断开高速断路器"合"起动继电器 2K34 回路，然后通过 2S03(13—14)常开联锁接通列车导线 21204，使高速断路器"分"起动继电器 2K35 得电吸合，其控制电路逻辑为

$$21100 \cdot 2K04 \cdot 2S03 \cdot 2F35 \cdot 21204 \cdot \boxed{2K35} \cdot 30400$$

2K35 得电后，高速断路器起动"分"列车线 21222 被激活，通过车钩传递到另一单元激活相应的高速断路器"分"起动继电器。一组 2K35 常闭联锁(61—62)断开，高速断路器线圈失电，高速断路器主触头断开。

高速断路器作为主电路总的电源开关和保护电器，分断的电流大、电压高，故在实际运用中不能频繁地合闸操作，一般高速断路器重复合闸之间至少要保证相隔 30s 时间，不然会影响高速断路器的使用寿命。电路中 2K40 是 HSCB 起动封锁继电器，与 2K36 共同作用保护高速断路器。当高速断路器线圈 1Q02 未能成功起动时，再按下 2S04 后，高速断路器线圈驱动继电器 2K38 无法得电，因为 2K36 在上次起动后没有失电，靠 2K40(其得电是由前一次起动时 2K38 的常开联锁 13—14 使得 2K40 得电工作)的延时断开联锁(15—18)，一直保持 2K36 线圈得电，这样就由 2K36 的通电延时联锁(15—18)切断了 2K38 线圈回路，高速断路器线圈无法得电闭合。

由于高速断路器在合闸时需要的转矩较大，而在合上后保持转矩较小，故在起动时 1Q02 线圈接通的是 DC110V 电压，在保持时线圈串接了限流电阻 2R01 工作，起到了保护高速断路器的作用。

在起动时，由 2K38 的三个常开联锁(01—02)、(04—03)和(05—06)串联供电，这样可以提高可靠性，减少误动作的可能性。

高速断路器 1Q02 分断或跳闸有两类情况：

1) 手动操作。通过按下高速断路器"分"按钮 2S03，2S03 的(13—14)联锁经列车控制线 21204 使高速断路器"分"继电器 2K35 得电，2K35 分断高速断路器 1Q02 线圈的供电回路，使高速断路器跳闸。

2) 保护性分闸。如图 3-26 所示，主回路过电流超过高速断路器设定的电流值会造成跳闸。

主回路短路时，形成快速自动跳闸，其最大分断电流为 35kA，由牵引控制单元 DCU 进行控制。

在电路图 3-26 中的列车线 21502 是由牵引控制单元 DCU(2A03)和主牵引逆变器 1A01 (VVVF 箱)外部的接口引出的(见图 3-27)，没有对其内部的连接进行标注。为了能够更清晰地掌握高速断路器的保护，下面将对电路图作一些补充说明。

以 B 车为例，其内部的连接如图 3-27 中点画线框所示。图中 DCU 内的触头实际上是 A328 电子板的一个小继电器，当 DCU 通电时该触头闭合，K2 的触头是在差动电流不大于 50A 时闭合的。所以，正常情况下，激活驾驶台后，这两对触头都是闭合的。当列车处于牵引状态时，K1 是得电动作的，它的常闭触头断开，电流只能通过 DCU 和 K2 的常开触头，使高速断路器保持闭合。若 DCU 检测到某

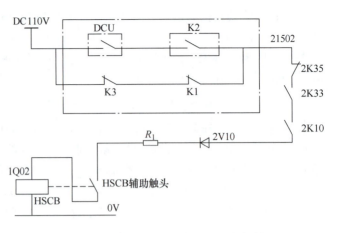

图 3-27 牵引控制系统对 HSCB 的控制

种严重故障，需要断开高速断路器时，其内部的小继电器常开触头就会断开，从而导致高速断路器失电跳闸，所以，DCU 也能断开高速断路器。另外，若差动电流大于 50A，K2 的常开触头断开，也会导致高速断路器失电跳闸。

（3）断路器状态显示　高速断路器的状态可以从按钮灯上判断。当主断合按钮绿灯亮时，表示所有高速断路器已处于闭合状态；当主断分按钮红灯亮时，表示所有高速断路器已处于断开状态。若主断合按钮绿灯和主断分按钮红灯都不亮，则表示所有高速断路器不处于同一状态（如有 1~3 个发生跳闸）。

任务四　电动列车的牵引和制动控制

一、牵引/制动控制设备

牵引/制动控制设备主要包括驾驶控制器、ATO/ATP、RVC、ECU 和 DCU。这些设备在列车上的分布如图 3-28 所示。

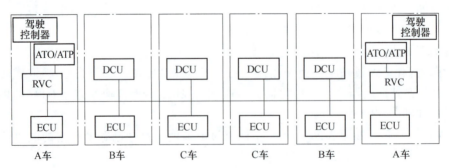

图 3-28 牵引/制动控制设备的分布

驾驶控制器是驾驶员用来控制列车牵引或制动的设备，安装在驾驶台上。驾驶控制器主要由钥匙开关、方向手柄和控制手柄组成。钥匙开关有两个位置："0" 和 "1"，分别表示"关断" 和 "开启"。方向手柄有三个位置："F"（向前）、"0"（零位）和 "R"（向后）。

控制手柄有四个位置:"牵引""零位""制动"和"快速制动"。方向手柄和控制手柄间有机械联锁,只有当控制手柄在"零位"时方向手柄才能回"零位",只有当方向手柄确定运行方向后控制手柄才能离开"零位"。控制手柄顶端有一个警惕按钮,在人工驾驶时,只有按下警惕按钮并推动控制手柄,列车才能起动。在列车牵引过程中,若松开警惕按钮超过3s,列车会产生紧急制动。控制手柄底部连接有一个电位器,当控制手柄从"零位"移向"100%牵引位"或"100%制动位"时,该电位器相应地输出 0~20mA 的电流指令,送给参考值转换器(Reference Value Converter,RVC)。

在列车牵引/制动过程中,驾驶控制器给出的是电流信号,而牵引控制单元 DCU 和制动控制单元 ECU 接收的是脉冲信号,RVC 就是把给定的电流信号转换成脉冲信号的器件。RVC 输出的是 DC60V/400Hz 的脉宽调制信号,脉宽 T_1 为给定值的 7.5%~45%,分别对应输入 0~20mA,如图 3-29 所示。

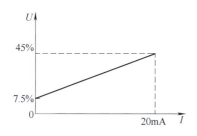
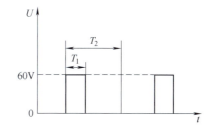

图 3-29 RVC 输入输出关系

二、列车牵引控制

在设有 ATC 系统的线路中,列车既能人工驾驶,也能自动驾驶。

ATC 系统是列车自动控制系统,它包括列车自动防护子系统 ATP(ATP 系统是保证行车安全、防止列车进入前方列车占用区段和防止超速运行的设备)、列车自动监控子系统 ATS(ATS 系统监控列车运行及调整、自动建立进路)和列车自动驾驶子系统 ATO(ATO 系统是根据控制中心的指令自动使列车正点、安全、平稳运行)。

城轨列车的驾驶模式分为四种:①自动驾驶模式(ATO)一般用于正线运行,在轨旁 ATP 设备和车载 ATP 设备等都正常工作的情况下使用。②ATP 监督下的人工驾驶模式(SM)是在 ATP 故障时使用。在该模式下,驾驶员在 ATP 的监督下行车,当列车超过 ATP 允许的速度时发出警告,继而紧急制动。③限制式人工驾驶模式(RM)即 ATP 提供一定的速度防护,列车超过此速度,ATP 将紧急制动,列车由驾驶员驾驶,运行安全由驾驶员负责。④人工驾驶模式(URM)则无 ATP 防护,运行安全完全由驾驶员控制。通常情况下,列车运行都要受 ATP 的保护。表 3-4 说明了 ATP、ATO 和人工驾驶之间的关系。

表 3-4 ATP、ATO 和人工驾驶之间的关系

轨旁 ATP 设备和车载 ATP 设备工作正常(两者有数据连接)			轨旁 ATP 设备故障,列车只受车载 ATP 设备保护	ATP 切除
ATO 自动驾驶	ATO 自动折返	人工驾驶且列车限速(60km/h 限速)	人工驾驶且列车限速(25km/h 限速)	人工驾驶,无限速

牵引控制电路采用继电器联锁方式,对车门、停放制动、疏散门、气制动等实行联锁控制保护。要实现列车的牵引,必须给定牵引方向、牵引指令和牵引参考值。

1. 牵引方向

列车牵引方向由驾驶控制器方向手柄给定。在列车静止状态,必须先推动方向手柄确定列车的运行方向。如果在列车运行过程中改变方向手柄的位置,DCU将会封锁牵引指令。与此同时,"电制动准备好"信号被DCU取消,不能施加电制动,以确保牵引或电制动工况的唯一性,但气制动仍然有效。如果把方向手柄重新推回原来牵引时的位置,列车将恢复到原来的牵引状态。

2. 牵引指令

列车通过牵引控制保护电路输出牵引指令,列车牵引指令控制主要包括驾驶控制器警惕按钮控制和牵引起动联锁控制。

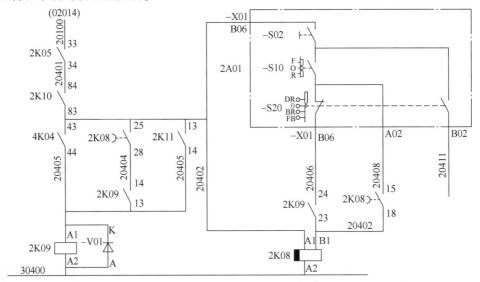

图 3-30 驾驶控制器警惕按钮控制电路

(1) 警惕按钮控制 警惕按钮是指装设在驾驶控制器主手柄头上的"蘑菇"形按钮。

设置警惕按钮控制环节,主要是用来防止驾驶员在驾驶途中精神不集中,失去意识、神志不清。它是通过警惕按钮 2A01-S02,由警惕继电器 2K09 来防止发生事故的。在牵引过程中一旦松开警惕按钮,3~5s 时间内未重新按下,列车将立即起动紧急制动并鸣笛报警。因此要求驾驶员在驾驶过程中必须每隔几秒钟按一下,或者一直按着。该控制环节电路如图 3-30 所示,分析如下。

1) 人工驾驶状态。在人工驾驶状态下,随着列车激活,列车安全回路正常且列车处于静止状态,警惕继电器 2K09 得电,控制电路逻辑为

20100・2K05・2K10・2K11・$\boxed{2K09}$・30400

因为起动列车前,必须预先选择运行方向(2A01-S10),并需要一直操作警惕按钮 2A01-S02,这样牵引控制才能构成回路。通过一组 2K09 常开联锁(24—23)接通 2K08 警惕延时继电器电路,并由 2K08(15—18)联锁保持自持,控制电路逻辑为

20100・2K05・2K10・2A01-S02・(-S10)($\overline{-S20}$・2K09+2K08)・$\boxed{2K08}$・30400

一组 2K08 警惕延时断开联锁(25—28)构成 2K09 列车非零速供电,控制电路逻辑为

20100・2K05・2K10・2K08(25—28)・2K09(14—13)・ 2K09 ・30400

当列车正在运行或正在移动时(-S20 离开零位),2K08 警惕延时继电器由自持供电,2K11 打开,2K09 改由 2K08 供电。只有继电器 2K09 得电或接通时才能使紧急制动无效。但列车正在运行或正在移动时,警惕按钮只被短时间缓解(3~5s),如果接近整定时间就能立即听到信号(鸣笛)声,此时驾驶员只要及时地按下警惕按钮就可以缓解报警声并维持牵引状态;如果超过了由 2K08 警惕延时继电器设置的时间限制,则 2K08 延时断电联锁(25—28)断开,2K09 失电,列车施加快速紧急制动直到列车完全停止。

人工驾驶起动时,控制电源由列车起动继电器 2K05 的一组常开联锁(33—34)、紧急制动继电器 2K10 的一组常开联锁(84—83)、经零速继电器 2K11($v=0$ 动作)的一组联锁(13—14)使继电器 2K09 得电。也就是说,2K09 的得电起动需要三个条件:①列车已激活;②紧急继电器被激活(没有中断列车安全回路,紧急制动未施加);③列车处于静止状态。

2)自动驾驶模式。在自动驾驶模式下,警惕按钮不起作用,被 ATC 旁路。由电路图 3-30 可知,在自动运行时,此功能可以通过继电器 4K04 的一组常闭联锁(61—62)切断手动回路,一组常开联锁(43—44)使 2K09 得电,一组常开联锁(53—54)接通 ATO 自动驾驶回路,其控制原理如图 3-31 所示。

(2)牵引指令 牵引/制动控制器(主控制器)2A01-S20 必须被设置在牵引槽外面的位置,在列车起动时激活 2K08,运行时该支路由 2K08 的(15—18)联锁短接,控制电路如图 3-30 所示。

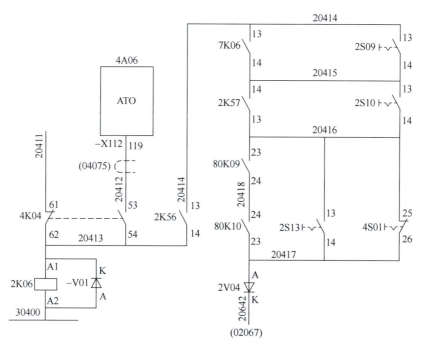

图 3-31 牵引指令控制电路

图 3-31 所示为牵引指令控制电路。图中 2K06 为牵引指令构成继电器,2K56 为列车主风缸压力监测继电器,7K06 为疏散门检测继电器,2K57 为停车制动检测继电器,8K09 为列车左边车门监测继电器,8K10 为列车右边车门监测继电器,2S09 为疏散门旁路开关,

2S10 为停车制动旁路开关，2S13 为车门旁路开关，4S01 为 ATP 切除开关。

列车需要牵引运行就需要 2K06 得电，2K06 得电有两条途径：

1）手动驾驶时控制电源由驾驶控制器传递给导线 20411，经 ATO 模式继电器 4K04 的一组常闭联锁（61—62）送到 2K06 线圈，控制电路逻辑为

$$20411 \cdot \overline{4K04} \cdot \boxed{2K06} \cdot 30400$$

2）自动驾驶时控制电源由 4A06（ATC 系统的自动运行控制 ATO）功能模块传递给导线 20412，经 ATO 模式继电器 4K04 的一组常开联锁（53—54）送到 2K06 线圈，控制电路逻辑为

$$4A06 \cdot 20412 \cdot 4K04 \cdot \boxed{2K06} \cdot 30400$$

在自动驾驶模式时，ATO 驾驶模式激活后 4K04 线圈得电动作，因此 4K04 的（53—54）联锁闭合。

从图 3-31 中可看出，列车牵引指令的发出需经过四个联锁：①列车主风缸压力继电器 2K56 联锁，当主风缸压力大于 7.0bar 时吸合；②停车制动检测继电器 2K57 联锁，当检测到所有列车的停车制动均已缓解时闭合；③7K06 检测列车疏散门已关好时闭合；④8K09、8K10 检测所有列车车门已关好时闭合。列车牵引条件必须满足的起动联锁逻辑关系如图 3-32 所示。

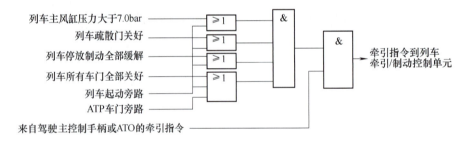

图 3-32　起动联锁内部逻辑关系

牵引指令发出的控制电路逻辑为

$$20413 \cdot 2K56 \cdot 7K06 \cdot 2K57 \cdot 8K09 \cdot 8K10 \cdot 2V04 \cdot 20642$$

列车牵引指令通过牵引指令线 20642 将信号送到车辆的电子制动控制单元（EBCU）和牵引控制单元（DCU），牵引回路构成。牵引力的大小则由驾驶控制器通过参考值转换器（RVC）转换后传输给牵引控制单元，并由牵引控制单元传递到逆变器输出转矩，进行列车牵引。

在故障情况下，如各监测继电器出现故障烧损不能正确传递检测信息，而列车实际上处于正常状态时，为了避免对列车正常运营造成影响（如晚点、清客、救援等），列车设置了四个旁路开关，分别对疏散门、停车制动、车门、气制动进行旁路，可以取消起动联锁保护功能，进行应急处理保证列车起动运行。城市轨道交通运营过程中对于旁路开关的操作有着严格的规定，在打开旁路开关时，必须确认列车状态处于正常情况，必须得到行车调度的授权才能操作旁路开关。

（3）五个起动联锁及其控制

1）主风缸压力起动联锁保护。图 3-33 所示为列车主风缸压力检测控制电路。6 节车主

风缸压力检测通过 6 个压力开关进行。各车辆的压力检测开关检测的是列车风管压力,其动作值为:当主风缸压力大于 7.0bar 时闭合,小于 6.0bar 时断开。由于主风管检测列车线相互连通,故 6 节车的主风缸压力检测开关相互并联,形成"或"的关系,即只要有一节车的主风缸压力检测开关闭合,主风缸压力检测继电器 2K56 即得电吸合。该起动联锁主要是监测主风缸压力,一旦列车主风缸压力小于 6.0bar,6 节车的主风缸压力检测开关都断开,使主风缸压力检测继电器 2K56 失电打开,列车牵引指令中断,封锁列车牵引。

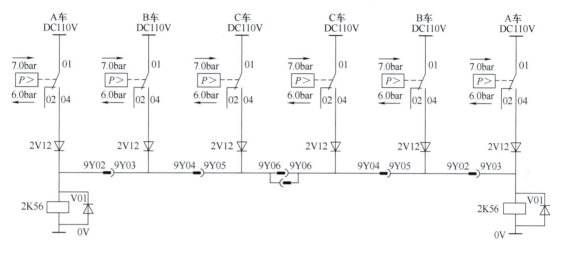

图 3-33 列车主风缸压力检测控制电路

2)疏散门起动联锁保护。城市轨道交通车辆在每个 A 车驾驶室正中设有一紧急疏散门,用于在紧急情况下疏散乘客。列车须随时监测疏散门的状态。只有两个 A 车的疏散门全部都关好,列车疏散门监测继电器 7K06(见图 3-31)才得电,列车才能进行牵引,否则列车牵引指令中断,封锁列车牵引。

3)停车制动起动联锁保护。停车制动是列车在库内停车时为防止在非正常情况下的滑动而施加的一种机械制动。停车制动采用弹簧制动方式,停车制动气缸充气缓解、排气施加。只有在 6 节车的停车制动全部缓解后,列车才能进行牵引。因此,列车通过监测停车制动气缸压力来监测停车制动的状态。

单节车停车制动检测控制环节如图 3-34 所示。图中 2K51 为每节车停车制动缓解继电器,2K50 为每节车停车制动施加继电器,停车制动气缸压力检测开关在 2Y02 中,其动作值为停车制动气缸压力大于 4.5bar 时闭合,小于 3.5bar 时断开。检测控制过程分析如下。

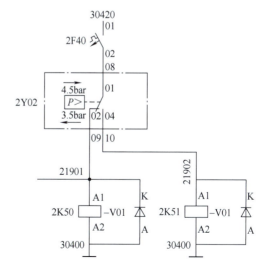

图 3-34 单节车停车制动检测电路

① 当停车制动气缸气压小于 3.0bar 时，2Y02 中停车制动气缸压力检测开关打开，即 (01—02) 接通，2K50 单节车停车制动施加继电器得电动作，控制电路逻辑为

30420·2F40·2Y02(01—02)·21901·2K50·30400

2K50 得电后通过列车线 21901 将信息送到电子制动控制单元 EBCU 中。

② 当停车制动气缸压力大于 4.5bar 时，2Y02 中停车制动气缸压力检测开关闭合，即 (01—04) 接通，2K50 单节车停车制动施加继电器失电，断开施加指令，2K51 单节车停车制动缓解继电器得电动作，停车制动风缸充风缓解，控制电路逻辑为

30420·2F40·2Y02(01—04)·21902·2K51·30400

停车制动也可以手动施加与缓解，操作电路如图 3-35 所示。驾驶室驾驶员控制面板上设置有操纵停车制动施加按钮 2S06 和停车制动缓解按钮 2S05，通过驾驶室操作按钮控制停车制动气缸的风管电磁阀 2Y02 来实现。按下停车制动施加按钮 2S06，电磁阀 2Y02 制动线圈得电，控制电路逻辑为

21100·2K04·$\overline{2S06}$·2S05·2F38·2Y02 制动线圈·30400

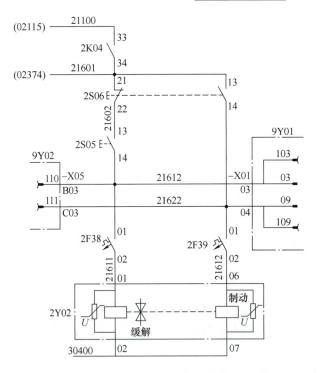

图 3-35 停车制动缓解与施加控制电路

电磁阀 2Y02 开通制动气缸和大气的通路，制动气缸排气，在弹簧作用下停车制动施加。按下停车制动缓解按钮 2S05，电磁阀 2Y02 缓解线圈得电，控制电路逻辑为

21100·2K04·21601·2S06(13—14)·2F39·2Y02 缓解线圈·30400

电磁阀 2Y02 开通列车风管和制动气缸的通路，给气缸充气，压缩空气克服弹簧作用缓解停车制动。

另外，还有一种应急缓解停车制动的操作，是通过拉动停车制动气缸的手动缓解拉杆，

进行人工缓解。

列车停车制动的检测。当列车在激活端操纵停车制动施加和缓解按钮时，通过停车制动缓解列车线 21612、车钩将电源传递至各个车辆的 2Y02，控制本节车的四个停车制动器缓解；同理，通过停车制动施加列车线 21622、车钩将电源传递至各个车辆的 2Y02，控制本节车的四个停车制动器施加，从而实现整个列车同时进行施加和缓解的动作。通过 9Y01 可以在连挂时将信息传递给相互连挂的列车或车辆。电路示意图如图 3-36 所示。

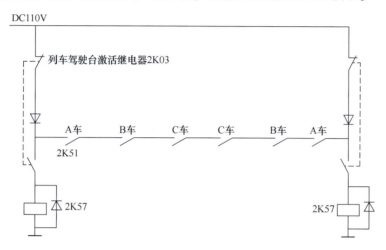

图 3-36　列车停放制动检测控制电路示意图

停车制动缓解按钮 2S05 和停车制动施加按钮 2S06 是带指示灯的按钮，在驾驶控制面板上的指示灯反映列车停车制动的状态。列车停车制动检测控制电路如图 3-37 所示。当全列车施加停车制动时，各车辆的 2K50 都得电，此时停车制动指示灯亮，控制电路逻辑为

9Y06・23604・2K50・9Y05-9Y04・2K50・

9Y03-9Y02・2K50・2K03（14—13）・2S06-R02・2S06-R01・2S06

只有当所有六节车的停车制动全部缓解，即每节车的 2K51 均得电时，列车停车制动缓解继电器 2K57 才能得电，各节车辆之间的停车制动缓解继电器的常开联锁通过列车线串联形成"与"的关系，对停车制动状态指示灯和列车停车制动缓解继电器进行控制，控制电路逻辑为

9Y06・23604・2K51・9Y05-9Y04・2K51・9Y03-9Y02・2K51・2K03(24—23)・ 2K57 ・30400

全列车停车制动缓解到位。同时，缓解指示灯亮，控制电路逻辑为

23502・2V23・2S05-R02・2S05-R01・2S05

按钮 2S12 是车辆驾驶控制面板上的试灯按钮，用于检测指示灯的好坏，控制电路逻辑为

21100・2V15・23500・2S12・23510・

（2V17・2S06-R02・2S06-R01・2S06+2V16・2S05-R02・2S05-R01・2S05）

继电器 9K04 在需要对单元车辆动车时得电工作，保证单元车辆的列车线能够形成回路。

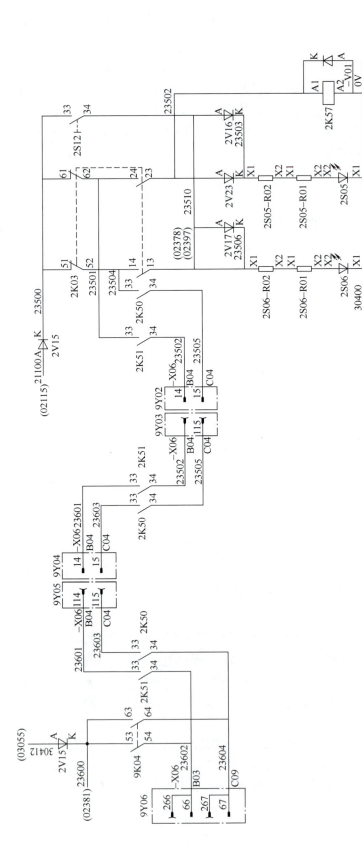

图 3-37 列车停车制动检测控制电路

4) 车门起动联锁。城市轨道交通的特点是乘客特别密集、站间距短、停车频繁。车门作为乘客进出列车的通道，其安全保障便显得十分重要，列车必须对于各种可能出现的情况进行监测，如车门是否关好、乘客是否被夹住、车门是否打不开等，特别在乘客被夹住、车门没关好的情况下，列车一旦起动，将会直接危及乘客的生命安全。城市轨道交通列车每节车一般设有十对车门，每边五对，对于每对车门，列车都设有控制环节对其状态随时进行检测。该环节主要由车门锁好行程开关、车门关好行程开关和车门紧急解锁行程开关检测车门的状态。图 3-38 所示电路为单个车门检测的控制原理图，其中车门锁好行程开关和车门关好行程开关串联后与紧急解锁行程开关并联。只有当列车所有车门全部关好，列车车门关好继电器 8K10、8K09 才能得电吸合，这时牵引指令回路才能形成通路，牵引指令才能发出。

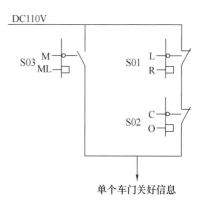

图 3-38 列车单个车门检测控制原理图
S01—车门锁好行程开关
S02—车门关好行程开关
S03—车门紧急解锁行程开关

城市轨道交通列车对于车门的保护分两种情况，即列车有 ATP（列车自动防护系统，由信号控制）保护和列车无 ATP 保护。在列车有 ATP 保护情况下，列车车门监测信号直接送给 ATP 系统，由 ATP 软件进行保护。如果在 ATO 模式下，列车因收不到速度码而不会动车。如果在人工驾驶模式下，车门并无起动联锁，而是当 ATP 系统一旦检测到有车门没关好，则马上触发紧急制动。在图 3-31 中，该起动联锁功能由 ATP 切除开关 4S01 所旁路。在列车无 ATP 保护情况下，列车将直接通过 DC110V 继电器控制电路进行保护，即若车门未关好，则车门关好继电器 8K09、8K10 不得电，牵引指令回路无法构成，此时列车牵引指令将被封锁。

另外，由于车门对乘客安全的重要性，列车对车门设有另外一种保护，即只有当列车牵引指令信号为高电平时，列车牵引逆变器中线路接触器才能获得使能信号。也就是当列车所有车门全部关好后，牵引逆变器线路接触器才允许闭合，牵引逆变器才能开始工作，列车才能进行牵引。2K06 继电器在列车有牵引指令时闭合，其主要作用是在列车车门被旁路情况下，保证列车能起动而设置的。对于这种车门保护功能，主要是保证列车停站开门后，牵引逆变器线路接触器断开，使牵引逆变器与接触网处于断开状态，从而保障在乘客上、下车时列车不能起动。

5) 气制动起动联锁保护。城市轨道交通列车制动系统包括电制动和气制动，其中常用制动以电制动为主，在电制动力不足，或低速停车时（8km/h），才施加气制动。为了防止在列车牵引时气制动不能缓解而对轮对造成危害，必须对列车气制动状态随时进行检测。图 3-39 所示为单节车气制动检测控制电路。图中 2B02、2B03 分别为一节车两个转向架的气制动压力检测开关，其动作值为：当气制动压力大于 1.2bar 时断开，小于 0.8bar 时闭合。2K52 为气制动监控继电器（第一转向架气制动缓解），2K53 为单节车气制动施加继电器，2K54 为本节车气制动缓解继电器，2K55 为本节车全部制动（所有摩擦制动）缓解监控继电器（包括停车制动、气制动）。当两个转向架的气制动检测开关联锁（01—02）全部闭合时（即气制动全部缓解），气制动缓解继电器 2K54 才能得电吸合，通过 2B03 转向架气制动压力检测开关和

2K52 的常开联锁串联，组成"与"的关系，控制电路逻辑为

21900·2B02(01—02)· 2K52 ·30400

21900·2B03(01—02)·2K52· 2K54 ·30400

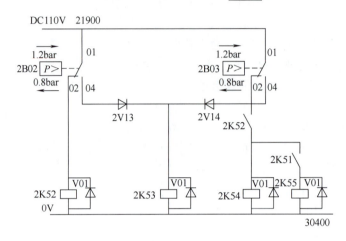

图 3-39　单节车气制动检测控制电路

当两个转向架的气制动检测开关一组联锁(01—04)中任意一个或两个闭合时(即气制动施加)，本节车气制动施加继电器 2K53 就能得电吸合，通过 2B02、2B03 气制动压力检测开关的联锁(01—04)与二极管 2V13、2V14 组合形成"或"的关系，控制电路逻辑为

21900·[2B02(01—04)·2V13+2B03(01—04)·2V14]· 2K53 ·30400

通过"与"和"或"的关系，反映气制动的原理，即只要有气制动施加就认为车辆气制动施加，必须所有气制动缓解才能认为车辆气制动缓解，同理也能够推广到整列车辆。当本节车气制动缓解继电器 2K54 满足得电条件时，本节车的停车制动缓解继电器 2K51 得电吸合后，本节车所有摩擦制动缓解监控继电器 2K55 才能得电，这样通过 2K55 的状态就能知道车辆的气制动情况。摩擦制动缓解监控继电器 2K55 得电的控制电路逻辑为

21900·2B03(01—02)·2K52·2K51· 2K55 ·30400

通过对图 3-39 的分析并结合图 3-31 可以看出，只有当 6 节车的气制动全部缓解，或者操作气制动旁路开关，列车气制动缓解信号才能有效。列车气制动缓解 MBG 信号如图 3-40 所示。列车牵引控制单元在列车起动后，发出气制动缓解指令，如果在列车起动后 5s 内，牵引控制单元不能接受到列车气制动缓解信号，则马上封锁牵引指令，列车起动失败。此保护功能由牵引控制单元软件实现。

三、制动控制

列车制动分为电制动和气制动，正常情况下，电制动优先。

1. 制动指令

制动指令有常用制动指令、快速制动指令和紧急制动指令。每个制动指令都是低电平有效，图 3-41 所示为常用制动、快速制动控制指令电路。

(1) 常用制动指令　当驾驶员将牵引/制动手柄拉到常用制动位时，2K16 线圈失电，

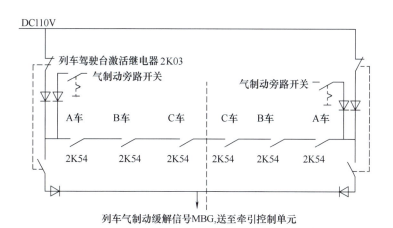

图 3-40　列车气制动缓解 MBG 信号

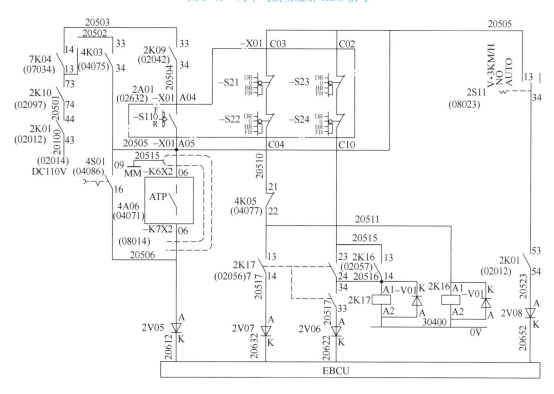

图 3-41　常用、快速制动控制指令电路图

并导致常用制动控制列车线 20632 变为低电平,该信号输入到每节车的电子制动控制单元(EBCU),则列车施加常用制动。

(2) 快速制动指令　当牵引/制动手柄拉到快速制动位时,2K16、2K17 线圈均失电,并导致常用制动控制线 20632、快速制动线 20622 变为低电平,该信号输入到每节车的电子制动控制单元(EBCU),则列车施加快速制动。

常用制动指令和快速制动指令的发出必须在列车紧急制动未施加的情况下才能有效,即无紧急制动列车线 20612 为高电平,该信号输入到每节车的电子制动控制单元(EBCU),则列车才能通过操纵牵引/制动手柄完成常规制动和快速制动。列车激活后2K01、2K10继电器得电,手动驾驶时由7K04(车间电源电器盒盖好后由受电弓供电时得电)、2K09(警惕按钮按下时得电)和方式方向手柄控制。自动驾驶时由4K03(自动驾驶模式得电)控制,通过ATP防护单元(此时4S01 ATP切除按钮旁路)激活无紧急制动列车线。

(3)紧急制动指令 图3-42所示为紧急制动控制电路,列车在运行中只要紧急制动继电器2K10失电,列车就会起动紧急制动,直到车速为零后才能缓解。而2K10得电的控制电路是,列车合上蓄电池开关3S01后激活端3K11得电,DC110V控制电源经过3K11常开联锁(54—53)、驾驶控制台的"蘑菇"按钮2S07和2S08(联锁串联增加可靠性)、车钩9Y02-05电气接线盒、全部车钩连挂好检测继电器9K02(半自动车钩连挂好后得电)常开联锁(83—84)、解钩继电器9K03(用于激活单元车时将单元车的紧急回路连通,按压3S02时得电)常闭联锁(72—71)后,通过车钩9Y06电气接线盒与另一单元连通,控制电路逻辑为

20100・3K11・2S07・2S08・9Y02-9Y03・9Y04-9Y05・9K02・$\overline{9K03}$・9Y06・另一单元

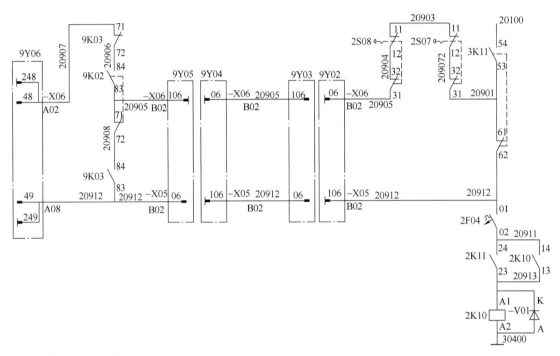

图3-42 紧急制动控制电路

由于另一单元列车为非激活端,故其3K11失电,则经过3K11常闭联锁(61—62)将控制电源送给本单元A车的2K10,并通过本单元车钩9Y02-06电气接线盒连接送回到激活端,激活端通过车钩9Y06-02电气接线盒将控制电源送给2K10,从而激活整列车的紧急制动继电器2K10。其控制电路逻辑为

另一单元$\overline{3K11}$(61—62)・本单元9Y06-9Y02・2F04・(2K11+2K10)・$\boxed{2K10}$・30400

紧急制动继电器控制回路通过列车车钩形成一条贯穿整列车的安全监控环线,如果列车安全环线中任意一个2S07/2S08紧急制动按钮断开或列车编组中断,那么2K10则立即失电,通过紧急制动控制回路控制车辆一直保持紧急制动施加状态,受电弓降弓,直至

列车停车。

在需要某个单元移动时必须在单元车的 C 车电气柜中按压 3S02 激活单元车，通过车钩连挂检测继电器和 C 车解钩继电器的配合，才能形成单元车的安全回路。

2. 制动力分配

在正常情况下，列车载荷为 AW0～AW2 时，电制动能提供 100%的制动力。但是如果出现电网电压过低或者轮对打滑，仅靠电制动力就不能满足制动要求，这时气制动会补充制动力。

在 AW2～AW3 载荷状态下，施加 100%制动时，制动力的分配如图 3-43 所示。

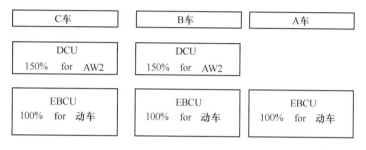

图 3-43　制动力分配

当列车出现滑行时，为了得到最佳的粘着力，需对拖车补充气制动力。根据制动指令和载荷状态，牵引系统能够在 AW2 情况下实现完全电制动。在 AW3 载荷 89%的制动情况下，牵引系统也能够实现完全电制动。在一般情况下，ATO 给出的最大制动为 81%，所以，大多数情况下，即使是 AW3 载荷，列车都不需要额外的气制动补充。

3. 保压制动控制

保压制动的指令由牵引控制单元 DCU 传给电子制动控制单元 EBCU，如图 3-44 所示。列车所有 EBCU 和 DCU 的 "Release holding brake"（保压释放）信号线是并联在一起的，只要有一个 DCU 发出 "Release holding brake" 指令，即给出高电平 110V，保压释放列车线就是高电平，所有 EBCU 缓解保压制动。只有当所有 DCU 取消 "Release holding brake" 指令，"Release holding brake" 列车线才会变为低电平，EBCU 才施加保压制动。

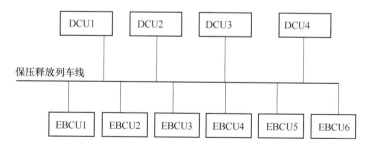

图 3-44　保压制动控制

保压制动是列车在停车过程中施加的制动，因此当列车施加制动，并且速度小于某一值时，将会出现电制动向气制动转换。城市轨道交通列车的转换速度有一初始设定值，如有的设定为 12km/h，一般在运用中会整定到 8km/h 左右，转换速度可以在 DCU 软件中更改（0～12km/h）。故当列车施加制动，并且速度小于 8km/h 时，DCU 取消 "Release holding brake"

信号，EBCU 开始施加保压制动，电制动逐渐减小，气制动逐渐增加。

4. 列车牵引控制的其他功能

（1）ATP 保护下的牵引

1）正常状态下牵引保护的激活。激活条件为：①ATC 设备已激活；②ATP 钥匙开关处于"合"的位置；③相应的驾驶台已被激活。

2）轨旁 ATP 故障时牵引保护的激活。激活条件为：①ATC 设备已激活；②ATP 钥匙开关处于"合"的位置；③相应的驾驶台已被激活；④列车起动前按下"RM"按钮。

在这种情况下，列车只能人工驾驶（RM 模式）。

3）库内动车保护。库内动车保护必须符合的条件是：①ATC 设备已激活；②ATP 钥匙开关处于"合"的位置。

库内只能人工驾驶，如果轨旁 ATP 和车载 ATP 之间没有数据传输，系统将自动转为 RM 模式，这种情况下，无需去按"RM"按钮。若列车在正线运营时出现轨旁 ATP 故障，列车将实行在库内一样的保护。

4）从正线进库的牵引。列车从正线进入库内的过程中，需要转换成 RM 模式。在离开正线之前，显示屏会提醒驾驶员按下"RM"按钮。进入 RM 模式，列车才能够进库。

5）ATP 触发的紧急制动。如果 ATP 发现有危险的操作状态，它会立刻触发紧急制动，直到列车完全停止。如果 ATP 触发了紧急制动，必须在列车停止后按下"RM"按钮，以解除列车的紧急制动状态。

（2）列车的全自动驾驶

1）全自动驾驶的起动。起动条件为：①主控手柄在"0"位；②方向手柄在"F"位；③ATP 钥匙开关处于"合"的位置。

在以上条件均符合的情况下，按下副驾驶台上的"ATO 起动"按钮。

2）全自动驾驶的终止。当列车在下一个站停车，ATO 自动开门时，全自动驾驶终止。

当碰到如下情况时，全自动驾驶被中断：①主控手柄离开"0"位；②方向手柄离开"F"位。

列车在全自动驾驶状态下推动主控手柄，列车立刻转换为人工驾驶模式，当"起动全自动驾驶"的条件符合时，按下"ATO 起动"按钮，列车又会重新进入全自动驾驶模式。

任务一 列车信息和诊断系统

一、检测与诊断技术

机械设备状态检测的任务是弄清设备所处的客观状态，包括采用各种测量、分析和判别方法，结合设备的历史状况和运行条件，为设备的性能评价、合理使用、安全运行及故障诊断提供实时有效的数据。而机械设备故障诊断则需要进一步确定故障的性质、程度、类别、部位、原因，乃至说明故障发展的趋势及影响等，为故障的预报、控制、调整维修提供依据。

1. 常见检测和诊断方法

机械设备故障诊断技术的发展历史悠久，可以说是从人类学会利用机器设备进行生产的时候就开始有了手摸、耳听以及使用一般仪器、仪表测试的简易诊断手段。但是随着科学技术的进步，诊断方法也在不断地变革。按完善程度来分，诊断方法主要有以下几种。

（1）简易诊断法　使用各种便携式诊断仪器和工况监测仪表，对设备有无故障及故障的严重程度作出判断和区分。使用较复杂的诊断设备或分析仪器，除能对设备有无故障及故障的严重程度作出判断和区分外，在有经验的工程技术人员参与下，还能对某些特殊类型的典型故障作出判断及预报。

（2）自动精密诊断法　这是一种建立在计算机辅助诊断基础上的多功能自动化诊断系统。在这类系统中，不仅配有自动诊断的软件，能够实现状态采集、特征提取、状态识别的自动化，而且能以显示、打印、绘图等多种方式自动输出分析结果。当设备发生故障后能自动用声光方式发出报警指令，并通过微机自动对故障的选择、程度、类别、部位、原因及趋势进行诊断及预报。

（3）专家智能诊断法　这是诊断技术的高级形式。专家系统不但具有自动精密诊断方法的全部功能，而且它还将专家的宝贵经验、智慧与思想方法加以分析总结，同计算机的巨大存储、运算与分析能力相结合，形成规则存入计算机。根据自动采集或输入的原始数据，模拟专家的推理、判断与思维过程，实现故障档案建立、解决状态识别及诊断决策中的各种复杂问题。

2. 多传感器融合故障诊断方法

故障诊断方法按处理技术进行分类，大致可分为两类：一是常规故障诊断方法，该方法是以设备的数学模型为理论基础，以动态测试、信号分析及数据处理为核心技术；二是智能诊断方法，它是在常规诊断的理论基础上应用人工智能及相关基础学科理论的诊断方法，这种方法是以知识处理为核心的技术。从用于诊断的特征信号的类型上看，有依赖振动、噪声、油液、温度及压力等信息的诊断技术。由于某些信号中包含了较丰富的故障信息，例如，对旋转机械的振动信号谱的分析中，可以发现约60%的故障，因此故障的判别主要以振动信号为主，即基于单一类型的传感器。由此而引出的问题是由于只对机器的某一部位进行了探测，反映出的也仅是机械系统运行中的部分现象。因此对传感器的精度要求很高，在传感器的布局和提取标准谱方面必须做大量的实验才能完成对现象的分类。为了解决这些问题，提出了同时采用振动、温度、压力、流量等多种类型传感器来全面地探测机械设备运行中的多种现象，把来自多方面的信息综合成一个整体进行处理的方法。通过多传感器协调并联合探测的优势，提高机械设备故障诊断的有效性和可信度，这就是基于多传感器融合的机械设备故障诊断方法。

（1）多传感器融合故障诊断方法的原理　在诊断系统中设置多种类型的传感器，用来探测机械设备的部件由于磨损、疲劳断裂、弹性或塑性变形而在振动、温度、压力、流量等物理现象上的不同反映。机械系统故障诊断的多传感器融合方法的定义是：用多个传感器从多方面探测系统的多种物理量，对多源的信息和数据进行检测、关联、跟踪探测、状态估计等多级处理，精确、及时地判断出机械系统的状态，并分析出状态（故障）、现象（征兆）和原因之间的关系。

（2）多传感器融合故障诊断方法的功能和处理过程　根据这个定义，多传感器融合故障诊断方法的功能结构及处理过程框图如图3-45所示。

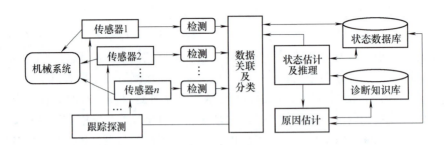

图 3-45　多传感器融合故障诊断方法的功能及处理过程框图

传感器探测机械系统各个部位，每扫描一次报告一次该部位测量结果，每个传感器进行独立的测量，用二元判定的处理方法，根据信号特征来观测征兆的出现，一旦检测到征兆就将测量参数报告给融合处理系统。

检测是对传感器信号进行有效性判定处理。

数据关联是依据每次扫描完成后所得到的信号（报告）进行的，将每个新的报告与每个其他报告及以前检测到的有征兆的预测位置进行相关处理，这组数据能描述机械系统该时刻的状态，也保证了征兆是出现在同一个空间位置上的。数据关联的目的是要保证得到所有的传感器在同一时刻探测到的一组数据，形成一个组合的 n 维测量，每一维代表状态（故障）的一个独立属性。

分类是依据不同的传感器报告出征兆的特征参数。

状态估计（含有一般诊断方法中的结果评价）是在每次扫描结束时，对新征兆与已存在的（以前探测到的）征兆进行估计和结果评价，确定系统的当前状态。

3. 便携式故障诊断系统

图 3-46 所示为一种便携式故障诊断系统，它通过传感器采集设备运行时产生的振动或噪声信号，经过信号放大、A-D 转换、数据存储和传输后，由主机进行分析、处理。

采集板的 USB（Universal Serial Bus，通用串行总线）控制器采用的是 INTEL 公司的 80931AA。它具有一个 USB 接口，使用 MCS51 指令系统，当输入频率为 12MHz 时，USB 可工作在全速和低速模式，本系统工作在全速模式。

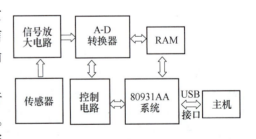

图 3-46　便携式故障诊断系统

USB 总线对一般设备可以提供 100mA 电流，对大功率设备可提供不超过 500mA 电流，而当 USB 外设处于挂起状态时，从总线上吸收的电流小于 500μA。便提式故障诊断系统的采集板采用低功耗设计，选用低功耗器件，整个采集板就直接利用总线电源进行供电，不需外加其他电源。

当主机检测到全速采集板插入后，自动配置设备，此时仅采集板的基本系统工作。如果系统不进行检测，采集板就处于挂起状态，而当系统需要进行故障诊断时，主机唤醒采集板，并向采集板提供 500mA 总线电流。采集板控制器接收到主机的数据采集命令后，向系统的采集和控制等部分供电，并启动数据采集。采集的数据通过 DMA（Direct Memory Access，直接内存存取）方式被存入到内存，内存存满后，停止采集，然后将采集的数据通过

USB 接口传输到主机中，数据传递结束后，采集板进入挂起状态。此后通过计算机软件对数据进行分析处理，就可以获得设备故障的诊断结果。

便携式故障诊断系统的软件设计主要包括数据采集板的控制和 USB 通信软件、主机 USB 设备驱动程序、主机数据分析与处理软件。数据采集板的控制和 USB 通信软件的功能主要是控制数据采集以及通过 USB 接口与主机进行数据通信。主机数据分析与处理软件是将传感器采集的数据进行分析处理，即根据要求进行信号的功率谱分析、倒谱分析、小波分析以及自相关分析等。通过与正常运行时相关参数的对比，可以判断出设备是否存在缺陷、故障等，也可通过几种方法联合起来提高诊断的正确性和精确度。主机 USB 设备驱动程序可实现主机与采集板连接和数据通信的功能。

USB 为计算机外设提供了一个全新的接口标准，目前，USB 设备的开发和应用在国内外处于高速发展阶段，具有广阔的发展前景。利用便携式计算机及其 USB 接口开发的便携式故障诊断系统是 USB 在数据采集中的一个应用，利用 USB 的挂起和唤醒功能，极大地降低了采集板的平均功耗，因而利用本系统进行故障诊断能工作较长时间，特别适合工程现场使用。

二、车辆故障诊断及其信息管理系统

1. 系统总体结构

车辆故障诊断系统主要用来诊断车辆各系统故障，收集来自驾驶台的控制信号。以城市轨道交通地铁车辆为例，车辆故障诊断功能由 A 车的 CFSU（中央故障存储单元）完成，每 3 节车单元可独立工作组成 1 个单元车级的诊断系统；对一个 6 节车编组的列车，2 个单元车级诊断系统可以组成 1 个列车级的诊断系统。

车辆各系统的电子控制单元以继电器的形式通过 KLIP（智能外围设备连接终端）子站将故障信息传送给 CFSU，CFSU 用环境参数或跟踪参数补充其基本信息，所有诊断信息以及列车可运行状态信息可在激活端的显示器上显示出来。对于维修工作，除了可直接利用驾驶台显示器外，还可通过 RS232 接口将诊断数据传输到个人计算机，用专家分析软件对故障数据进行列表和数据分析。

（1）系统总线结构　系统总线组成及结构如图 3-47 所示。

1）列车总线：用来连接 2 个 CFSU，实现 2 个单元车的通信，数据传输率为 125kbit/s。

2）车辆总线：用来连接 ATO/ATP、显示器和 CFSU，数据传输率为 250kbit/s。

3）控制总线：连接 1 个单元车内的 CFSU 与 KLIP 子站，数据传输率为 62.5kbit/s。

列车总线与车辆总线合起来又叫做 DIN 总线。其硬件是基于 RS485 标准的接口。

（2）DIN 总线与 SIBAS32 KLIP 控制总线

1）DIN 总线（见图 3-48）。在 CFSU 中的硬件模块有 SIBAS 系统主机、RS485 总线模块、列车总线接口、列车总线连接器、控制总线接口及开关电源和电源启动单元。RS485 总线模块通过后面板与 SIBAS 总线连接，通过这个总线，SIBAS32 系统主机 80386 可以写入或读出 RS485 总线模块中的双口 RAM 中的数据，RS485 总线模块中的 80188 微处理器也可以写入或读出这个双口 RAM 的数据，这样主机和总线模块处理器就可以进行数据交换。

RS485 总线模块中有 1 个 HDLC 串行通信控制器，带有 2 个全双工通道 A 和 B，通道 A

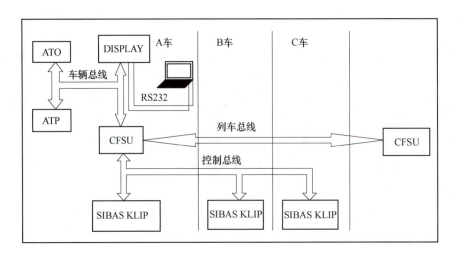

图 3-47 系统总线组成及结构

注：SIBAS，即 Siemens Bahn Automatisierungs System，西门子铁路自动化系统。

分配给列车总线，通道 B 分配给车辆总线。车辆总线通过面板前面的 9 孔电缆连接，列车总线通过后面板插头与列车总线接口连接。

列车总线连接器模块有 2 个插头用来连接列车总线。

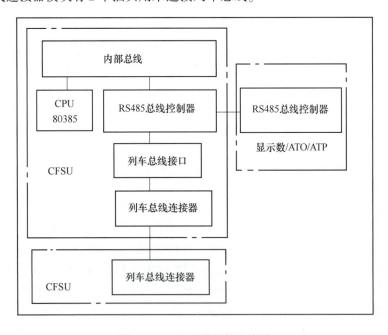

图 3-48 DIN 总线硬件连接图

2) SIBAS32 KLIP 控制总线（见图 3-49）。AS318 接口用来连接控制总线和 KLIP 子站的内部 9V 总线，同时提供给总线模块 9V 电源，KLIP 站的地址和总线传输率由 DIP 开关设置。每个 KLIP 站由以下硬件组成：1 个 AS318 接口卡、总线模块 BM700（需要预先编码，1 个安装轨上可接 16 个总线模块，即可接 32 个输入/输出模块）、输入/输出插卡、接线端子。1 个总线模块可插 2 个输入/输出插卡，接线端子接好线后直接插在输入/输出卡上。

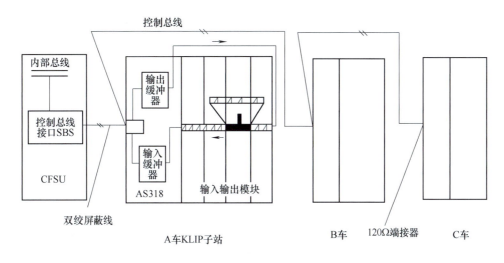

图 3-49 控制总线硬件连接图

输入/输出模块的配置可以根据需要的输入/输出信号的数量和种类任意选择。例如在广州地铁 1 号线车辆中主要用到的输入/输出模块卡见表 3-5。

表 3-5 广州地铁 1 号线车辆中主要用到的输入/输出模块卡

DE16×DC110V 输入卡	16 通道 110V 直流输入模块,用于故障信息和各种二进制控制信号的输入
DA8×DC110V 输出卡	输出时钟数字信号到各个电子控制单元(B 车、C 车),输出受电弓升降状态、主断分合状态、电制动施加状态等指示信号到主副驾驶台状态指示灯(A 车)
DA16×DC24V 输出卡 (A 车)	输出数字报站器的报站控制代码,只用到 8 位
AE4×20mA 模拟输入卡 (B 车、C 车)	输入来自 DCU 的网压、转矩、速度(仅 C 车)的模拟量,每个通道输入电阻为 500Ω,输入 0~20mA 的电流在输入后转换为 0~10V 的电压信号

控制总线由 SIBAS 控制单元通过控制总线接口卡控制,由双绞屏蔽线组成,从控制总线接口卡开始,终止于 120Ω 端接器(电子地线)。控制总线接口卡通过后面板与 SIBAS 总线连接实现控制总线与 SIBAS 中央控制单元的通信。控制总线通信协议基于 RS485,由控制总线接口 SBS 控制,其端接电阻大小为 120Ω,标志总线终止;SBS 周期循环访问 SIBAS-KLIP 子站,采用"广播"的通信方式,数据传递的时间和每个子站的尺寸和子站的数目(数量)有关。

AS318 与控制总线接口(SBS)之间通过输入/输出缓冲器(T5200 ms)周期地进行数据交换,不占控制总线周期。AS318 逐位地将数据从右边输入寄存器,从左边通过移位寄存器逐位取出。

SBS 为主控器,KLIP 子站为从属设备,KLIP 子站通过设置 DIP 开关设置 KLIP 子站的地址(该开关位于 AS318 板,可设置总线通信速率及地址),从动单元只响应主控单元的命令。SBS 通过轮询的方式与 KLIP 子站通信,此类通信方式称为"广播"通信方式。当 KLIP 子站被 SBS 询问时才可以发送数据,输入数据通过 BM700 总线通信模块传递到 AS318 板,再通过 AS318 板内置的输入/输出缓冲器将数据传送给 SBS,由 SBS 进行处理,再传送给

CPU 控制板，实现外围设备与主机系统的信息传送。AS318 在初始化时执行辨认过程，确定每个输入/输出板的位置及类型，并检测内置于 BM700 总线模块内的 4 位移位寄存器的状态及大小，并将所有信息传递给 SBS。SBS 在启动时检测所有 KLIP 子站的状态，并周期地检测由 AS318 板传递来的检测信息，并产生出一个字节的诊断信号，将此送给 CPU，判断各装置子站的状态。AS318 板将周期地检测 I/O 设备，并传递给 SBS。

每个 KLIP 子站都会监测总线的数据传递，若在规定的时间内，没有收到 SBS 的信号，则封锁输出（SBS 两次发送信号后，则报告故障）。任何一个 KLIP 子站通过输入数据和诊断信息来响应 SBS，而 CPU 也会通过 SBS 的中断请求和系统软件给 SBS 看门狗电路一个启动运行信号，以此来检测 CPU；若 CPU 系统故障，则 KLIP 全部被封锁。SIBAS-KLIP 站内部数据传输是通过内部的 9V 总线完成的，每个总线模块包括 2 个 4 位数据的寄存器，这些寄存器连起来组成 1 个移位寄存器。如果总线模块 BM700 上安装的输入/输出模块需要多于 4 个数据位，则移位寄存器应在相应位置进行扩展。

开电源时，CPU、SBS 均会复位（信号 PESOUT），KLIP 子站会自动打开。自检时，SBS 会自动检查 RAM 和 EPROM，若同时有故障，则产生中断，直到再次复位，KLIP 子站也会如此。SIBAS-KLIP 总线中数据传递采用开放式执行结构，每一个 KLIP 都会检测存在和顺序，当顺序不对或 16 bit 输入信息没有插入则封锁。

2. 故障诊断及显示

故障诊断系统对以下各系统进行诊断：牵引控制单元 DCU、气制动电子控制单元 EBCU、空调控制单元、辅助系统（包括 DC/AC 逆变器和 DC/DC 变换器）、车门、空气压缩机、诊断系统本身和 DC110V 控制电路。其中故障诊断系统从 DCU 得到的信号除故障信号外，还有空转信号和一些模拟量的实际值，如网压、牵引力和速度。DC110V 控制电路的信号主要有牵引方向、牵引/制动命令、运行模式、高速断路器状态、受电弓状态、主风缸压力状态和半自动车钩的连接等，这些信号主要是作为环境参数出现的。

"事件"是所有诊断机制的触发源，一个事件可以是如下类型：子系统故障的发生、子系统故障的消失、重要信息的出现、重要信息的消失。当一个触发源出现时，CFSU 通过总线获取、分类检测并处理环境参数及时间标准，然后给出相应的代码传输到列车总线主控端的显示器中进行故障列表并显示存储。

驾驶台上的显示器是故障诊断系统的人机界面，它以图形或文字信息的方式将列车运行状态和故障信息提供给驾驶员。故障显示时还伴有报警声，显示页面的亮度可以根据外界光线的亮度自动调节到使眼睛舒适的范围，分成两个等级，一个是驾驶模式，另一个是检修模式，用密码加以限制。驾驶模式下的屏幕显示内容主要是列车当前的状态和当前的故障信息，图 3-50 所示为运行屏，在 ATO 模式下运行时，显示屏锁定在这个屏幕下，每个页面有固定的按键用来更改页面，还有用于控制报站或输入相关参数的按键。运行屏中包含网压、实时速度、推荐速度、进出库图标、驾驶模式、自动折返图标、门释放信号图标、紧急制动图标、空转/滑行、距停车点距离、建议速度、列车驾驶状态（如牵引、惰行、制动）等，这些信息由列车信息系统提供信号，显示屏通过调用数据库进行显示。检修模式下的显示内容主要是列车发生的故障或信息的记录，包括故障或信息的发生和消失以及发生故障时一些相关的参数即背景参数。如图 3-51 所示的状态屏，显示的是动车牵引/制动转矩的柱形图。

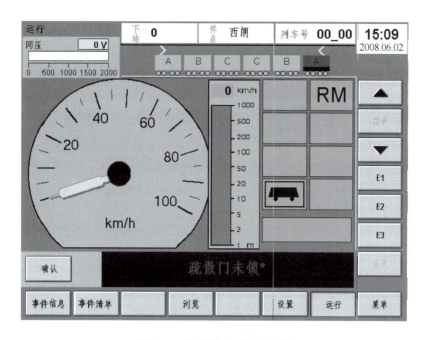

图 3-50 驾驶模式下的运行屏

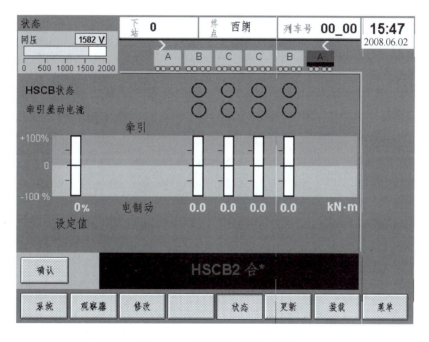

图 3-51 检查模式下的状态屏

3. 故障等级

一个故障发生时,诊断系统输出故障内容及故障的等级到显示器上,并对所有故障都有声光信息显示给驾驶员。故障等级分为子部件故障等级和列车故障等级,它是根据故障对系统功能或列车的运行安全的影响程度来定义的,列车故障等级可作为驾驶员处理故障列车的指导。

(1) 子部件的故障等级　子部件的故障等级分为三级，即轻微故障、中等故障和严重故障。

1）轻微故障是指不影响子系统功能的故障。不影响列车运营，只降低列车的舒适性。

2）中等故障是指限制子系统功能的故障。需要列车在运行至终点后回库检修。

3）严重故障是指严重影响子系统功能的故障或子系统故障。会降低列车的操作性能，影响乘客乘坐安全，发生严重故障必须尽快停止运营。

并非所有的子系统都有三个故障等级，它取决于各个系统的故障类型。如 DCU、EBCU 有三个故障等级，即轻微故障(包括速度传感器等检测设备的故障)、中等故障(包括牵引参考值和负载信号丢失等故障)、严重故障(严重影响逆变器或气制动单元的故障,如短路或过电流等)。DCU 或 EBCU 会自动封锁并定时自动检测，如故障原因消除，系统功能可自动恢复。如 DC/AC、DC/DC 只有严重故障和中等故障两个故障等级，中等故障是逆变器/变换器温度过高的故障；严重故障是部件故障，逆变器/变换器自动封锁。再如空调控制单元只有严重故障和中等故障两个故障等级，中等故障时制冷回路失效，紧急通风仍然工作；严重故障时整个空调单元失效。空调单元的故障是用一个通道输出的，用两种不同的信号来区分：1Hz 开关信号表示中等故障，低电平信号表示严重故障，CFSU 中有相应的软件块来区分这两种信号。这些故障等级都是由子系统本身定义和分类的。子系统故障在列车浏览屏可以查看到，相应的故障用红点(图中为黑色阴影)指出，并对应各自车辆，显示如图 3-52 所示。

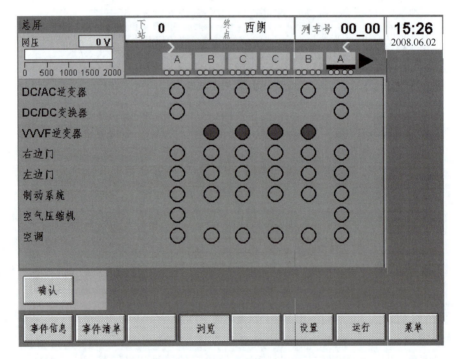

图 3-52　列车浏览屏中的子系统故障显示

(2) 列车级的故障等级(分为 3 级)

1）列车故障等级 1：发生的故障不影响列车功能，列车可继续运行直到服务结束，回库后检修。

2）列车故障等级2：发生的故障限制列车功能的发挥，列车将在下一次到达车辆段时退出服务，列车最多可运行一个来回。

3）列车故障等级3：发生的故障严重影响列车的功能，列车必须在下一站退出运营。

部件故障到列车故障等级的评估升级由显示系统软件实现，评估升级的规则是以子部件故障的等级和发生的故障数量及其在列车中所占的比例来综合考虑的，另外对于供电单元还考虑其所接负载的情况。城市轨道交通列车在运营了一段时间后，运营公司一般都会对这些规则作适当的调整，并且会根据不同的车型编写《列车故障处理指南》指导驾驶员判断和处理故障列车，因此在操作中不能完全参照显示的列车故障等级来处理故障列车。另外在显示屏里还有当前故障的处理信息，可以为地面检修人员提供相应的故障信息，作为车辆维护保养的参考。图3-53所示为事件信息屏显示列车"ECU严重故障"的等级信息及处理建议信息。

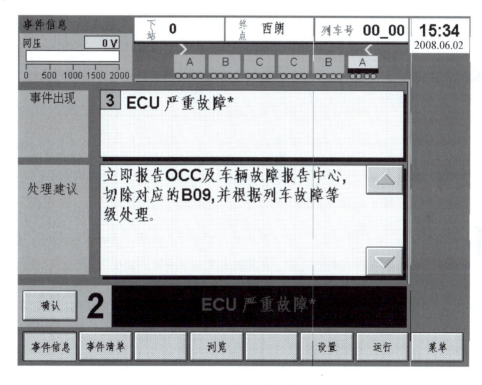

图3-53 事件信息屏显示信息

4. 诊断数据地面分析软件

诊断系统的故障数据及其环境参数或跟踪参数都是以数据库的形式存储于显示器的硬盘中，通过RS232接口连接PTU，在显示器上进行操作，将数据方便地下载成一个TIS数据库文件。地面分析软件EXPERT2可以将TIS文件解压，以Access表格的形式将故障的发生和消失一一列出，各个故障的背景参数也可以显示出来，而有三种故障即DCU严重故障、DCU中等故障、紧急制动还有跟踪参数，可以用彩色图形显示发生故障前后本单元动车DCU检测到的网压和牵引/制动转矩以及速度的模拟量、牵引/制动命令以及驾驶室其他控制命令和设备状态，以便于了解故障时的列车状态，从而分析故障原因以及处理故障。

目前，一般在每次月检（双周检）中或需要分析故障时下载显示器的数据，主要用它来分析一些疑难的故障以及在电子控制单元中没有记录的故障。从 EXPERT2 中得到的故障记录表可以看到故障发生前后其他的伴随事件以及故障发生频率、事件消失的时间。另外，还用于一些故障或事件的统计，如紧急制动发生的次数、高速断路器合断次数等。

任务二　列车微机控制系统

一、列车微机控制系统概述

列车微机控制系统是列车的核心部件，它包括以实现各种功能控制为目标的单元控制机、实现车辆控制的车辆控制机和实现信息交换的通信网络。列车微机控制系统的发展过程从系统功能上来看经历了由单一的牵引控制到车辆（列车）控制，再到现在的信息控制的阶段；从系统的结构上来看，列车微机控制系统从单机系统发展为多机系统，现在已经进入分布式控制系统的发展阶段。

1. 列车微机控制系统的发展

列车微机控制系统是基于列车控制的复杂性需求和人们对于控制的智能化要求，随着计算机技术和控制技术的发展所提供的可能性而逐步发展的。

随着人们对列车运用要求的提高，对于列车控制系统的期望值和要求也越来越高。人们希望系统信息处理的容量更大、速度更快、应用更可靠。根据这种要求，列车微机控制系统将在系统的结构上有所发展和突破，特别是单元控制机的结构和组织会有较大的改变，以往的总线式结构将会被淘汰，取而代之的是更紧凑的系统结构形式。

在控制策略上，各种新型的控制方法和手段将被应用到列车控制中来，从而使列车控制系统具有更高的精度和智能化。此外，控制软件的硬件化则是发展的另一个方面，使控制系统具有更快的响应速度和更高的可靠性。当然，列车控制系统的这些发展必然需要建立在器件发展的基础上，这些发展需要速度快、处理能力强的处理器，需要体积小、容量大的存储器，需要更大容量的可编程器件以及各种实时多任务操作系统。

其次，列车微机控制系统将进一步朝着分布式控制系统的方向发展。列车控制系统朝着分布式方向发展是列车控制系统发展的一种自然趋势，也是提高列车控制系统可靠性的要求。但需要进一步解决控制系统的透明性，即系统的同步、通信的实时性、存储器共享等问题。人们已经在实际应用中感受到了这些问题所带来的障碍和限制，但这些问题的解决需要进行大量的基础研究和实践，相信随着这些问题的研究和逐步解决，列车微机控制系统必将成为一个真正意义上的分布式控制系统。

列车微机控制系统发展的第三个方面将是逐步融入到公共的网络平台，即联入互联网。这是运输部门实现大系统闭环控制的必然要求。在实现系统联网的技术方面比较容易实现，主要的问题在于安全性。作为一个公共交通工具的控制系统，其安全性是第一位的。因此系统必须具备很好的安全防范性能，系统在受到恶意攻击时应具有"自卫"能力和应急处理措施，从而保证列车运行的安全。

列车微机控制系统是多种技术结合的产物，是多学科综合应用的结合体。它运用了电工技术、模拟电子技术、数字电子技术、计算机技术和自动控制技术。列车微机控制系统的发展在很大程度上依赖于电子器件和计算机技术的发展。当前计算机控制已经进入嵌入式控制和网络控制的时代,相信随着电子技术、自动控制技术和计算机技术的发展,列车微机控制系统也会随之发展到一个更新更高的程度。

2. 列车微机控制系统的功能

列车微机控制系统的功能主要包括:实现牵引控制,即牵引特性曲线的实现和牵引功能的优化;实现列车牵引的粘着控制,使列车在各种运行条件下,都能保持轮轨间的牵引力,并尽可能地使机车运用在轮轨间的牵引力实现最大化;实现关联和电路连接,即逻辑控制功能;实现列车运行过程中的故障信息处理,即进行故障信息的采集、处理、传输、显示和记录,并为列车乘务员提供故障的现场处理和排除的信息提示。列车微机控制系统还可以提供列车运行的状态信息。

二、我国城市轨道交通列车微机控制系统的应用

1. SIBAS 系统

SIBAS 系统是德国西门子(SIEMENS)公司提供的列车控制系统,能够实现列车的牵引系统控制、信息传输、运行监控和诊断等全部控制任务。SIBAS 控制系统目前有 SIBAS-16 和 SIBAS-32 两个系列,主要运用到我国早期的西门子进口城市轨道交通地铁车辆中,如上海地铁 1、2 号线车辆使用的 SIBAS-16 控制系统,广州地铁 1 号线车辆使用的 SIBAS-32 控制系统。

SIBAS-16 是典型的第一代微机控制系统,其核心部分由 16 位的 8086 型微处理器构成的中央计算机、存储器组件以及一个或多个子控制机(8088,80C188)组成。该系统采用集中式机箱和插件式机械结构,数据的传输采用了 16 位并行总线和 RS-485 标准物理接口及 RS-422 串行总线技术。控制系统由中央控制器集中管理,采用分层结构,即列车控制层、机车控制层和传动控制层。采用了多个串行总线系统,在传输速率和运行记录方面能满足列车控制的响应要求。SIBAS-16 本质上还不能算是一个分布式的列车控制系统。SIBAS-16 的编程工具为 SIBASLOG,系统提供了大量的标准程序模块,为控制软件的编制提供了有利的条件。

20 世纪 90 年代,西门子公司在 SIBAS-16 的基础上进一步推出了采用 32 位芯片(Intel 486)的 SIBAS-32 系统,并保持与 SIBAS-16 系统的接口兼容。为了减少传统机车车辆布线,SIBAS-32 系统设有智能外围设备连接终端,即 SIBAS KLIP 站。采用 SIBAS KLIP 可以迅速综合信息和控制指令,并且通过一根串行总线传输给中央控制装置。KLIP 站可以很自由地分布在各类车辆上,该控制系统的控制方法可见"知识拓展任务一"的内容。

2. MITRAC 系统

MITRAC 系统是庞巴迪公司的系列化产品,其中包括 MITRAC TC(IGBT 牵引逆变器)、MITRAC CC(列车控制系统)、MITRAC AU(辅助逆变器)和 MITRAC DR(牵引驱动器)。MITRAC CC 系统是 ABB 公司在 MICAS-S2 系统的基础上,研制开发的新一代基于 MVB 总线(多功能车辆总线)的分布式、实时的列车控制与通信系统。庞巴迪公司为了适应不同用户,推出了 MITRAC 500 系、1000 系和 3000 系。500 系主要用于城际有轨列车,1000 系主要用于高速及地铁列车(它具有良好的适应恶劣环境的性能),3000 系主要用于大功率机车。在广州地铁 2 号线、深圳地铁 1 号线一期庞巴迪地铁车辆中使用的就是 MITRAC 控制系统。

MITRAC CC 主要具有以下特点:

1) 符合各国际标准(EN 50155:车辆上的电子设备标准;ENV 50121—3—2:铁路应用电

磁兼容性标准；ENV 50204：数字无线电话电磁场辐射标准；IEC 61375—1：列车通信网络标准；IEEE 1473：1999 中关于列车通信协议标准；UIC 556/557 列车中信息传输的诊断标准），具有开放接口。

2）MITRAC CC 器件结构紧凑，电源直接由列车蓄电池提供，可以实现分布式安装，而且不需要额外的加热和制冷，器件配线最少，质量显著降低。

3）用线少，通过冗余增强系统可用性，传感器的短距离连接和 I/O 设备接口减少了冲突。可测量性和模块化使得系统配置灵活，并可兼容和连接以前不同的列车控制系统。

4）MITRAC CC 具有自诊断功能。诊断功能组合在监控系统中，通过数据可视化的远程交互式诊断、车辆跟踪详细目录、GPS 系统、货物跟踪、旅客载量数据搜集等方式，进行实时监控和故障诊断，提高了应用的可靠性。

5）支持远程无线数据恢复系统。系统可以支持轨旁无线系统通信，如 GSM、GSM/R 和无线局域网。因特网和企业互联网作为客户端访问介质，通过 MVB 或者其他通信方式连接车辆控制通信系统。国外先进的 MITRAC CC 系统可通过提供连接到运行车辆上的数据来实现远程维护，增强维护服务的质量；并允许诊断和操作数据直接通过因特网传递给列车系统的操作者。系统使用开放的标准，例如移动电话(GSM)、无线局域网以及因特网相关的通信协议。

6）提供 MITRAC CC 远程平台。现代城市轨道交通运营要求全部车辆具有高度的实用性、低成本和良好的旅客服务体系。MITRAC CC 远程平台使用互联网技术和移动通信，结合庞巴迪公司的铁路专业技术，开发出新技术以降低维护成本(减少保养停工期)，推进整个系统的可靠性。MITRAC CC 远程平台提供多种服务，通过标准接口访问车辆。由于服务本身来源于不同的厂商，MITRAC CC 远程平台保证了不接受未经授权的厂商的访问，同时保证在线的控制通信系统不冲突。

MITRAC 列车控制通信系统的核心是 TCN（Train Communication Network，列车通信网络）标准，允许不同用户之间的互操作。交换信息使用的传输介质为屏蔽双绞线或者光纤，列车上所有 MITRAC CC 器件都连在同一个网络上，从而可以交换程序和诊断数据，很容易增加新的设备。在 MITRAC 中没有控制柜和机箱，而是各个控制单元或 I/O 单元均自成一体封装在一个具有较好的电磁兼容性的机壳中。每个壳体均有自己的电源和车辆总线接口。图 3-54 所示是广州地铁 2 号线列车 MITRAC CC 的微机控制系统总体框图，图中标识含义见表 3-6。

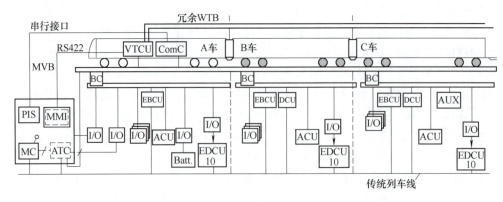

图 3-54　广州地铁 2 号线列车 MITRAC CC 的微机控制系统总体框图

表 3-6　广州地铁 2 号线列车 MITRAC CC 的微机控制系统标识含义

序号	代号	名　称	序号	代号	名　称
1	ACU	空调控制单元	10	I/O	标准输入/输出单元
2	ATC	列车自动控制	11	MC	主控制器
3	AUX	辅助变流器控制单元	12	MMI	驾驶室显示单元（人机接口）
4	ComC	通信控制器	13	MVB	多功能车辆总线
5	Batt	蓄电池充电控制	14	PIS	乘客信息系统
6	BC	总线连接器	15	TCC	列车控制与通信
7	DCU	牵引控制单元	16	VTCU	列车控制单元
8	EDCU	电动车门控制单元	17	WTB	列车总线（冗余）
9	EBCU	制动控制单元			

图 3-54 所示的列车微机控制系统主要由列车总线（WTB）和多功能车辆总线（MVB）两部分组成，它们在关键区域提供冗余，即 WTB 或 MVB 中的单点故障不会导致列车运行停止。列车控制分为列车控制级、车辆控制级以及子系统控制级三级（包括牵引控制、气制动控制、辅助电源控制、门控制、空调控制、乘客信息系统控制等）。列车控制级上的 WTB 通过安装在每个单元的 VTCU 中的大功率网关与 MVB 相连，进行数据交换。列车控制级和车辆控制级与每个 3 节车单元的控制单元 VTCU 构成一个整体，执行如下主要功能：通过 WTB 进行列车控制；总线管理和过程数据通信；监督和诊断；通过 MVB 在各个子系统之间进行通信；提供与外部 PC 之间的服务端口等。各部分功能描述如下。

（1）列车总线（WTB）与多功能车辆总线（MVB）　列车总线（硬线连接总线 WTB）连接着两个 3 节车单元的 VTCU，两个 VTCU 之间通过 WTB 进行通信。多功能车辆总线 MVB 与车辆及列车控制单元 VTCU 直接相连，VTCU 包括多功能车辆总线控制器、大容量的事件记录器等，可以对车辆总线通信进行管理。VTCU 通过 MVB 与车辆所有子控制系统进行数据交换，实现列车控制和车辆控制。车辆控制级、子系统控制级（如牵引/制动控制级）以及本车与同一单元的其他车之间通过本地车辆总线进行通信和数据传输。

（2）车辆及列车控制单元 VTCU　车辆及列车控制单元 VTCU 为带集成诊断功能和控制功能的车辆与列车控制装置，每个 3 节车单元拥有一个 VTCU（一列车有两个），作为总线管理主机。它是一个带有 32 位数字处理器、8MB 闪烁内存的微机控制单元，还包含静态电池缓冲 RAM、串行接口、独立的电源。

VTCU 具有硬件自我检测功能以及看门狗（保护和监控）功能，并在软件故障后自动重新起动。VTCU 负责组织所有连接通道上的数据交换，处理接收的数据以及负责向子控制系统发出指令并完成诊断功能。其主要完成或参与的控制功能有管理多功能车辆总线、列车的故障诊断和存储、DC/AC 及 DC/DC 电源负载分配监控（正常与故障状态）、用于牵引/制动控制的列车控制、支持列车自动驾驶 ATC 功能、监视安全制动装置、速度中央控制、里程记录、驾驶显示器的控制、提供列车乘客信息系统指令和数据、参与防滑/防空转保护控制等。控制有关的自动开关 4F01，激活端 A 车的 2F14。

（3）列车管理系统（TMS）　列车管理系统（TMS）是以 VTCU 为核心的一个列车控制系

统,是列车微机控制和网络系统的重要组成部分。它由列车控制级和车辆控制级的多台计算机系统和一些专门开发的高处理速度的微机组成。TMS 负责列车的控制、监控和诊断,该系统可以为列车各子控制系统和模块提供各种实时控制信号。

当一个或多个列车控制系统的部件出现故障时,列车管理系统能定义并被切换到预定的状态继续工作。如当 WTB 或一个网关出现故障时,列车将被切换至 TCC 限制模式进行工作。又如当 MVB 或一个 VTCU 出现故障时,列车将被切换至 TCC 备用模式进行工作。

TCC 限制模式和备用模式是 TRB(TCC Restrict/Backup)模式的两个子模式,在广州地铁 2 号线列车上体现为同一个模式开关 TRB。在上述提到的故障情况下,驾驶员通过显示器上有关故障信息进行处理,将列车转换到 TRB 模式继续运行。TRB 运行模式下,驾驶员在 ATP 的监督、速度指示限制范围内控制列车运行。如果超越这个速度限制,ATP 将会激活紧急制动使列车停下来。在 TRB 运行模式下,两个 VTCU 之间将不会通过 WTB 直接通信,也就是说牵引/制动力指令不能通过 WTB 从激活的驾驶室传输到其他地方。因此牵引/制动力指令通过连接主控制器的 4 条列车线传递,即通过硬线通信。这 4 条列车线为:100%牵引力指令、大约 50%的牵引力指令、100%的制动力指令和大约 50%的制动力指令。TCC 备用模式与 TCC 限制模式不同的是:由于 TCC 备用模式时,有 MVB 或一个 VTCU 失效,因此在 TCC 备用模式下只可以利用 50%的牵引力。

列车因通信故障出现起动联锁后(如检测不到两个或两个以上的车辆状态),会出现合上 2S18 紧急牵引模式下,紧急牵引命令值虽然送给了 DX 模块后转送给了 VTCU,出于安全的考虑,VTCU 仍然要求正常牵引命令回路的信号(车门信息、主风缸压力、停车制动缓解、气制动缓解等),才会送出紧急牵引值。因此,合上 2S18 开关仍然不能动车时可尝试打下故障端 A 车的 4F01,终止 DX 模块工作,从而保证 2K30 失电(将在牵引指令发出回路中介绍),使列车在通信故障的紧急情况下也可以牵引,但此时列车只有一单元车的牵引力。

(4) 列车故障诊断 VTCU 通过列车微机控制和网络系统接收从各个子控制系统或 I/O 控制单元传来的故障报告,并附带所选择的环境数据和相应的时间参数。所有列车运行所需的关键的诊断信息则是通过安装在驾驶室驾驶台上的 TFT(薄膜晶体管)液晶彩色触摸式显示器来显示的。显示器的内容分别有中、英文显示,对不同的使用者设置了不同的权限,分为驾驶模式界面和检修模式界面。

列车故障诊断系统根据故障对子系统或列车的性能或安全性的影响划分为不同的故障等级。而在子部件系统单个故障发生时,故障诊断系统可根据整列车的故障情况及该子部件故障对列车运营的影响程度,对故障进行综合评估,输出列车故障等级,并在驾驶室显示器上给予驾驶员适当的处理建议。

列车故障诊断系统对所有重要的故障信息的记录均给出了跟踪数据,并通过分析数据能显示出连续的牵引/制动曲线图形。对于每个直接连到 MVB 总线上的子控制单元,均要求诊断系统能诊断并显示到最小可更换部件的故障。

3. AGATE 系统

(1) AGATE 系统及其结构 AGATE 系统是阿尔斯通(ALSTOM)公司开发的列车控制系统。AGATE 系统主要由 AGATE Link(列车监控)、AGATE Aux(辅助控制)、AGATE Traction(牵引控制)和 AGATE e-Media(乘客信息系统)四部分组成。在南京地铁 1 号线车辆中就使用了 AGATE 微机控制系统。

AGATE 牵引控制系统主要是实现实时的机车牵引控制和产生制动命令。其主要特点是：模块化设计实现安全快速的操作；主要功能的子装配系统标准化；采用 World-FIP 总线网络，实现和主要数据网络(TCN、CAN、FIP、LON)的通信网关；具有自测试功能；使用 EASYPLUG 技术；包含了最新技术 FPGA 器件和 PCI 总线接口。

AGATE 辅助控制系统主要是实现对列车上静态逆变器和电池充电的控制，其主要特点是结构紧凑、模块化、低成本、低噪声和快速保护等。

AGATE e-Media 乘客信息系统主要是在列车运行中，提供实时的多媒体信息和休闲娱乐，为乘客提供便利性和舒适性，同时还可以作为一种高效广告媒体，能带来新收益。AGATE e-Media 的主要功能有：系统用发音系统自动报站，并在屏幕上以有色信息显示，具有动力学线路地图，也可显示广告和新闻。当系统突然中断或者出现意外情况时，优先直接向乘客广播实时信息。

AGATE Link 是在线管理和监视列车的电子模块，是整列车辆维护的有效工具。通过监视列车各子系统的运行状况来提供迅速、准确的列车故障诊断，从而减少了检查时间和成本，缩短了停工维护时间。AGATE Link 的突出特点是改善了列车生命周期成本(LCC)。AGATE Link 可根据应用需要对基本部件进行组合，如远程输出模块、驾驶控制台、GPS 定位模块、无线电数据传输模块和在线通信网络，系统易于扩展。

AGATE 控制系统的结构示意图如图 3-55 所示。AGATE 系统的控制网络 World-FIP 总线是从 FIP 总线发展而来的。FIP 总线是一种面向工业控制的通信网络，其主要特点可归纳为实时性、同步性、可靠性。World-FIP 的设计思想是：按一定的时序，为每个信息生产者分配一个固定的时段，通过总线仲裁器逐个呼叫每个生产者，如果该生产者已经上网，应在规定时间内应答。生产者提供必要的信息，同时提供一个状态字，说明这一信息是最新生产的还是过去传送过的旧信息。消费者接收到信息后，可根据状态字判断信息的价值。AGATE 系统采用 World-FIP 总线完整地实现了列车控制的所有功能。

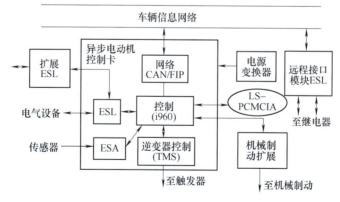

图 3-55　AGATE 控制系统的结构示意图

（2）TIMS 管理系统及其结构　图 3-56 所示为 AGATE 系统在地铁车辆中应用列车综合管理系统(TIMS)的结构图。TIMS 系统设备见表 3-7。TIMS 是基于 AGATE 系列，通过数据处理网络连接的产品。TIMS 收集来自与它连接的设备的故障信息，并且通过驾驶显示单元提供信息给驾驶员和维护人员，它能记录故障、综合故障以及记录设备状态。TIMS 具备操作帮助、维护帮助、事件记录管理、旅客信息触发(音频和视频)的功能。

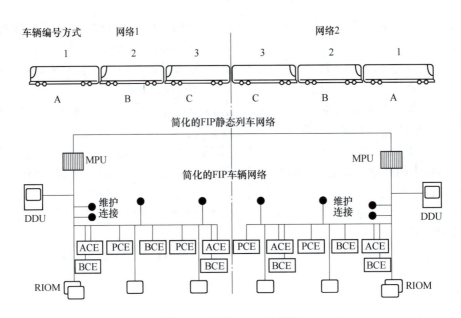

图 3-56 列车 TIMS 结构图

表 3-7 TIMS 系统设备明细

代 号	名 称	代 号	名 称
MPU	主处理单元	ACU	音频控制单元
DDU	驾驶显示单元	APU	音频播放单元
RIOM	远程输入/输出模块	PECU	乘客紧急通信单元
FDU	前部显示单元	IDU	中间显示单元

FIP 数据网络是 TIMS 的核心，它们根据等级结构配置分为列车网络和车辆网络。FIP 列车网络连接列车的两个 MPU，以确保在每个车辆组之间进行数据通信。MPU 控制列车网络和定义信息流动。图中 ACE、BCE 和 PCE 都是与 FIP 数据网络连接，但是它们不在 TIMS 范围内。

车辆设备直接连接到每个车辆网络：①MPU，运行主要的 TIMS 软件应用程序和支配 FIP 车辆网络上的通信；②DDU，人机界面，通过交互式的入口来运行和维护 TIMS 的功能；③RIOM，局部安装在每一个车上，提供二进制 I/O 接口和标准的 RS485 串行通信口；④PCE（牵引），安装在动车 C 和 B 上，通过 FIP 连接的通信被限于监测功能；⑤BCE（制动），安装在每节车上，在 A 车上的 BCE 也控制压缩机设备，通过 FIP 连接的通信被限于监测功能；⑥ACE（辅助），通过 FIP 连接的通信被限于监测功能。TIMS 设备的 FIP 地址通过数字插头或低压二进制输入组合来定义。

为了优化单元之间的电缆长度，FIP 网络电缆线路由双绞屏蔽线构成（120Ω 阻抗），FIP 列车网络布设在整个列车并连接两个 MPU。该网络没有连接其他设备，FIP 车辆网络受限于车辆的长度，它连接总线上的设备。各部分功能如下：

1）串行通信口连接。与外围设备的串行通信口通信由 RIOM 通过系统软件提供，设备变量通过相同的 RS485 串行通信口连接，串行网络接口元件是智能的，它们处理协议编码、译码、传输、接收和故障检查。串行通信口交换数据是建立在主/从机制上：RIOM 在串行通信口上发送一个请求(设备地址标志)，设备(与指定地址一致)反馈响应，为了知道在 RIOM 与设备之间的通信是否中断，相互检查功能是可用的。

经过串行通信口交换被 MPU 通过列车网络初始化，在应用软件的每个循环，MPU 通过 RIOM 发送一个请求询问串行通信口。连接到串行通信口的每一个单元都有一个唯一的地址。此外，相同类型的设备和有相同功能性的设备都分享相同的组地址。以保持信息在网络上不断地传输，从而避免在紧要的时候出现传输高峰。常见的信息包括所有故障状态信息，并能够被传送到驾驶室。

相应的设备通过 RS485 串行通信口连接到 TIMS 上。主要有：

① 旅客显示器(IDU 和 FDU)。在每节车上，所有的 IDU 都连接相同的串行通信口，所有的 IDU 分享相同的组地址。运行的信息同时发送给所有的显示器。在此期间，单独的信息发送给每个显示器，目的是检测显示器功能状态。在 A 车，FDU 通过自己的串行通信口连接到 TIMS 上。

② 门。在每节车上，相同一侧的 5 个门连接一个单独的串行通信口，用以监测门的状态。

③ 音频系统。在每节车上，APU 和 PECU 音频设备与 TIMS 的串行通信口连接是为了监测和控制。在 A 车，ACU 通过自己的串行通信口连接到 TIMS 上。

④ ATC(列车自动控制)。ATC 在串行通信口上的通信位于每个 A 车上，通过列车线传送数据，例如 ATS 时间、列车精确位置和 ATC 状态。

2) I/O 连接。逻辑输入通过 RIOM 周期性获得，它使得通过 FIP 车辆网络连接到 MPU 是可行的。相反的，逻辑输出值通过 FIP 车辆网络经 MPU 周期性地发送给 RIOM，它实际上控制物理输出。在 FIP 车辆网络上流通的数据被连接它的 MPU 作出判断，数据需要通过 FIP 列车网络经 MPU 在两个车辆网络上进行交换。

相应的设备通过二进制 I/O 连接到 TIMS 上。主要有：

① HVAC 系统。在每节车上，TIMS 使用二进制 I/O 是为了监测 HVAC 状态和给定的初始授权。

② 照明。TIMS 获取照明状态(有故障/无故障)。

③ 受电弓。在每节 B 车上，TIMS 监测受电弓状态。

④ 列车状态。TIMS 通过每节 A 车的二进制输入监测列车的状态(驾驶模式、驾驶室占有、紧急制动和停车制动状态)。

3) 音频系统。除了串行通信口，TIMS 为了执行 DVA 功能(自动音频信息)也与音频系统连接。在每节 A 车上，使用特殊的调制线来连接 MPU 和 ACU，这个连接由双绞屏蔽线组成。

列车有两种通信方式：无线电通信用于外界通信；在驾驶台上的 PLATE5 用于内部通信。

音频广播系统的组成：音频通信单元(ACU)、音频放大系统(APU)、乘客紧急通信单元(PECU)、驾驶室扬声器、驾驶室传声器、客室扬声器。

与外部通信时，音频系统使用设备及设置位置见表 3-8。

表 3-8 音频系统使用设备及设置位置

名　称	设 置 位 置	名　称	设 置 位 置
天线	位于 A 车车顶	广播用电话听筒	位于操作台上
主机	位于 ATC 室	无线电装置及底座	位于驾驶台 DDU 前
广播单元控制面板	位于驾驶台上 ATC 按钮下	无线电通信扬声器	位于驾驶室右上侧墙

音频系统执行下列音频通信功能：

① 公共广播(PA)(驾驶室-客室)。从列车驾驶员到旅客之间是单向音频通信。如果驾驶员想要同所有乘客讲话，可选择级或"音频通信口"按钮，随后按下"按下说话"按钮对着传声器说话。驾驶员可以通过"CI_AC"传声器传达信息。

DA 广播也可以同时传输到每节车的"APU"。

在紧急救援情况下，驾驶室(两列列车)之间的通信可以使用；在紧急救援编组时(两列车)，两列车连接的时候仅能实现驾驶室与驾驶室之间的内部通信。

② 数字声音广播(DVA)(驾驶室-客室)。单向音频通信用来信息自动广播。DVA 广播通常是由 TIMS 根据运营线路而起动的，但是也可以由驾驶员通过 DDU 来控制。

TIMS 通过"PA 调制"列车线及"PA 请求"列车线，同时对每一节车厢提供 DVA 广播数字声音广播。数字声音广播由 DDU 上"乘客信息显示"菜单中的"客室广播信息"按钮所控制。

③ 旅客紧急内部通信(PEI)。双向旅客紧急内部通信是用于在单元和列车驾驶员之间的通信，是旅客发出的信息。在紧急情况下，任何一个客室里的旅客都可以要求和驾驶员对话。乘客可以激活"PECPB"按钮，一旦乘客激活"PECPB"按钮，驾驶员必须确认并接受请求，并激活 PECU 进行通话。

当一位乘客需要一个 PEI 并按下了按钮，SOS 求救信号会由 DDU 传送，并使蜂鸣器工作，提醒驾驶员。如果同时几个 PEI 被激活，这样的请求将会被排队处理；如果驾驶员想要回答，他可以查看"列车操作"按钮了解 SOS 信号来源，并激活 DDU 上的"列车事件及错误"按钮进行查看；在确认之后，驾驶员按下"音频通信口"按钮，按钮发光表明被激活，随后按下"按下对讲"按钮便可对着传声器同乘客通话。

④ 驾驶室-驾驶室的内部通信(CI)。列车驾驶室之间的内部通信是工作人员之间的通信。如果驾驶员想同另外一个驾驶室的驾驶员通话，可选择激活"音频串口"按钮，按钮发亮，随后按下"按下说话"按钮通过传声器同另一个驾驶室的人员通话。驾驶员可能需要通过"内部通信"列车线同另一个驾驶室人员通话。在紧急救援情况下，驾驶室(两列列车)之间的通信可以使用。

此外，在营救模式下(一个列车拖拽故障列车)，驾驶室之间的内部通信在两个连接的列车之间可以使用。

⑤ 无线电(Radio)。双向外部通信。如果驾驶员想从 OCC 广播信息(OCC 到客室的通信)，驾驶员按下 ACUPB3 按钮，红色指示灯 ACUI3 被无线电设备激活点亮。无线电信息通过"PA 调制"列车线传向"APU"直到乘客。

⑥ 开/关门(DO/DC)。单向开关门报警。

4）主处理单元（MPU）。MPU 作为一个自动化运行设备，反复周期性地进行下列操作：读输入变量→执行应用软件的功能→更新输出变量。对每一个系统收集信息并传送到维修帮助系统，并且产生出综合的信号。收到完整的信息用于报告驾驶员，故障分三个等级，分别为严重故障、中级故障、轻级故障，故障显示在 DDU 上。

TIMS 系统给中压供电的感性负载（如客室空调）提供起动许可。列车动态动作被记录在一个事件记录器内，在列车故障发生或列车进入收车模式后，记录的数据将不会丢失。

TIMS 的主要功能是监控列车的行驶，MPU 从和它相连的设备中收集故障信息，并通过 DDU 向驾驶员及维修人员提供信息。它同样也记录故障，或记录综合性的故障和设备状态。

5）驾驶员显示单元（DDU）。DDU 是由触摸 LCD、TFT 彩色屏和信息处理模块组成，为 TIMS 功能构成主要的入口点。它通过驾驶员或维护人员获得命令进入屏幕，显示数据和与 MPU 通过 FIP 网络进行通信。

触摸屏可允许以下操作：列车的准备控制、车辆状态控制、车辆故障显示、视频旅客信息系统的控制、预先记录的音频信息的广播。驾驶员可通过触摸三个选项卡中的一项，选择想要的页面，激活按钮呈灰色。

6）视频显示单元（IDU/FDU）。视频旅客信息系统由下列系统组成：前部显示单元（FDU）、内部显示单元（IDU）和信息存储单元。视频旅客信息系统是建立在 LED 矩阵技术基础上的，PIS 是在 TIMS 内部集成并传送到整个列车。

① 内部显示单元 IDU。客室显示器位于每节车的客室（每个客室有两个显示器）。它能显示信息给旅客，例如下一站的名字或者其他特殊的信息。

② 前部显示单元 FDU。前部显示单元位于头一节车，它可以以循环的方式显示以下信息：最后一站站名和列车号。

③ 信息存储单元。信息存储单元位于列车的每节 A 车的 MPU 中，它包含所有自动播报的信息和特殊的信息，信息只能从工作中驾驶室的信息存储单元传送。

4. TIS 信息系统

TIS（Train control Information management System）信息系统是日本新干线各型列车上装备的信息控制与传输系统。TIS 系统由列车通信网络、各车厢通信网和功能单元控制机组成。在各车厢内设有一终端站，它是列车通信网上的节点，也是本车厢信息传输的主站，各车厢内功能单元的信息均通过这个终端站（节点）向列车通信网络发送或从列车通信网接收信息。新干线的列车编组是以 2~4 节车厢组成一个车组单元为基础的，在一个车组单元内，由牵引制动控制系统、辅助电源、车门空调控制、变压器及信息子系统等相对独立的子系统构成对车组单元的完备控制。当列车根据需要由多个车组单元构成列车编组时，这些相对独立的子系统，通过一定的信息传输手段连成一个完整的列车控制系统。图 3-57 所示是 TIS 系统结构示意图。

TIS 系统网络的基本结构有两种。一种结构是车厢内的终端（节点）只传输 TIS 系统的信息；另一种是节点既传输信息又传输控制命令，因此在日本新干线及既有线铁路列车上有以下三种应用形式。

（1）二重直通线的方式　控制命令和 TIS 的信息都在二重直通线上传输，A、B 总线上的传输方式为 FSK，速率为 100kbit/s。

（2）控制命令用二重直通线　控制命令从驾驶台发出，通过 A、B 二重总线与各车厢变流器——逆变器单元直接连接。命令传送方式采用移频键控 FSK 方式，速率为 19.6kbit/s，TIS 信息用单一 FSK 方式传输，速率为 38.4kbit/s。

（3）列车总线和车厢总线方式 各车厢的节点通过两个方向相反的环形网络连接，采用光纤作为介质，波特率为 2.5kbit/s。车厢总线用于连接车厢节点和车厢内的功能单元，采用双绞线及 RS485 电气标准，波特率最大为 1Mbit/s，控制命令和 TIS 信息都在这两个网上传输。

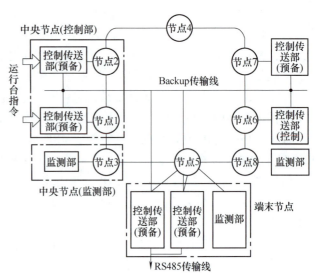

图 3-57 TIS 系统结构示意图

TIS 系统具有以下功能：

（1）驾驶员操作向导 指导列车正确、正点运行，并显示列车运行图。向驾驶员指示设备的工作信息，在异常情况下，给出操作指南以及简单的检查程序，能进行出库检查。

（2）乘务员操作功能 乘务员可以通过 TIS 的终端站（车长站）设定车厢的空调温度，异常情况下能发出警报；还可以通过 TIS 系统查询客车情况，并做出处理。

（3）维修支持功能 能自动测试各功能单元的运行情况（用于系统调试），调阅各设备的故障记录，做出故障分析，收集、记录运行数据，为检修提供依据。

（4）旅客服务功能 向旅客提供各种信息，如到站和前方站、运行时刻表等。

（5）控制命令传送 该功能只有在最新的 700 系列车上才有完全的运用。控制命令包括牵引动力、制动、门控与空调、照明、辅助电源、受电弓、蓄电池开闭等。

随着 TIS 系统功能的增强，它在列车控制系统中的作用越来越重要，已经成为新干线列车系统中不可缺少和不可替代的一个重要组成部分。TIS 系统在列车运行、检修和故障诊断中的作用越来越大，有关人员对其依赖性也越来越强，维修基地的工作人员基本都是按 TIS 系统的检查测试结果来检修控制系统及各功能单元的故障，而 TIS 系统本身的可靠性也很高，TIS 系统本身很少有故障发生。

5. DTECS 系统

除了上述国外的典型系统之外，我国也已经研发了多个列车微机控制系统，其中株洲电力机车研究所开发的 DTECS 微机控制系统已经运用在地铁列车上。

（1）DTECS® 系统概述 DTECS® 是专为轨道车辆的列车控制和通信而设计的一套车载计算机系统，它控制并监视整个列车。它包括车载硬件、操作系统、控制软件、诊断软件、监视软件和维护工具。

DTECS® 是一个分布式控制系统，它分布于整个列车的各个智能单元。这些单元可分别安装在车下设备箱、驾驶台或车厢内的电气柜中。系统最明显和最重要的优点是：显著减少各箱柜之间的连线，并方便将来对系统功能进行扩展。总线的扩展比较简单，只需增加一根连接到该单元的电缆线，并更新应用软件就能和新的单元进行通信。系统设备采用模块化设计，其系列产品不仅适用于各种牵引系统的控制，而且适用于列车/车辆的控制，也可以用于列车监控系统，如 DTECS® 系统应用于深圳地铁 1 号线增购车辆中。由于该系统构成的灵活性，可以很方便地适应不同形式的列车编组。

DTECS® 广泛地采用电子控制设备和串行数据通信来代替继电器、接触器和直接硬连线，并且通过网络连接各个子系统的控制设备（如牵引控制、摩擦制动控制、门控制等），能够减少继电器、接触器、车辆/列车布线、端子排和连接器联锁的使用。控制系统中具有电子控制及监控设备的子系统是：列车控制单元、牵引逆变器控制单元、辅助逆变器、驾驶显示器、空调控制系统、门控制系统、制动控制系统。

（2）TCC 结构　由 TECS® 系统构成的地铁列车控制系统 TCC 按照六辆编组设计。地铁列车控制系统（TCC）对列车牵引系统、高压电路、辅助电源系统、制动系统、ATC 系统、车门及空调等系统进行控制、监视和故障诊断、记录。地铁列车控制系统（TCC）采用分布式控制技术。列车通信网络遵循 IEC 61375 标准，划分为二级，由贯通全列车的列车总线和贯通一个车辆单元的车辆总线组成。列车总线和车辆总线之间通过网关交换数据，网关负责两级网络间的协议转换。整个地铁列车控制系统（TCC）采用先进、成熟和可靠的 DTECS® 控制系统。TCC 系统组成系统配置图如图 3-58 所示，图中各符号代表的含义见表 3-9。

表 3-9　TCC 系统符号含义

序号	代号	名　　称	序号	代号	名　　称
1	ACU	辅助变流器控制单元	13	EDCU	电动车门控制单元
2	ACCU	空调控制单元	14	ERM	事件记录仪模块
3	ATC	列车自动控制	15	FAS	火灾报警系统
4	AXM	模拟量输入输出模块	16	LVPS	低压供电系统
5	BC	制动缸	17	TSC1	无线传输装置
6	BCM	总线耦合模块	18	PIS	乘客信息系统
7	BECU	制动控制单元	19	PTU	便携式维护工具
8	CCTV	视频监控系统	20	MMI	驾驶室显示单元
9	CPU	中央处理单元	21	MR	主风缸
10	DCU	牵引控制单元	22	MVB	多功能车辆总线
11	DXM	数字量输入输出模块	23	VTCU	列车控制单元
12	DTECS	分布式列车控制系统	24	WTB	绞线式列车总线

列车系统构成单元主要有以下几部分：

1）列车控制单元（VTCU）。VTCU 位于每个驾驶室内。VTCU 管理整个列车网络通信，并监控车辆设备。VTCU 包括两套互为冗余的 VTCU1/VTCU2 装置，在正常运行情况，系统随机选择一套作为主控设备，另一套为备用。备用设备不间断地监视主控设备状态，当主控设备出现故障时，备用设备将代替主控设备，行使列车中央控制单元的功能，以保障整个列车正常运行。

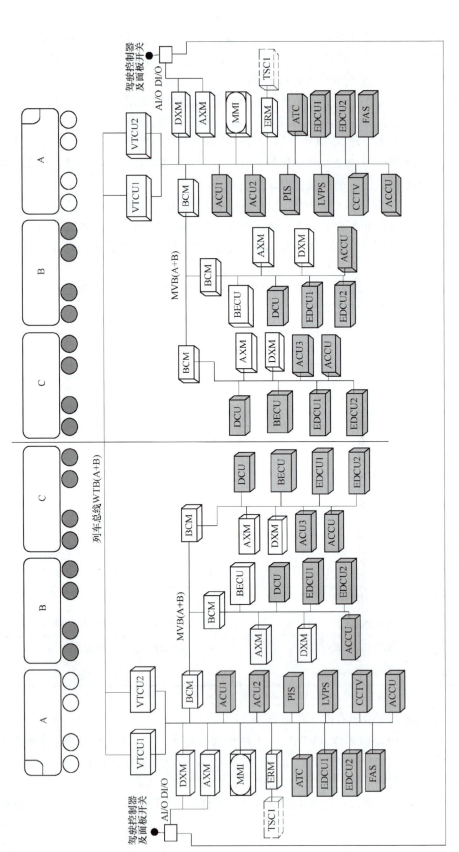

图 3-58 TCC 系统组成系统配置图

2) 输入输出单元(DXM、AXM)。通过配置适量的数字量输入输出模块(DXM)和模拟量输入输出模块(AXM),并就近放置在信号采集场合,完成控制信号的采集和输出。

3) 总线耦合模块(BCM)。总线耦合模块,实现 MVB ESD+和 EMD 的通信介质转换,实现车辆间 MVB 总线连接。

4) 驾驶室显示单元(MMI)。MMI 显示器位于每个驾驶台,采用符合人机工程学原理设计,以及高分辨率的图形显示,包括一个触摸屏系统。

5) 事件记录仪模块(ERM)。ERM 装在每个驾驶室里面。ERM 自身有闪存 FLASH 作为存储体来记录列车状态。它可以通过高速以太网将记录数据下载到地面设备或无线传输装置。

6) 无线传输装置(TSC1)。TSC1 安装在每个驾驶室里面。TSC1 具有 GSM、GPRS 和 802.11B 三种无线通信接口,少量的实时信息通过 GSM、GPRS 传送到地面,大量的记录信息在列车回库后,通过无线局域网 802.11B 传送到地面。

7) 便携式维护工具(PTU)。PTU 包括笔记本电脑(Windows PC)和打印机。通过连接 PTU 和 DTECS®单元后,记录的数据可从 DTECS®单元下载到 PTU。下载的数据可在 PTU 显示器上显示,并可打印。

(3) TCC 系统功能 TCC 具有牵引/制动控制功能,TCC 通过车辆总线 MVB 传输以下信号到 DCU 和 BECU:控制运行方向、牵引信号、制动信号、给定指令参考值和操作工况(洗车模式等)。同时,对一些关键信号也进行硬连线备份。

驾驶员钥匙在"ON"位置时,激活的驾驶室将被设定为主控室,由 VTCU 中的控制软件来处理。如果同时有两个驾驶员钥匙处在激活位置,则车辆必须处在禁止运行状态。

来自驾驶控制器的方向选择信号和 ATO 的牵引/制动参考信号通过置于驾驶台内的 AXM 单元不同的 AI 通道读入到 VTCU 单元,VTCU 将其进行处理加工后再传送到牵引逆变器。"备用指令信号 1、2"用于备用模式,每一位代表牵引和制动的参考信号。

紧急牵引按钮被按下时,将启动备用驾驶模式。牵引逆变器和制动控制单元接收到列车线送来的紧急牵引信号后,将根据列车线的牵引/制动工况信号和备用指令信号 1、2 进行牵引和制动,在备用模式下不启用电制动。

牵引安全列车线用于表明列车已做好起动前准备,即所有车门均已关闭,所有制动均已缓解,驾驶员钥匙已处在"ON"位置。此列车线可直接封锁驱动控制单元 DCU 输出的触发脉冲。出于系统运行最高完整性的考虑,此部分不含任何软件控制。

TCC 收到按下驾驶控制器"警惕"按钮信息,如果在一定的时间内警惕按钮没有按下,列车将自动实施紧急制动。只有驾驶员把驾驶控制器手柄先推到惰行位然后牵引,制动才被解除。

洗车模式控制下列车的速度由一个按钮来实现。这个按钮将处于一直按下的位置直到它再次被按下,一旦按下,速度将保持 3km/h。

为了提高制动操作的有效性和乘坐的平稳性,列车控制系统 TCC 与 BECU 协调进行整个空电联合制动的混合控制。列车控制系统 TCC 将来自驾驶控制器或 ATO 的制动命令传输给 BECU 和 DCU。在尽可能发挥列车电制动力的基础上,BECU 将补充空气制动力,以满足总制动力要求。

列车控制系统 TCC 传输来自驾驶室 HSCB 闭合开关触发的 HSCB 闭合命令。

任务三　城市轨道交通车辆布线

　　城市轨道交通车辆是一个机电一体的设备，有许多相对独立的系统，各个不同的部件通过螺钉、铆钉等零件实现与整个车体的机械连接，而其电气连接则通过数量繁多的电导线将其组合在一起。连接导线在城轨车辆上的走线、布置、固定方式以及与电气设备之间的连接方式就是城市轨道交通车辆布线。在城轨交通车辆电气系统中以布线图、接线图或接线表的方式呈现。

　　城市轨道交通车辆上电气设备非常多，例如仅整个车辆的插头约有1000多个，点多面广，出现故障的概率较高，所以对布线的熟悉掌握，无论对制造、检修还是司乘人员都是非常有用的。对于制造人员，布线图是车辆上导线安装、固定、接线的标准，必须严格按照标准布置导线，才不会错接、漏接，避免人为故障；对于检修人员，从布线图中可以很方便地查出哪根导线或电气设备接在什么位置，如何接的，易于准确快捷地更换；对于司乘人员，布线图可以帮助驾驶员很快地查找出故障部位并进行应急处理。因此，读识布线图是相关从业人员的一项基本功。下面就从布线工艺和识读布线图两方面进行介绍。

一、城市轨道车辆布线原则

　　1）城市轨道车辆布线应符合设计电路图及布线图的要求。

　　2）城市轨道车辆总体布线时应注意，使电线尽量远离发热器件。发热温度在100℃以内的发热器件，与电线的距离需保持在20mm以上；发热温度达100~300℃的发热器件，与电线的距离需保持在30mm以上；发热温度达到300℃以上的发热器件，若无隔热、防火措施，则与电线的距离需保持在80mm以上，若有隔热、防火措施，则以隔热部分的实际可能温度考虑。

　　3）城市轨道车辆布线应采用集中布线法，线束应尽量集中。

　　4）城市轨道车辆布线可以采用线槽、线管，也可以裸露布线。线槽、线管的端部以及电线引出口不得浸漏油、水，裸露布置的电线必须充分注意不得浸入油、水。

　　5）城市轨道车辆布线经过车体时开孔应不影响车体的强度。

　　6）穿入线管的电线电缆，外径面积之和不应超过线管内横截面积的80%（单根电线例外）。

　　7）城市轨道车辆上两接线端子间电线不允许剪接。

　　8）城市轨道车辆上电线两端头接线，除了与插接件相连外，必须采用接头压接或焊接。

　　9）每根电线两端必须有清晰牢固的线号。

　　10）电线管、槽安装应牢固。电线要用扎线带、线卡等以适当间隔可靠固定，防止振动造成损伤。

　　11）电线电缆出入线槽、线管及穿过金属隔板的孔、口时，必须加以防护。所有各孔、管口应加绝缘套（有油处应耐油）或用绝缘物包扎。

　　12）母线和母线间电气间隙和爬电距离应符合TB/T 1508—2010《机车电气屏柜技术条件》的规定。

13）城市轨道车辆布线与轨道车上的电气屏柜、仪表、电气设备的连接，可采用螺栓组成（或卡簧式）的接线座（端子）或插头、插座。

二、城市轨道车辆布线的实施方法与措施

1）布线时应考虑城市轨道车辆模块化设计制造，在地面进行装配。
2）由线槽构成整个线路的主干，由插头、插座完成部件与线路的连接。
3）线槽与部件的连接在接线箱中完成。
4）每节车辆中间布置车下线槽与车顶线槽的连接线。
5）同一型号插头采用机械式防插错编码，有效防止相同型号插头插错。
6）高压电流所流经的线路采用硬母线连接，可有效防止接线错误。

模块化设计制造的优点在于将车辆的立体安装制造变为各部件的平面同步制造，各部件在各分包商制造完毕后，直接通过插头及插座连接，提高作业效率，同时有利于各部件的维修更换。但由于使用插接件较多，出现故障的概率会相应增大，克服这一缺点的方法是采用高质量的插接部件，并在检修过程中加强对插头插座连接状态的检查等。

三、城市轨道车辆布线操作

1. 电线电缆接线

电线电缆必须满足 TB/T 1484.1~4—2010《机车车辆电缆》的要求，其绝缘等级应与额定电压相符。电线电缆的弯曲半径也应符合 TB/T 1484.1~4 的规定。当电缆直径小于或等于 20mm 时，弯曲半径应大于或等于电缆外径的 3 倍；当电缆直径大于 20mm 时，弯曲半径应大于或等于电缆外径的 5 倍。

2. 母线接线

铜母线一般采用 TBY、TBR 型扁铜线及 TMY、TMR 型铜母线，根据 GB/T 5584.2—2009《电工用铜、铝及其合金扁线-第 2 部分：铜扁线》及 GB/T 5585.1—2005《电工用铜、铝及其合金母线 第 1 部分：铜和铜合金母线》选用。母线应平整、调直，表面不得有高于 1mm 的折皱。母线落料、钻孔和冲孔后，应去毛刺。平弯时，弯曲内半径不小于窄边宽度；扁弯时，弯曲内径不小于母线宽边宽度。母线弯制后不应有裂纹或裂口。母线焊接处的焊缝必须牢固、均匀，无虚焊、裂缝、气泡和夹渣等现象。

母线与母线、母线与电器端子连接处的连接长度不小于铜排的宽度，并应采用镀（搪）锡、镀银等防电化腐蚀措施。对铜母线的其余部分可以采用镀（搪）锡、刷油漆、包扎绝缘等防护措施。连接处应平整、密贴。

3. 接头连接

接头必须用纯铜 T2 或 T3，对于管材、板材应同时符合相关标准。接头表面不得有毛刺、锐边、裂纹或扭曲、明显变形等外观缺陷，接头表面要镀锡或镀银。

（1）城市轨道车辆布线接线用接头分类

1）全裸接头（图 3-59）。全裸接头适用于横截面积大于或等于 16mm² 的电缆，安装螺孔分单孔和双孔，接头系列的各部分推荐尺寸见表 3-10。

2）护套接头（图 3-60）。护套接头适用于横截面积小于或等于 10mm² 的电缆，螺孔为单孔，尺寸见表 3-11。

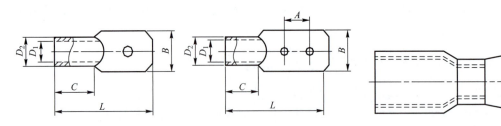

图 3-59　全裸接头　　　　　　　　　　　图 3-60　护套接头

表 3-10　全裸接头尺寸

规格尺寸 /mm	铜线截面积/mm²										
	16	25	35	50	70	95	120	150	185	240	300
螺栓孔数目	1	1	1	1	1	1	2	2	2	2	2
螺栓直径	M8	M8	M8	M10	M10	M12	M12	M12	M12	M12	M12
螺栓孔直径	10	10	10	11	11	13	14	14	14	14	14
A							35	35	35	35	35
B	14	17	20	23	25	28	32	36	37	47	51
C	16	16	18	18	22	35	41	42	42	50	77
D_1	10	12	14	16	17	20	22	24	26	32	34
D_2	7	8	10	12	13	16	18	20	21	26	28
L	40	44	50	55	60	68	115	115	115	140	150

表 3-11　护套接头尺寸

电线截面积/mm²	0.75	1	1.5	2.5	4	6	10
螺栓直径	M3~M10				M5~M12		

(2) 接头和电线的压接　接头和电线必须采用冷压连接，和接头相连的电线，剥线时不应有损伤、断股，如图 3-61 所示。

根据电线截面选用规定的接头，要使用与接头相配合的带卡位装置的压接工具。选用护套接头时，其压接伸入全裸接头后的裸露电线的长度 B，以及与各种接头相连接剥去外皮的电线长度 C，需按表 3-12 选用。

表 3-12　压接尺寸

压接尺寸/mm	线芯截面积/mm²			
	0.2~0.5	4~10	16~95	120~300
B			<2	<3
C	>4	>6	>15	>20

4. 插头、插座和接线座(端子)的操作要求

1) 插头、插座和接线座(端子)应按不同电压、电流及防护要求进行选择。相同规格的插头、插座应保持互换。

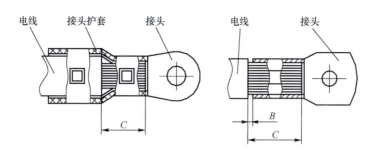

图 3-61 接头压接示意图

a）护套接头的压接 b）全裸接头的压接

2）插头、插座应有防尘措施。在车体外部使用的重联插头、插座等应有防尘、防雨等密封措施。

3）与插头、插座焊接连接的电线在进行焊接时必须用无腐蚀的中性焊剂。连接必须牢固，不得有虚焊、断股和损伤。各接触芯均应有防护绝缘套管和线号套管，焊芯间的残锡应清除干净。

4）上车前插头、插座相邻各芯点及各芯点与地之间应做绝缘试验，根据所在的电路额定电压选用试验电压。

5. 线管和线槽的操作要求

1）线管和线槽的出线口边缘必须光滑，不得有尖角、毛刺。

2）线管应尽量减少弯曲。每根线管中，弯管内角小于 90°的弯曲部位不应超过一处。

3）线管在穿过金属隔板时，若需焊接，则线管不允许焊穿。

6. 电线绑扎与固定

（1）电线绑扎操作　在金属扎线杆、板的所有长度上，应用绝缘带叠绕后再扎线。叠绕方向应由下向上(水平方向叠绕除外)。

到屏柜及各电气设备中的电线和电线束，在扎线杆、板端部，分岔电线束根部及电线束拐弯处均应有束带紧固。其他区段可以用束带进行连续整段包扎，也可用束带分段绑扎。如果仅用束带分段绑扎，则要求最多隔 200mm 有束带紧固。

线槽中的电线束拐弯处、分叉处均应有束带紧固。其他区段如果仅用束带绑扎，则要求最多隔 500mm 有束带紧固。

（2）固定　电线和各接线座、电气设备及插头、插座连接时，要留有一定的弧度。母线应有绝缘线卡固定，母线拐弯处、连接处均应有线卡，其他区段则每隔 1~1.5m 设线卡固定。线卡应有足够的电气强度和机械强度。

通往车辆外部的连接电线，捆扎后应留有一定的长度，以保证城轨车辆通过允许的最小曲线半径时，连接电线能正常工作。

四、线号的标注

在城市轨道车辆上有许多的连接线，为了区分不同功能的导线，需要对线路导线进行线号标注。线号标注必须符合电路图的有关要求，线号应固定在线端适当位置，防止振动丢失。

城轨车辆线号的标注方法与机械制图标注方法相同,线号数字有轴向书写和周向书写两种书写方式。

1. 轴向书写标注

线号数字顺电线方向书写即为轴向书写,线号顺序(轴向)如图 3-62 所示。书写时标注电线位于水平位置时,标记数字正置,正对读者,不能颠倒;书写时标注电线位于垂直位置时,标记数字起始朝左边;书写时标注电线位于斜倾位置时,使它沿水平方向夹角小的方向旋转到水平位置,保持线号标记数字正置。

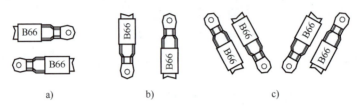

图 3-62 线号顺序(轴向)

a) 水平方向 b) 垂直方向 c) 倾斜方向

2. 周向书写标注

线号数字顺电线圆周方向书写即为周向书写,线号顺序(周向)如图 3-63 所示。书写时标注电线位于水平位置时,标记数字起始朝左边;标注电线位于垂直位置时,标记数字正置,不能颠倒;标注电线位于倾斜位置时,使它沿与垂直方向夹角小的方向旋转到垂直位置,保持线号标记数字正置。

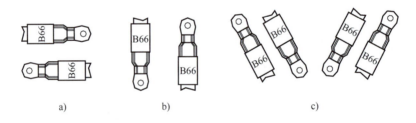

图 3-63 线号顺序(周向)

a) 水平方向 b) 垂直方向 c) 倾斜方向

五、城市轨道车辆部件系统布线实例

以下以我国目前较普遍的地铁车辆为案例进行分析。

1. 车辆接线与线号组成

(1) 线号套颜色的含义　线号套有白、黄、红三种颜色,分别对应不同的电压等级,白色对应 24V 及以下电压等级,黄色对应 110V 及 380V 电压等级,红色对应 1500V 电压等级。

(2) 线号的组成　线号由八位阿拉伯数字构成,分为两部分,前五位为原理线号与原理图对应,后三位为同一线号下的线路分支序列号。

(3) 线路连接方式　线径在 $6mm^2$ 以上采用螺栓固定,如图 3-64a 所示;线径在 $6mm^2$ 以下采用直接插接,通过插头与插座进行连接,如图 3-64b 所示。

(4) 车辆接线表　为了便于整个车辆的控制及电源线路的具体连接,以及维修过程中

 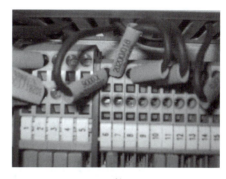

a)   b)

图 3-64　线路连接

a) 螺栓固定　b) 直接插接

方便获取连接的具体信息，一般车辆都会有专门的接线表用来反映车辆接线、布线的相关信息。车辆接线表中的各信息含义见表 3-13。

表 3-13　车辆接线表显示的信息及其含义

信　息	含义及说明
线束号	用四位阿拉伯数字表示
线号	由八位阿拉伯数字构成
线径	主要为 $1.5mm^2$ 和 $2.5mm^2$
电缆型号	电缆品牌及耐压等级
长度	该线从一端到另一端的线长
电缆颜色	电缆外部绝缘层的颜色，分为白、黄、红三种颜色
线的起始位置	插座安装位置、插座号及插芯号或端子排及端子排线槽编号
电压等级	A 类、B 类、C1 类、C2 类、D 类、E 类、F 类

在车下设备柜中，线号除八位阿拉伯数字以外还有安装位置的信息，例如 06K05-22 表示该线从继电器 06K05 的 22 号联锁引出。

车辆布线中留有预留线，方便日后的加装改造或故障后的替换，其明显的标志是线号前端的"R"标识。

2. 高低压线槽的布置与装配

（1）高低压线槽在不同车辆中的分配　以地铁车辆一个单元车为例，A 车有三个高低压线槽，其中车底高压线槽一个，车顶低压线槽两侧各一个；B、C 车每节车有四个高低压线槽，其中车底高压线槽、低压线槽各一个，车顶低压线槽两侧各一个。A 车有接线箱共四个，分布在低压线槽两端，B、C 车各有接线箱六个，其中高压线槽两端两个，低压线槽两端四个。图 3-65 所示为 A 车车底的高低压线槽图。

线槽由铝合金材料制成，设有排水孔，内部进行相应的绑扎，在需要的处所开孔引线，出口处进行必要的防护。

（2）线路分类　根据线路电压等级的不同，线路共分为七类，即 A、B、C1、C2、D、E、F，对应于不同的电压等级，见表 3-14，布置在不同的线槽中，同时在线槽中分不同的

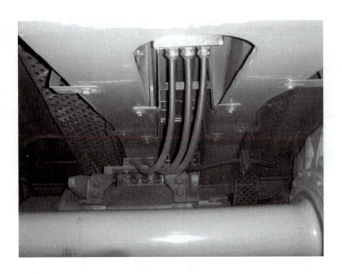

图 3-65　A 车车底的高低压线槽图

区域放置，彼此之间进行隔离。

表 3-14　城轨车辆布线线路分类

类别	线路
A	音频信号线
B	24V 传感器电源及信号线
C1	普通 110V 控制线
C2	脉冲式 110V 控制线，如防滑阀控制线
D	交流 380V 动力线
E	牵引电动机电源线
F	1500V 高压线

（3）线槽线路组装后的测试　线槽组装完毕后采用不同的电压等级进行耐压测试：

1）A 类及 B 类线采用 500V 电压进行耐压测试。

2）C1 类及 C2 类线采用 1500V 电压进行耐压测试。

3）D 类线采用 2500V 电压进行耐压测试。

4）E 类及 F 类线采用 4500V 电压进行耐压测试。

（4）高压线槽的装配　高压线槽放置 1500V 及牵引电动机供电线，高压箱引出的电动机电源线分别送到动车转向架 1 和动车转向架 2，在高压线槽两端的接线箱中进行分叉，变单路供电分为双路供电，为同一转向架上的两台牵引电动机提供动力，牵引电动机电源线采用屏蔽线，防止对其他部件造成影响。

（5）低压线槽的布置与装配

1）车上低压线槽。车上低压线槽放置在车辆顶部的两侧，为以下电路提供电源、控制及监控信号。

① 门控线路：紧急开门、门控单元、钥匙开关、门切除等。

② 照明线路：紧急照明及正常照明。

③ PIS 线路：扬声器、图文显示（WDS）、闪光地图（FSM）。

④ 烟感及温控传感器。
⑤ 空调控制及电源。
⑥ 受电弓控制（B车）。

2）车下低压线槽。低压线槽放置交流380V、直流110V控制线路及24V传感器线路。负责车下辅助设备箱、车下设备箱、车下电子箱、供风单元、制动单元、高压箱的控制线、车钩电气箱等控制线和电源线的布置。

3. 驾驶室及设备柜内的布线装配

驾驶室内的布线最为复杂，驾驶操纵台及副驾驶台的控制信号要与驾驶室的设备柜、电子柜相连，同时要对驾驶室附属设备如外部照明灯、刮水器、窗加热的设备进行控制。

驾驶室顶部四周均有布线，车顶及车侧面的线路经车顶线槽送达各部件。

驾驶台接线在对应的接线端子排上汇总，副驾驶台接线也在对应的接线端子排上汇总，然后传输到车下接线箱，进入到低压线槽。

设备柜是集中安装车辆电路设备的地方，设备柜内有两种接线端子排，一种为普通接线端子排，另一种为可以插接二极管的接线端子排。二极管在设计时进行了特殊的机械结构考虑，只有在一个方向才能够插入，可有效防止插错造成的车辆故障，保证了电路的可靠性。

4. 车辆接地的布线装配

接地是为确保所有车载电气/电子系统可在正常及故障情况下安全使用。除了连接中性线和负极，接地同时也包括设备外壳安全接地连接的设计。为了乘客和乘务人员的安全，所有金属结构不应构成电路中的一部分并应安全接地。

（1）车辆接地分类　根据保护的对象和功能不同，车辆接地可分为保护接地、运行（牵引）接地和电磁兼容性保护接地三种形式。

1）保护接地。保护接地为人或设备在故障状态下防止高压接触而提供的保护。
2）运行（牵引）接地。运行接地经轨道提供负极电流回路，保证车辆的正常运行。
3）电磁兼容性保护接地。电磁兼容性措施保护车辆电子系统和线路侧信号设备免受车辆产生的高频脉冲电流的干扰。

（2）车辆接地线布线　接地线布线分为三个步骤：首先是部件内部与壳体连接，然后部件接地线与接地汇流端子连接，最后接地汇流端子再与车体连接。

B车（动车）和C车（动车）有一个与牵引逆变器回路合并在一起的绝缘母线，来自于母线的电流经绝缘柔性连接线到接地刷（每轴一个）再到达轨道。为避免电流直接到达车体，绝缘母线不可直接与车体连接，而是与接地电阻器连接，通过母线到达接地电刷的方法比直接通过接地电阻方式的电阻阻值要低。

所有牵引电动机供电设备的金属外壳，即高速断路器、牵引逆变器和辅助逆变器要直接与车体连接，以实现保护接地。另外，由于辅助逆变器安装在C车，并且中性线具有到地的很短的路径，所以三相交流系统的中性线连接到C车母线。

A车安装有绝缘接地汇流排，电池负极被连接到此母线上，车体如同B车和C车一样经由接地电阻器连接到此接地母线上；A车车体实现了对地面的连接，两个转向架和从转向架到接地电刷的连接在每一个转向架的车轴上；两个A车接地电刷被连接到整列车的蓄电池负极上，在接地电刷没有导通的情况下，A车中的一辆可被选择作为替换路径。所有的车辆零件如转向架、牵引电动机、逆变器、车体等都被相互连接到接地电缆中，这样可确保所有可接触的零件和电气传导的零件具有与大地相同的电位，不产生危险的接触电压。

实践练习

1. 说明电动列车电气控制电路分类及作用。
2. 分析蓄电池开关与列车钥匙开关有什么不同。
3. 画出受电弓电路中欠电压继电器的电气结构图，并分析其工作原理。
4. 比较城市轨道交通车辆控制类型，分析其优缺点。
5. 简述接角器触头的工作状态、触点的磨损方式。
6. 说明在电路图中继电器线圈都并联二极管的原因。
7. 说明电动列车起动操纵控制电路，分析常见的电路故障及处理方法。
8. 简述车辆起动顺序，并分析原因。
9. 车辆有几种起动联锁？为什么要设置这些联锁？
10. 试列举城轨车辆运行中可能造成紧急制动的原因。
11. 车间电源供电与受弓有何联系？请从原理上进行分析。
12. 若不升弓，能否合上高速断路器？请从电路控制原理进行分析。
13. 为什么高速断路器不能频繁操作？请从电路控制原理进行分析。
14. 列车牵引指令的发出，需要经过哪些联锁？请写出电路逻辑并进行分析。
15. 城市轨道交通车辆能否进行单元车动车？请从电路控制原理进行分析。
16. 为什么城市轨道交通车辆正常操作需经过固定编组才能动车？请从控制原理分析原因。
17. 列车信息和诊断系统有哪些组成部分？
18. 描述列车信息和诊断系统的操作控制。
19. 城市轨道交通车辆子部件故障等级是如何定义的？城市轨道交通车辆列车故障等级是如何定义的？它与子部件故障等级的关系是什么？
20. 简述城市轨道交通车辆中的微机控制。
21. 试归类说明城市轨道交通列车运行屏显示的信息。
22. 试归纳说明城市轨道交通车辆布线的原则和措施。
23. 任选一城轨列车型号，列举车辆使用的线号分类、组成、护套含义，并列出车辆的接线表。
24. 任选一城轨列车型号，列举保护接地、运行接地及电磁兼容性保护接地实例。

项目四　城市轨道交通车辆辅助供电系统

本项目主要介绍城市轨道交通车辆辅助供电系统的组成功能、结构类型，系统的选用原则和负载的分配，城市轨道交通车辆蓄电池的应用与控制。详细分析了城市轨道交通车辆辅助供电系统的电路原理、主要电气部件的技术参数、功能作用。拓展任务着重分析了静止逆变器及其控制、城市轨道交通车辆辅助系统的维护与保养。

 学习目标

1. 掌握城市轨道交通车辆辅助供电系统的基本类型。
2. 掌握城市轨道交通车辆辅助供电系统的结构组成。
3. 掌握城市轨道交通车辆辅助供电系统的选用原则。
4. 会分析城市轨道交通车辆中、低压供电电路的控制逻辑。
5. 会分析城市轨道交通车辆照明电路的工作原理与控制逻辑。
6. 掌握城市轨道交通车辆应急供电的工作原理。
7. 会分析城市轨道交通车辆正常受流供电和车间供电的逻辑关系。
8. 了解城市轨道交通车辆蓄电池的应用与控制。
9. 了解城市轨道交通车辆静止逆变器的控制。
10. 会进行城市轨道交通车辆辅助系统的维护与保养。

 项目描述

辅助供电系统是城市轨道交通车辆上一个必不可少的部分，辅助供电系统的功能是为空调、通风机、空气压缩机、蓄电池充电器及照明等辅助设备供电，如图4-1所示。

图 4-1　地铁车辆蓄电池检查

传统的城市轨道交通车辆上，辅助电源通常采用旋转式电动发电机组的供电方案。电动机从受电装置获取直流电源，发电机输出三相交流电压向负载供电；对于DC110V和DC24V的用电设备，仍需通过三相变压器和整流装置变换后向其提供电源。这种供电方式机组设备体积大、输出容量小、效率低，而且电源易受直流发电机组工况变化的影响，输出电压波动大，可靠性较差。

近年来，我国上海、广州和北京等城市的城市轨道交通车辆上，辅助电源均采用了静止式辅助逆变电源。静止式辅助逆变电源直接从城市轨道交通车辆受流装置受电，经过 DC/DC 斩波变换后向三相逆变器提供稳定的输入电压（有的车辆上省略了这一环节），通过 VVVF 变频调压控制，逆变器输出三相交流电压。对于多路输出电源，电路还采用变压器隔离形式。这种辅助逆变电源的优点是输出电压的品质因数好、电源使用效率高、工作性能安全可靠。

任务一　城市轨道交通车辆辅助供电系统及供电电路

一、辅助供电系统电路的基本类型

随着电力电子器件的发展，城市轨道交通车辆静止式逆变电源的辅助供电系统也经历了不同时期的发展过程。IGBT 器件的迅速发展，使得 20 世纪 90 年代中后期，欧洲与日本等国的城轨车辆辅助供电系统的逆变器大都由 IGBT 构成。

1. 辅助供电系统的构成方案

1）斩波器稳压再逆变，变压器降压隔离。
2）三点式逆变器逆变，变压器降压隔离。
3）电容分压双重逆变，隔离变压器构成 12 脉冲。
4）二点式逆变器逆变，滤波器与变压器降压隔离。
5）直-直变换，高频变压器隔离再逆变。

这些方案各具特点，都能满足城市轨道交通车辆的技术要求。

2. DC110V 控制电源构成方案

目前城市轨道交通车辆辅助供电系统中，获得 DC110V 控制电源主要有两种不同的途径。

1）通过静止逆变器、50Hz 隔离降压变压器降压再整流滤波来实现。
2）通过直-直变换器直接接入电网，经高频变压器隔离，再整流滤波得到 DC110V 控制电源。

比较两者，后者是独立的，与静止逆变器无关，也就不受逆变器的影响，这在供电功能方面有一定的好处，但是因为需要独立的直流电源，增加了辅助系统的成本。

3. 辅助供电系统的供电方式

（1）分散供电　地铁车辆大都采用 2M1T（3 节车辆）构成一个单元，由两个单元（所谓 6 节编组）构成一列车。每节车辆均配备一台静止逆变器，每个单元共用一台 DC110V 控制电源。每节车辆的辅助逆变器的容量为 75~80kV·A，DC110V 控制电源（兼作蓄电池充电器）的功率约为 25kW。也有如法国阿尔斯通公司生产的地铁车辆，改为一个单元中配置两台静止逆变器，每台容量为 120kV·A，且每台含 DC110V 控制电源，功率为 12kW。像这样每单元配备多个静止逆变器的供电方式称为分散供电方式。

（2）集中供电　国外有的城轨列车为 6 节编组，每单元只配一台静止逆变器，容量约为 250kV·A，一台 DC110V 控制电源约 25kW，即所谓的"集中供电"。

轻轨车辆大都采用 1M1T（2 节车辆）构成一个单元，由两个单元（即 4 节编组）构成一列车，每单元只配置一台静止辅助逆变器，容量约为 140kV·A。

分散供电和集中供电这两种供电方式各有优缺点。分散供电冗余度大，均衡轴重好配置，但造价要大些，且总重也会高些。而集中供电冗余度小，每轴配重难以一致，但相对而言，总重会轻些，成本低一些。因此从冗余度与轴重均衡出发，分散供电方式在地铁车辆中较为常见。

4. 变压器隔离方案

为了人身及设备安全，低压系统及控制电源必须实现与高压系统电气电位上的隔离，最佳和最实用的隔离方式就是采用变压器隔离。一般常用的有 50Hz 变压器隔离和高频变压器隔离两种方式。其中，50Hz 变压器的体积与质量较大；高频变压器的体积与质量较小，但必须采用性能好的高频磁心（铁心），目前大都采用进口的铁氧体磁心或铁基微晶合金的磁心（铁心）。

对于 DC110V 控制电源，容量不大，约 25kW，一般将 AC380V 通过整流器整流输出 DC110V 电源。现今也有采用直-直变换及高频变压器隔离方式。

二、辅助供电系统电路的形式与选用原则

1. 城市轨道交通车辆中常见辅助逆变器的电路形式

（1）形式一　电路结构如图 4-2 所示。输入直流电源经过 LC 线路滤波器 1，抑制直流输入回路的谐波。由升/降压斩波器 2 将直流调节到逆变器要求，经滤波器 3 送给逆变器 4，目的是使得逆变器有一个稳定的输入电源。逆变器的三相 50Hz 交流电经过三相交流 LC 滤波器 5 滤波、三相交流隔离变压器 6 将滤波后的电压变为 380V 电压，同时还起到将负载回路和电源回路相互隔离的作用。变压器有两路输出，一路提供三相带中点的 50Hz、AC380V 电源 8，另一路经过整流滤波（7 和 9）输出 DC110V 电压。

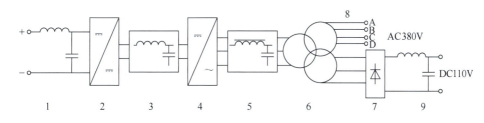

图 4-2　辅助逆变器电路形式一

1—LC 线路滤波器　2—升/降压斩波器　3—滤波器　4—逆变器　5—LC 滤波器
6—隔离变压器　7—二极管整流桥　8—带中点的 AC380V 电源　9—输出滤波器

（2）形式二　电路结构如图 4-3 所示。直流输入经线路滤波器 1→降压斩波器 2→滤波器 3→逆变器 4→交流滤波器 5→隔离变压器 6→输出带中点的 AC380V 电源 7。

直流输出分两路：

1）从 AC380V 输出→降压变压器 8→二极管整流滤波 9→输出 DC110V。

2）从 AC380V 输出→降压变压器 10→二极管整流滤波 11→输出 DC24V。

（3）形式三　电路结构如图 4-4 所示。直流输入经线路滤波器 1→逆变器 2 直接逆变→交流滤波器 3→隔离变压器 4 输出。隔离变压器二次绕组分两组输出，一组绕组输出带中点

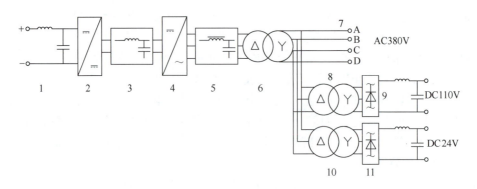

图 4-3 辅助逆变器电路形式二

1—线路滤波器　2—降压斩波器　3—滤波器　4—逆变器　5—交流滤波器
6—隔离变压器　7—带中点的 AC380V 电源　8、10—降压变压器　9、11—二极管整流滤波

AC380V 交流电 5，另一组输出经二极管整流 6→滤波电路 7 后输出 DC110V。

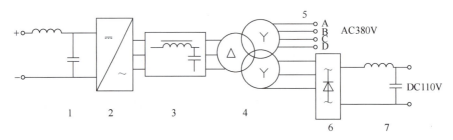

图 4-4 辅助逆变器电路形式三

1—线路滤波器　2—逆变器　3—交流滤波器　4—隔离变压器
5—带中点 AC380V 电源　6—二极管整流　7—滤波电路

（4）形式四　电路结构如图 4-5 所示。直流输入经线路滤波器 1→逆变器 2→交流滤波器 3→隔离变压器 4。隔离变压器二次侧一组输出带中点的 AC380V 电源 5，另一组输出经降压变压器 6→相控整流桥 7→输出滤波器 8 滤波后输出 DC110V。

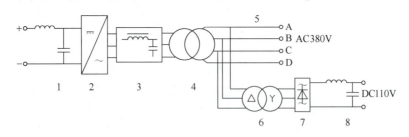

图 4-5 辅助逆变器电路形式四

1—线路滤波器　2—逆变器　3—交流滤波器　4—隔离变压器　5—带中点的 AC380V 电源
6—降压变压器　7—相控整流桥　8—输出滤波器

（5）形式五　电路结构如图 4-6 所示。直流输入电源经线路滤波器 1→两台串联的逆变器 2→分别经过两台独立的交流滤波器 3→隔离变压器 4 输出交直流电源。隔离变压器有两个独立的一次绕组，一个二次绕组，两个一次绕组输入产生的磁通在铁心内叠加，二次侧感应出输出电压，一方面输出带中点的 AC380V 电源 5，另一方面经降压变压器 6→相控整流

桥 7→滤波器 8→输出直流电压 DC110V。

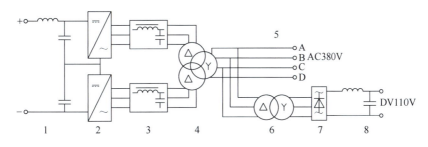

图 4-6　辅助逆变器电路形式五

1—线路滤波器　2—逆变器　3—交流滤波器　4—隔离变压器　5—带中点的 AC380V 电源
6—降压变压器　7—相控整流桥　8—滤波器

（6）形式六　电路结构如图 4-7 所示。直流输入经线路滤波器 1 电容分压→两台串联的逆变器 2→阻式降压隔离变压器 3 双重逆变输出，经过滤波 4 输出带中点的 AC380V 电源 4。

这种形式没有从 AC380V 直接变换为 DC110V 输出，另外设有一个由电网直接供电的 DC/DC 变流器，输出 DC110V。广州地铁 1 号线辅助供电系统采用的就是此种方案。

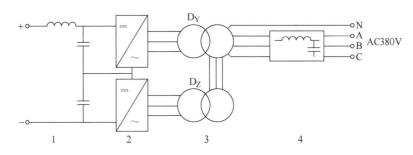

图 4-7　辅助逆变器电路形式六

1—线路滤波器　2—逆变器　3—隔离变压器　4—带中点的 AC380V 电源

（7）形式七　电路结构如图 4-8 所示。直流输入电源经线路滤波器 1→两台串联的逆变器 2→变压器 3 输出。逆变器输出分别输入多绕组变压器的两个一次侧，两个一次绕组在铁心中产生的磁通叠加，在二次绕组感应出电压，输出 AC380V 三相绕组 4、AC220V 单相绕组 5 和用于 DC110V 三相绕组 6。

形式七与形式六的不同之处在于，形式六是将两个变压器二次侧输出叠加，是电路叠加，形式七则是磁路的叠加。

这两种电路中，逆变器的输出电压都有一个相位差，这样叠加后输出侧电压波形的低次谐波就小，对滤波器要求就低。

（8）形式八　电路结构如图 4-9 所示。由电网直接供电→电容线路滤波器 1 分压→两台串联的单相半桥高频逆变器 2→分别输入各自高频变压器 3→分别经各自的高频整流器 4→两台整流器分别输出并联后→滤波器 5 输出 DC110V。

（9）形式九　电路结构如图 4-10 所示。该形式是由 AC380V 供电的 AC/DC 系统（输出 DC110V）。由 AC380V 电源 1 供电→滤波器 2→相控整流桥 3→直流环节 4→单相高频逆变器 5→单相高频隔离变压器 6→高频整流器 7→滤波器 8→输出直流电压 DC110V。

采用高频逆变技术可以大大缩小隔离变压器的体积，但变压器的设计、制造技术要求较高。

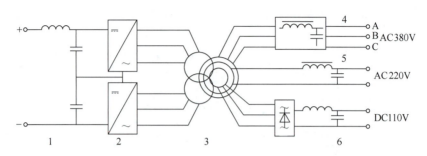

图 4-8 辅助逆变器电路形式七

1—线路滤波器 2—逆变器 3—变压器 4—AC380V 三相绕组 5—AC220V 单相绕组 6—DC110V 三相绕组

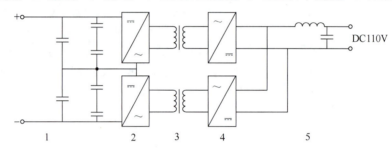

图 4-9 辅助逆变器电路形式八

1—线路滤波器 2—单相半桥高频逆变器 3—高频变压器 4—高频整流器 5—滤波器

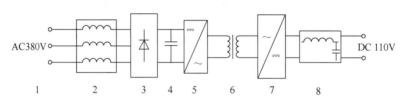

图 4-10 辅助逆变器电路形式九

1—AC380V 电源 2—滤波器 3—相控整流桥 4—直流环节 5—单相高频逆变器
6—隔离变压器 7—高频整流器 8—滤波器

2. 辅助供电系统的电路形式和设备的选择

(1) 变流器系统的选择 变流器系统有两种形式,一种是直接逆变,另一种是先斩波(升/降压斩波或降压斩波)后逆变。先升/降压斩波后逆变系统用于 DC750V 的系统,因其网压波动范围为 500~900V,所以斩波器还有升压的功能。先降压斩波后逆变系统则用于网压为 DC1500V 的系统。这两种形式的目的都是使逆变器的输入电压稳定,即使在负载变化时,也保证斩波器有稳定的输出电压。以 IGBT 为代表的开关器件的开关频率足以满足在网压波动范围内,用 PWM(脉宽)调制使逆变器的输出稳定,且满负荷运行。考虑到多一个环节,多一个发生故障的可能,因此目前变流器系统一般均采用直接逆变方式。

(2) 逆变器的选择 逆变器有单台逆变器(形式一、二、三、四)和两台逆变器串联(形式五、六、七)两种形式。

1) 单台逆变器。对于网压 1500V,容量约 200kV·A 左右的辅助逆变器,一般均使用 3300V/400A 的 IGBT 器件。这种结构简单、可靠,逆变器采用 PWM 调制控制,可使输出电压的谐波含量在限制值以内。而且随着 IGBT 性能的不断完善,将会进一步简化逆变器主电路，减少使用器件，提高电路可靠性，降低制造成本，简化调试工作等。因此，这是目前辅助系统逆变器普遍采用的形式。

2）两台逆变器串联。两台逆变器输出至隔离变压器，隔离变压器或者通过电路叠加，或者通过磁路叠加，然后滤波输出。这种多重逆变电路的优点是逆变器可以用低压的IGBT器件(如对于网压1500V系统，容量200kV·A左右的逆变器用1700V/400A器件即可)。另外，可以通过控制两台逆变器输出电压的相位差，使变压器输出电压的谐波减少，提高基波含量，从而可减小滤波器的体积和质量。

但这种电路较为复杂，尤其是组式变压器，用电路叠加的变压器称为D_Y—D_Z变压器，其二次绕组较为复杂。用磁路叠加的变压器，其磁路设计较为复杂。鉴于现在IGBT的耐电压水平已足够高，因此目前的产品已基本不再采用这种方式。

(3) 低压电源的选择 低压电源包括DC/DC变流器和蓄电池。DC/DC变流器在列车运行时作DC110V的电源，同时给蓄电池浮充电。列车上有两台DC/DC变流器，工作冗余，若一台出现故障，另一台能满足全列车所有DC110V负载使用，只有在应急情况下，才由蓄电池提供DC110V电源。

1）目前DC110V电源多由辅助逆变器供电，有的是从隔离变压器的一组二次侧经整流、滤波后输出(形式一、三、七)，有的是由辅助逆变器从380V电源经变压器降压、整流、滤波后输出(形式二、四、五)。前者隔离变压器稍复杂些，后者需增加一个变压器，各有利弊。

2）整流器有二极管三相整流桥和晶闸管三相可控整流桥两种，前者进行恒压充电，但充电电流不可控；后者可以调节、限制充电电流，实际应用多以后者为主。

3）形式九所示为由AC380V供电的变流器。从电网侧看，它实际上是DC-AC-DC-AC-DC变流器，但它的第二次DC/AC变换是用高频逆变，变压器为特殊的高频变压器(铁心用铁氧等材料)，整流器用高频管(用快速恢复整流二极管)，技术要求比较高。

4）形式八是直接由DC1500V供电的、独立的DC/DC变换器。它经过两个串联的逆变器。这是一种半桥单相逆变器，即逆变器的一个桥臂用IGBT，而另一个桥臂是用高频电容代替。因此它的输出隔离变压器也是高频变压器，其整流器也由快速恢复二极管构成。

任务二 城市轨道交通辅助供电系统电路分析

一、车辆辅助供电系统的组成

城市轨道交通车辆辅助供电系统包括辅助逆变器(DC/AC变流器，简称SIV)和低压电源(DC/DC变流器和蓄电池)两大部分。辅助逆变器给车辆上的交流负载如空调机、压缩机、通风机等提供AC380V及AC220V电源。低压电源包括DC110V和DC24V，为车辆控制系统及应急负载供电。除我国早期引进的列车每节车均设有辅助逆变器外，现在的列车都采用集中供电的方式。

列车辅助逆变器根据负载的运行实际，采用恒压恒频输出，其技术性能要求与VVVF主逆变器有所不同，而且对DC/DC变流器的性能也有特殊要求。如供电电压波动范围为-33.3%~+20%，要求SIV在此电压范围内输出全功率，且输出电压脉动在规定范围内。

列车辅助逆变器的负载大部分是泵类(三相异步电动机驱动)，不需要调速，直接起动，起动冲击电流大。例如,空调机及其压缩机是辅助逆变器的最大负载,其他还有风源系统的空气压缩机等。因此,对辅助逆变器负载的起动有很多限制要求:如起动功率限制,每次起动的负荷不能超过额定功率的限值(例如40%),要求顺序起动以避免起动冲击电流叠加;此外,要求由于负载突变而造成输出电压的波动在限制值之内(一般是±15%~±20%),并且在规定的时间内(一般100~300ms)输出电压恢复至正常值。因此,在辅助逆变器的型式试验中要经受负载突变、网压突变、重复起动、过载能力等种种考验。辅助逆变器的短时过载能力以能达到其额定容量的倍数及时间来表示,不同公司的产品过载能力相差较大,这主要取决于逆变器所用的功率半导体器件(IGBT)的电流冗余。

低压电源包括DC/DC变流器和蓄电池。DC/DC变流器输出DC110V和DC24V电压。正常情况下列车运行时,车上所有的DC110V负载全由DC/DC变流器供电,蓄电池处于浮充电状态。一台变流器供一个列车单元的负载,如果有一台变流器发生故障,则另一台变流器要给全列车的负载供电,因此DC/DC变流器的容量在设计时要考虑有足够的冗余。只有当主供电系统发生故障时(例如电网供电中断),蓄电池才向紧急负载供电。紧急负载是指紧急照明、紧急通风设备,其中最大的负载是紧急通风设备。紧急时的通风量是正常情况空调通风量的一半,但要求持续工作时间较长,一般规定在隧道中运行的车辆要保证供电45min,在地面或高架运行的车辆要保证供电30min,蓄电池容量就是根据这一要求确定的。有的系统配置一台应急通风用逆变器(根据风量正比于通风机电源频率,通风机取用功率正比于电源频率的3次方。紧急风量比正常工作时减半,则通风机取用功率仅为正常工作时的1/8),只是应急通风用逆变器的容量并不大。

二、辅助供电系统供电电路的应用

1. 辅助电路在城市轨道交通车辆中的应用分析

(1)从逆变器电路原理应用分析 先经升/降压稳压后逆变的原理电路框图如图4-11所示。我国上海地铁1、2、4号线车辆逆变器就是采用这种方式。图中,CHO为升/降压器,一般有斩波降压(上海地铁1号线,见图4-11)和逆变降压(上海地铁2、4号线,见图4-12)两种方式,其作用一方面是稳定逆变器输入电压,另一方面对逆变器进行保护。INV为逆变器,它的输出经电感电容滤波网络FIL滤波后输入到隔离变压器T_0,隔离变压器为△-Y联结,输出三相四线电压AC380V,50Hz。另有两个变压器T_1、T_2,由AC380V供电,分别经降压、整流和滤波后输出DC110V和DC24V。

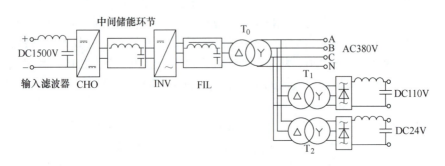

图4-11 先经升/降压稳压后逆变的原理电路框图

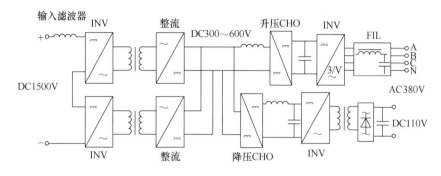

图 4-12　上海地铁 2、4 号线辅助逆变原理电路框图

INV 逆变器采用 PWM 调制。它的开关频率要兼顾两方面：频率过高则开关损耗较大，而影响逆变器的效率，还会由于正、负组换相所需的"死区"影响占空比，影响逆变器输出波形的谐波含量；若频率过低也会使输出电压波形谐波含量较大。一般采用 SPWM 调制，将开关频率控制在 2.5kHz 左右。

目前随着元器件水平与控制技术的提高，已经很少采用升/降压环节，即使对于 DC750V 的供电系统来说，它的网压波动范围 -33.5%~+20% 与 DC1500V 供电系统一致，所以对于 DC1500V 系统能做到的，对于 DC750V 系统同样能做到。

直接逆变是城市轨道交通车辆辅助逆变电源最简单的电路结构形式，原理如图 4-13 所示。我国上海地铁 3 号线和轻轨车辆，广州地铁 1、2、3 号线车辆，武汉轻轨和天津轻轨滨海线等车辆的逆变器均采用这种方式。开关器件采用大功率 GTO、IGBT 或 IPM。辅助逆变电源采用直接从受电弓或第三轨受流方式，逆变器按 U/f 等于常数的控制方式，输出的三相脉宽调制电压采用变压器隔离向负载供电。这种电路的特点是电路结构简单，器件使用数量少，控制方便，但缺点是逆变器电源输出电压容易受电网输入电压波动的影响，功率电子器件(如 IGBT)换相时承受的过电压较大，特别是在高电压情况下(DC1500V 供电系统再生制动时，网压可达 2000V)更为突出。

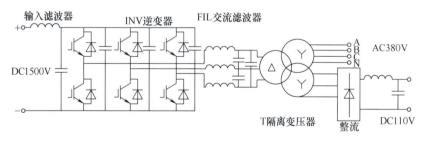

图 4-13　直接逆变电路结构框图

（2）从逆变器的电路构造应用分析　从城市轨道交通车辆辅助逆变器的电路构造分类，辅助逆变器的结构形式如图 4-14 所示。目前我国广州地铁 1 号线采用的是双逆变器型(见图 4-15)，其他基本上采用单逆变器型(例如广州 2 号线，上海地铁 1、2、3、4 号线和轻轨，武汉轻轨和天津滨海线，见图 4-11~图 4-13)。

1）对双逆变器型的评价分析。

优点：

① 开关频率低，仅 150Hz。因此，开关损耗小，逆变器效率高。

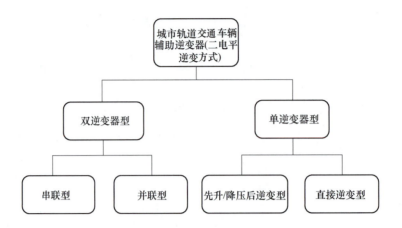

图 4-14　辅助逆变器结构形式分类

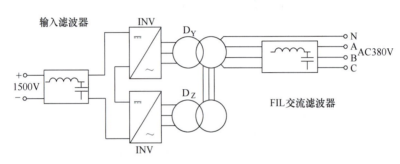

图 4-15　广州地铁 1 号线双逆变器结构框图

② 输出电压为 12 阶梯波，电压的最低次谐波为 11 次。因此，对输出滤波器要求低。

缺点：

① 电路复杂，使用元器件多。

② 两台逆变器串联，动态均压要求高，故障率高。

③ 每台逆变器输出电压为 6 阶梯波，因而不论是 D_Y、D_Z 变压器或是 T 变压器，它们的一次绕组输入电压的谐波含量高，变压器中的谐波损耗大。

④ 变压器结构复杂，对于电路叠加型的 D_Z 变压器，它的二次绕组为曲折连接，对于磁路叠加型的变压器，两个一次绕组由不同相位的电压分别输入，需作特殊设计。

2）对单逆变器型的评价分析。

优点：

① 电路简单，使用器件少，可靠性高。

② PWM 调制，输出电压的谐波含量小，而且可以设计优化的 PWM 调制，使谐波含量达到要求。

③ 逆变器电压输出先经交流滤波网络滤波后输入隔离变压器。因此，输入变压器电压的谐波含量低，变压器中谐波损耗小。

④ 变压器结构简单，不需特殊设计。

缺点：

① 开关频率较高，相对于双逆变器型方案，开关损耗较大，逆变器效率较低。

② 功率器件(如IGBT)换相时承受的过电压(du/dt)较大,特别是在高电压情况下(DC1500V供电系统再生制动时,网压可达2000V)更为严重。

目前城市轨道交通车辆的辅助逆变器多数采用单逆变器型。

(3) DC/DC变流器形式比较　城市轨道交通车辆DC/DC变流器有两种形式:直接变换型和间接变换型。直接变换工作可靠性高,且与辅助逆变器无关,采用半桥高频逆变降压后整流输出(一般为DC110V和DC24V),广州地铁1、2号线车辆采用直接变换。间接变换为由辅助逆变器供电经降压、整流的形式,广州地铁3号线,上海地铁1、2、3、4号线,上海轻轨,武汉轻轨和天津滨海线等的车辆采用间接变换形式。

2. 城市轨道交通车辆辅助电路实例分析

以我国武汉轻轨车辆辅助供电系统为例,对其供电电路进行分析。

(1) 系统概述　武汉城轨车辆采用DC750V供电制式、第三轨受流。辅助供电系统采用东芝公司以IGBT逆变器为核心的成熟产品,安装于拖车上,用于将DC750V逆变为PWM波形的三相AC380V电源,供给列车上的空气压缩机、空调、照明、电热器等设备,同时将AC380V电源通过整流器整流输出DC110V和DC 24V,给列车控制设备供电,并对蓄电池进行浮充电。每列车配有两套辅助供电系统,交叉对列车供电,总输出功率为140kV·A。

(2) 辅助供电系统主要技术规格　辅助供电系统主要技术规格见表4-1。

表4-1　辅助供电系统主要技术规格

额定输入电压/V	DC750(DC500~900)	效率(额定状态下)	94%
额定输出电压/V	AC380~419(三相,50Hz)	噪声级别	<70dB(A)
额定输出功率/kV·A	140	冷却方法	自然风冷
额定输出畸变	<5%	控制电压/V	DC110(77~121)
额定输出频率/Hz	50±1	环境温度/℃	-18~+42
负载变化	0~100%	应用标准	IEC1287
过载能力	150%,持续10s		

(3) 辅助供电系统构成　辅助供电系统主回路如图4-16所示。系统主要由逆变器单元(IGBT-STACK)、半导体断路器(CHS-STACK)、控制单元(CONTROL-PWB)、电磁接触器(CTT和DCHK)、滤波电抗器(IVL)、滤波电容器(FC)、隔离开关(SIVS)和主熔断器箱(SIVF,VDF)、交流滤波器和交流变压器、电流检测装置(DCCT,CTU,CTW)、电压检测装置(DCPT,PT)、避雷器(Arr)等设备组成。除隔离开关和主熔断器箱外,其他设备全部集成在辅助电源箱中。

1) 逆变器单元是辅助供电系统的核心,由IGBT功率模块、门极电路单元等组成。逆变器采用三相桥式逆变电路,180°导通型,输出三相交流方波。为了减少高次谐波,使方波更接近于正弦波形,输出电压保持在一个恒定水平上,不随输入电压和负载的变化发生波动,单元采用PWM控制技术,将方波分为若干脉冲并控制脉冲的宽度。逆变器单元输出的三相电压为310V,50Hz。

2) CHS(CHS1)是向逆变器单元输送直流电源的IGBT模块,由CHS、CHR1、门极电路,以及逆向电流保护二极管(BD)合并成一个单元,型号规格为1700V/1200A。如果逆变

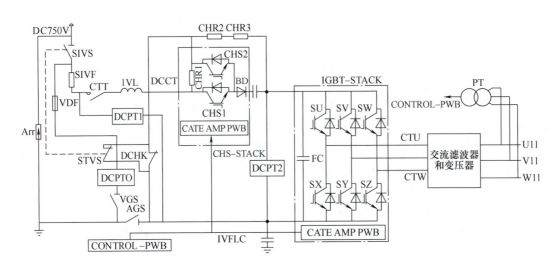

图 4-16 辅助供电系统主回路

器设备出现过电流或其他不正常现象，CHS 立即切断电流。当 CHS（CHS1）切断直流电源时，CHS（CHS2）保护其免于过电压的损坏。

3）控制单元用于逆变器保护、门极电路控制、故障显示和记录等，由 32 位 CPU 进行控制。

4）电磁接触器 CTT 用于连接 750V 直流电与逆变器单元，实现向逆变器单元供电，出现不正常情况时断开连接。DCHK 主要用于当逆变器单元停止工作时对滤波电容器放电。CTT 和 DCHK 分为切换主电路的接触器和用于操作检查信号（回复）的辅助接触器。

5）滤波器。滤波电抗器 IVL 和滤波电容器 FC 组成 LC 滤波器，用于抑制直流输入回路谐波。交流滤波器为三相交流 LC 滤波电路，对逆变器单元输出的三相 310V 电压滤波；交流变压器为三相交流变压器（△-Y 联结），用于将滤波后的 310V 电压升压为 380V 电压，同时还起到隔离负载回路和电源回路的作用。

（4）辅助电源故障保护功能　辅助供电系统具有过电流、过电压、过载、过热等完备的自诊断和故障保护功能，以保证系统的可靠性，主要保护功能见表 4-2。

表 4-2　辅助电源保护功能表

故障现象	检测仪	保护动作			备注
		GATE off	CHS off	CTT off	
输入过电流	DCCT	○	○	○	10s 自动复位，在 2min 内保护作用 2 次则锁闭，在起动时保护起作用立即锁闭
输入滤波电容器过电压	DCPT2	○	○		10s 自动复位，在 2min 内保护作用 3 次则锁闭
滤波电容器低电压	DCPT2	○	○	○	10s 自动复位，在 2min 内保护作用 2 次则锁闭
CHS 不能打开	DCPT1 DCPT2	○	○		10s 自动复位，在 2min 内保护作用 2 次则锁闭

(续)

故障现象	检测仪	保护动作			备注
		GATE off	CHS off	CTT off	
CHS 短路*	DCCT	—	—	○	10s 自动复位，在 2min 内保护作用 2 次则锁闭
IGBT 输出过电流	CTU CTW	○	○	○	10s 自动复位，在 2min 内保护作用 2 次则锁闭
过载	CTU CTW	○	○	○	在 2min 内保护作用 2 次则锁闭
输出过电压	PT	○	○	○	10s 自动复位，在 2min 内保护作用 2 次则锁闭
输出欠电压	控制板	○	○	○	10s 自动复位，在 2min 内保护作用 2 次则锁闭
过热	温度传感器	○	○	○	2s 自动复位，在 1h 内保护作用 3 次则锁闭

注："○"表示动作；"—"表示不动作；"*"表示在起动时输入过电流。

三、城市轨道交通车辆 AC400V 和 DC110V 供电分配

1. 城市轨道交通车辆辅助供电方式

城市轨道交通车辆辅助供电有分散供电和集中供电两种供电方式。集中供电和分散供电根据一个单元配置静止辅助逆变器的数量进行区分。在 2M1T（3 节车辆）构成单元的地铁车辆（整列车由两个单元，即 6 节编组构成）中，若每节车辆均配备一台静止辅助逆变器，则每单元共用一台 DC110V 控制电源，这种供电方式为分散供电。若每单元只配一台静止辅助逆变器，一台 DC110V 控制电源，则这种供电方式为集中供电。轻轨车辆大都采用 1M1T（2 节车辆）构成单元，由两个单元构成一列车（所谓 4 节编组），每单元配备一台静止辅助逆变器的集中供电方式。

我国早期引进的地铁车辆辅助供电多采用分散供电方式，例如上海地铁 1、2 号线车辆，如图 4-17 所示，广州 1 号线车辆，如图 4-18 所示。

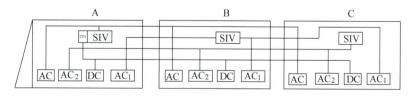

图 4-17　上海地铁 1、2 号线车辆辅助供电框图

图 4-17 中，每节车配置 1 台"SIV"辅助逆变器，A 车的 SIV 提供三节车辆共用的"DC"直流设备用电和每节车的"AC"其他交流设备用电；B 车的 SIV 提供三节车辆每节的"AC_1"空调、空气压缩机和风机交流负载用电；C 车的 SIV 提供三节车辆每节的"AC_2"

空调、空气压缩机和风机交流负载用电。

图 4-18 中，"SIV"为辅助逆变器。A 车的"SIV"提供共用的"DC"直流设备——DC/DC 变流器用电，DC/DC 变流器采用半桥高频逆变降压后整流输出。"AC_1"和"AC_2"为每节车的空调、空气压缩机和风机交流负载。在每单元车中，A 车电气柜内的 220V 交流插座的电源由 B 车的 DC/AC 提供，B 车电气柜内的 220V 交流插座的电源由 A 车的 DC/AC 提供，C 车电气柜内的 220V 交流插座的电源由自身的 DC/AC 提供。

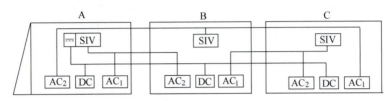

图 4-18　广州地铁 1 号线车辆辅助供电框图

我国上海地铁 2 号线后引进的车辆中，其辅助供电多采用集中供电方式，即每个单元由一台辅助逆变器供电。图 4-19 所示为广州地铁 2 号线车辆辅助供电方式，辅助逆变器配置在 C 车与主逆变器一起，DC/DC 设备配置在 A 车上采用直接变换方式。图 4-20 所示为上海地铁 4 号线车辆辅助供电方式，辅助逆变器在 A 车上，DC/DC 采用间接变换方式与辅助逆变器在一起。

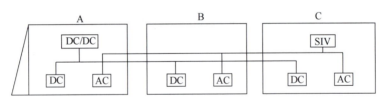

图 4-19　广州地铁 2 号线车辆辅助供电框图

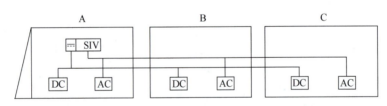

图 4-20　上海地铁 4 号线车辆辅助供电框图

广州地铁 3 号线车辆采用两动一拖组成一列车，A 车为带驾驶室的动车，B 车为拖车，两台辅助逆变器(在一个箱体中)配置在 B 车上，DC/DC 设备作为辅助逆变器的组件共两个，同时为整个 3 节编组列车内的直流负载供电，同时对蓄电池充电。图 4-21 所示为广州地铁 3 号线车辆的辅助供电方式，正常运行时两个辅助逆变器系统相互独立工作，一个辅助逆变器的三相交流输出可以为一节 A 车和半节 B 车供电。当一个辅助逆变器出现故障时，通过断开相应输出接触器将故障辅助逆变器与三相配电回路隔离。10s 后耦合接触器闭合，先前被隔离的三相回路将被组合到一个系统中，由另一个有效辅助逆变器供电，此时需降载使用，即每节车关闭一个空调单元，关闭故障辅助逆变器供电的空气压缩机。

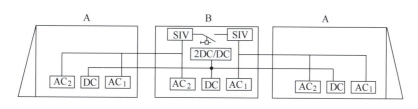

图 4-21 广州地铁 3 号线车辆辅助供电框图

2. 城市轨道交通车辆负载分配实例

我国早期进口的西门子公司生产的地铁车辆中,整个辅助电路由逆变器、蓄电池及相应的部件组成,在 A、B、C 三种车型中都有辅助供电电路,其工作状态正常与否直接影响整列车的功能,特别是当数辆车发生辅助供电电路故障会导致整个运行线路的中断,因此学习和掌握电动列车辅助供电电路对保障高效、可靠、安全的运行体系是极其必要的。考虑到逆变器系统在辅助供电电路中的重要性和复杂性,对逆变器系统有必要作详细的了解。

以上海地铁 1 号线车辆(直流传动)为例,其辅助供电系统回路如图 4-22 和图 4-23 所示。

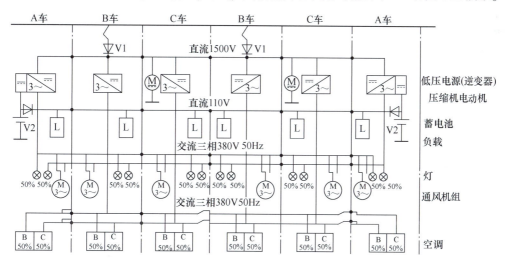

图 4-22 辅助供电系统原理图(6 节车编组)

DC1500V 接触网电流经受电弓、列车导线和隔离二极管向每节车的静止逆变器馈电。静止逆变器按车辆类型分为 A 车(拖车)——14.3 型,B 车、C 车(动车)——14.4 型。14.3 型逆变器输出为 DC110V 和三相 AC380V、50Hz。DC110V 向 A 车上的蓄电池充电,并提供列车 DC110V 控制用电。三相 AC380V、50Hz 向列车提供照明及通风,每个 A 车逆变器负担 50% 的列车照明和通风。14.4 型逆变器仅输出三相 AC380V、50Hz,它们向列车提供空调机组电源。B 车和 C 车上的逆变器分别向全列车一半的空调机组供电。

四、城市轨道交通车辆照明与电气设备通风

1. 城市轨道交通车辆照明

(1) 内部照明 内部照明包括客室照明、驾驶室照明和车内设备柜照明。

客室照明由列车的 A 车逆变器交流输出供电,每节 A 车逆变器负担列车的 50% 客室照明。当一台 A 车逆变器出现故障时,另一台 A 车逆变器仍可保证客室有一半照明。两条照

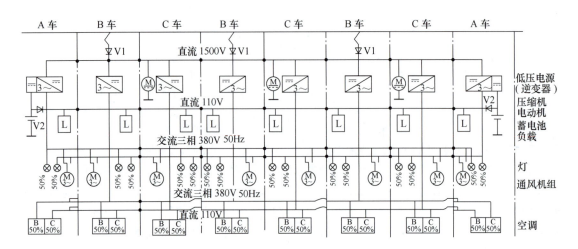

图 4-23　辅助供电系统原理图(8 辆车编组)

明主线路的荧光灯在客室顶上交叉排列，保证即使某条主线路故障，照明仍能均匀分布。客室照明正常工作时座位席上水平面的照度达到 300lx。荧光灯电源为 AC220V。驾驶室驾驶台上的复位旋转开关"客室照明"控制客室的全部照明灯具的开/关(包括紧急照明)，例如图 4-24 所示为地铁车辆一个单元车辆的内部照明布置。

驾驶室照明采用 DC110V 电源，三个驾驶室顶棚灯安装在驾驶室的顶棚上，驾驶台"驾驶室灯"旋转开关控制驾驶室灯的开/关。驾驶台上还安装有阅读灯，帮助驾驶员操纵驾驶控制台面上的控制仪表及控制部件。驾驶台上的各种仪表，例如速度表和双针压力表，列车激活后将在驾驶台上保持点亮。

车内设备柜照明也由 DC110V 供电。照明开关与柜门相连，柜门打开时照明接通，柜门关闭时照明断开。

(2) 外部照明　外部照明如图 4-25 所示，起到运行照明，标识方向，标志运行状态的作用。外部照明包括前照灯(头灯)、尾灯、运行灯、标志灯和列车号显示灯。其中前照灯、标志灯和运行灯受驾驶控制器钥匙、方向手柄等的控制，由 DC110V 供电。

前照灯和尾灯相邻，位于列车驾驶室端面的下部，左右对称各有一组。前照灯为白色，尾灯为红色。运行灯在车顶线处也是左右各一组，红白两色，用于显示列车的状态。前照灯电源为 DC24V，采用聚焦灯，分亮、暗两种灯泡，前照灯"亮、暗"的选择旋钮设置在驾驶室主操纵台，可在驾驶台上进行控制。当前照灯为亮位即远光照明时，前照灯前方 190m 处的照度为 1.6lx；暗位即近光照明。尾灯、运行灯采用非聚焦灯，电源为 DC110V。当列车主控制器打开后，标志灯和列车号显示灯自动接通。

前照灯、尾灯、运行灯之间的控制由驾驶员操作驾驶控制器手柄进行控制。

当驾驶室激活，且方式/方向手柄在"向前"位时，应点亮的灯有：

1) 在列车"前"端的前照灯和白色运行灯。

2) 在列车"后"端的标志灯和运行灯。

当驾驶室激活，且方式/方向手柄在"向后"位时，应点亮的灯有：

1)"前"和"尾"两端的前照灯和白色运行灯。

2)"前"和"尾"两端的标志灯和红色运行灯。

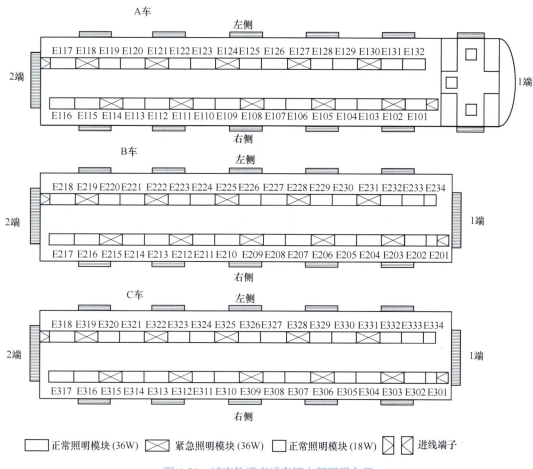

图 4-24 城市轨道交通车辆内部照明布置

当驾驶室激活,且方式/方向手柄在"0"位时,"前"和"后"两端的尾灯亮。

(3) 指示灯 城市轨道交通车辆上的指示灯包括车外侧指示灯、门道指示灯和驾驶室指示灯,均由 DC110V 供电。图 4-26 所示为地铁单元车辆连接端的指示灯显示。

1) 车外侧指示灯。在每节车靠车辆 2 端的车体外侧墙上设置有一竖排指示灯,为车辆运行状态指示灯,每侧一组,每组五只,由上至下设置的颜色分别是:绿色、橙色、白色、红色、蓝色。车辆运行状态指示灯用于指示相应车辆气制动、停车制动、相应侧客室门状态以及是否启用车载 ATP 设备(仅 A 车电子柜有车载 ATP 设备)。各灯显示意义如下:

① 绿灯亮,表示该节车所有的气制动和停车制动已经缓解。

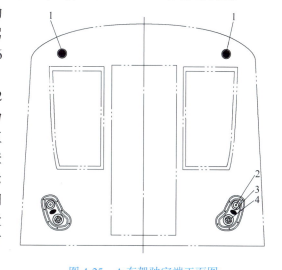

图 4-25 A 车驾驶室端正面图
1—运行灯(红白双色) 2—前照灯(头灯,暗)
3—标志灯(尾灯红色) 4—前照灯(头灯,亮)

② 橙灯亮，表示该节车该边至少有一个车门未"关好"。

③ 白灯亮(仅 A 车有显示)，表示该单元 A 车的车载 ATP/ATO 对列车的控制与监控已经切除。

④ 红灯亮，表示该节车至少有一转向架的气制动已经施加。

⑤ 蓝灯亮，表示该节车的停车制动已经施加。

2) 门道指示灯。门道指示灯用于显示客室车门的状态。每个客室车门有三个指示灯，在每扇客室门内侧和外侧的上方均安装有橙色的门解锁指

图 4-26　地铁单元车辆连接端的指示灯显示

示灯，其中门内侧上方还安装有红色的门切除指示灯。车门内侧解锁和切除指示灯车内位置如图 4-27 所示。

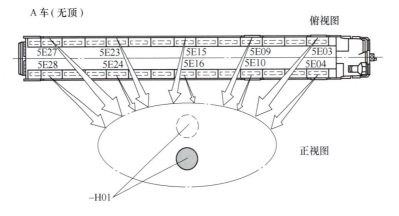

图 4-27　车门内侧解锁和切除指示灯车内位置

门解锁指示灯指示相应车门的状态，显示方式及意义如下：

① 无显示(灭灯)。当相应车门的检测电路检测到车门关好时，该指示灯无显示。

② 固定显示(橙色灯亮)。当车门通过任何方式打开时(列车处于激活状态)，此时门解锁指示灯为固定显示。

③ 闪烁显示(橙色灯闪烁)。若列车的客室门是通过驾驶室内的开门按钮开启的，则按关门按钮时将触发兼有声响的关门报警，此时门解锁指示灯闪烁显示(只有当所有客室门"关好"后，灯闪烁报警才能停止)，以提示乘客车门即将关闭。一般情况下，从触发关门报警的时刻计起，约过 4s 后，两门叶才动作。

门切除指示灯有两种显示方式：无显示和固定显示红色。正常情况下，该指示灯不显示。当该指示灯显示时，至少表示相应车门的控制电路已经切除，在这种情况下，该车门不能通过电控方式开、关。

车门解锁(外墙)指示灯，设置于车体外侧的每个门上方，如图 4-28 所示。每个单元的

三节车对应于相同位置的门都有相同的代码。仅以 A 车为例加以说明，橙色指示灯指示的为：当门叶打开时，门叶上方的"解锁"指示灯亮；操作"左门关"按钮，该指示灯开始闪烁，直到门关上并锁闭；当门控电源被切除，该指示灯不再闪烁。

3）驾驶室指示灯。驾驶室指示灯位于正、副驾驶台以及驾驶室侧墙上，包括二十多个不同的指示灯和一个故障显示板。驾驶室指示灯向驾驶员提供各种列车信息，如故障信息、车门开关信息、制动牵引信息、受电弓升还是降弓信息等，便于驾驶员准确、全面地掌握列车的状态。

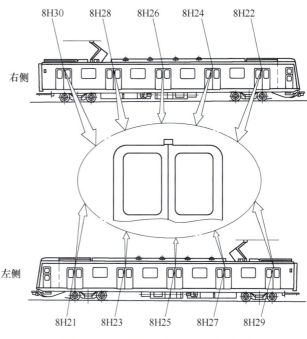

图 4-28　车门解锁（外墙）指示灯位置

（4）紧急照明　紧急照明用于列车在无网压情况下的客室照明。紧急照明使用专门线路，由 DC110V 供电，断电时使用蓄电池电源。紧急照明灯在客室的分布与一般客室灯交叉排放，使照明尽量均匀。

2. 电气设备通风

列车上各电气设备箱，如斩波器箱、逆变器箱、制动电阻箱和电子电器设备柜等都装有 GTO 器件、制动电阻等发热元件，因此必须对它们进行通风冷却，以保证各种电气设备的正常工作。通风冷却的基本方法是在设备箱内装备通风机。通风机由三相异步电动机驱动，其电源来自 A 车逆变器的三相交流输出。

通风方式有以下三种：

1）电阻制动箱、电感电抗器箱中热量直接由通风机吹出箱外。

2）斩波器箱中进行循环对流，热量通过热交换器导出，再用冷却风机吹出。

3）逆变器箱中三个轴流风机进行循环对流，热量通过箱体及箱盖上的散热片散发出来。另外还有一个通风机通过风管将逆变器箱内的热量吹出箱外。

任务三　城市轨道交通车辆蓄电池电源及其控制

一、城市轨道交通车辆蓄电池的应用

1. 城市轨道交通车辆蓄电池分析

（1）概况　城市轨道交通车辆蓄电池是为列车的起动以及紧急状况时列车的直流应急负载提供电源的。主蓄电池一般是由 80 或 84 只镍镉可充电电池单体串联组成的电池组，满电压 DC110V。镍镉电池具有使用寿命长（充放电循环周期高达数千次）、机械性能好（耐冲

击和振动)、自放电小、低温性能好(-40℃)等优点，应用广泛。国内电客列车使用的蓄电池，按容量分有 60A·h、120A·h、140A·h、160A·h 四种，选择哪种蓄电池容量由电客列车在紧急状态(接触网断电)时的直流负载决定。

电客列车分为两组蓄电池配置和四组蓄电池配置两种情况。每个电池组以浮充电模式与逆变器充电器相连接，蓄电池组装在蓄电池箱内，自然通风。

(2) 镍镉蓄电池的性能

1) 镍镉蓄电池的化学原理。镍镉蓄电池充放电过程中电池的电化学反应如下：

$$负极：Cd+2OH^- \underset{充电}{\overset{放电}{\rightleftharpoons}} Cd(OH)_2+2e^-$$

$$正极：2NiOH+2H_2O+2e^- \underset{充电}{\overset{放电}{\rightleftharpoons}} 2Ni(OH)_2+2OH^-$$

$$总反应：Cd+2NiOH+2H_2O \underset{充电}{\overset{放电}{\rightleftharpoons}} 2Ni(OH)_2+Cd(OH)_2$$

蓄电池充电时，正极发生氧化反应、负极发生还原反应。放电时，负极发生氧化反应，正极发生还原反应。

2) 蓄电池的类型。蓄电池的额定容量用 C 表示，单位 A·h，它是放电电流与放电时间的乘积。蓄电池在工作中的电流常用"放电倍率"(简称"放电率")表示，写作 NC，N 是一个倍数。放电倍率对电池放电容量的影响很大。放电倍率越大，放电电流越大，电化学极化和浓差极化急剧增加，使电池放电电压急剧下降，电极活性物质来不及充分反应，电池容量会减少很多。

根据放电倍率的大小，电池可分成低倍率($<0.5C$)、中倍率($0.5C \sim 3.5C$)、高倍率($3.5C \sim 7C$)和超高倍率($>7C$)四类。

(3) 镍镉蓄电池的应用

1) 镍镉蓄电池使用与维护的注意事项

① 不要敲拆、砸毁或焚烧电池，否则会飞溅出腐蚀性碱液伤人或引起爆炸。

② 不允许在电池上放置金属工具或其他器具，否则会使电池急放电而过热，损坏电池。

③ 充电前打开气塞盖或将闷塞换成通气塞，带有闷塞的电池充电会发生气胀而有可能引起电池爆炸。

④ 充电场所应保持通风，防止氢氧气体的积累而发生爆炸事故。

⑤ 不允许有明火接近充电的电池。

⑥ 电解液是腐蚀性较强的碱性溶液，皮肤接触电解液时，应立即用硼酸水冲洗。

2) 镍镉蓄电池的维护。城市轨道交通车辆蓄电池长期处于浮充电状态或其他恒压充电使用状态，会出现电池容量不足和单体电池间容量不均等问题，需要对蓄电池性能进行调节，也就是蓄电池的活化处理。蓄电池的活化处理是镍镉蓄电池使用维护不可缺少的重要环节之一，一般要求每年进行一次活化。活化就是对蓄电池进行 1~3 次深充电和深放电，使电池的电化学活性"复活"，电容量恢复到一定的水平。

活化处理的方法如下：

① 对电池以"$0.2C$ 率电流充电 8h→停置 1h→$0.2C$ 率电池放电至终止电压 1.0V"，记录放电时间，根据放电时间计算电池容量。若与初期容量相差不多，可再通过 1~2 次充电放电循环得到恢复。若容量相差较大，则需按下列步骤处理。

② 再用"0.2C 率电流充足电→0.2C 率电流放电至电池单体均压 0.5V→短接电池单体正负极 12h 以上→拆除短路线→以 0.2C 率电流充电",5min 后测单体电压,如高于 1.50V 则认为电池内阻大,应取出另作处理;10min 后再测电池电压,将高于 1.55V 和低于 1.20V 的电池取出另作处理。

③ 连续充电 8~10h,测量并记录单体电压。如电池电压低于 1.50V,则须更换。

④ 以 0.2C 率电流放电,放电终压为 1.0V,记录放电时间并根据放电时间计算电池容量。

⑤ 若放电容量不足,可重复步骤②~④,直到恢复一定容量为止。如活化多次仍达不到额定容量的 70%,则认为电池已失效。

3）城市轨道交通车辆蓄电池的失效。镍镉蓄电池的失效分为可逆失效和不可逆失效。当蓄电池符合规定的性能要求,通过适当的活化处理能恢复到可用状态,就称为"可逆失效"。当电池通过活化或其他方法仍不能恢复到可用状态,就称为"不可逆失效"或"永久失效"。

① 可逆失效。当电池以恒电流充放电和固定时间反复循环时,可能受到可逆的容量损失,这种现象称为记忆效应。无论大电流放电到较低的终止电压或小电流放电到较高的终止电压,其效应相同,容量衰减的基本原因是浅度放电。图 4-29 给出了密封电池以 0.2C 率循环放电 1h 的电压曲线。从曲线可知,第 5 次循环电压平段位为 1.25V,而 500 次循环后电压平段位就降为 1.15V。这种电

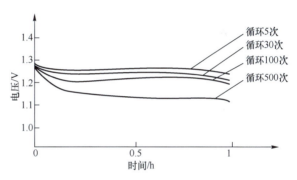

图 4-29 密封电池以 0.2C 率循环放电 1h 的电压曲线

池在重复浅放电循环中,由于放电平均电压降低而导致电池容量减小,多数可通过几次深充、放循环后恢复。

另一方面,长期过充电也可使电池发生可逆失效,尤其在高温下更是如此。图 4-30 给出了密封电池以 0.1C 率长期过充后放电的电压曲线（虚线）和 0.1C 率充电 18h 后放电的电压曲线（实线）。从图中可以看出长期过充电会引起放电快终止时出现"过渡阶梯",此时虽容量仍可适当利用,但工作电压比较低。通过几次深充、放电循环后也可恢复到额定电压和期望的容量。

② 不可逆失效。短路和电解液干涸是导致电池永久失效的两个主要原因。电池内短路,导致电池无使用价值。电解液若稍有损耗就会引起容量减小,容量减小与电解液损耗成正比,这种情况在高倍率放电时更为明显。电池反复反极、高温下高倍率充电以及直接短路等情况都会引起电解液损耗。

高温会降低电池寿命。温度较高会加速隔膜受损并增加短路的可能,较高的温

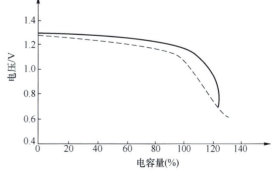

图 4-30 密封电池以 0.1C 率充后放电曲线

度还会使水通过密封圈迅速蒸发，尽管这种影响是长期的，但温度越高电池损坏越快。

4）城市轨道交通车辆蓄电池的失效现象。

① 蓄电池短路。蓄电池短路有三种情况：一是低电阻短路，电池开路电压为0V，以$0.1C$率电流充电20h，充电终止电压仍低于1.25V；二是高电阻短路，电池充电终止电压大于1.25V，充电后立即放电也能放出部分容量，但长时间搁置又降至0V（称为微短路）；三是间隙短路；电池受到振动后，电压忽有忽无或忽高忽低。

② 蓄电池断路。由于制造工艺不严谨造成电池内部焊接脱开或螺纹松动、充电控制失调、使用维护不正确等都会造成蓄电池无输出。

③ 蓄电池膨胀。由于充电电压高，蓄电池常处于过充电状态，造成电池负极膨胀、壳体变形。

④ 气体阻挡层失效。过充电电流过大，过充电温度过高或电解液液面低时的高倍率放电，都会引起气体阻挡层失效。

⑤ 热失控。这是气体阻挡层失效的电池在恒电位充电场合所引起的后果。镍镉蓄电池的电压与温度成反比。环境温度升高时，电池电压则下降。过充电时一部分电能转变成热能使电池温度升高，电池电压下降，循环往复，使电池温度进一步升高，电压进一步下降，出现热失控。热失控可使电解液温度达到沸腾，使隔膜受到严重损坏，直至电解液耗干，内部短路。

蓄电池设计的使用寿命一般为在平均温度22℃的工作条件下超过15年。当有效容量低于额定容量的70%时为其使用寿限。

2. 地铁车辆蓄电池应用案例

（1）地铁车辆蓄电池的配备　以庞巴迪某车型6节编组地铁车辆为例。每辆A车中安装两个蓄电池箱合成为一个蓄电池组，80个镍镉电池单元，型号为FNC232MR，电池单体额定电压为1.2V，放电率5h时容量为140A·h。电池单元串联连接在16个不锈钢的隔栅中，用镀镍铜板在这些隔栅之间连接内部的电池单元，隔栅之间用无卤铜线连接。蓄电池箱安装在能拉进拉出的滑道上，方便车上进行蓄电池的维护修理。

（2）蓄电池单体的结构　镍镉蓄电池单体正极以多孔烧结氧化镍为电极基片，用化学方法沉淀氢氧化镍作为电极活性物质。负极以金属镉为基片，用化学方法沉淀氢氧化镉为电极。它们分别包在穿孔钢带中经加工而成为正极板组和负极板组，以绝缘物隔离正、负极板，牢固地装在塑料外壳内组成蓄电池单体。

镍镉蓄电池的电解液为KOH水溶液，电压为1.2V，体积能量密度为130~200W·h/L，质量能量密度则为40~50W·h/kg。FNC232MR型蓄电池电解液中也包含质量分数为55%的氢氧化锂(23.1g/L)。

蓄电池盖上留有注液口，平时装有顶端带出气孔的塑料气塞，注入电解液时可打开。每组蓄电池有两个蓄电池设置有插温度传感器的小孔。

（3）蓄电池的基本特性

1）NiCd电池，安装容量为140A·h。

2）蓄电池的安装额定容量考虑正常和降级条件下的使用。

3）对于一个库存的6车单元，所有逆变器不工作，蓄电池应能维持一端电压给正常负载(驾驶员控制器钥匙取出)所连接的设备供电60h。

4）蓄电池能保证驱动紧急负载设备 45min，并开关门一次。

（4）蓄电池的技术参数　FNC232MR 型蓄电池的主要技术参数见表 4-3。

表 4-3　FNC232MR 型蓄电池的主要技术参数

参 数 名 称	内　　容
电池型号	FNC 232 MR
系统电压	DC110V
蓄电池组电压	96V
蓄电池单体数量	80
额定电压	1.2V（单体）
额定容量	140A·h
板的数量	7 正极、8 负极（纤维结构设计）
蓄电池单体尺寸	92mm×122mm×309mm
蓄电池单体质量	5.5kg
终端（电极）	不锈钢螺钉和垫圈、M8 内螺纹螺栓
连接力矩	16N·m
电池盒的材质	聚丙烯
极性鉴别	红色为正极，蓝色为负极
通风活塞	上部开口型
补充水周期	3 个月

（5）蓄电池的装配

1）托盘的数量：16 个。

2）托盘的材质：不锈钢。

3）电池的数量：5 个/托盘，5×16＝80 个。

4）每个托盘的质量：约 32kg。

5）蓄电池组的总质量：530kg。

6）蓄电池与负荷的连接方式：电缆连接。

（6）蓄电池的充放电数据　为进行容量测试，将蓄电池与充放电器连接，然后按如下步骤操作：

1）用 28A 的电流放电直至蓄电池电压为 1.00V/单体。

2）中断至少 12h（冷却阶段）。

3）用 28A 直流电给蓄电池充电 7.5h。

4）中断至少 2h。

5）蓄电池用 28A 电流放电至 1.00V/单体。

6）分别读取并记录容量测试第 5）步后，3.5h、4h、4.5h 甚至 5h 之后的各个蓄电池盒的电压。

图 4-31 所示为 FNC232MR 型蓄电池 5h 电容量测试数据。

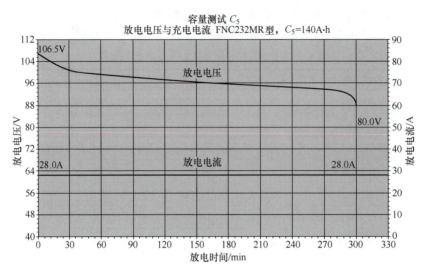

图 4-31　FNC232MR 型蓄电池 5h 电容量测试

如果测量开路电压期间，发现任何有故障的蓄电池盒，需将故障蓄电池盒的读数与容量测试过程中的读数相比较，若单个蓄电池盒的读数超过给定值，则该蓄电池盒应取出更换；若大多数蓄电池盒均超出给定值，则蓄电池中断至少 12h 后重新进行电容测试；如果重试期间容量仍然升高，再次重复直至容量停止上升为止。如果所有测试均不理想，应更换整个蓄电池。

如果测试符合要求，用 28A 电流给电池充电 7.5h，充完电后电池在列车上使用。图 4-32 所示为 FNC232MR 型蓄电池的充电试验数据。

（7）蓄电池的基本功能　列车蓄电池的主要作用是保证在没有外部供电的情况下能够激活列车，并为直流负载提供稳定的 110V 电压。

1）放电。蓄电池充电器不工作时，蓄电池投入工作，为下列设备或维护工作提供 110V 直流电源：列车上的紧急照明，列车通信系统（有线广播和列车无线电），列车头尾灯，紧急通风，车厂内的维护工作。

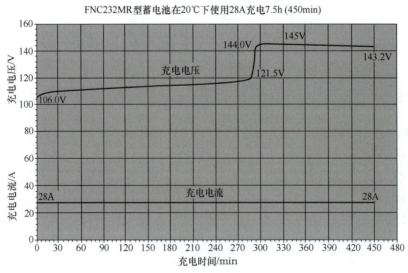

图 4-32　FNC232MR 型蓄电池充电的试验数据

2）充电。蓄电池充电器工作期间，充电器输出直流电压（122.4V 浮充电）对蓄电池进行升压充电和浮充电。

（8）蓄电池的保护

1）通过蓄电池隔离接触器，使蓄电池与负载隔离。

2）二极管对逆向回流保护（从 DC110V 负载到蓄电池或从一个蓄电池经过列车导线到另一个蓄电池）。

3）欠电压继电器对电压低于 85V 时进行保护。

4）用电时过电压、过热保护。

5）欠电压/高电压分断能力的熔断器接到蓄电池的正负极，进行过流保护。

6）蓄电池充电器控制充电电压。

二、蓄电池充电器的应用

以庞巴迪某车型 6 节编组地铁车辆为例。蓄电池充电器（GVG1500/110-25）为模块化设计。正常运营时充电器通过受电弓从接触网获得电源，充电器连接到列车 1500V 列车母线上。在车辆段则使用车间 DC1500V 电源供给充电器和辅助逆变器。

1. 蓄电池充电器的功能

（1）为 DC110V 负载供电　蓄电池充电器给全部 DC110V 负载供电，其中包括蓄电池。充电器给蓄电池以限压恒流的浮充电对蓄电池持续充电。六辆编组列车的两个 A 车各设有一个蓄电池充电器，并联对六辆车供电。如果一个蓄电池的充电器发生故障，将由另外一个给全部六辆车供电，DC110V 列车线接触器自动把它们连接在一起，此时充电器故障端的蓄电池不再使用，不影响列车继续运行。蓄电池充电器内部有一个紧急蓄电池，用于紧急起动，通过按下充电机紧急起动按钮激发此功能。

其他 DC110V 负载包括：列车照明（车外信号灯、客室照明）、门控制和驱动、列车通信（车载无线电台、广播）、列车控制（牵引控制单元、制动控制单元、VTCU）、刮水器。

（2）控制蓄电池充电　蓄电池充电器控制蓄电池电压，充电电压设定值是蓄电池温度和蓄电池充电电流的函数，其温度补偿如图 4-33 所示。蓄电池充电电流受蓄电池电压和可配置最大电流的双重控制，蓄电池最大电流生产厂家设置为 42A。

当蓄电池受到极端外部高温时输出电流被限制。如果充电过程中蓄电池的散热温度达到临界值，则输出电流最大将被削减 25%。

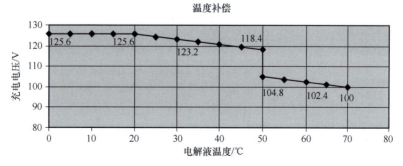

图 4-33　温度补偿

在蓄电池充电电流达到 7A 以下的某个值时，蓄电池充电特性曲线将由一个转向另一个，蓄电池电压也相应减小，蓄电池的升压/浮充电控制曲线如图 4-34 所示。

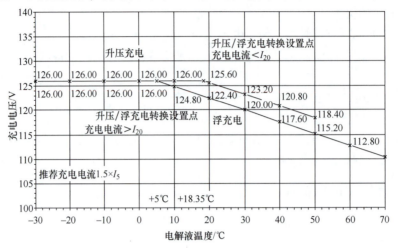

图 4-34　蓄电池升压/浮充电控制曲线

（3）蓄电池及其充电器的保护　当列车出现 DC 干线过电压、蓄电池过电压、功率元件和输出过电流、散热器或蓄电池过热、控制系统电源故障、蓄电池充电过电流等故障时，蓄电池充电器的控制系统立即封锁功率元件的控制信号。

充电器具有部分冗余的保护功能。一方面，软件控制关键状态的输入和输出参数；另一方面还对部分关键参数设有硬件保护，一旦超出硬件设定值，系统将立即停止运行。

此外，系统还设有下列保护：输入或输出的浪涌电压，输入或输出过电流，IGBT 过电压，IGBT 过电流，过热保护，短路保护，断路保护。此外，系统还监控散热器温度传感器和蓄电池温度传感器。

2. 蓄电池充电器的技术参数

蓄电池充电器的技术参数见表 4-4。

表 4-4　蓄电池充电器的技术参数

参 数 名 称	内　　容
输入电压	直流 1500V（1000～2000V）
输出电压	110～126V（取决于蓄电池温度）
输出电流	最大 210A，永久；最大 225A，15min
蓄电池充电电流	最大为 42A
输出功率	25kW
测试电压	1）输入 - 输出/接地：AC5.5kV/min 2）输出 - 接地：DC1.2kV/min
工作频率	1kHz
工作温度	-25～+40°C（外部温度）
辅助电源	62～145V，1A

(续)

参数名称	内容
质量	1) 整个设备约为 540 kg 2) 模块 GVG1500-02 约为 96 kg 3) 模块 AMG-03 约为 69 kg 4) 输出变压器约为 130 kg 5) 每个输入扼流圈约为 34 kg 6) 箱体约为 160 kg
尺寸(宽×深×高)	2090mm×790mm×480mm

3. 蓄电池充电器的应用

(1) 蓄电池充电器的结构　蓄电池充电器的型号为 GVG1500/110-25，结构如图 4-35 所示，主要有充电机模块 GVG1500-02(也称 DC/DC 开关模块)、连接和蓄电池配电模块 AMG-03(也称开关模块)、输入扼流圈(2 片)、输出变压器等。

输入扼流圈和输出变压器安置在通风区，其他元件安置在封闭区，电缆经防水通道从一个区域到另一个区域。所有元件都能从模块的前面拔出，而模块 GVG1500-02 和 AMG-03 用卡宾旋转接头紧固，其作用就像锁一样防止任何非正常的拔出。连接高压和 DC110V 的外部电缆从箱体后部的法兰板通过，连接在开关模块 AMG-03 的柱头螺栓端子。车载蓄电池负极接地端子与设备前部箱体接地电位相连。

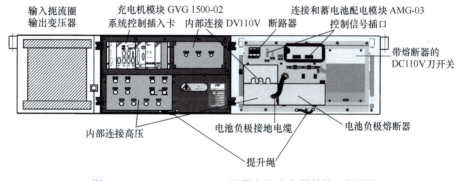

图 4-35　GVG1500/110-25 型蓄电池充电器结构(前视图)

(2) 蓄电池充电器的工作原理　蓄电池充电器控制原理如图 4-36 所示。蓄电池充电器没有预充电装置，也没有将充电器从接触网上断开的接触器，当受电弓与接触网接触时，1500V 直流输入电压经输入熔断器直接连接到充电器上，经 DC/DC 变换及 EMI 滤波输出稳定的 DC110V，带 DSP 的控制单元自动稳压和限流。

当蓄电池供电给充电器时，充电器将接通内部电源，微处理器控制系统工作并等待启动信号，一旦充电器得到启动信号即开始工作，输出电压上升，2s 内就能达到额定输出电压(当输出电流在限定值内时)，进入完全运行状态。若未完全启动微处理器，系统的总启动时间将有所延长，但不会超过 20s。

启动信号是一个由微处理器系统检测的数字信号，当蓄电池系统达到额定电压时被触发。一旦启动信号消失，比如在安全环路没有构成、降弓等情况下，充电器将立即停止工作。

图 4-36　蓄电池充电器控制原理框图

故障信号是微处理器的输出信号，它可看作开路接触器，在蓄电池电压达到额定电压时工作而闭合。故障信号只能在充电器完全运行的状态下出现，受到一个短暂的干扰（如输入端出现了过电压）充电器不会产生故障信号。

充电器的 RS232 接口和 RS485 接口，用于连接诊断软件对设备进行控制操作。

充电器监控蓄电池系统数据，如充电器输出电流，蓄电池电流、电压和温度等。

（3）蓄电池充电器自身的保护

1）蓄电池充电器分别通过熔断器连接到蓄电池的正负极，以便在列车发生短路时保护蓄电池充电器。

2）蓄电池充电器对输入高压有过电压和欠电压保护。

（4）蓄电池充电器的故障处理　如果一个蓄电池充电器发生故障，将由另外一个蓄电池充电器给全部 6 车供电。因 DC110V 列车线二极管的阻隔作用，故障充电器所在车的蓄电池不会放电，列车运行不受限制。

拓展任务

任务一　静止逆变器及其控制

以上海地铁车辆西门子静止逆变器为例进行分析。

1. 静止逆变器的原理

静止逆变器原理框图如图 4-37 所示，DC1500V 经 LC 滤波器后由 GTO 斩波器进行斩波调压至 DC775V，再经过中间滤波器送入 14.3 型六脉冲 GTO 逆变器，其输出经隔离变压器后成为 AC380V，隔离变压器二次侧还多了一组抽头，该组交流电压经整流输出 DC110V。

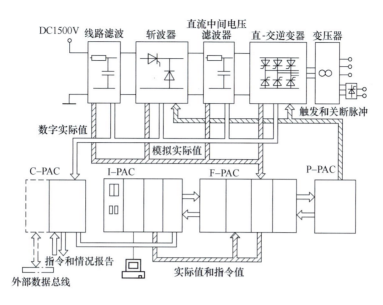

图 4-37 静止逆变器原理框图

辅助逆变器主电路主要由线路滤波器、斩波器、中间电路(蓄能滤波部分)、三相逆变器四部分构成。

2. 静止逆变器的主要技术参数

静止逆变器主要技术参数见表 4-5。

表 4-5 静止逆变器主要技术参数

逆变器额定输入电压/V	DC$1500^{+20\%}_{-30\%}$
动态电压保护(晶闸管过电压触发值)/V	350±50
输入滤波器	
滤波器参数	$L=14\text{mH}^{+25\%}_{-15\%}$,$C=12\text{mF}(1\pm10\%)$
斩波器	
工作频率/Hz	500×(1+0.5%)
控制方式	脉宽调制(PWM)
最小/最大导通时间/μs	100±20/1820±10
直流中间电路滤波器	
滤波器参数	$L=6\text{mH}^{+30\%}_{-10\%}$,$C=12\text{mF}(1\pm10\%)$
直流中间电压 V_D/V	775±35
直流中间电压动态公差/V	591~950
$\Delta V_D<10\%$调整时间/ms	300
三相交流逆变器	
输出电压频率/Hz	50×(1±0.5%)
三相逆变器输出电压总有效值/V	632×(1±5%)
三相逆变器输出电压基波有效值/V	600×(1±5%)
逆变器输出额定功率/kV·A	75

(续)

三相交流逆变器	
逆变器输出短时功率/kVA	120
隔离变压器	
输出电压总有效值/V	三相 400×(1±5%)
基波电压有效值/V	三相 380×(1±5%)
峰值电压 V_S/V	491×(1±5%)

3. 静止逆变器的控制

静止逆变器的控制原理图如图4-38所示，它有四个功能包。

（1）电源功能包（P-PAC） 提供控制电源及斩波器、逆变器的脉冲。

（2）通信功能包（C-PAC） 传输逆变器及列车上的各种信号，寄存过程参数实际值。

（3）接口功能包（I-PAC） 确定电参数所需值，监控逆变器电压、电流、温度、延时时间及工作过程，它包括中央单元、通道、转换单元、过程数据显示及记录等模块。

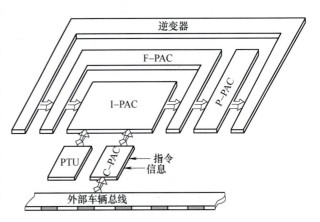

图4-38 静止逆变器控制原理图

（4）快速保护和控制功能包（F-PAC） 控制逆变器工作过程，寄存过程参数中实际值的模拟量，逆变器快速保护。它包括实际值寄存、模拟监控、逆变器控制单元等模块。逆变器的快速保护功能过程为：模拟信号被控制在极限值以内，如果超出极限值就封锁触发脉冲，中断逆变器工作，同时调整电压控制器板工作状态，短路晶闸管触发工作，此时把逆变器中断原因输入 I-PAC 中，由 I-PAC 确定重新起动的可能性。

4. 逆变器的故障及测试方法

（1）逆变器的故障 逆变器在运行过程中由于某部件的损坏或外界因素的原因会产生一系列故障，为减小故障范围，逆变器有快速保护功能，将整个逆变器系统全面封锁，使逆变器损坏程度最低。逆变器系统在设计过程中设定了五十多种故障码，每个故障码都表示一种故障含义，维修人员在检查时可接入便携式计算机，读出并分析这些故障。在逆变器运行中，经常出现的故障并不多，下面分析两种典型的故障。

例如 111 故障。当逆变器出现此故障时，说明连接电路电流超过最大值，由辅助逆变器主电路电流互感器测得。该故障出现有两个原因：一是三相逆变器环节驱动板损坏或 GTO 损坏，当逆变环节驱动板损坏会导致无法关断脉冲或关断脉冲达不到指标要求值时，导致某一 GTO 晶闸管导通后无法可靠关断，使连接电路处于短路工况；二是负载系统有短路现象，在这种情况下排除故障比较复杂，特别是发生在 A 车逆变器上，6 节车辆需要逐节检查。区分是哪一种因素导致故障，只需要将三相负载切除即可判断。

又如 113 故障。当逆变器出现该故障时，说明斩波器环节 GTO 或三相逆变器 GTO 击穿，具体是哪一个 GTO 击穿可以采用逐个检查的方式来判断。

（2）逆变器的测试　当逆变器系统发生故障时，为了判断故障的严重程度，需要对电路进行有关测试。直接测量相关的测试点是最简单也是最危险的方法，如线网输入电压、连接电流等，这种直接测试高电压、大电流的方式非常危险，另一方面这种高压仪器难以购买，成本较高。因此在逆变器设计过程中，部分线路板上设置了测试点，这些测试点按一定的比例可以读出高电压、大电流的工作电压和电流。另外，相关电压、电流极限值在线路板上进行了设置，通过与测试点的读数可以判断极限值设置的正确与否，极大地方便了维护人员，增加了操作的安全性。

任务二　城市轨道交通车辆辅助逆变器系统维护

城市轨道交通车辆辅助逆变器系统的故障在车辆的日常临修中比较常见。辅助逆变器的故障在高温季节较为突出，其故障大多是由空调机组的故障引起的，或者是由于辅助逆变器内各类接插件松动引起的，也可能是辅助逆变器内电气元器件损坏引起的，在辅助逆变器的临修作业中尤其应该注意以下几种情况。

1. 因空调故障引起的辅助逆变器故障

对于因空调故障引起的辅助逆变器的故障比较容易判断，一般来说此时辅助逆变器的故障记录多为输出三相不平衡等内容，具体的判断方法是：将空调切除，如果辅助逆变器故障消失，那么该故障很有可能是空调机组故障引起的。常见的空调故障一般有以下几种：空调通风机故障、空调冷凝风机故障、压缩机电动机故障、空调机组与车体连接插件接触不良。

此外，辅助设备柜中与空调控制相关的接触器、低压断路器的接线松动、触点接触不良或损坏等在临修的过程中需要特别予以注意。

2. 辅助逆变器自身故障

对于辅助逆变器自身的故障，在临修中同样也十分常见。其原因分析及故障处理如图 4-39 所示。

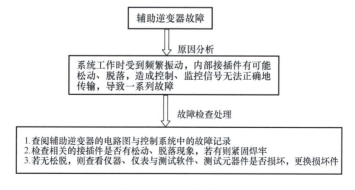

图 4-39　辅助逆变器故障检查处理流程图

3. 雷击过电压引起的辅助逆变器故障

在雷雨季节，列车遭受雷击的可能性增大。一般来说雷击有两种情况：第一种情况是雷电击中接触网，然后传递到受电弓上，这种情况在正线运行中比较常见；第二种情况是雷电直接击中受电弓。这两种情况雷击造成的辅助逆变器输入电压的变化率不同，雷击的能量也有很大差别。一般情况下，辅助逆变器可以在雷击发生后自行恢复工作，不会影响列车的运营；如果雷击的能量特别巨大，则有可能造成辅助逆变器关停、闭锁，甚至发生损坏。对于遭受雷击而出现辅助逆变器故障的车辆，通常可以先进行收车作业，等待一段时间后重新起动列车，辅助逆变器能够重新起动并恢复正常；如果辅助逆变器仍不能起动，则可以进行应急起动；如果应急起动同样失败，则有可能是辅助逆变器或车间电源内部的相关元器件损坏，这时需要仔细检查发生故障的辅助逆变器与车间电源内部的各电气部件。最为常见的是车间电源的熔断器熔断、高压隔离二极管被击穿等，必要时需要使用绝缘电阻表对辅助逆变器进行绝缘等级测定，判定是否有其他元器件被击穿，以保证逆变器完好。

4. 再生制动电压反馈异常引起的辅助逆变器故障

列车在进行再生制动时，如果与牵引变电站配合存在问题，接触网（或接触轨）的电压将升高，造成辅助逆变器过电压保护。通常在一定的时间（一般为10s左右）内辅助逆变器可以恢复正常工作，在该段时间内列车将进入紧急照明、通风等工况，列车的控制系统将记录类似辅助逆变器负载等相关信息。但有时网压上升十分迅速，通过列车辅助电路的瞬间电流将很大，这时辅助电路中的受流器供电熔断器将有可能因此熔断，甚至高压隔离二极管也会被击穿，造成列车的辅助供电电路失电，辅助逆变器无法正常工作，进而造成设备通风丧失，引起车辆救援。因此驾驶员在操纵再生制动时，一定要严密监视网压，一旦出现异常情况应立即切除再生制动，避免造成故障扩大，影响行车。

5. 车载蓄电池故障

城市轨道交通车辆的车载蓄电池通常采用镍镉碱性蓄电池，其临修作业多是对电池进行补液。由于蓄电池在充电的过程中要大量发热，电解液会有所蒸发，甚至发生电解液缺乏。这样在检修过程中需要经常查看蓄电池电解液的液面，如果液面有所下降，则需要及时地进行补液，或采取相应的维护措施。如果蓄电池缺液严重，则蓄电池很有可能因此报废，甚至发生爆炸，造成严重的后果。

实践练习

1. 简述城市轨道交通车辆辅助供电系统组成部分及其功能。
2. 城市轨道交通车辆辅助供电系统供电方式的选择原则是什么？
3. 逆变器变流器系统选择的依据是什么？
4. 列表说明AC400V和DC110V电压供电负载分配。
5. 说明如何进行应急供电电路切换。
6. 说明城市轨道交通车辆辅助供电系统的保护方式。
7. 分析车辆辅助回路和主牵引回路过电流保护有什么不同？
8. 叙述地铁车辆辅助供电系统负载的分配，并提出自己的见解。
9. 逆变器应急起动的原因是什么？有何要求？
10. 辅助供电系统电器设备通风的方式有几种？
11. 简述车外侧墙指示灯的意义。
12. 在何种状态下，车内照明只能使用紧急照明？能使用多长时间？

13. 列表说明当方向手柄分别在向前、向后位时，前照灯、尾灯和运行灯的状态。
14. 说明静止逆变器的功能部件系统控制。
15. 简述车辆的辅助逆变器系统的常见故障，并分析原因。
16. 简述蓄电池的活化。
17. 简述电客列车蓄电池的配备、组成及功能作用。
18. 简述电客列车蓄电池充电器的作用及原理。

项目五　城市轨道交通车辆车门控制系统

本项目主要介绍城市轨道交通车辆的车门控制系统。详细分析了各种城市轨道车辆客室车门结构原理、部件功能及特点；各种城市轨道车辆客室车门控制电路的电路原理、控制逻辑及车门故障的应急判断与处理。拓展任务着重分析了客室车门的开关门程序及软件使用，简要介绍了屏蔽门系统。

　学习目标

1. 能描述城市轨道交通车辆车门的基本类型。
2. 能认知城市轨道交通车辆车门的结构组成。
3. 会分析城市轨道交通车辆车门的控制。
4. 会进行城市轨道交通车辆车门的操纵。
5. 能看懂城市轨道交通车辆车门的信息显示。
6. 能根据操作规程进行城市轨道交通车辆车门的应急故障处理。

　项目描述

在城市轨道交通车辆运营中，车门是乘客直接接触的部件，它关系到乘客的人身安全问题。地铁车辆具有运载客流量大、乘客上下车频繁等特点，所以每列车的车门数量较多、开度大，开关门动作也比较频繁，因此车门也成为故障发生最多的部件，也是遭到乘客投诉最多的部件之一。所以，车门是一个与运营安全有着直接关系的、城轨交通车辆中的重要组成部件。

城市轨道交通车辆一般有四种车门，即客室侧门、驾驶室侧门、紧急疏散门、驾驶室隔间门，其中最复杂的是客室侧门，也是运营时使用最频繁的部件。

我国生产的城市轨道交通车辆在每节车厢的两侧对称共设有 8 个或 10 个客室侧门。客室侧门的控制由驾驶员在驾驶室内集中控制。车辆运行过程中所有侧门处于关闭状态，车辆到站，驾驶员打开车辆某一侧的车门供乘客安全上下车。因而，地铁车辆的客室侧门系统在设计上是否符合"故障—安全"的原则显得尤为重要。要求客室侧门在列车运行过程中，当发生不可预知的情况时，车门系统应趋向关门操作或保持关门状态，最大限度地保障乘客的人身安全。为此车门的所有设计均以乘客安全为本，车门控制系统分别从地铁车辆客室车门系统与列车牵引的联锁、车门状态指示、关门到位指示、关门到位指示开关与动态关门控制、关门操作与列车的状态以及行车开门与列车制动等几个方面入手，强化安全设计，全面保障乘客安全。

电动列车运营线路站距短,客室车门频繁开起和关闭,容易导致客室车门的门控电气元件和机械零部件的损坏,造成正线运营列车的客室车门故障频发。故障较轻则该车门被切除,故障较重则列车发生掉线、清客或救援。据地铁运营公司统计,客室车门的故障在整个运营故障中占有很大的比例,本项目将重点探究地铁车辆客室侧门及其故障的应急处理。

学习任务

任务一　城市轨道交通车辆客室侧门的结构及原理

早期城市轨道交通车辆的车门一般采用以压缩空气为动力的气动门,例如北京地铁1、2号线,上海地铁1、2号线和广州地铁1号线的车辆每侧设有5对内藏嵌入式对开气动车门。现在城市轨道交通车辆车门多采用电气驱动的电动门,例如上海明珠线,广州地铁2、3、4号线,深圳地铁和南京地铁等后期建设的线路车辆都采用电控电动门。

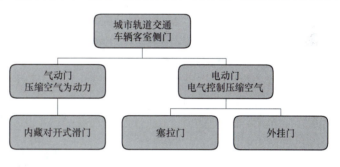

图5-1　城市轨道交通车辆车门分类

电控气动门(简称气动门)由压缩空气驱动传动气缸,再通过机械传动系统和电气控制系统完成车门的开关动作。机械传动系统的作用是将传动气缸活塞杆运动传递至车门,使门动作。电气驱动车门(简称电动门)由电动机、传动装置(轴、磁性离合器、带轮和同步带)、控制器、紧急开门装置、锁闭装置组成。传动装置与车门的连接方式有两种:一种是齿形带与两个门翼相固定,闭锁和解锁所需要的转矩由电动机提供;另一种是驱动装置由电动机通过一根左右同步的螺杆和球面支承螺母驱动滚珠摆动导向件和与其固定的门翼组成。车门种类如图5-1所示。

一、气动门的结构与动作原理

1. 内藏对开式滑门概述

城市轨道交通车辆气动车门系统主要由控制系统、驱动系统、机械传动系统、悬挂和导向系统、锁闭机构、门叶以及负责检测的各种行程开关组成。

内藏对开式滑门又称内藏门,主要由门叶、导轨、传动组件、门机械锁闭机构、紧急解锁机构、气动控制系统以及电气控制系统等组成。其结构如图5-2所示,车门上方设置有一套气动机构,由解锁气缸5、定滑轮1、(铝合金)导轨4、钢丝绳2等组成,地板上设有导槽8,使车门在气缸的驱动下,沿上下导轨平滑运动。开关门的速度及压力可以通过调节节流阀来实现。气缸内设有大小两种活塞,开始关门时大活塞起作用,压力大、速度高,接近关闭时,小活塞起作用,压力小、速度慢。滑轮轴承均采用球轴承,以降低开关门噪声，车门上方还设置一套紧急解锁装置，以便在紧急情况下，能从客室内直接打开车门。门叶由铝框架和夹层铝板制成，门窗采用单层玻璃，两门之间采用氯丁橡胶条双层密封，四周采用单层密封，门板具有足够的强度与刚度。

车门开关时，压缩空气动力推动气缸活塞，通过由钢丝绳、转轮和驱动支架等组成的机械传动机构，使门叶在车辆侧墙的外墙板与内饰板之间的夹层内移动，完成车门的开关动作。

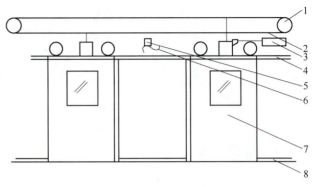

图 5-2 气动式内藏门结构示意图

1—定滑轮 2—钢丝绳 3—气缸 4—导轨 5—解锁气缸
6—锁钩 7—门叶 8—导槽

车门关闭后，锁闭系统动作，保证车门安全可靠地锁闭。车门系统装有车门锁闭行程开关 S1、车门关闭行程开关 S2、车门切除开关 S3、紧急解锁行程开关 S4，实现对车门的电气控制。车门系统通过中央控制阀控制压缩空气的流向和流量，实现双作用驱动气缸前进和后退。

2. 内藏门驱动及锁闭装置

气动式内藏门驱动装置的核心部件是双向作用的驱动气缸，如图 5-3 所示。压缩空气经过中央控制阀的分配进入驱动气缸推动活塞运动，使车门实现开启和关闭。

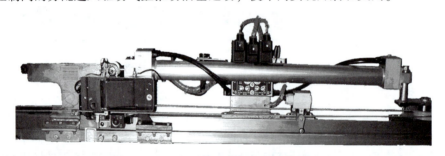

图 5-3 气动式内藏门的驱动装置

机械传动系统由钢丝绳及滑轮组成。当驱动气缸活塞杆带动左门叶运动时，作用力通过连接在左门叶上的钢丝绳、导轨两端的钢丝绳滑轮以及连接到右门叶上的钢丝绳带动右门叶动作，从而实现左右门叶的同步动作。

锁闭系统主要由锁钩、门叶上的锁销、解锁气缸组成。当车门关闭时，锁钩下落至水平位置，钩住两门叶上的锁钩，实现机械锁闭。车门在锁闭位置时，两门叶之间的关紧力靠进入驱动气缸右腔的压缩空气来保持。当开门时，压缩空气经中央控制阀进入解锁气缸，使之动作将锁钩顶开，同时驱动气缸活塞向左运动，打开车门。当紧急情况下需要打开客室车门时，可以拉下紧急解锁手柄，这时驱动气缸内的空气排往大气，用手可以轻易将两门叶推开。

3. 气动式内藏门结构与原理分析

以广州地铁 1 号线车辆客室车门为例。客室车门的基本结构如图 5-4 所示。

车辆客室车门为电控气动门，由压缩空气驱动车门的驱动气缸，通过机械传动系统和电气控制系统完成车门的开关动作。控制系统采用 DC110V 有节点电路，通过整车、单节车、单个门各级继电器控制车门的中央控制阀内部三个电磁阀的动作，实现对驱动气缸的供气、排气控制，从而使车门按要求开关。同时，依靠每个门上的行程开关检测车门状态，并将信息返回诊断系统及控制系统，实现对车门的监测。

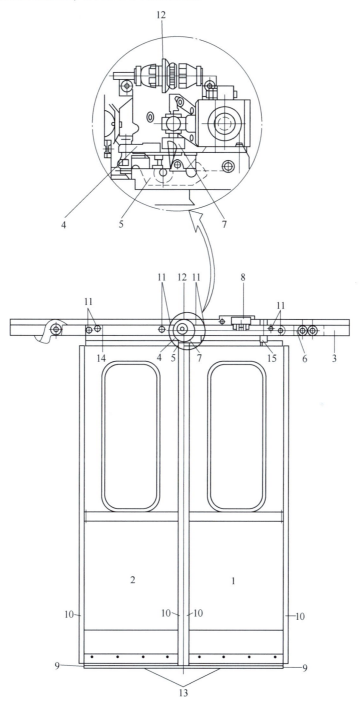

图 5-4　广州地铁 1 号线车辆客室车门组成

1—右门叶　2—左门叶　3—导轨　4—锁钩/紧急手柄　5—左门驱动连杆　6—驱动气缸　7—解锁气缸
8—中央控制阀　9—导向衬块　10—橡胶密封条　11—防跳轮/支撑滚轮　12—锁闭行程开关 S1
13—密封毛刷　14—钢丝绳　15—关闭行程开关 S2

驱动系统主要为双向作用的驱动气缸，压缩空气经过中央控制阀的分配进入驱动气缸推动活塞运动，使车门实现开启和关闭。

机械传动系统由钢丝绳及滑轮组成。当驱动气缸活塞杆带动左门叶运动时，作用力通过连接在左门叶上的钢丝绳、导轨两端的钢丝绳滑轮以及连接到右门叶上的钢丝绳带动右门叶动作，从而实现左右门叶的同步动作。

锁闭系统主要由锁钩、门叶上的锁销、解锁气缸组成。当车门关闭时，锁钩下落至水平位置，钩住两门叶上的锁钩，实现机械锁闭。当开门时，压缩空气经中央控制阀进入解锁气缸，使之动作，将锁钩顶开，同时驱动气缸活塞向左运动，打开车门。车门在锁闭位置时，两门叶之间的关紧力靠进入驱动气缸右腔的压缩空气来保持。当紧急情况下需要打开客室车门时，可以拉下紧急解锁手柄，这时驱动气缸内的空气排往大气，用手可以轻易将两门叶推开。

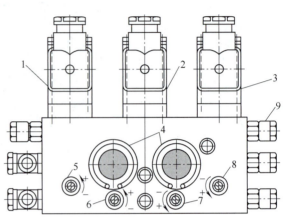

图 5-5　中央控制阀集成

1—关门电磁阀 Y2　2—解锁电磁阀 Y3　3—开门电磁阀 Y1
4—排气孔/消声片　5—关门速度节流阀　6—开门缓冲节流阀　7—关门缓冲节流阀　8—开门速度节流阀
9—气路连接头

在车门的基本结构中，中央控制阀集成（见图 5-5）是车门控制的关键部件，它由"车门开门""车门关门""车门解锁"三个二位三通电磁阀，以及"关门速度节流阀""开门速度节流阀""关门缓冲节流阀""开门缓冲节流阀"四个气阀所集成。

二、电动门的结构与动作原理

电动门由电动机、传动装置（轴、磁性离合器、带轮和同步带）、控制器、闭锁装置和紧急开门装置组成。目前我国城市轨道交通车辆中使用的电动门主要有外挂门和塞拉门两种类型。

1. 外挂门

外挂门主要由门叶、驱动机构、车门悬挂机构、丝杠螺母机械传动机构和电子门控单元（EDCU）等组成。外挂门的门叶、车门悬挂机构以及传动机构的部分部件安装于车体侧墙外侧，电子门控单元和驱动电动机装于车体侧墙的内侧。

目前国内地铁车辆尚未广泛采用外挂门，只有广州地铁 2 号线采用（见图 5-6）。该型车门与内藏门相似，传动机构也设在车内门上方，不同的是无论是开门或关门状态，门翼总是挂在车体的侧墙外侧，通过一个吊装机构，穿过车体与驱动机构相连。系统通过电动机驱动丝杠和螺母的机械传动机构实现门叶的开关动作。

此外，车门还装有车门关闭行程开关 S2、锁闭形成开关 S1、切除开关 S3 以及紧急解锁开关 S4，用于控制、显示车门状态。如车门关闭后，触发限位开关 S2 和锁闭开关 S1，给出"门锁闭"信号。如果车门出现故障，可以通过方孔钥匙作用于行程开关 S3 将该车门切除。当紧急手柄动作后，触发限位开关 S4，门被紧急解锁，当列车静止或输出零速信号时，车

图 5-6　广州地铁 2 号线外挂门

门才可以手动打开。

（1）外挂门驱动装置　电控外挂门驱动装置由驱动电动机、丝杠螺母系统、传动带和滑轮组成。

驱动电动机为一直流永磁电动机。电动机由于转速低，电刷寿命可达 300 万次以上。驱动电动机包含了一个齿式联轴器及两个安装座，结构外形如图 5-7 所示。

丝杠螺母系统是车门系统中的传动部件，它通过一个弹性或齿式联轴器并通过带轮与电动机相连接。门叶的同步动作是由丝杠和球形螺母组成的系统来实现的，其结构外形如图 5-8 所示。系统的主要部件是丝杠和螺母组件。丝杠由大螺距不锈钢的特制丝杠，采用特殊的工艺方法制成，保证丝杠有较长的寿命，即图中左旋螺杆 1 和右旋螺杆 2。螺母用高强度工程塑料制成，用以连接门叶，见图中左旋螺母 5、右旋螺母 6。丝杠和球形螺母通过三

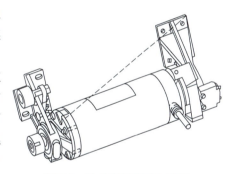

图 5-7　外挂车门驱动电动机

个支撑部件（即左支承 3、右支承 4、中间支承 7）安装在主梁上。这种丝杠一半是右旋螺纹，另一半是左旋螺纹，螺纹旋转方向在安装时是任意的。两个球形螺母安装在丝杠上（每一半丝杠用一个球形螺母），螺母与不锈钢丝杠的配合工作，使丝杠螺母副具有阻力小、无噪声和维护量小的特征。丝杠传动具有传动准确、平衡，扭力大的特点，通过丝杠螺母系统，当每一门叶向一个方向移动，则引起另一门叶向相反方向移动，从而实现了门叶的同步运动。

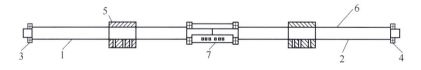

图 5-8　外挂门丝杠螺母系统结构

1—左旋螺杆　2—右旋螺杆　3—左支承　4—右支承　5—左旋螺母（连接门叶）
6—右旋螺母（连接门叶）　7—中间支承

（2）外挂门悬挂装置　悬挂装置用以支承车门重量。外挂车门采用的滚珠轴承滑块型悬挂机构如图 5-9 所示。

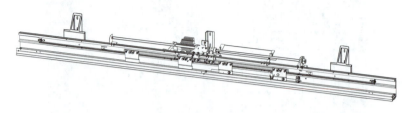

图 5-9　外挂门悬挂机构

该机构由一个 U 形钢轨、一个铝型材构件及两个钢制滑块组成。U 形钢轨塞入铝型材构件，两个钢制滑块（每个门叶一个）在两排由轴承罩隔离的硬质钢球之间运动。门叶直接用螺栓固定在滑块上。其安装采用简单的"螺栓与螺母"装置，目的是便于调整门叶相对于车体的平行度。铝型材（型材上有滑轨）有中心及横向支承，整个装配用螺栓安装在车体上。在装置及车体间垫有薄垫片，这样即使车体不是完全平整，钢轨也能保持平直，有利于车门的开关平滑。

2. 塞拉门

塞拉门如图 5-10 所示，与外挂门类似，采用对开式，在开启状态时车门移动到侧墙的外侧，但在关闭状态时车门外表面与车体外墙成一平面。

图 5-10　塞拉门

（1）塞拉门技术参数　塞拉门技术参数见表 5-1。

表 5-1　塞拉门技术参数

门宽/mm	1400	关闭时间/s	3.5±0.5
门高/mm	1860	供给电压/V	DC110
开启时间/s	3.5±0.5	关闭和锁紧力/N	200

（2）塞拉门结构　塞拉门主要由驱动机构、机械执行机构、门叶、垂直协调杆、制动组件、紧急解锁机构、车门旁路系统以及电子门控单元（以下简称 EDCU）等组成。塞拉门开

关的平移动作是通过电动机驱动与门叶相连的传动机构，装有导轮的门叶沿着门叶上方的导轨滑移；其关门的塞拉动作可以是导轨的导向，也可以通过摆杆摆动来实现。我国城市轨道交通车辆从上海地铁 3 号线车辆后基本采用电动塞拉门，由于供货商不同，具体结构也有差异，其驱动装置有螺杆和同步带传动两种，而传动装置分为有旋转立柱和无旋转立柱两种。

以深圳地铁 1 号线地铁车辆客室电控塞拉门为例，它由门叶、驱动装置、机械执行机构、旋转立柱等组成，结构示意图如图 5-11 所示。

1）驱动装置。驱动装置设在门的上方，门两边设有可旋转的垂直协调杆，它们共同完成塞紧、外推和直线平移运动，保证关门后车

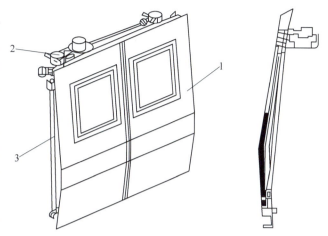

图 5-11　电控塞拉门结构示意图

1—门叶　2—驱动装置　3—旋转立柱

门外表齐平，由门控器对驱动装置进行控制。每个门的两个门叶使用一套驱动装置，使左、右门叶成相反方向运动。驱动装置主要由电动机、驱动带轮、解锁滑轮、关门控制开关和锁闭开关等组成。

2）机械执行机构。机械执行机构由可伸缩导轨、横轴、滚轮箱三个部件组成。伸缩导轨使门叶能够平行移动，它通过两个横向的滚轮箱连接到车体作塞拉运动。两个滚轮箱各由一组滚轮导向，如图 5-12 所示。

3）固定横梁。固定横梁是电动机驱动装置、机械执行机构以及门控器的安装座，也是门驱动执行装置与车体的连接件。

4）旋转立柱。旋转立柱由上臂（带有 2 个滚轮）、下臂（带有 1 个滚轮）、上支架、下支架、直杆组成，如图 5-13 所示。每个车门有两个旋转立柱，安装于车门两侧，滚轮安装在门板的上下导轨内，滚轮通过驱动臂与直杆相连，通过支架固定在门框上。门叶的上部与下部的联系通过立柱，它们的功能是在门叶塞拉运动期间给门叶导向以及在门叶后提供支撑点，它们通过上支架和下支架与车体连接。其上臂滚轮和下臂滚轮在门叶的相应导轨内运动。门叶的运动轨迹

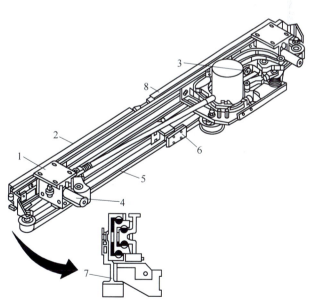

图 5-12　机械执行机构

1—滚轮箱　2—可伸缩导轨　3—电动机　4—横轴
5—驱动带　6—驱动臂　7—上部导轨　8—固定横梁

通过上臂运动决定。

5）门控器（EDCU）。门控器安装在客室车门的上方，其功能是控制车门的开与关、调整车门开关速度（开关门时间的调节范围为3~4s，开关门设定时间为3.5s±0.5s）、调整车门关门压力（峰值压力不超过200N，关门最后200mm范围内不超过150N）、确定车门位置。与列车诊断、控制系统联网。

6）车门锁闭装置。在车门关闭后连接处的下部安装防止车门外移的定位装置。

7）紧急解锁装置。每个客室侧门门口内侧的红色盒内设有一个紧急解锁装置。一旦列车已经起动运行，若列车关门夹到乘客而驾驶员又未察觉，或者遇到紧急情况等，工作人员或乘客可拉下紧急解锁装置的红色手柄，就能立即切断车门锁紧装置的控制系统，列车开始惰行，并向驾驶员报警，可手动打开客室门（手动操作门的向外推力不超过200N，平移速度为50mm/s时，平移力为150N）。紧急解锁装置有自保作用，一旦使用完后，必须用钥匙将手柄推回原来的工作位置。在采用机械方式打开锁闭装置时，列车控制回路中将显示开门信息。

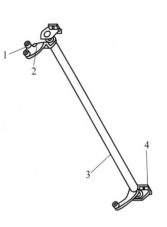

图5-13　旋转立柱
1—滚轮　2—驱动臂
3—直杆　4—支架

8）门切除装置。门切除锁设在车门的上方，为机械式。门切除时，车门被锁闭，并脱离控制系统。

9）DCS、DLS和LOS。车门关闭开关（Door Closed Switch，DCS），通过电动机转动，关闭触块被激活，EDCU接收到塞入运动信号，电动机电流增大，电动机转矩增大，车门开始作塞拉运动，控制车门的关闭状态。车门锁闭行程开关（Door Locked Switch，DLS），当车门完全关闭到位时，转动中的电动机体触块将碰到DLS，DLS触块被激活，电动机断电，车门被锁闭。LOS是门锁闭到位开关。DCS、DLS、LOS和EDCU复位开关S4配合实现对车门的电气控制。

3. 塞拉门的工作原理

塞拉门的工作有开门和关门两种情况。驾驶员发出开关门指令，控制系统将指令传递给EDCU，EDCU得到指令后，接通驱动电动机的电源，电动机带动车门驱动装置工作，完成车门开关门运动。塞拉门的机械工作原理分为三个步骤。

（1）平移运动　电动机轴转动驱动齿轮转动，齿轮带动同步带运动，同步带的运动通过连接同步带和门叶的连接件驱动门叶作平移运动。

（2）塞拉运动　杆件系统连续驱动共同的伸缩导轨两端，转动电动机机体来驱动车门门叶作塞拉运动。

（3）门的锁闭　控制杆件塞拉运动达到驱动机构的死点，杆件锁定获得。

三、城市轨道交通车辆客室车门性能比较

上述不同类型的车门各具特点。从安全可靠方面来讲，移动门一般用于速度低于100km/h的列车。例如外挂门，由于外挂门属于外吊悬挂式结构，下部悬空无支承，当列车在隧道中运行时，随着速度的提高，其空气的阻塞比大大增加，对外吊的悬挂门产生较大的压力。当车门的结构及强度达不到要求时，会使车门产生晃动等不稳定因素，影响车门的安全可靠性。因此要求车门结构与强度随速度的提高而改进。

由于移动门的结构决定车门与车体之间必须保证一定的间隙，因此，移动门的密封性较差。当列车达到一定的行驶速度时(超过100km/h以上)便会产生车厢内窜风，给乘客带来不适；在车辆进出隧道等外界压力变化时，车内压力随之变化，舒适性下降；另一方面车辆走行部件产生的噪声很容易传入车内。同时由于移动门或凹或凸于车体，列车在行驶中会使附近的空气产生涡流，空气阻力加大，也就限制了移动门的适用速度。

塞拉门由于与车体在同一平面内，保持列车较好的流线，所以具有密封性好、空气阻力小等特点；但塞拉门的结构较移动门复杂，且造价较高。

车门的形式种类虽然各不相同，但实现的功能却大同小异，性能参数也相差不多。

1. 外挂门与塞拉门开、关外形比较

外挂门开、关门时，门叶均处于侧墙的外侧。塞拉门开启时门叶贴靠在侧墙的外侧，关闭时，门叶外表面与车体外侧成一平面，这不仅使外观美观，而且也有利于在高速行驶时减小空气阻力，车门不会因空气涡流产生噪声，也便于自动洗车机装置清洗车体。塞拉门及外挂门开、关门外形如图5-14和图5-15所示。

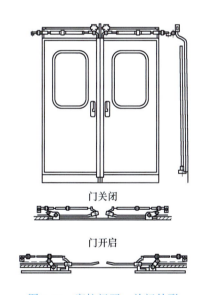

图 5-14 塞拉门开、关门外形

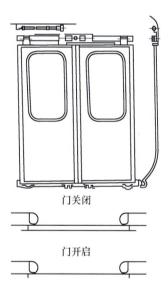

图 5-15 外挂门开、关门外形

2. 三种类型车门性能比较

三种类型车门性能比较见表5-2。

表 5-2 三种类型车门性能比较

序号	类型\项目	内藏门	外挂门	塞拉门
1	气密性	密封性能较外挂门好。主要原因：车门不直接暴露于气流中；从车体外到车厢内部有两组密封，气流不容易进入客室	密封比较简单，密封部件直接暴露于气流中，而且车门与车体的密封只有一对密封条	气密性好，但是容易过压，关门时会存在一定问题，见第7项

(续)

序号	类型 项目	内藏门	外挂门	塞拉门
2	关门时间	同外挂门，关门时间较短，实际关门时间主要依赖于车门的净开度，通常≥2.5s	关门时间较短，实际关门时间主要依赖于车门的净开度，通常≥2.5s	关门时间较移动门时间长，由关和塞两个时间组成，通常至少比移动门长1s
3	外观	门叶藏于车辆侧墙的外墙与内护板之间的夹层内	车门位于车辆侧墙外侧	车门完全关好后与车体外墙成一平面
4	车辆限界影响	由于藏于侧墙内，因此在一定程度上减少了车厢宽度，会减少载客量	车门悬挂于侧墙外侧，为满足车辆限界，车体宽度有所减少。然而车门间有效空间最大	车辆内部宽度最大，但塞拉门有立柱，因此站立面积没有外挂门大
5	维修	结构简单，维修工作量和维修时间较短。门叶更换较复杂，可从车辆内部对车门进行维修和调整	结构简单，维修工作量和维修时间较短。可以快速更换门叶，且可从外部维修	结构复杂，维修量较大，维修时间长。可从车辆内部对车门进行调整和维护
6	隔噪能力	隔噪能力较外挂门好	隔噪能力主要取决于门叶与车体接口面	塞拉门密封性能好，具有较好的隔噪能力
7	关门过程中可能出现的问题	关门过程为直线运动，且关门时间较短，因此，关门受阻的可能性较小	关门过程为直线运动，且关门时间较短，因此，关门受阻的可能性较小	由于内部过压，最后一个门较难关上。塞门过程中可能由于乘客堵在车门关闭方向而受阻，尤其是在大客流情况下
8	开门过程中可能遇到的问题	如果门槛中有碎片或异物，开门可能会受阻	开门时车门可能会碰到靠近列车的乘客从而进入障碍物探测状态。若站台安装屏蔽门则不会出现此问题	开门时车门可能会碰到靠近列车的乘客从而进入障碍物探测状态。若站台安装屏蔽门则不会出现此问题
9	可靠性	内藏门部件少，可靠性高	外挂门部件少，可靠性高	部件数量多，且机构运动较复杂，可靠性较外挂门和内藏门低
10	重量	较塞拉门轻	较塞拉门轻	较重（加上车体接口等，质量要比外挂门或内藏门大40~50kg/门）
11	窗	由于内藏门需要在侧墙内滑动，因此客室窗宽度将受影响	与客室窗无干涉，窗户宽度可达到最大	与客室窗无干涉，客室窗宽度可以达到最大

(续)

序号	类型\项目	内藏门	外挂门	塞拉门
12	费用	较塞拉门低很多,和外挂门接近	较塞拉门低很多,和内藏门接近	较外挂门和内藏门造价高很多
13	操作环境	适用于大客流环境,不适用于高速车辆	适用于大客流环境,不适用于高速车辆	不适用于大客流环境,适用于高速车辆(>120~140km/h)
14	应用实例	广州地铁1号线,上海地铁1、2号线(西门子公司制造)	广州地铁2号线,上海地铁1号线增购车(庞巴迪公司制造)	上海地铁3号线(阿尔斯通公司制造),深圳地铁1号线(庞巴迪公司制造)

任务二　城市轨道交通车辆客室侧门的控制

一、气动门的控制

1. 气动门工作原理

电控气动门由压缩空气驱动车门的驱动气缸,通过机械传动系统和电气控制系统完成车门的开关动作。控制系统采用直流110V有节点电路,通过整车、单节车、单个门各级继电器控制车门的中央控制阀内三个电磁阀的动作,实现对驱动气缸的供气、排气控制,从而使车门按要求开关。同时,依靠每个门上的行程开关检测车门状态,并将信息返回诊断系统及控制系统,实现对车门的监测。

当开门时,压缩空气经中央控制阀进入解锁气缸,使之动作将锁钩顶开,同时驱动气缸活塞向左运动,打开车门。当车门关闭时,锁钩下落至水平位置,钩住两门叶上的锁钩,实现机械锁闭,使车门可靠地实现在关闭位置上锁闭。车门在锁闭位置时,两门叶之间的关紧力靠进入驱动气缸右腔的压缩空气来保持。电气控制系统控制中央控制阀来实现车门的开关和解锁,调节中央控制阀上的调节旋钮可调整开关门速度及缓冲速度。当紧急情况下需要打开客室车门时,可以拉下紧急解锁手柄,这时驱动气缸内的空气排往大气,用手可以轻易将两门叶推开。

2. 中央控制阀及控制

中央控制阀(见图5-5)是控制车门动作的重要部件,在中央控制阀上集成了开关门速度调整、开关门缓冲调整等重要功能。通过调节开门速度节流阀、开门缓冲节流阀可以控制压缩空气的流向和流量,实现对开门速度及缓冲速度的调节。中央控制阀位于车门传动装置上,主要部件及作用如下:

(1)"门关"电磁阀Y2　"门关"电磁阀在通常状态(即失电状态)下,车门气缸排气。

(2)"门开"电磁阀Y1　"门开"电磁阀在通常状态(即失电状态)下,车门驱动气缸及解锁气缸都处于排气(通大气)状态。

(3)"门解锁"电磁阀Y3　"门解锁"电磁阀在通常状态下(即失电状态),解锁气缸与气路相连接。当有空气进入，锁就会被解开。当通电时，该阀控制解锁气缸排气。

（4）开、关门速度调节针阀　将针阀向"+"方向旋转，表示供气量增大，开关门速度加快；反之，开关门速度减慢。

（5）开、关门终端缓冲调节针阀　将针阀向"+"方向旋转，表示供气量增大，开关门缓冲变小，冲击力增大；反之，开关门缓冲变大，冲击力减小。

车门的开关门速度、开关门终端的缓冲速度的调整均通过中央控制阀进行。在调整开关门速度时，要尽量避免车门在最初运动很快，而在终端缓冲很大的情况出现，这样会导致门叶出现往复运动，对驱动气缸内部活塞造成损坏。

中央控制阀装置可在温度为-12~+40℃之间运行，最大压力为3~6bar，操作电压范围为 $DC110V^{+25\%}_{-30\%}$。

3. 车门气动控制

图5-16所示为车门的气动控制原理图。当接到开门指令时，电磁阀Y1、Y3得电，压缩空气经Y1分成两路，一路经Y3并快速通过单向节流阀E进入解锁气缸，顶开锁钩；另一路经开门速度节流阀C和D1、A1接口进入车门驱动气缸右腔，推动活塞向左运动，打开车门。驱动气缸左腔的空气从A2、D2排出，当活塞向左运动接近终点时（约150mm），A2排气口被辅助活塞堵上，空气只能从D2排出，实现开门运动终端的缓冲。直到左门叶碰上开

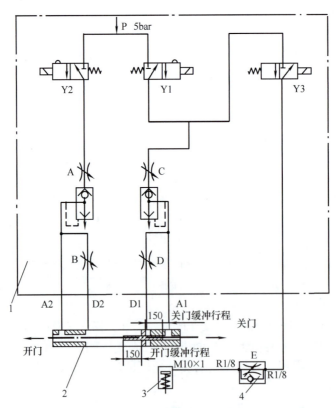

图5-16　车门气动控制原理图

1—中央控制阀集成　2—双向驱动气缸　3—解锁气缸　4—单向节流阀　A—关门速度节流阀
B—开门缓冲节流阀　C—开门速度节流阀　D—关门缓冲节流阀
Y1—开门电磁阀　Y2—关门电磁阀　Y3—解锁电磁阀

门止挡，开门行程到达终点并停住。

关门的原理与开门相同，但活塞运动方向相反，锁钩依靠弹簧力自动回复至水平位置。

4. 车门电气控制

以西门子公司制造的 A 型地铁车辆某个门（如 A 车 1/3 门）的开/关门为例进行分析。

开门指令发出后，左边门开关继电器得电，控制"门开"电磁阀（Y1）、"门解锁"电磁阀（Y3）得电，气路开通使车门打开。

关门指令发出后，解锁继电器触点断开，左边门开关继电器失电，"门关"电磁阀（Y2）、"门解锁"电磁阀（Y3）失电，气路关闭使车门关闭。

为了行车安全，车门监控回路监控整列车的所有左、右侧门关好。继电器、车门锁闭行程开关（S1）、车门关门行程开关（S2）、车门切除行程开关（S3）还直接或间接地干预和影响车辆的牵引和制动及紧急制动，起到监控和保护作用。

车门控制电路如图 5-17 所示。当驾驶员按下车门关闭按钮后，车门开继电器 8K23 失电，其常开触点断开；门控继电器 8K11 失电，其常开触点断开，车门驱动气缸开门端阀门打开排气，8K11 的常闭触点闭合，车门驱动气缸关门端进气关门；同时，车门解锁继电器 8K21 失电，其常开触点断开，车门解锁短行程气缸在弹簧力的作用下，通过节流阀缓缓放气，锁钩下降，在左右车门闭合后，锁钩刚好落至水平位锁闭车门，实现"先关后锁"，保证锁钩与左右车门锁销不发生碰撞，从而延长了锁钩与锁销的使用寿命，减少了车门故障。重开门时，继电器 8K23 和 8K21 已经失电，只有车门重开继电器 8K25 得电，其常开触点闭合，令继电器 8K11 继续得电而使车门打开。但是，在车门重新关闭时，锁钩早已在水平位，并与左右车门锁销发生碰撞，出现"先锁后关"故障。为了解决这个问题，门控电路改为在继电器 8K21 的常开触点上并联继电器 8K11 的常开触点（如图 5-17 中虚线连接所示）。这样，保证了车门关闭与解锁短行程气缸排气同时进行，防止了重开门时"先锁后关"情况的发生。

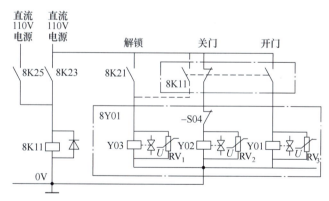

图 5-17　A 车 1/3 号车门控制电路

8K21—车门解锁继电器　8K23—车门开继电器　8K25—车门重开继电器　8K11—左边门开关门控继电器　8Y01—车门中央控制阀集成　Y03—车门解锁电磁阀　Y02—车门关门电磁阀　Y01—车门开门电磁阀　$RV_1 \sim RV_3$—电磁阀线圈压敏电阻　S04—车门紧急解锁行程开关

（1）开、关门控制电路逻辑分析　开、关门控制电路逻辑分析分别如图 5-18 和图 5-19 所示。

（2）自动折返车门控制电路逻辑分析　自动折返车门控制电路逻辑分析如图 5-20 所示。

（3）重开门功能控制电路逻辑分析　重开门功能控制电路逻辑分析如图 5-21 所示。

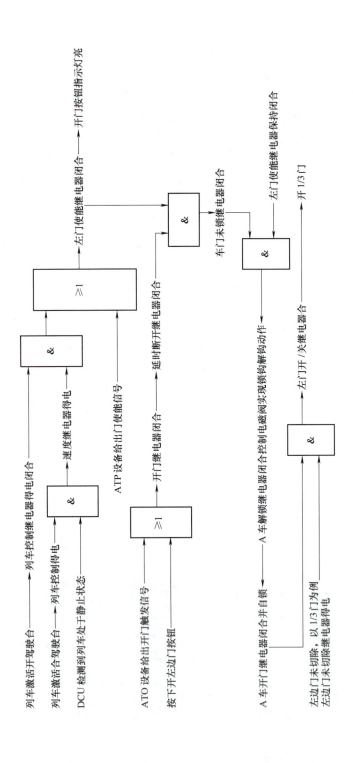

图 5-18 开门控制电路逻辑分析

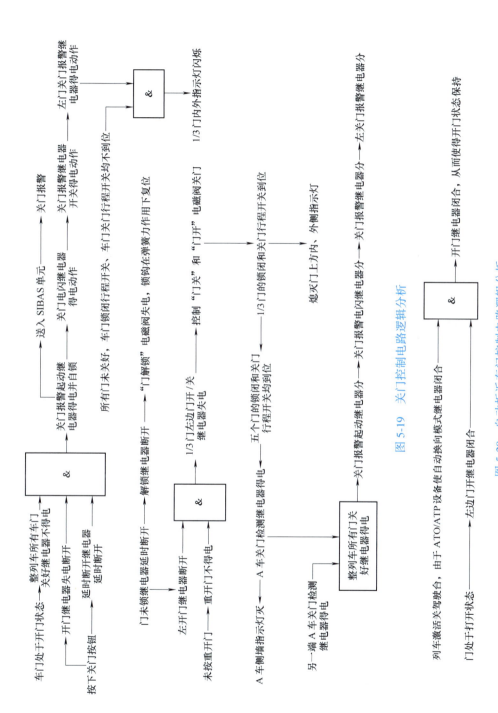

图 5-19 关门控制电路逻辑分析

图 5-20 自动折返车门控制电路逻辑分析

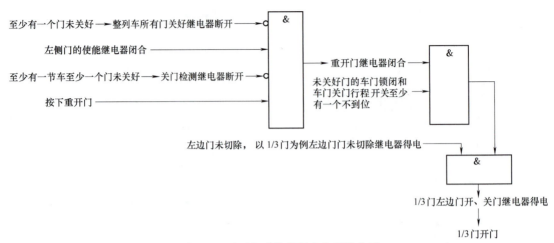

图 5-21　重开门功能控制电路逻辑分析

二、电动门的控制

1. 电动门控制原理

电控电动门由电子门控单元 EDCU 进行控制，EDCU 是车门系统中的关键电气部件，一般位于客室内侧，安装于防水保护部位。EDCU 是可编程序控制器，电源采用 110V，微处理器采用 68332，RS232 接口，继电器输出，具有零速保护和安全联锁电路，开关门有报警，控制原理如图 5-22 所示。

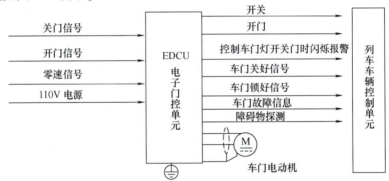

图 5-22　电动车门控制原理框图

EDCU 可编程序控制器由五部分组成：电源电路、输入电路、中央处理单元、输出电路、保护电路。

电源电路的输入为 DC110V，内部经直流变换给微处理单元及相关电路提供适用电源。输入电路接收输入信号，输入信号来自驾驶操作台，开门信号、关门信号、零速信号，经输入电路整形滤波后，送入中央处理单元。中央处理单元主要完成存储、逻辑运算、顺序控制、定时控制、延时控制及软件抗干扰等。中央处理单元能根据车门的实际工况确定的输入信号决定各输出信号，还可以下载储存信息如故障信息用于维护，可上传(如果需要)新的软件。

输出电路用光电隔离的方式实现高低电压的隔离和驱动功率放大，因而可以直接驱动电动机、断路器等各类负载。输出信号有车门开关状态信号、关好门/锁好门信号、电动机驱动信号、车门遇障碍及故障信号。

保护电路则用于处理车门状态不到位的各种故障保护、信号显示、车门状态提示等，监控电路监控车门在故障情况下继电器不能输出。

车门电动机采用永久磁性直流电动机，EDCU 输出 PWM 信号稳定地控制电动机的转矩及速度，使车门的运动快速、平稳。开关门均具有二级缓冲功能，车门在接近全开或全关时转为低速，其余区段为高速运动。高、低速区段通过软件设定，正常开关门时间通过软件调节，电动机输出有过电流保护并能自动恢复。

在初次通电时，EDCU 不能监控门的位置(门关闭位置除外)。因此，对于打开的车门，将启动一次初始化程序，该程序将以较低的速度关门(在此运动中,具有障碍检测功能)。

2. 电动门控制电路逻辑分析

城市轨道交通车辆电控电动门控制的实质是控制车门电动机的正反转。通过传动装置使车门进行开、关门的平移运动，结合车辆控制条件和车辆驾驶模式进行车辆运行过程中的操作。以 A 型庞巴迪地铁车辆左侧客室车门为例，分析开门控制原理，其逻辑框图如图 5-23 所示。

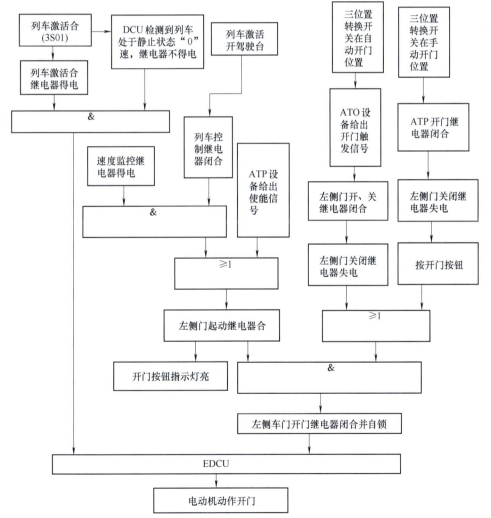

图 5-23　A 型庞巴迪地铁车辆左侧客室车门开门控制逻辑框图

图中通过车辆状态、ATP 安全防护、开门模式(手动/自动)选择等输入的逻辑运算分析后给门控列车线一个开门信号,所有与列车线相连的门控单元(EDCU)根据接收到的开门信号对车门电动机进行操作。关门与开门动作原理相同,是一个相反的过程。

任务三　城市轨道交通车辆车门的操纵

一、气动门的操纵

车门既可在 ATO 模式下自动开关也可以由驾驶员操纵开关。无论哪种模式,气动门的控制电路都采用 110V 有节点电路。另外为保证人员安全,采取了必要的保护措施确保当车门没有关闭好时,列车无法起动。考虑到安全因素,有两种不同的门控信号:

1)门开使能。
2)"开门"指令和"重开门"指令。

通常车门打开可以由 ATP 来使能,即当列车静止且在站台正确的位置时,ATP 系统给出使能信号,在非受限人工驾驶(URM)模式下,可以通过操作驾驶室的按钮实现开门使能,此时车门使能与牵引控制单元的 0km/h 信号互锁,或用乘务员钥匙也可以单独打开局部车门。

门的电气动作通过控制中央控制阀进行,依靠一个单向作用的气缸去使锁钩打开。

1. 开关门

当满足驾驶台激活、列车速度为"0"、ATP 给出门使能信号后,按下开门按钮,经过整列车、单节车、单个门的相关继电器,控制单个门的中央控制阀状态,控制车门打开。停站时按下"关门"按钮,经时间继电器延时,中央控制阀控制(详见车门气动控制部分)使车门关闭。

2. 车门的监测

由于车门的状态关系到乘客及运营安全,为确保列车运行过程中车门正确锁闭,系统只要检测到有一个车门没有正确锁闭,列车将无法起动;而在运行过程中,如果有乘客将紧急解锁手柄拉下,列车将触发紧急制动并停车。

3. 重开门

当单个或多个车门没有完全关上时,可以按下"重开门"按钮重新把门打开并关闭(驾驶操作台:右侧按钮(8S06)开右侧门;副驾驶操作台:左侧按钮(8S05)开左侧门)。若按钮一直按下,车门将一直打开直至松开按钮。已锁闭车门将不会被打开。

4. 自动折返门操作

如果驾驶操作台在自动折返线时已锁,在 ATP 控制启动之前,开门命令一直保持有效。如果指令输出"列车控制已开",则开门指令被尾端驾驶室控制取代。尾端驾驶操作台启动激活后,车门就可以由该操作台控制打开。

5. 用乘务员钥匙开门

只要列车已通电(蓄电池连接上)且压缩空气可以利用,则每节车的 19/17 门和 20/18 门可以局部打开。乘务员可操纵门上的旋转钥匙开关(车内或车外均可)局部打开车门。同时此开门命令存储下来,车门一直开着,直到以下三种情况出现时车门才关闭。

1)车门上的一个旋转钥匙开关给出局部关门命令。

2）列车给出该侧"开门/关门"命令。

3）列车给出了该侧"重开门"命令。

注意：用乘务员钥匙进行局部开门不受 ATP 的释放或者在非受限人工驾驶（URM）操作模式下速度为 0km/h 的限制，即使列车在驾驶时也可以进行局部开门。但当门被切除时此项功能失效。

二、电控电动门的操纵

操纵设在驾驶室的开关门按钮，同一侧所有的客室车门可同时打开和关闭。开门时，门叶先作朝向侧墙外侧的横向运动，再沿车辆侧墙进行纵向运动至完全打开的位置。车门关闭后与车体为同一平面。门叶四周安装的密封橡胶条在门叶与侧墙间起密封作用。车门操纵设备布置如图 5-24 所示，车门操纵原理框图如图 5-25 所示。

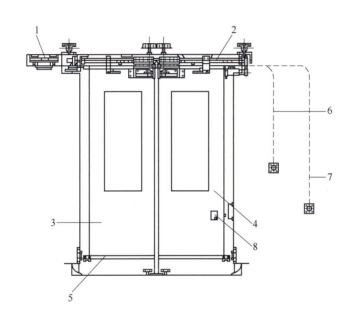

图 5-24 车门操纵设备布置

1—EDCU 2—丝杠 3—左门叶 4—右门叶 5—导轨 6—紧急解锁开关
7—乘务人员开关（两对车门左/右） 8—门切除开关

1. 开关门

整个门系统的运动由电子门控单元（EDCU）控制，电动机驱动。电动机通过传动系统驱动丝杠螺母系统，丝杠上的螺母通过铰链与门叶相连，驱动门叶开关。丝杠螺母机构保证了门叶的同步性。

通常开关门是驾驶员操纵开关门按钮实现的，开关安装在驾驶室内，驾驶室内每侧一套开关门按钮，单独电路。当驾驶员用主控钥匙起动驾驶台时，开关门按钮得电。当所有车门关闭和锁闭时，关门按钮灯亮，若任一车门保持在打开状态，所有关门按钮均不亮。这样为驾驶员提供了车门的状态指示。

车门既可在 ATO 模式下自动开关也可以由驾驶员操纵开关。考虑到安全因素，也有两

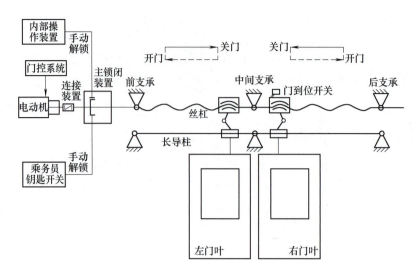

图 5-25 车门系统操纵原理框图

种不同的门控信号：

1) 门开使能。

2) "开门"指令。

在通常的操作中车门打开可以由 ATP 来使能，电子门控单元控制开关门。

只有当列车静止且在站台正确的位置时，ATP 系统才能给出使能信号。在 URM 模式下操作，可以通过驾驶室的按钮来实现开门使能。在这种情况下，车门使能与牵引控制单元的 0km/h 信号互锁。车门只有在驾驶操纵台起动下才能打开。当列车控制只连接着 ATP 系统时，中央开门及关门是不可能的。

当驾驶员按下关门按钮后，关门信号通过列车线向每个车门发出，每个车门的电子门控单元收到关门信号后将控制电动机驱动丝杠，从而使门叶关闭并锁好。

单个车门的开关还可以通过乘务员钥匙开关来实现。在每辆车上的两个车门内外侧都安装有乘务员钥匙开关。当车门关闭锁上且蓄电池电源可用时，乘务员钥匙开关可被授权人员使用。钥匙开关有三个挡位，即"开""断"和"关"。只有当开关处于"断"位时，钥匙才能被插入和拔出。当该装置处于"开"位时，车门解锁并部分打开，手动全部打开。打开车门将会断开车辆的安全回路。将钥匙重新设定在"断"位不会影响车门的状态。将钥匙旋转至关闭位置将使车门关闭并锁上。一旦锁上，列车安全回路将重新形成。当所有车门接收来自驾驶室开关门按钮的指令开门时，操纵该装置将不起作用。

2. 零速度保护

车速为"0"时，车门控制器得到"零速"信号，开门功能起作用。当车速大于 5km/h 时，车门仍然开启时，将起动自动关门。

3. 安全回路

锁闭开关检测到车门完全关闭后，其常开触点闭合，同一节车同侧所有车门的锁闭开关常开触点串联，形成关门安全联锁电路。一列车的关门安全联锁电路形成环路，所有车门关好后，驾驶室内"门已锁闭"指示灯亮，列车方可起动。列车左右侧安全联锁电路相互隔离。由于车门状态关系到乘客及运营安全，为确保列车运行过程中车门正确锁闭，只要检测到有一个车门没有正确锁闭，列车将无法起动；而在运行过程中，如果有乘客将紧急解锁手柄拉下，安全回路断开，列车将可能触发紧急制动并停车。

4. 紧急开门

在紧急状态下，乘客扳动某个车门的紧急开门手柄后，EDCU 根据"零速"监控回路的信息做出下述决定：

1）当列车速度大于 3km/h 时，车门关闭，锁闭线路不中断，车门无法打开。

2）当列车速度小于 3km/h 时，列车的"零速"监控回路被激活，"零速"信号直接激活 EDCU 的内部安全继电器，此时车门可手动开关。

3）若将紧急装置复位，车门的开关恢复正常。内部紧急装置可通过手柄复位，外部紧急装置只能通过方孔钥匙复位。

5. 车门的切除

当单个车门出现故障时，为了不影响列车的运行，通过专用钥匙将该车门进行电隔离称为切除车门。切除车门后，安全回路将通过"门切除"行程开关组成安全回路。门切除后，该车门将不再受开关门指令控制，可以通过专用钥匙将该车门复位。

6. 障碍物探测

如果关门时碰到障碍物，最大关门力最多持续 0.5s，然后车门可以重新打开一段距离，再重新关闭或保持这个位置进行一段时间的调节，再完全关上。如果障碍物一直存在，经过几次探测后，门将处于打开状态。障碍物探测的次数及障碍物的大小由电子门控单元设定。

气动门的障碍物探测通过压力传感器测定关门阻力来实现；电动门的障碍物探测通过测定电动机电流值实现，关门时序中，每一时序的额定电动机电流曲线存储并可自动调整，如果电动机电流实际值超过额定值，则启动障碍物探测功能。

任务四　城市轨道交通车辆车门的信息显示

1. 车门指示灯

每个客室门的上方都有一个橙色指示灯。亮灯表示该门开启；闪烁表示已发出关门指令，有车门尚未关上或尚未锁住；灯灭指示车门全部关好。在连续三次关门过程中均检测到障碍物，指示灯持续亮，直到任何开门或关门指令重新将门起动。当门被切除，该指示灯不再闪烁。城市轨道交通车辆车门指示灯如图 5-26 所示。

2. 车门切除指示灯

每个客室门的内侧上方都设有一个红色指示灯，该灯亮表示该车门已切除。但当 EDCU 故障或该门处于关闭情况下，切除时该灯不亮，此时可通过切除开关是否在切除位，反推确认车门机械锁死。驾驶室内显示屏打叉，全关闭灯亮可判断车门切除到位。当车门与电子门控器隔离后，列车内侧红色的门状态指示灯亮，提示乘客"此门发生故障，驾驶员无法对其进行中央控制"。城市轨道交通车辆车门切除指示灯如图 5-27 所示。

3. 外侧车门指示灯

在每个车门口的上方外侧墙上，各设有一个橙色指示灯，该灯亮表示车门开启，关门后该灯灭。城市轨道交通车辆外侧车门指示灯如图 5-28 所示。

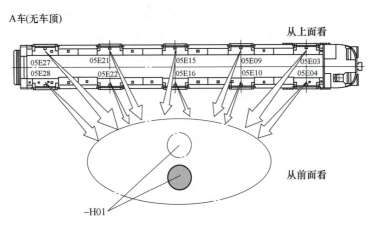

图 5-26　车辆车门指示灯

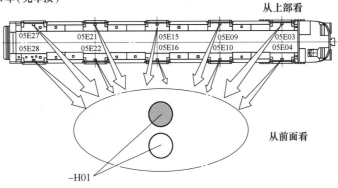

图 5-27　车辆车门切除指示灯

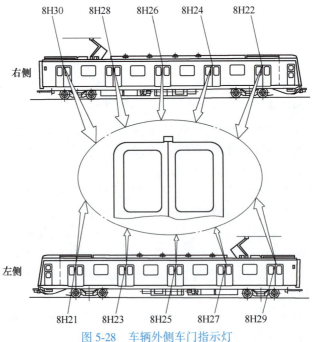

图 5-28　车辆外侧车门指示灯

4. 蜂鸣器

每个客室侧门的上方均设有一个蜂鸣器。当蜂鸣器鸣响时,表示已发出关门指令,有关的车门尚未关上或尚未锁住。车门全部关好后蜂鸣器停止鸣响。如果操作了紧急入口/出口装置,蜂鸣器持续鸣响,该装置复位后蜂鸣器停止鸣响。

5. 车辆运行状态指示灯

运行状态指示灯设置在车体外墙19、20号门叶附近(图5-29为右侧),每侧有5盏指示灯,显示每车不同的运行状态和紧急情况。指示灯的颜色从上到下为绿、橙、白、红、蓝,橙色指示灯对应的是车辆车门信息,如果橙色指示灯亮表示此车该侧至少有一扇门没锁闭。

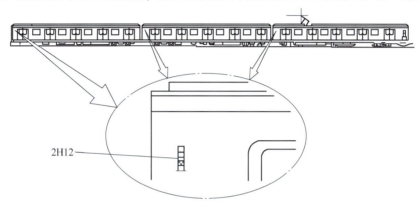

图 5-29 车辆运行状态指示灯

6. 驾驶室车门指示灯

当所选车侧的车门均关闭并锁紧时,所选车侧的联锁安全回路闭合,所选车侧的驾驶室侧墙上车门关好,绿灯亮。当左侧和右侧的联锁安全回路均闭合时,驾驶台上的车门关好,绿灯亮。列车只有在驾驶台上的车门关好绿灯亮时才可以开动,否则列车无法开动。

7. 驾驶操作显示屏车门状态显示

在驾驶操作显示屏上有反映车辆车门状态的显示信息图标,该信息图标用不同的颜色来表示车门状态,具体表示见表5-3。

表 5-3 车门状态显示信息图标

车门位置及状态	显示信息图标颜色	车门位置及状态	显示信息图标颜色
门处于打开位置	黑色	门防夹	深蓝色
门处于关闭位置	底色	门紧急解锁	浅蓝色
门故障	红色	门切除	黄色

任务一 地铁车辆运行的开、关门程序

1. 地铁车辆客室门开门程序

（1）在自动驾驶或 ATP 防护下人工驾驶模式下

1）列车停稳。

2）ATP 将允许开门按钮灯左侧或右侧点亮。

3）如果列车停在准确的位置（仅在自动驾驶模式），ATO 发出一个开门控制指令。

如果列车停车位置超出或处于任何其他的驾驶模式，驾驶员可按下"允许"开门按钮，允许开门按钮灯点亮，然后开门操作。

4）列车综合管理系统送出一个持续 3s 的音频信号。

5）车门的两个指示灯（内/外侧）闪烁。

6）门打开。

7）驾驶操作显示屏上的门图标变为黄色。

8）门关到位灯熄灭。

9）关门按钮灯左侧或右侧点亮为红色。

（2）在其他人工驾驶模式下　驾驶员必须根据不同的车站选择左侧或右侧一边开门。

1）列车停稳。

2）ATP 不会点亮左侧或右侧允许开门按钮灯。

3）ATO 不会送出一个开门控制指令。驾驶员必须手动按下相应的开门按钮"允许"开门。

4）列车综合管理系统送出一个持续 3s 的音频信号。

5）车门的两个指示灯（内/外侧）闪烁。

6）门打开。

7）DDU 上的门图标变为黄色。

8）门关到位灯熄灭。

9）关门按钮灯左侧或右侧点亮为红色。

2. 地铁车辆客室门关门程序

（1）自动驾驶模式时

1）驾驶员根据关哪一侧门的需要按下"左侧关门"或"右侧关门"按钮。

2）列车综合管理系统发出一个持续 3s 的音频信号。

3）"所有门关到位"点亮，关门按钮灯熄灭，驾驶操作显示屏上的图标变为黑色。

4）驾驶员按下"起动允许"按钮，列车开始加速。

如果有人拉下客室紧急手柄，在驾驶操作显示屏上显示相应门的图标（箭头）；如果列车处于停止状态，列车不能起动；如果列车已经起动运行，驾驶员可根据列车在轨道上的位置决定是否停车（采取紧急制动）或让 ATP 控制，此时，门安全回路打开。

（2）人工驾驶模式时

1）驾驶员根据关哪一侧门的需要按下"左侧关门"或"右侧关门"按钮。

2）列车综合管理系统发出一个持续 3s 的音频信号（蜂鸣器）。

3）"所有门关到位"点亮，关门按钮灯熄灭，驾驶操作显示屏上的图标变为黑色。

4）驾驶员将驾驶主手柄向前推到牵引区，列车开始加速。

如果有人拉客室紧急手柄，在驾驶操作显示屏上显示相应门的图标（箭头）；如果列车处于停止状态，列车不能起动；如果列车已经起动运行，驾驶员可根据列车在轨道上的位置决定是否停车（采取紧急制动）或让 ATP 控制，此时，门安全回路打开。

3. 慢行模式时

驾驶员根据关哪一侧门的需要按下"左侧关门"或"右侧关门"按钮，列车综合管理系统发出一个持续3s的音频信号。"所有门关到位"点亮，关门按钮灯熄灭，驾驶操作显示屏上的图标变为黑色。

无论车门是否关好，驾驶员都可将驾驶主手柄向前推到牵引区，列车开始加速，速度可达3km/h。在车门打开的情况下驾驶，驾驶员必须负责。

任务二　地铁车门软件使用

地铁车门软件由安装于PTU中的监控（monitor）软件及EDCU中的应用软件组成。车门若出现故障，故障信息会记录到EDCU单元中。用户可以通过R232实时监控车门系统的所有输入与输出状态，读取并删除储存在EEPROM里的故障和内容，监控EDCU软件信息和下载新版本，监控EDCU序号，修改一些参数。

1. 监控软件界面介绍

如图5-30所示，监控软件界面主要由主页（Home Page）、输入输出（Inputs Outputs）、故障信息（Failures）、EDCU信息（DCU information）和可修改参数（Modifiable parameters）项组成。每个选项的功能及作用如下：

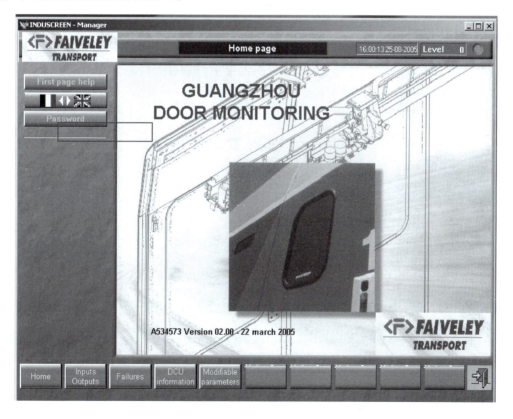

图5-30　车门监控软件界面

（1）主页（Home Page）　在该项中的Password中可以选择不同的权限等级和密码。

（2）输入输出（Inputs Outputs） 用于监测各个输入输出参数。

（3）故障信息（Failures） 该选项是在故障处理时最常用的项目，可以读取故障信息及监测故障状态等。

（4）EDCU 信息（DCU information） 该选项可以查看 EDCU 中的软件版本信息及序列号，同时还可以在该选项中进行 EDCU 软件的更新。

（5）可修改参数（Modifiable parameters） 可以修改开关门时间等参数，在非授权情况下禁止使用。

2. 故障处理

当车门出现故障时，可用 PTU 读取 EDCU 中的故障信息进行分析处理，主要步骤如下：

1）在主页"Password"中选择权限和密码，各个权限等级和密码可以参见"First page help"项。

2）单击 Failures 选项，弹出如图 5-31 所示界面：在该界面中可以通过计算机监测到车门的状态信息，还可以查看不同部件的故障情况。如单击"Door closed switch OK"项就可以查看开、关车门行程开关的状态和故障情况。

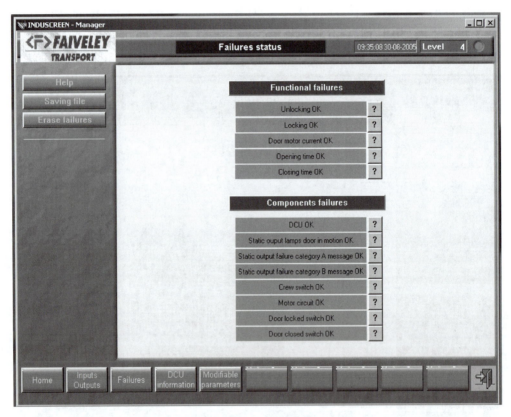

图 5-31　车门故障信息界面

故障数据可以通过左上角的"Saving file"工具条来保存到计算机中，文件格式为 Excel 文档，在该故障文档中记录了各个故障出现的次数及 EDCU 单元的序列号等相关信息。

由于 EDCU 在设计时无时钟，因此每次读取完故障信息后需要将相应的故障信息清除。单击左上角的"Erase failures"工具条，即可将 EDCU 中的故障信息清除。

任务三 屏蔽门系统

屏蔽门系统由机械和电气两部分组成。机械部分包括门体结构系统和门机传动系统，电气部分包括电源系统、控制系统和信号系统。屏蔽门系统组成框图如图 5-32 所示。

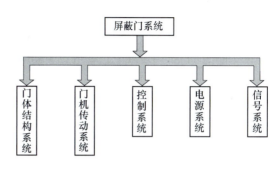

图 5-32 屏蔽门系统组成框图

1. 门体结构系统

屏蔽门系统中门体结构系统组成框图如图 5-33 所示。

（1）门体承重结构　由下部支承组件、立柱、横梁、顶部钢结构及伸缩装置等组成，用于安装门机、滑动门、固定门、应急门、端头门等，是屏蔽门系统的主要承力结构，一般由各种型钢加工组合而成，其可见外表面为满足外观要求均采用铝合金或不锈钢进行装饰。门体承重结构通过上下部连接结构与顶部和底部的土建结构相连。

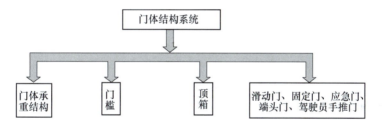

图 5-33 门体结构系统组成框图

（2）门槛　门槛又称"踏步板"，安装在站台板边缘，上表面与站台装饰层平齐，是乘客进入地铁车厢的必经之路。广州地铁 3 号线门槛由门槛基体、防滑板、导槽等组成，均为铝合金材质，其防滑板上设有防滑齿形槽。

（3）顶箱　顶箱由前后盖板、上封板、底部装饰板、密封件等组成，置于门体顶部，内置有门驱动机构、活动门锁紧装置、门控单元（DCU）、端子排、导轨、滑轮装置、传动装置、门机梁、横梁等部件。顶箱零部件采用铝板制作成形，具有屏蔽电磁波的作用，可以保证顶箱内电气组件的正常工作。

（4）滑动门　滑动门又称"活动门"，是与列车门对应的滑动开启门，如图 5-34 所示。在滑动门竖框内设置有解锁机构。门扇框的材料采用铝合金型材，门扇采用 8mm 透明钢化玻璃。滑动门高度为 2150mm，其双扇净开度为 2005mm。站台侧锁孔距站台面为 1700mm，轨道侧把手距站台面为 1125mm。

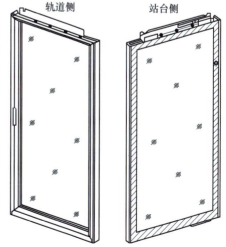

图 5-34 滑动门外形图

其技术要求如下：

1）每个门单元的左滑动门上都装有手动解锁装置，在紧急状态下乘客可以在轨道侧操作解锁把手打开活动门，工作人员可以从站台侧使用专用钥匙将门打开。

2）手动解锁力不大于67N。

3）手动将门打开所需的力不大于133N。

4）滑动门在关门过程中，在最后100mm行程中动能不超过1J/扇门。

5）滑动门在行程中的最大动能不超过10J/扇门。

（5）固定门　不可开启的门体，放置在滑动门与滑动门之间、滑动门与端门之间，是车站与区间隧道隔离和密封的屏障。固定门框材料采用铝合金型材制作成形。固定门面板采用12mm钢化玻璃，固定门安装方便，可拆卸更换。固定门高度与滑动门一致。宽度根据列车相邻列车门间距确定，包括扣板为2560mm。

（6）应急门　在正常营运时，应急门保持关闭且锁紧，作为站台公共区域与隧道区域的屏障，当列车进站无法对准滑动门时，作为乘客的疏散通道，该门可向站台侧旋转开启且90°可定位。应急门框采用铝合金型材；应急门面板采用8mm钢化玻璃；应急门采用上下转轴方式固定；应急门竖框内设置有推杆锁装置；应急门设有位置信号装置。可以将门锁闭和解锁信号反馈到PSC；应急门站台侧锁孔距站台面为1225mm，轨道侧推杆距站台面为1125mm。

（7）端头门　端头门布置于站台两端，与站台边屏蔽门垂直，结构与应急门基本一致，安装有紧急推杆锁。

正常运营状态下，端头门保持关闭且锁紧。当列车在区间隧道发生火灾或故障时，作为乘客的疏散通道，也是车站工作人员进入隧道的专用门。端头门可向站台侧旋转90°平开，且在打开后能自动复位关闭；端头门配有位置开关，其状态由位置最靠近的DCU监控；端头门净开度≥1100mm。

（8）驾驶员手推门　驾驶员手推门一般安装在车站左线列车进站，与列车驾驶员门位置相对应，全线仅设一套；驾驶员手推门的结构和功能与应急门一致，且安装有紧急推杆锁；驾驶员手推门净开度≥1100mm；驾驶员手推门配有位置开关，其状态信号上传至PSC，其闭锁状态送至信号系统。

2. 门机传动系统

门机传动系统由驱动装置、传动装置、锁定装置、解锁装置及门锁定位置检测开关等组成，门机立面图如图5-35所示。

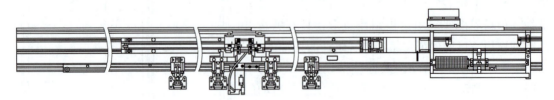

图5-35　门机立面图

门机传动装置由一个传动螺杆与球形螺母系统组成。螺杆由三个安装在门机梁上的轴承支承，依据门扇运动的方向分为左旋和右旋；每个单元配有一个电动机驱动装置；螺杆通过弹性联轴器联接在电动机上；锁定装置设计简易，锁定/解锁系统不需要另外的驱动力；滑动门锁定/解锁状态由两个位置检测开关进行监控。

3. 控制系统

屏蔽门控制系统具有五种方式：系统级控制、站台级控制、就地级控制、手动操作控制、紧急控制，其中以手动操作控制优先级最高，系统级控制最低。

（1）系统级控制　系统级控制是在正常运行模式下由信号系统（SIG）直接对屏蔽门（PSD）进行控制的方式。

（2）站台级控制　站台级控制是由列车驾驶员或站务人员在站台 PSL 上对 PSD 进行开关门的控制方式。当系统级控制不能正常实现时，列车驾驶员或站务人员可在 PSL 上进行开关门操作，实现 PSD 的站台级控制操作。

（3）就地级控制　地铁运营过程中，若某档屏蔽门出现故障需要检修，站台工作人员可以通过操作位于顶箱内靠近门控单元（DCU）的就地控制盒（LCB），使此档屏蔽门与整个系统隔离开来，方便维修，并且通过操作就地控制盒上的"开门""关门"按钮可使该档活动门动作，而不影响地铁的正常运行。

（4）手动操作控制　手动操作是由站台人员或乘客对 PSD 进行的操作。当控制系统电源故障或个别 PSD 操作机构发生故障时，站台工作人员在站台侧用钥匙或乘客在轨道侧用开门把手打开 PSD。

（5）紧急控制　紧急控制是指由工作人员通过车控室 IBP 盘（通常由 EMCS 系统提供）上的应急开关执行开门、关门控制。

4. 电源系统

屏蔽门系统具有相对独立的电源供应系统，该系统由驱动电源和控制电源组成。车站低压配电系统提供两路三相 380V 电源，分为驱动电源和控制电源两部分。

（1）驱动电源　驱动电源设备包括高频开关电源机柜、蓄电池柜及配电柜，主要是为门机提供稳定的电源。正常情况下，高频开关电源将三相交流电转换为直流 110V 电源，一方面对蓄电池组进行浮充电，另一方面给屏蔽门的门机供电。三相 380V 电源均发生故障时，由蓄电池组对门机供电。蓄电池的容量满足交流断电后完成开/关屏蔽门至少三次要求。

（2）控制电源　控制电源设备包括 UPS（含蓄电池）、AC/DC 转换模块等，控制电源采用 UPS 为屏蔽门系统的控制设备如门单元控制器（PEDC）、就地控制盘（PSL）、主监视系统（MMS）等提供电力需求。

5. 信号系统

屏蔽门系统应为每侧站台提供一组与信号系统连接的接口，信号系统发给屏蔽门系统"开门"及"关门"命令，当所有屏蔽门锁闭，且闭锁信息被反馈给信号系统，信号系统才允许列车离站。若其中有一个屏蔽门单元没有锁闭，则不能给出锁闭信息；为保证运营，可以通过解除与信号系统的互锁来使列车正常发车。

1. 简述城市轨道交通车辆车门的类型和结构。
2. 车门由哪些主要部件组成？

3. 城市轨道交通车辆电控气动门的工作原理是什么？
4. 车门有哪几个行程开关？其作用是什么？
5. 车门关上后，门开指示灯仍然不灭，最有可能的气路故障是什么？
6. 城市轨道交通车辆电控电动门的工作原理是什么？
7. 比较电控气动门和电控电动门的操作方式。
8. 分析常规操作时，车门打不开的可能原因。
9. 分析车门已关闭但没有"车门关闭"信号，可能的机械故障是什么。
10. 车门关闭后，出现撞击声的原因是什么？
11. 根据车门气路原理图，分析车门开关的工作过程。
12. 说明城市轨道车辆车门信息指示灯显示的含义。
13. 简述城市轨道交通车辆客室车门开门程序。
14. 简述城市轨道交通车辆客室车门关门程序。
15. 比较城市轨道交通车辆客室车门开门和关门的区别。
16. 站台屏蔽门的控制形式有哪几种？其优先级是什么？

项目六　城市轨道交通电动列车管理服务系统

本项目主要介绍城市轨道交通电动列车管理服务系统的组成、分类以及功能，电动列车通信控制系统的原理、功能、操作方法和模式。拓展任务介绍了电动列车的调试检查内容、方法，试验的项目与实施，驾驶员和检修人员对电动列车的检查作业。

 学习目标

1. 理解列车通信控制系统的原理。
2. 熟悉列车通信控制系统的组成。
3. 掌握列车通信控制系统的控制方法。
4. 能够分析人机界面(MMI)显示的含义并会进行处理。
5. 掌握乘客信息系统的功能。
6. 能够操纵乘客信息系统的设备。
7. 能够设置乘客信息系统的参数。
8. 了解电动列车火灾报警系统的结构与功能。
9. 掌握电动列车火灾报警系统的布置。
10. 掌握电动列车的调试检查内容。
11. 能够对电动列车进行调试检查。
12. 了解电动列车试验的项目和方法。
13. 掌握整备作业操作流程。
14. 熟悉电动列车日常检查的内容和方法。

 项目描述

城市轨道交通电动列车的列车管理服务系统，主要介绍通信控制系统、列车监测与控制系统、乘客信息系统、火灾报警系统等。

通信控制系统是一个将电动列车的各个子系统及相关外部控制电路的信息进行读取、编码、通信传输、数据逻辑运算及输出控制的计算机网络系统。该系统就好比人类的神经系统，能通过手和眼睛对自身所处的状态、外部环境进行感知和控制，并对不同情况作出反应。在电动列车上，该系统对列车的供电状况、运行速度、列车运行模式等状态信息进行实时的监控和识别，并根据读取到的列车驾驶员发出的指令信息，对列车上各个子系统发出相关的控制指令，进而使各个子系统产生相应的响应，从而实现对电动列车的有效控制。

TCMS 是列车监测与控制系统的简称,目的是使各个与控制和监测系统相关的功能整合在一起,从而完成列车的自动化、智能化。列车监测与控制系统(TCMS)关联图如图6-1所示。该系统类似于生物的神经系统,通过电动列车各个系统之间的交互完成系统的监测和控制,通过乘客信息系统输出终端向乘客发送如站名、提示等相关服务信息;通过驾驶室人机界面(MMI)将列车自身的状态、数据反映给操作人员,便于操作人员对车辆进行操控和维护,各系统共同完成对车辆的控制、防护和监控,完成对乘客服务信息提示和舒适化环境控制的服务管理。

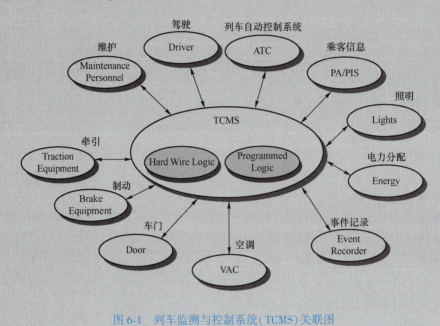

图6-1 列车监测与控制系统(TCMS)关联图

任务一 城市轨道交通电动列车通信控制系统

城市轨道交通电动列车通信控制系统的作用是使各个相关的功能整合在列车中,完成列车的自动化、智能化,存储设备故障信息,协助维护与检修作业。列车通信控制系统框图如图6-2所示。

一、列车通信控制系统功能原理

1. 列车通信控制系统的功能

列车通信控制系统采用电子控制设备和串行数据通信,依靠网络连接各个子系统的控制设备(如牵引控制、摩擦制动控制、门控制等)。

列车通信控制系统传输的信息大致分为以下三类:
1)车辆控制用的信息,如列车牵引控制类和车辆功能控制类。
2)列车故障诊断信息。
3)乘客服务信息。

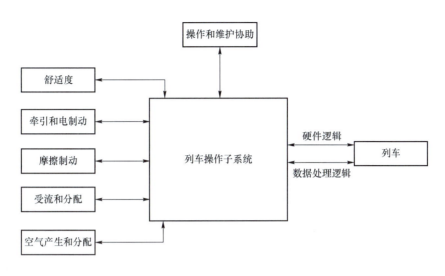

图 6-2 列车通信控制系统框图

2. 列车通信控制系统的原理

列车通信控制系统首先读取和传输驾驶员的控制指令，并按照所获得的指令信息进行相应的输出，保证列车各个子系统按一定的要求正常运行。例如，当驾驶员操纵驾驶员控制器手柄至牵引位时，列车控制单元（VTCU）通过模拟量输入输出模块（AXM）和数字量输入输出模块（DXM）读取相关的牵引指令信息，并判断其他相关的回路是否正常，如果正常，则将牵引指令信息传递给牵引逆变器，控制牵引电动机输出，从而实现列车牵引。

列车通信控制系统通过输入端口及故障诊断软件的运算，对列车各个子系统的实际运行状态进行监控和判断，如果发生异常情况，则会实时地显示在人机界面（MMI）上，以便驾驶员及时观察到异常情况，作出应急处理，相关数据也同时进行记录和存储，方便车辆维修人员及时查阅，作出相应的判断处理，准确施修，从而保证行车安全。

通过乘客信息系统向乘客发送如站名、提示等相关服务信息，以方便乘客出行。

3. 列车通信控制系统的数据传输原理

列车通信控制系统传输的数据分为三类：过程数据（PV）、信息数据（MD）和条件数据（CD）。

（1）过程数据（PV） 过程数据包括了全部有关能找到该变量的数据、存储器的号码、端口内地址的偏移量、过程变量的类型和长度、校验位的偏移量。

过程数据的主要特点是数据实时传输、数据长度短、能反映车辆的运行状态、周期性更新、格式固定、无须确认。

（2）信息数据（MD） 信息数据能在列车范围内按一般的传输协议在两个设备之间进行交换，各装置、功能组群能被赋值，其传输方式依照呼叫/回复结构，且较大的信息能自动地分割到数据包并以确认的方式传输。信息数据的主要特点是没有实时的要求、不限制长度、表述一个事件、需要给出确认。

（3）条件数据（CD） 条件数据则主要指列车本身的基本外设参数，如时钟信息、列车轮径数据等。

二、列车通信控制系统的控制

列车监测与控制系统（TCMS）主要由人机界面（驾驶员显示器，MMI）、输入输出单元（SKS）、列车控制单元（VTCU）、列车总线（WTB）网络和车辆总线（MVB）网络组成。每个车厢配备一个输入输出单元（SKS），管理自己的总线段，各个车厢的总线段通过车辆总线（MVB）中继器相连来完成列车总线（MVB）系统的功能。

1. 系统单元的构成

（1）列车控制单元（VTCU）　列车控制单元（VTCU）位于每个驾驶室内，管理整个列车的网络通信，并监控车辆设备的状态。列车控制单元（VTCU）包括两套互为冗余的 VTCU1/VTCU2 装置。正常运行情况下，系统随机选择一套作为主控设备，另一套作为备用设备用于监视主控设备的状态，当主控设备出现故障时，备用设备将代替主控设备行使列车控制单元（VTCU）的功能，保证整个列车正常运行。

（2）输入输出单元（DXM、AXM）　通过配置适量的数字量输入输出模块（DXM）和模拟量输入输出模块（AXM），就近放置在信号采集场所，从而完成控制信号的采集和输出。

（3）总线耦合单元（BCM）　总线耦合单元（BCM），通过车辆总线（MVB）ESD+与 EMD之间通信介质的转换，实现了车辆总线（MVB）间的连接。

（4）驾驶员显示器（MMI）　驾驶员显示器（MMI）位于驾驶员操纵台上，采用了符合人机工程学原理的设计、高分辨率图形显示及一个触摸屏系统。

（5）事件记录仪（ERM）　事件记录仪（ERM）安装在每个驾驶室内，自身有闪存（FLASH）作为存储体，用于记录列车状态。它可以通过高速以太网将记录数据下载到地面设备或无线传输装置（TSC1）中。

（6）无线传输装置（TSC1）　无线传输装置（TSC1）安装在每个驾驶室。它具有全球移动通信系统（GSM）、通用无线分组业务（GPRS）和无线局域网 802.11B 三种无线通信接口，少量的实时信息通过全球移动通信系统（GSM）、通用无线分组业务（GPRS）传送到地面，大量的记录信息在列车回库后通过无线局域网 802.11B 传送到地面。

（7）便携式维护工具（PTU）　便携式维护工具（PTU）包括笔记本电脑（Notebook PC）和打印机。便携式维护工具（PTU）与通信控制系统连接后，记录数据可从通信控制系统下载到便携式维护工具（PTU），并在便携式维护工具（PTU）显示器上显示及打印机打印。

2. 列车控制系统的控制

（1）牵引/制动控制　列车控制系统（TCC）具有牵引、制动控制功能，其功能框图如图6-3所示。列车控制系统（TCC）通过车辆总线（MVB）向驱动控制单元（DCU）和制动控制单元（BECU）传输信号，这些信号包括运行方向、牵引信号、制动信号、给定指令参考值、操作工况（洗车模式等），系统依据这些信号控制牵引逆变器动作，从而实现牵引、制动功能。同时，对一些关键信号也进行硬连线备份，详见表6-1。

当驾驶员将驾驶员钥匙置于 ON 位置时，激活的驾驶室被设定为主控室。如果同时有两个驾驶员钥匙处在激活位置，则列车控制单元（VTCU）控制车辆必须处于禁止运行状态。

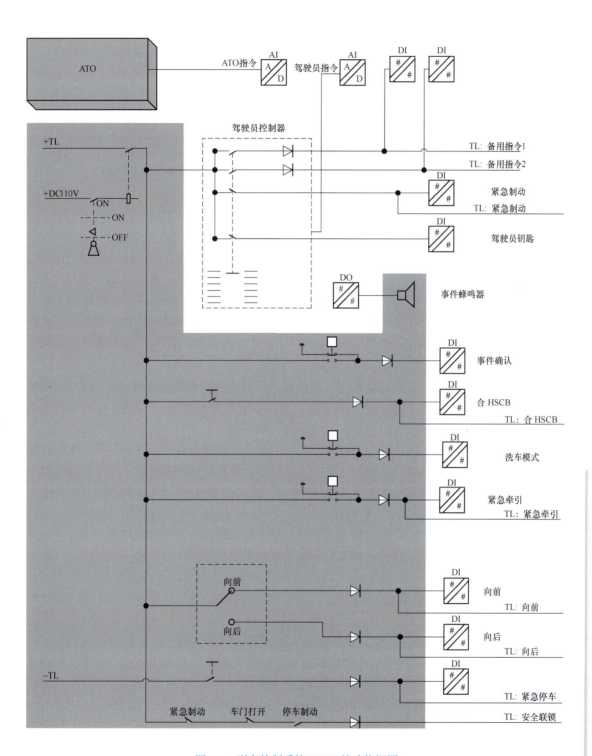

图 6-3 列车控制系统(TCC)的功能框图

表 6-1　列车牵引/制动控制的硬连线备份

列车硬连线	信号数量	描述
牵引、制动	2	在备份模式下用于牵引、制动的列车线
备用指令信号 1、2	2	在备份模式下用于牵引、制动参考信号的二位编码列车线
紧急牵引	1	启动备用模式
合高速断路器(HSCB)	1	备用模式下，控制高速断路器(HSCB)
紧急停车	1	断开主电路，关闭变流器
紧急制动	1	驾驶员控制器紧急制动
牵引安全	1	表明准备起动(门已关闭,所有制动均已缓解等)，允许牵引
行车方向，向前	1	表明向前行驶
行车方向，向后	1	表明向后行驶

驾驶员操纵驾驶员控制器选择行驶方向，如果该开关置于 F 位置，则行驶方向为向前。如果该开关置于 R 位置，则行驶方向为向后。如果开关处于 0 位置，则没有行驶方向。

来自驾驶员控制器和 ATO 的牵引、制动参考信号通过驾驶员操纵台上模拟量输入输出模块(AXM)不同的 AI 通道读入列车控制单元(VTCU)，列车控制单元(VTCU)将其进行处理和加工后再传送到牵引逆变器。备用指令信号 1、2 用于备用模式，每一位代表牵引和制动的参考信号。

紧急牵引按钮按下时，将启动备用驾驶模式。牵引逆变器和制动控制单元(BECU)接收到通过列车线(WTB)送来的紧急牵引信号后，将根据列车线的牵引、制动工况信号和备用指令信号 1、2 进行牵引和制动，备用模式下不启用电制动。

牵引安全列车线用于表明列车已做好了起动前的准备，即所有车门均已关闭，所有制动均已缓解，以及驾驶员钥匙已处在 ON 位置。若起动准备未做好，则此列车线可直接封锁驱动控制单元(DCU)输出的触发脉冲。出于系统运行最高完整性的考虑，该回路不含任何软件控制。

驾驶员控制器设置了一个警惕按钮。驾驶员按下警惕按钮，列车控制系统(TCC)接收到信号，列车将自动实施紧急制动。只有将驾驶员控制器手柄推到惰行位置，然后牵引，制动才解除。

洗车模式按钮用于控制列车的速度，一旦按下，列车运行速度将保持在 3km/h，再次按下洗车模式按钮，系统则解除 3km/h 速度保持。

(2) 空电联合制动控制　为了增强制动效果和乘坐的平稳性，列车控制系统(TCC)与制动控制单元(BECU)协调进行整个空电联合制动控制。列车控制系统(TCC)将来自驾驶员控制器或 ATO 的制动命令传输给制动控制单元(BECU)和驱动控制单元(DCU)。在尽可能发挥列车电制动力的基础上，制动控制单元(BECU)补充空气制动力，以满足总制动力的要求。

(3) HSCB 控制　列车控制系统(TCC)传输来自驾驶室的高速断路器(HSCB)合命令，实现对全车高速断路器(HSCB)的合闸控制。合高速断路器(HSCB)命令的数据流如图 6-4 所示。

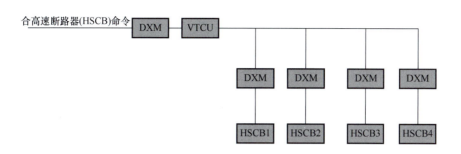

图 6-4　合 HSCB 命令的数据流

（4）扩展供电控制　当同时满足 ACU 严重故障和 ACU 接触器未合两个条件时，列车控制系统(TCC)自动输出扩展供电接触器合命令并合接触器。

当发生 ACU 严重故障时，列车控制系统(TCC)保持输出信号直到其关闭。

（5）距离和速度的集中控制　列车控制系统(TCC)根据制动系统的速度信息计算每辆车的速度，取中间值作为列车运行速度，每辆车都有一个速度数据。另外，还通过列车速度计算出列车运行距离。

（6）超速保护　超速保护是 ATP 系统的主要功能。在向前或向后牵引模式下，当列车运行速度超出固定值时，列车控制系统(TCC)通过软件逻辑消除牵引命令，并作为超速保护的备份。

（7）空调压缩机和空调起动控制　列车控制系统(TCC)传输 10s 宽的空调起动触发信号作为空调系统的起动命令。当列车控制系统(TCC)接收到空调压缩机起动命令时，将 10s 宽改变为 13s 宽，多 3s 允许空调起动，未起动的空调系统接收到自己的起动代码时自行起动。延时参数在设计阶段确定。

空调起动触发命令顺序和控制数据流分别如图 6-5 和图 6-6 所示。

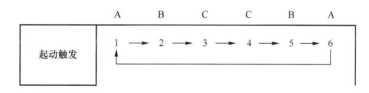

图 6-5　空调起动触发命令顺序

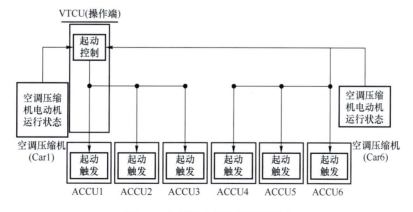

图 6-6　空调起动触发控制数据流

(8) 空调控制　列车控制系统(TCC)在电源完全工作后自动给空调系统发送模式命令，另外还能通过维护人员操作触摸屏给空调系统传输命令。

(9) 乘客信息系统(PIS)控制　列车控制系统(TCC)传输运行信息给乘客信息系统(PIS)。列车控制系统(TCC)提供有指定运行信息的数据库，在列车驾驶员选择当前站时搜索运行条件，将目的站作为人工操作在列车控制系统(TCC)上显示，列车控制系统(TCC)通过运行距离在自己的数据库中识别出运行参数，并传输给乘客信息系统(PIS)，乘客信息系统(PIS)实时显示到站等信息。

(10) 隔离、联锁和复位功能
1) 任何车辆执行了停放制动，停放制动都会启动联锁动作。
2) 车辆执行了常用制动，常用制动都会启动联锁动作。
3) 当任一主风缸(MR)压力低于某个值时，主风缸(MR)都会启动联锁动作。

只要出现以上三种情况中的一种，列车控制系统(TCC)都将消除驱动控制单元(DCU)的牵引命令。通过操作列车控制系统(TCC)显示器可实现旁路，列车控制系统(TCC)通过软件逻辑旁路。

4) 牵引设备隔离。列车控制系统(TCC)将驾驶室驱动控制单元(DCU)隔离按钮发送的隔离命令传输给驱动控制单元(DCU)，当故障驱动控制单元(DCU)接收到隔离命令时，系统将隔离一架或两架牵引设备。驱动控制单元(DCU)隔离命令数据流如图6-7所示。

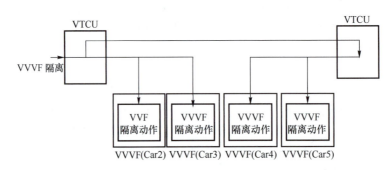

图6-7　驱动控制单元(DCU)隔离命令数据流

3. 输入输出模块

数据输入输出模块可分为两种类型，即DX模块和AX模块，其中X表示输入/输出，D表示数字量，A表示模拟量。

(1) 数字量输入输出(DX)模块　与车辆总线(MVB)网络的连接包括了两个9针D-sub插接器，即X1和X2，针分布相同但接口类型相反。这样分布是为了通过从控制单元上拔下电缆并把它们互相连接的方式来旁路单元。每个与车辆总线(MVB)网络连接的单元都有一个唯一的12位地址。地址位4~11被内部上拉电阻强加+5V的电压，这意味着设备地址位有一个默认值1。通过使用外部桥，地址位4~7可以选择连接逻辑地。地址位0~3为总是接在逻辑地，即不允许跨接使用。终端插不为OPTO车辆总线(MVB)提供任何终端电阻。总线终端必须连接在包含有终端电阻的外部插接器插销(终端/偏置插，线路阻抗120Ω)，其外形如图6-8所示。

（2）模拟量输入输出（AX）模块　模拟量输入输出（AX）模块的外形、总线连接方式及插头结构均与数字量输入输出（DX）模块相同，仅所对应的输入输出变量为模拟量，可以是电压或是电流。输入通常用来测量直流信号，也可以用来测量频率在 16~50Hz 的交流信号。输出通常用来控制警告终止继电器，故障状态下首先使用，也可在故障状态下切断电源。

图6-8　含有终端电阻的外部插接器插销的外形

4. 人机界面（MMI）系统运行状态的显示

（1）人机界面（MMI）简介　人机界面（MMI）系统的连接示意图如图6-9所示。

图6-9　人机界面（MMI）系统的连接示意图

图6-9中，智能显示单元（IDU）为全图像化10.4寸VGA显示，带触摸屏的彩色液晶显示器，基于奔腾Ⅰ的计算机，操作系统为OS/Linux，配备64M CF存储卡，串行接口（RS422）连接列车控制单元（VTCU），由车辆蓄电池直接供电，自然散热，自动背光控制。人机界面（MMI）系统常用的工作界面（驾驶模式界面）如图6-10所示。

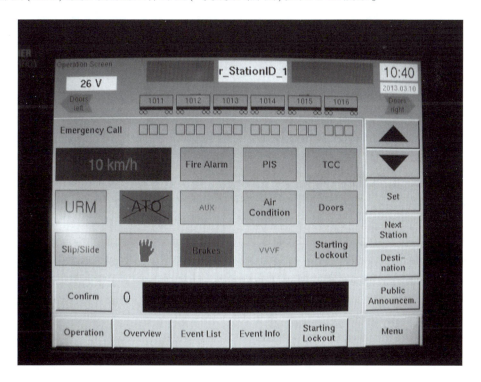

图6-10　人机界面（MMI）系统常用的工作界面（驾驶模式界面）

驾驶室的人机界面（MMI）显示方式分为驾驶模式和检修模式两种界面，可以选择中文或英文语言环境。在驾驶模式下，进入事件清单（Event List）菜单后则可以看到数据库中存储的故障信息：第一列为事件分类；第二列为日期；第三列为时间；第四列为简短说明。如果再单击 Activity，则进入故障处理指南。

另外，图标用不同的颜色显示表达不同的运行状况，通常图标若变成红色，则表明对应的子系统发生故障。例如，对应门的图标的颜色显示为：灰蓝——正常，关门状态；闪烁的灰蓝——正常，开门状态；黄色——门切除状态；红色——功能失效；黑色——紧急开门。

若旁路重大故障，则还需密码输入，以强调安全性。进入检修模式也必须输入密码。

（2）驾驶显示器的启动　驾驶显示器作为驾驶员和列车之间的人机界面（MMI）。每个驾驶室都有一个显示器。如果受控驾驶室内的显示器激活，则另一个驾驶室内的显示器不能被激活。主控制器钥匙开关转到 ON 位置，显示器被激活，显示屏亮，表明此屏可通过触摸屏接收指令。显示器为非激活状态时，其显示屏为黑屏，不接收任何指令，但此时装置本身已接通电源。

1）语言选择。通过主画面上的软按钮，可在英语和中文之间选择显示语言，默认显示为中文。

2）亮度控制。驾驶显示器的亮度可手动调节，手动调节在显示器显示屏的 Setup（设置）调节，显示器也可自动调节显示屏的亮度，由于在显示屏框架内安装有光感应器，因此，在自动控制模式下，显示屏的亮度取决于驾驶室内的环境亮度，如在隧道内，驾驶室尽管持续黑暗，显示屏却始终清晰可见。

3）部件显示。当部件故障或未处于待运行状态（关断电源，未缓解）时，它们都只显示在部件子系统画面内。例如，关闭的车门、工作中的空调、未施加的制动器等均不显示。但受电弓（降弓或升弓）和高速断路器（关闭或打开）的状态一般都一直显示。

（3）驾驶显示器显示菜单　驾驶显示器显示屏显示菜单如图 6-11 所示。

（4）驾驶显示器操作屏　下面以深圳一号线增购列车为例，详细介绍其驾驶显示器显示内容及含义。该列车默认显示画面为门状态画面，如图 6-12 所示。

1）标题区。标题区显示如图 6-13 所示。标题区显示一些通用信号，从左至右分别为驾驶端车号、画面标题（如门状态）、实际日期和时间。

2）乘客信息区。乘客信息区显示如图 6-14 所示。乘客信息区位于标题区下方，显示屏右侧显示终到站站名，显示屏左侧显示下一站（或实际）站名，驾驶方向总是从左至右显示在画面上。

3）功能概览区。功能概览区显示如图 6-15 所示。每个操作画面的中间区域布置有 10 个矩形按钮，这些按钮上的符号描绘了相应操作画面的意义，触摸按钮将显示相应的操作画面，同时按钮的背景色也会改变。上排从左到右分别为空调/通风、辅助电源、车号、门状态、紧急通信。下排从左到右分别为制动状态、牵引状态、火灾报警、空气压缩机、受电弓/高速断路器（HSCB）。

4）车组区。车组区显示如图 6-16 所示，列车为 6 节编组，位于乘客信息区下方，根据选择的画面显示实际信息（如车辆编号）。前方终到站定义为右侧，驾驶员的位置用符号"·"指示。如果为拖车连挂模式，则车辆末端符号显示在被连挂的车辆末端（即左侧）。

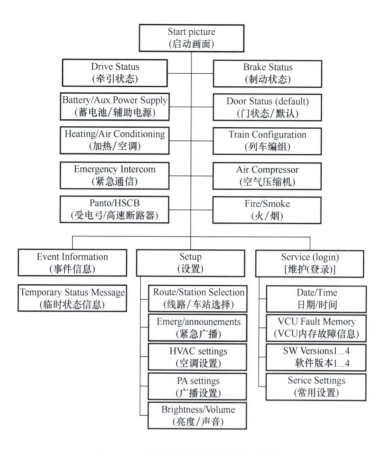

图 6-11　驾驶显示器显示屏显示菜单

图 6-12　门状态显示

图 6-13　标题区显示

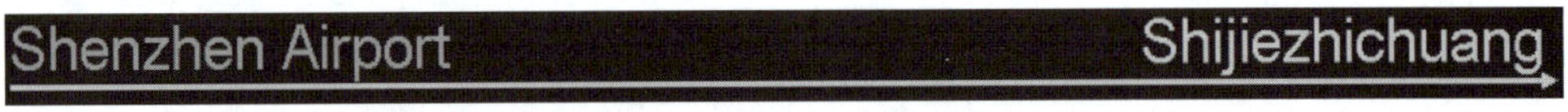

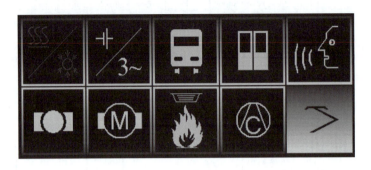

图 6-14　乘客信息区显示

图 6-15　功能概览区显示

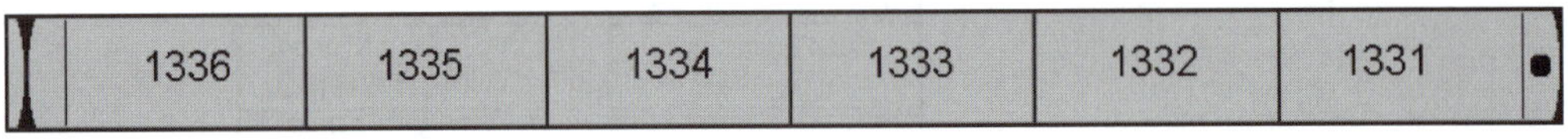

图 6-16　车组区显示

5）符号优先级。列车及运行设备的不同状态用不同的符号显示在相关车辆上，如果在同一位置显示所有的相关符号，即当几个状态同时出现时，必须为此定义优先等级（1 为最高优先级），仅最高优先级的符号被显示。

6）状态区。状态区显示如图 6-17 所示。状态区显示列车的状态信息，由于在同一个位置上显示所有的相关状态，因此当几个状态同时出现时，必须定义各情形的优先级（1 为最高优先级），仅显示最高优先级的状态。

7）故障分类区。故障分类区显示如图 6-18 所示。整车故障通过规范信息，以先后检测方式定义为四类整车故障：严重故障、中度故障、轻微故障和维护信息。

ATO Mode	Reverse	Fast Brake
1: Transfer mode 运输模式	1: Slip 打滑	1: Emergency Brake 紧急制动
2: Emergency Drive 紧急驾驶	2: Slide 空转	2: Fast Brake 快速制动
3: ATO Mode ATO 模式	3: Reverse 退行	3: Parking Brake 停车制动
4: Protected Manual (Supervisor Manual or Restriction Manual) 带保护的人工驾驶 (监督人工或限制人工)		4: Service Brake 常用制动
5: Haul Drive 拖拉牵引		
6: Crawl Drive 慢行牵引		
7: Manual 人工驾驶		
8: Neutral 零位		

图 6-17　状态区显示

此区域为故障级别显示

图 6-18　故障分类区显示

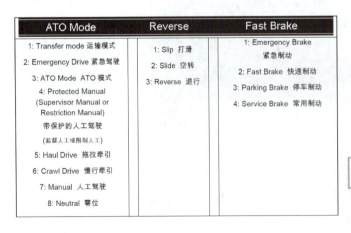

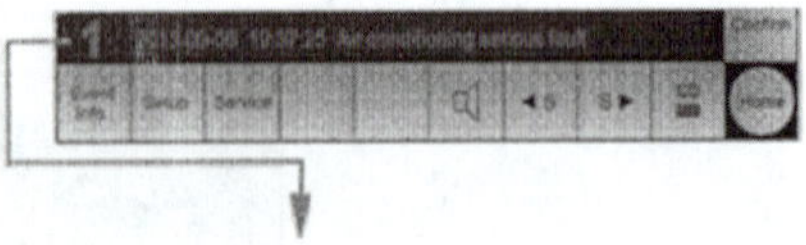

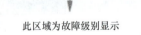

8）消息区。消息区显示如图 6-19 所示。消息区显示最先发生的故障信息，直至驾驶员按下确认按钮确认。新消息将存储在缓存器中，只有当消息被确认后，新消息才会一个个显示出来，直到缓冲器为空。消息以日期和时间指示起首，显示的是人机界面（MMI）接收到此消息的时间。所有人机界面（MMI）接收到的消息在驾驶室占有后显示为新消息。当一条新消息出现时，将同时产生一个声音信号，该声音信号与信息的颜色相关，因此消息出现时，至多 3 种不同的声音将用于引起驾驶员的注意。所有信息都在事件信息（Event Info）中显示。

<!-- 2013-09-06 19:37:25 Air conditioning serious fault -->

图 6-19　消息区显示

消息处理的默认项目设置见表 6-2。

表 6-2　消息处理的默认项目设置

信息分类	声音信号
严重故障，报警（红色）	持续声音报警，直至消息被确认
中度或轻微故障，警告（黄色）	声音将间断重复，直至消息被确认
运行或状态信息（白色）	仅响一声

9）软按键操作栏。软按键操作栏显示如图 6-20 所示。在画面右侧，有光标触摸按钮：取消（Cancel）按钮、确认（Confirm）按钮和主页（Home）按钮。通过取消（Cancel）按钮，操作或输入值可被放弃，或画面切换到前一页；通过确认（Confirm）按钮，操作、选择或输入值将被接收，显示的故障消息也将被确认。在画面底部，有特殊功能触摸按钮（如数字键盘）；语言按钮的操作可瞬间切换中文和英文语言，默认为中文；选择事件信息（Event Info）按钮、设置（Setup）按钮和维护（Service）按钮将进入各自的特殊操作画面；其他 3 个按钮设计成控制乘客信息系统。

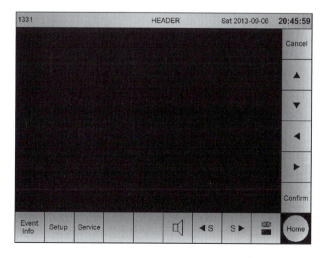

图 6-20　软按键操作栏显示

10）图标颜色意义。设备或列车运行模式的不同状态，用不同的颜色在相关车辆内显示，见表 6-3。

表 6-3 设备或列车运行模式不同状态的颜色含义

颜色类型	颜 色 含 义	颜色类型	颜 色 含 义
绿色	激活（与白色相反）	红色	报警状态，严重（或中等）故障
白色	未激活（与绿色相反）	黄色	警告状态，小（或中等）故障
灰色	背景（无显示或未激活）		选择的项目，引起注意的对象或状态
黑色	激活	橙色	需引起注意的特殊对象或状态

11）操作种类。

① 画面的选择通过单次触摸对应的功能按钮实现。

② 二位操作通过 1 步操作实现而不需要使用确认（Confirm）按钮。

③ 值操作通过 3 步操作实现：首先选择对应值区域，此时数字键盘将在底部软按键操作栏出现；通过触摸数字，被选择的值凹下且显示在值输入处；使用确认（Confirm）按钮，值将写入，按取消（Cancel）按钮在任何情况下都能退出值的更改。

如果信息是一个清单项（如路线的站名），则清单项将一个接一个逐行显示，显示行数由可用空间大小决定；实际项将用不同颜色显示，可用上（▲）、下（▼）按钮滚动条目，使用确认（Confirm）按钮，输入选择的条目。

12）可能显示的符号。

① 通风/空调画面显示。通风/空调画面显示含义见表 6-4。

表 6-4 通风/空调画面显示含义（见彩插）

优先级	符 号	颜色	指 示 状 态	优先级	符 号	颜色	指 示 状 态
1		红色	通风/空调故障	3		绿色	通风/空调运行，无故障
2		黄色	通风/空调警告	4		白色	通风/空调断开，无故障

② 交流/直流（AC/DC）辅助电源画面显示。交流/直流（AC/DC）辅助电源画面显示含义见表 6-5。

表 6-5 交流/直流（AC/DC）辅助电源画面显示含义（见彩插）

优先级	符 号	颜色	指 示 状 态
1		红色	交流/直流（AC/DC）辅助电源故障
2		黄色	交流/直流（AC/DC）辅助电源警告

（续）

优先级	符　　号	颜色	指　示　状　态
3	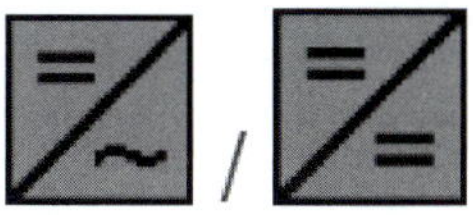	绿色	交流/直流（AC/DC）辅助电源运行，无故障
4	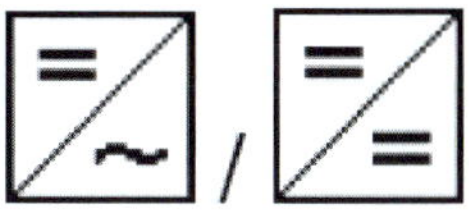	白色	交流/直流（AC/DC）辅助电源断开，无故障

③ 门状态画面显示。门状态画面显示含义见表 6-6。

表 6-6　门状态画面显示含义（见彩插）

优先级	符　号	颜色	指示状态	优先级	符　号	颜色	指示状态
1	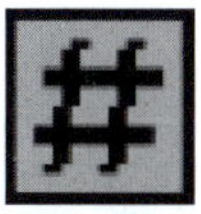	黄色	紧急情况下门从里面或外面打开	5		黄色	门检测到障碍物
2		桔色	门切除	6		黑色	门开，无故障
3		红色	门故障	7		灰色	门关，无故障
4		桔色	门警告				

④ 紧急通信画面显示。紧急通信画面显示含义见表 6-7。

表 6-7　紧急通信画面显示含义（见彩插）

优先级	符　　号	颜色	指　示　状　态
1		红色	乘客紧急通信单元故障
2		黄色	乘客紧急通信单元激活，乘客要求紧急对讲
3		桔色	乘客紧急通信单元激活，驾驶员已打开通信通道
4		灰色	乘客紧急通信单元正常，未激活

⑤ 制动状态画面显示。制动状态画面显示含义见表6-8。

表6-8 制动状态画面显示含义(见彩插)

优先级	符 号	颜色	指示状态	优先级	符 号	颜色	指示状态
1	 (P)	灰色	停放制动施加	4		黄色	制动警告
2	 🔒	桔色	制动切除	5		黑色	常规制动施加
3		红色	制动故障	6		白色	常规制动释放

⑥ 牵引状态画面显示。牵引状态画面显示含义见表6-9。

表6-9 牵引状态画面显示含义(见彩插)

优先级	符 号	颜色	指示状态	优先级	符 号	颜色	指示状态
1	 M	红色	牵引故障	3	 M	绿色	牵引激活(加速/减速),无故障
2	 M	黄色	牵引警告	4	 M	白色	牵引断开,无故障

⑦ 火灾报警画面显示。火灾报警画面显示含义见表6-10。

表6-10 火灾报警画面显示含义(见彩插)

优先级	符 号	颜色	指示状态	优先级	符 号	颜色	指示状态
1	 🔥	红色	探测到火或烟	3		灰色	未探测到火或烟
2		灰色	火或烟传感器故障				

⑧ 空气压缩机画面显示。空气压缩机画面显示含义见表6-11。

表6-11 空气压缩机画面显示含义(见彩插)

优先级	符号	颜色	指示状态	优先级	符号	颜色	指示状态
1		红色	空气压缩机故障	3		绿色	空气压缩机运行，无故障
2		黄色	空气压缩机警告	4		白色	空气压缩机断开，无故障

⑨ 受电弓/高速断路器(HSCB)画面显示。高速断路器画面显示含义见表6-12，受电弓/车间电源画面显示含义见表6-13。

表6-12 高速断路器画面显示含义(见彩插)

优先级	符号	绿色	指示状态	优先级	符号	颜色	指示状态
1		绿色	高速断路器(HSCB)合上	2		白色	高速断路器(HSCB)断开

表6-13 受电弓/车间电源画面显示含义(见彩插)

优先级	符号	颜色	指示状态	优先级	符号	颜色	指示状态
1		绿色	车间电源连接，且供电	4	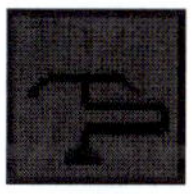	红色	受电弓落下，且故障
2		白色	车间电源连接，未供电	5		绿色	受电弓工作，无故障
3		红色	受电弓升起，但有故障	6		白色	受电弓放下，无故障

任务二　城市轨道交通电动列车乘客信息系统

一、乘客信息系统(PIS)概述

1. 系统简介

电动列车乘客信息系统(PIS)的主要功能是播放列车到站动态、地铁指南等音/视频信息，使旅客及时了解列车到站信息，方便旅客换乘其他线路，减小旅客下错站的可能性；在发生灾害或其他紧急情况下，进行紧急广播，指挥旅客疏散，调度工作人员抢险救灾，减少意外造成的损失。乘客信息系统(PIS)采用分散式模块化设计，即每节车厢中分别设置一套控制及功放设备，通过这些设备，系统可以对每节车厢的乘客进行广播通告，向乘客提供必要的列车运行信息。

乘客信息系统(PIS)主要包括控制盒、中央处理器、数字报站器、功率放大器、紧急报警盒(EHP)、电源模块及扬声器网络等。各车厢的功率放大器用于驱动本车厢的所有扬声器。每节车厢的扬声器有两个回路，分别由两路功放(在同一个功放模块中)提供功率，当一路功放出现故障时，不影响另一路功放的工作。每节车厢设置紧急报警盒(EHP)，当有紧急情况发生时，乘客可通过紧急报警盒(EHP)向驾驶员报警。

2. 系统组成

电动列车乘客信息显示系统(PIS)由列车有线广播系统(PA)和乘客信息显示系统两个部分组成，其中乘客信息显示系统又由列车综合图文显示系统(WDS)和车站地图闪光系统(FSM)组成。乘客信息系统(PIS)组成框图如图6-21所示。

3. 系统主要功能

电动列车乘客信息系统(PIS)的主要功能有：

1）驾驶室之间对讲。
2）驾驶员对客室人工广播。
3）驾驶员与乘客紧急内部通信。
4）无线电广播。
5）数字自动广播。
6）LED动态地图信息显示。

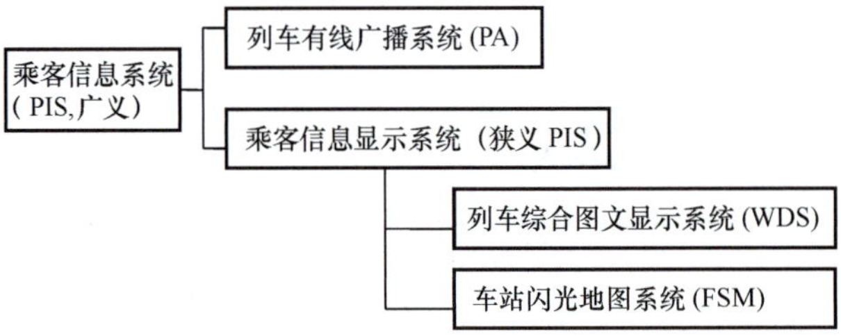

图6-21 乘客信息系统(PIS)组成框图

4. 系统原理

电动列车乘客信息系统(PIS)主要分为系统控制单元、音频控制单元、输出终端和乘客紧急报警装置，其原理框图如图6-22所示。表6-14给出了乘客信息系统(PIS)各组成设备的构成、功能及说明。

表6-14 乘客信息系统(PIS)各组成设备的构成、功能及说明

序号	名称	设备构成	功能	说明
1	驾驶室音频控制单元	主要由电源、微控制器(MCU)、通信电路、操作按键、音量调节电位器、显示数码管、功率放大电路、话筒(MIC)前置放大电路及驾驶室话筒(MIC)等组成	提供人工广播、驾驶室对讲。广播控制盒具有监听功能，能监听来自客室的广播和列车的对讲/报警音频信息	通过旋动广播控制盒上的监听旋钮，可以调整监听音量的大小
2	广播系统控制单元	系统由中央控制器、数字报站器、功率放大器、信源选择处理器、电源和一些接口设备构成	完成广播系统的通信控制、音频处理、音源选择，以及与车辆总线及广播控制盒的接口，完成系统内部故障检测及系统自诊断	广播系统的核心，可以设置各种广播状态的音量、更换广播内容、测试和实时查看广播系统内部的数据交换

(续)

序号	名称	设备构成	功　能	说　明
3	客室音频控制单元	由车厢单元控制器、功率放大器、音频处理器、电源模块以及一些相关接口组成	完成客室广播系统的通信控制、音频处理、放大及诊断功能	客室广播系统的核心
4	乘客紧急通话装置	每个客室安装3个乘客紧急报警装置	发生紧急状况时,乘客按下报警器上的呼叫按钮,与驾驶员建立通话,驾驶员及时了解客室情况,将损失降到最低	
5	动态地图显示器	每车客室内部有10块LED动态线路运行显示装置,安装在客室每个门区上部	方便乘客了解当前列车进、到站情况,避免下错站,与到站语音提示同步执行	线路显示具有自动模式和人工模式两种工作模式,驾驶员可在人机界面(MMI)上进行工作模式选择
6	客室扬声器	列车的每个客室内部安装有10个扬声器	用于向旅客广播相关信息	每节车厢内的扬声器由该车的功率放大器驱动
7	列车通信线	列车通信线是广播系统贯穿整列车中所有车厢的公共线。选用的双绞线上采用交流耦合、变压器隔离,其信号的额定电压为100V	用于内部语音传输	救援连挂情况下,通过全自动车钩与另一连挂的列车连通,两列车之间可以实现驾驶室对讲的广播通信
8	数据控制总线	广播系统的数据总线采用的是带有双向数据通信控制的串行数据接口RS485,用于内部控制信号传输	① 故障诊断和监控 ② 从激活端驾驶室音频通信单元(CACU)向未激活驾驶室音频通信单元(CACU)发出控制命令 ③ 给客室显示器(或动态地图控制器)发送报站触发信息	

5. 广播及各通话优先级

驾驶员通过乘客信息系统(PIS)维护软件可设定广播通信各子功能的优先级。高级别的广播通信可以打断低级别的广播通信,而低级别的广播通信则不能打断高级别的广播通信,需要等候高级别的广播通信结束后才能开始。被高级别打断的低级别广播通信,在高级别广播通信结束后自动恢复。广播内容主要包括关门警报声、驾驶员操纵台(OCC)对驾驶员广播、驾驶员操纵台(OCC)对乘客广播、紧急对话、人工广播(驾驶员对客室广播)、出站广播、到站广播、驾驶室对讲、紧急信息、列车视频监控系统。广播优先级别一般设置由高至低的顺序为关闭车门提示声音信号、乘客紧急报警与通信、对客室的无线广播、驾驶室对客室的人工广播、自动触发的数字化广播、驾驶室之间对讲。

二、列车广播系统

1. 驾驶室对讲

在有蓄电池供电的情况下,列车广播系统提供驾驶室间通话功能,一列车的两端驾驶室可以通话,两列车重连时,四个驾驶室之间也可以通话,驾驶室内部的通信为全双工,而且

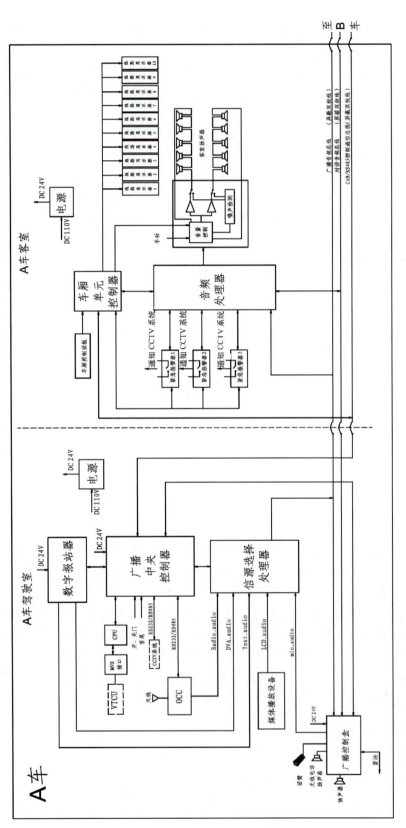

图 6-22 乘客信息系统（PIS）原理框图

通话内容不会被客室听到。

（1）本机叫对方　按下按钮时，该按钮的指示灯闪烁，当对方确认接通后，指示灯处于常亮状态。对讲结束后，按起对讲按钮，指示灯熄灭，通话结束。

（2）对方呼叫本机　当某驾驶室呼叫本机欲进行对讲时，对讲按钮指示灯闪烁，伴随有声音提示，提醒驾驶员有对讲呼叫。按下对讲按钮，指示灯常亮，提示音停止，线路接通，可以开始对讲。对讲结束后，按起对讲按钮，指示灯熄灭，结束对讲。

2. 驾驶员对乘客广播(人工广播)

在激活端，驾驶员可以用麦克风对客室广播。在两列车连挂时，在激活端驾驶室可以对所有客室广播。系统中预留了列车重连时的通信控制接口、列车音频总线接口及对讲音频总线接口。

按下广播按钮，可通过话筒对乘客广播，广播的声音可被客室及其他的驾驶室听到，而驾驶室本身则静音。广播过程中，广播提示灯处于发亮状态；广播结束时，再按广播控制按钮，广播提示灯熄灭。

3. 无线电广播(OCC 广播)

列车广播系统与无线电装置配置有 RS232 和音频接口，接口电阻为 600Ω，平衡(浮地)，0dB。其中，RS232 可以接收无线电台的控制和实时文本信号，允许 OCC 无须驾驶员操作就可以向驾驶室或客室乘客进行广播。在正常状态下，系统的默认方式是可以根据用户需要使用系统设置软件进行调整。驾驶员也可手动控制实现 OCC 与驾驶员的对讲和 OCC 向客室乘客进行广播。

4. 列车自动广播(数字化报站与预录紧急广播)

（1）自动化报站　广播中央控制器通过列车监控与控制系统(TCMS)发来的实时速度信息和控制信号或者来自车辆牵引控制系统的速度节点信号，结合开、关门信号控制数字信息处理器进行全自动数字化语音报站。

乘客信息系统(PIS)主机确认后默认为手动报站状态，按下 自动/手动 按钮时，该按钮指示灯发亮，进入全自动报站模式，在此模式下，根据列车 2km/h 的速度信号(即当列车运行速度小于 2km/h 时，该速度信号有效)与关门信号组合逻辑来实现全自动报站，无须人工干预。

1）自动报站方式。自动报站可采用 ATO(ATC)通信触发，乘客信息系统(PIS)与 ATO(ATC)采用 RS485 或 RS232 通信，乘客信息系统(PIS)的中央控制器接收到 ATO(ATC)发来的报站指令后触发数字报站器(DVA)开始播放自动报站音频信息；也可以通过与列车监控与控制系统(TCMS)通信来实现，实现过程与 ATO 类似，但乘客信息系统(PIS)与列车监控与控制系统(TCMS)的通信形式更多样化，包括车辆总线(MVB)接口、CAN_OPEN 通信、RS485 通信等几种方式；还可通过速度信号来实现，这种方式最为简单，例如伊朗地铁和长春轻轨即采用此方式。

2）报站操作。列车需要为乘客信息系统(PIS)提供 5km/h 的速度信号(有些线路会用 2km/h 的速度信号)和开、关门信号，中央控制器可根据这些信号的组合，逻辑控制数字报站器(DVA)进行自动报站，并且控制 LED 显示屏显示相关信息。当满足出站逻辑时播放预报站信息，满足进站逻辑时播放进站信息；还可以通过 0km/h 的速度信号和开、关门信号的组合逻辑控制线路图显示器的显示。

3）出/进站逻辑。当门由开到关和速度大于 0km/h 两个条件同时满足时，控制线路图显示器显示出站信息；当门由开到关和速度大于 5km/h 两个条件同时满足时，控制数字报站器(DVA)播放预报站信息并且控制 LED 显示屏显示相关信息。

当速度小于 5km/h 时，控制数字报站器(DVA)播放进站信息并且控制 LCD、LED 显示屏显示相关信息；当速度等于 0km/h 时，控制线路图显示器显示到站信息；当门由关到开时，更新预报站站号。

进/出站报站逻辑如图 6-23 所示。

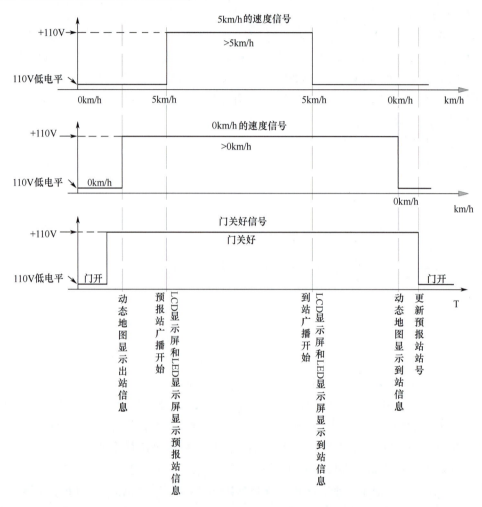

图 6-23　进/出站报站逻辑

也可以使用速度脉冲代替速度信号实现自动报站，该方式与速度信号方式基本一致，它提供的是车轮转速信号，列车车轮转动一圈时提供 80 个脉冲信号，乘客信息系统(PIS)扩展设备接受脉冲信号并计数，以此计算列车速度，天津地铁 1 号线即采用此方式。当门由开到关且速度大于 2km/h 时，自动广播开始预报下一站信息；当速度小于 2km/h 时，自动广播开始报到站信息。

在选择自动报站前，系统要确认上/下行信息、终到/起始站信息和越站信息等行车设置信息。所有报站都可以从驾驶员操纵台上操作激活或终止，并可以确定当前所在位置，广播的内容为汉语普通话、地方话(如广东地铁的广东话)和英文。

(2) 注意事项

1) 半自动播放站名注意事项。在全自动数字化语音报站的基础上，驾驶员通过改变广播控制盒的段码进行报站。

2) 人工播放站名注意事项。仅通过手动改变广播控制盒上的报站段码，再结合广播控制盒上的段码和站名对照表进行人工报站。

在 自动/手动 按钮相对应的按钮指示灯熄灭时，表明此按钮处于手动广播模式。在此模式下，驾驶员先通过广播控制盒前面板上的数字按钮选择要播报的到站段码，再按 开始 按钮即可进行报站广播，此时，广播中央控制器上的 DIAS 灯亮、OUTPUT 灯闪亮，播音完毕后，系统自动结束数字式语音广播。若驾驶员想中途停止正在进行的数字式语音广播，可按 停止 按钮，结束播音，广播中央控制器上的 DIAS 灯灭。

(3) 预录立体声广播操作

1) 预录紧急广播的操作过程。当驾驶员按下广播控制盒上的紧急广播显示按钮时，可通过广播控制盒上的上、下按钮选择更多的紧急广播项目。该汉字显示的紧急广播项目一一对应于存储在 CF 卡中的紧急广播语音文件和紧急广播文本文件（如紧急疏散乘客对应 601_1.mp3），这种对应关系可以通过维护笔记本电脑方便地进行修改。

当驾驶员按下广播控制盒上的上、下按钮选择好某条紧急广播项目后，再按播放按钮，广播控制盒通过列车广播控制总线将该条紧急广播项目参数发送给激活端驾驶室主控设备的中央控制器和视频服务器，中央控制器将控制数字报站器打开相应的语音文件，解码后传输到列车广播音频总线，中央控制器通过列车广播控制总线向列车广播系统发出广播指令，完成紧急广播操作；视频服务器将从 CF 卡中读取相应的文本文件，然后通过 TCP/IP 网络将该文本信息传递到各客室内的网络通信接口模块，经过解码后，将显示信息传递到各 LCD 显示屏上，从而完成文本显示操作。

2) 预录紧急广播的广播方式。预录紧急广播时，紧急广播语音将连续不断地循环广播下去，紧急文本显示也会循环显示、不中断，同时广播系统也将屏蔽掉自动音量控制功能，以最大音量向客室广播。只有操作人员按下广播控制盒上的停止按钮后，预录紧急广播才会中止广播，LCD 显示屏的紧急文本显示也将停止。

(4) 超时应急自动报站 列车离站后，乘客信息系统(PIS)启动内部定时器开始计数，30s 若仍未收到任何报站信息，乘客信息系统(PIS)则控制进行自动报站。当乘客信息系统(PIS)接收到开、关门信号后(开门信号和关门信号都可以，此信号为 110V/0.5A 电平信号)，启动计时器，经过 n 分钟后(n 可设置)再启动自动预报站，并且向整个乘客信息系统(PIS)发送预报站信息。超时应急自动报站仅作用于当列车完全离站后的条件。

如果中央控制器未接收到报站控制信号，则需要驾驶员或乘务员启动半自动报站，保证在开/关门信号发生故障、非预期激活、越站等异常情况下，中央控制器仍然能够进行准确的信息提示和语音提示。

半自动报站即是使用广播控制盒上的按钮与液晶显示屏(LCD)进行报站，当发生上述异常情况时，推荐启动半自动报站。中央控制器所能启动的超时应急自动报站只在故障发生后的第一次，保证正确率为 100%。

超时应急自动报站的超时报站时间可进行修改。

超时应急自动报站的处理示意如图 6-24 所示。

5. 驾驶员与乘客的紧急对讲（乘客紧急报警）

（1）报警器的状态　报警器在未工作时处于切断状态，工作时有呼叫、通话和挂起三种状态，它们之间的联系如图 6-25 所示。

（2）常规报警操作流程　在客室出现紧急情况或突发事件时，乘客可以通

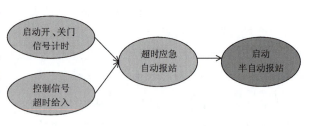

图 6-24　起动应急自动报站的处理示意

过客室内紧急报警装置上的紧急按钮向驾驶室报警，此时报警器进入呼叫状态，并且面板上的呼叫指示灯开始闪烁。

当驾驶员应答乘客报警后，乘客可以通过乘客紧急报警及对讲装置上的嵌入式电动（无噪声）声压型话筒和扬声器，经列车对讲音频总线与激活端驾驶员进行通话，驾驶室与报警装置之间的通话为半双工模式，报警器进入通话状态，此时呼叫指示灯熄灭，讲指示灯亮，表示乘客可以开始讲话。驾驶员按下广播控制盒上的 PPT 按钮，报警器处于听状态，讲指示灯灭，听指示灯亮。

当通话结束后，所有指示灯熄灭，对讲音频总线切断，报警器返回到平常的切断状态。

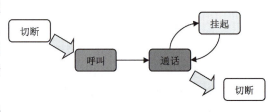

图 6-25　报警器各工作状态之间的联系

（3）多个报警器的选择　当有多个报警器同时报警时，驾驶员可选择对其中任何一个报警器进行应答，此时未被应答的报警器处于呼叫状态，呼叫指示灯一直闪烁，遇对讲线路占线时，该报警器自动进入排队状态，同时，报警器发出提示音"您好！驾驶员正在通话中，请等待！"。直到该报警器被应答，呼叫指示灯才熄灭。

上面提到的提示音是预先录制在报警器内置语音芯片上的，声音内容及语种可由客户任意定制。

（4）报警器的挂起　当驾驶员欲暂停与某个报警器的通话而去应答另外一个报警器时，可以让该报警器进入挂起状态（通过广播控制盒上的操作按钮），处于挂起状态的报警器将一直等待通话线路的恢复，在此期间等待指示灯常亮。

（5）报警器的复位　报警器从任意一种工作状态返回到切断状态的过程，称为报警器的复位。报警器的复位方式一般有以下三种：

1）驾驶室远程复位。通话结束，报警器自动复位。

2）本地手动复位。工作人员可通过复位钥匙在某一报警器上强制对该报警器进行复位操作（多用于车辆调试阶段）。

3）超时复位。当某一报警器报警呼叫超过 2min（该时间可设置）后，则该报警器自动复位。

6. 媒体播放声音信号

广播系统一般提供两种 LCD 音频播放方式，即 LCD 自动的扬声器进行播放和基于 WLAN 数字信号的扬声器进行播放，两种方式由用户任意选择。通过 LCD 自动的扬声器进行播放是系统默认的方式，如图 6-26 所示。

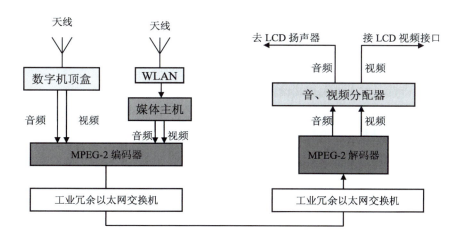

图 6-26 LCD 自动的扬声器播放方式

在默认情况下，位于驾驶室的 MPEG-2 编码器将来自数字机顶盒的音、视频信号进行编码，并通过列车以太网总线将编码后的数字信号传送到各个客室。信号到达客室后，位于客室机柜内的 MPEG-2 解码器将信号进行解码，分成音频和视频两路信号发送到音、视频分配器。音、视频分配器对输入的信号进行进一步处理，分别送到本客室的 6 个 LCD 上，通过自带的信号放大装置，将音频信号放大，使用 LCD 自带的扬声器进行放音。

基于 WLAN 的数字信号传输方式与默认方式基本相同，只是信号要经过媒体主机处理。

7. 广播的输出控制

（1）起始站设置　起始站设置时注意，广播控制盒必须没有任何操作，以防止出现设置错误。在激活端驾驶员按下广播控制盒的 开始 按钮可进行起点站设置。设置步骤如下：

1）按下 开始 按钮，进入起始站设置状态。

2）按下 0~9 数字按钮，完成选择起始站代码。

3）按 回车 按钮完成本次设置。

注意：起始站设置是相对上行而言的，当改为下行时，起始站号将作为下行的终到站标志。

（2）终到站设置　终到站在设置时注意广播控制盒必须没有任何操作，以防止出现设置错误。激活端驾驶员按下广播控制盒的 结束 按钮可进行终到站设置。设置步骤为：

1）按下 结束 按钮，进入终到站设置状态。

2）按下 0~9 数字键，完成选择终到站代码。

3）按 回车 按钮完成本次设置。

注意：终到站设置是相对上行而言的；当改为下行时，此时的终到站号将作为下行的起始站标志。

（3）消音功能　通过系统功能控制键盘进行操作，清除正在播放的广播。

（4）越站设置　起始站在设置时注意广播控制盒必须没有任何操作，以防止出现设置错误。激活端驾驶员按下广播控制盒的 越站 按钮可进行越站设置。设置步骤为：

1）按下 越站 按钮，进入越站设置状态，第一位 LED 闪亮。

2）按下 0~9 数字按钮，完成选择一个越站代码。

3）按 回车 按钮完成本次设置。

另外，按 越站 按钮还可以进行越站查询。具体步骤为：

1）按下此键盘，首先进入越站设置状态，第一位 LED 闪亮。

2）按下"↑"或"↓"按钮进入越站查询状态，可依次查询已设置过的越站号，如果没有越站设置，按 越站 按钮后，前两位则显示起始站号，第三位显示 1。

3）按 回车 按钮结束查询。

注意：越站设置是相对上行而言的，当改为下行时，此时的越站号将自动对应到下行的相应位置，如果将起始站、终到站设置为越站，则无效。

（5）广播监听功能　通过系统功能控制键盘进行操作，可监听客室的广播信息并能调整音量大小；在主驾驶室可监听乘客紧急报警呼叫，也可监听驾驶员对讲呼叫。

（6）上、下行设置　上、下行设置时注意，广播控制盒必须没有任何操作，以防止出现设置错误。激活端驾驶员按下广播控制盒上的 上、下行 按钮可进行上、下行设置。在正常工作状态下，当上、下行按钮指示灯亮时，表明此按钮处于上行模式；当上、下行按钮指示灯灭时，表明此按钮处于下行模式。

8. 系统供电

乘客信息系统（PIS）中的所有电源单元直接通过微型断路器（MCB）与所有列车车辆的蓄电池电源相连。为提高电源系统的可靠性，在电源单元中设计了两块电源单元，这两块电源单元互为备用，当其中的一块出现问题时，另一块能够保持设备继续正常工作。本机供电电源和列车控制信号与旅客信息系统之间严格隔离，接入都进行 EMC 滤波处理。电源单元中具有微处理芯片，对电源电路进行检测，提供短路、过载、瞬时掉电、瞬时上电、自动恢复等保护功能。

乘客信息显示系统的输入/输出（I/O）模块均有各自独立的具有冗余结构的电源单元，当一个 I/O 模块或控制对象有短路时，只会引起局部运行故障，而不会导致整个系统故障。各模块均具有当电源中断 10ms 时不影响正常运行的能力。电源微处理芯片在识别电源故障 1ms 后就通告中央控制器或车厢控制模块，并采取自保护措施。

9. 音量调节

驾驶室扬声器的音量可以由驾驶员单独调节，驾驶室中不监控客室广播内容，客室广播音量也能进行单独调节。驾驶室、每个客室均设有音量控制面板，面板上分为 5 挡：集控、静音、手动、自动、测试。客室声音可在驾驶室或在客室设定，当处于集控位置时，各车广播可通过软件统一设定。音量调节服从最新的指令，也就是客室音量优先根据当前控制板的设定进行调节。

（1）集中调控　系统配有 PTU 软件，维护人员可以利用该软件在驾驶室统一设定客室音量。

（2）静音　驾驶室和客室的音量控制置"静音"档时，驾驶室和客室的扬声器为静音。

（3）手动调节　在各个客室功率放大器的面板上设有 5 个音量调节按键，分为 5 挡，最低挡为 60dB，最高档为 100dB，每挡的调节幅度为 10dB。工作人员可以通过按钮分别对各个客室的广播音量进行调节。

（4）自动调节（噪声检测）　在每个客室扬声器内部集成有噪声检测装置，位于同一客室音频控制单元内的功率放大器通过读取检测值自动连续地控制本客室广播音量的大小，使广播音量始终高于室内噪声 10dB，但任何时候广播音量不高于 95dB。客室广播音量满足在最恶劣条件（AW2 的载荷，80km/h 的车速，隧道区段）下声音清晰，声强均匀，无死区，能够抑制语音峰值，使之不高于平均输入电平 3dB。

功率放大器采用分散式系统，即每个客室均有一个功率放大器，每个功率放大器仅调节本客室的广播输出音量，而不影响其他客室。当某一个客室噪声突然增大时，其他客室的广播仍保持原来的音量，使每个客室的广播音量真正做到实时调节。

此外，乘客信息系统（PIS）也可以根据行驶的速度快慢来自动调整广播音量的大小。

三、线路图动态显示系统

1. 显示方式

（1）采用 LED 动态地图显示　每车客室车门上方装有 10 块 LED 动态地图显示器，如图 6-27 所示。LED 动态地图显示器用于实时显示列车运行到站情况，在到达相关站点时，可有对应的显示提示，与到站语音提示同步执行。一般，显示屏采用三色 LED，显示区域尺寸不小于 1300mm×200mm。显示屏能实现显示两条线路以上，每条线路一般不少于 120 个 LED，并且线路允许有必要的交叉。显示屏显示方式为闪烁、常亮，通信方式为 RS485。

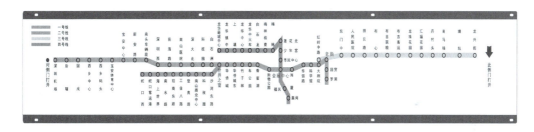

图 6-27　LED 动态地图显示器

列车即将进站时提示站点闪烁显示持续 5~10s，列车停站时提示站点常亮，列车完全离站后显示提示熄灭。LED 动态地图显示器的显示可以做到自动化和半自动化显示。

1）自动化显示。列车自动驾驶时，与列车到站报站信息联动，可完全自动显示相关到站站点。

2）半自动化显示。列车在有人驾驶时，可由驾驶员触发相关指令显示到站站点信息。

（2）采用 LCD 动态地图显示器显示　LCD 彩色动态地图显示器安装在乘客车厢中，主要用于显示彩色动态地图等信息。

到站信息 LCD 显示装置目前一般采用无彩膜式彩色液晶显示模块，用一组由红（R）、黄（G）、绿（B）三色灯管的背光源来实现各个像素的彩色显示，通信接口为 RS485。

彩色 LCD 显示屏采用了八色（红、绿、蓝、黄、青、紫、黑、白）液晶点阵模块（16×16×5 像素），用于显示站名与动态线路运行信息和显示动态旅行线路。列车到站后，站名和站点会同时闪烁，并且经过的站点全部变红。中间部分的箭头为车门打开侧的显示信息，当红色箭头闪烁时，代表本侧车门打开。

2. 基本功能

（1）车站闪光地图的基本功能

1）列车驶向站的 LED 闪烁，颜色为黄色。

2）当停在站台上时，该站 LED 将变为不闪烁的红色。

3）显示方向的"珍珠串"不经过标志列车已通过的红色部分，方向采用三个以每秒 10 个 LED 的速度移动的黑色 LED 来指示。

4）开门侧箭头闪烁频率为 1Hz，在开门指示箭头区域有文字显示。

5）当开往换乘站时，整条换乘线以频率为 1Hz 的速度闪烁，颜色为黄色。当停靠在该站时，线路变为固定的黄色。

6）动态闪光地图面板上的车站位置为镜像。

7）箭头闪烁速度设定为可变的 0.5s、1s、1.5s。

（2）综合图文显示系统的基本功能　综合图文显示系统用于显示各种彩色的文字新闻、广告、公益信息等。

（3）乘客信息显示系统显示屏的自检功能　供电时，动态地图显示系统启动时将进行一个简单的图形测试，以确认其功能正常。当驾驶室被激活时，乘客信息系统（PIS）主控设备给所有的显示器发送清除显示信息时，自检信息将被清除。如果没有收到清除信息，自检信息在 90s 内自动消失。

3. 与数字化报站控制源相关的显示

（1）手动报站控制源的显示　列车驾驶员操纵台激活后，乘客信息系统（PIS）经 90s 自检进入正常工作。此时，驾驶员可以通过人机界面（MMI）设置目的站、起始站和终到站，相关信息将通过通信控制系统发送到乘客信息系统（PIS），触发相关的数字化广播和 WDS 的文字报站；动态地图相关的编码数据经解码在动态地图显示器上显示。

（2）自动报站控制源的显示　列车运行时经过轨旁电路时，ATS 的报站信号（即目的站、起始站和终到站的信号）将通过轨旁电路以报文方式传送到车载 ATO/ATP，再经过通信控制系统转换成相关的信息传送到乘客信息系统（PIS）进行报站。

自动报站的信号流向是 ATS→轨旁电路→车载 ATO/ATP→车辆通信控制系统→乘客信息系统（PIS）。

（3）驾驶室终到站显示　驾驶室终到站显示装置可以显示列车终到站及运行方向，可按列车运营要求更新终到站或显示列车种类（普通、试验、调试、回库）等信息，文字显示可选静止、滚动、平移等多种效果，显示内容变动时可通过通信接口更新及下载。

四、系统检测与参数设置

1. 扬声器检测

在驾驶室的广播控制盒上设有一个扬声器检测按钮，当操作人员按下此按钮时，整车的扬声器都循环播放测试音。检修人员从车头走到车尾，就可以清楚地发现哪节车厢的扬声器出现了故障。也可以关闭整车的扬声器测试，即改为单车厢扬声器测试。这样，检修人员可以清楚地发现出现故障的扬声器并进行维护。

2. 显示系统检测

（1）手动检测　在驾驶室的广播控制盒上设有一个 LED 测试按钮，当检修人员按下此按钮后，整车的动态地图显示器均进入扫屏状态，即屏幕从左向右依次移动显示红色竖杠、绿色竖杠和黄色竖杠，当竖杠扫过时，没有亮的模块即为出现故障的模块。检修人员可以对故障 LED 进行针对性的更换。

（2）自检　系统每天上电时，显示系统自动进行检测。

3. 故障检测

每个激活驾驶室内的广播中央控制器具有实时检测系统内各个单元状态的功能，一旦故障发生，广播中央控制器将第一时间将故障信息传递给列车管理系统。

乘客信息系统（PIS）具有自检功能。当列车激活时，乘客信息系统（PIS）进行自检。当乘客信息系统（PIS）工作时，其硬件和软件故障在任何时候都能通过列车控制和诊断系统检测，乘客信息系统（PIS）设有故障诊断与故障数据存储的功能，最少能记录 100 条的故障或 3 天的故障数据。故障记录包括故障发生的部件和时间、故障等级和故障处理建议；乘客信息系统（PIS）提供数据下载接口，能方便地将故障数据上载到 PTU 上。

4. 系统参数设置

广播中央控制器提供一个标准、统一的串行通信接口 RS232C，可与外部便携式计算机连接。通过乘客信息系统（PIS）设置软件可设置乘客信息系统（PIS）子单元参数、编码路线信息和动态地图描述信息等，带故障等级的故障数据、乘客信息系统（PIS）各功能模块中的控制参数和保护参数都可以进行检查和调整。

五、与系统之间的接口

在实际应用中，乘客信息系统（PIS）需要考虑与其他系统（车辆控制系统、无线通信、视频监控系统和 ATC 等）之间的接口，以便于所有系统设备的安装，与车辆其他相关系统组成有机的整体。

1. 与列车控制单元（VTCU）的接口

广播系统、乘客信息显示系统和车辆控制单元可进行以下通信：

1）通过列车控制单元（VTCU）传来的 ATO 信号，进行自动报站。
2）通过列车控制单元（VTCU）传来的控制信号，完成半自动报站。
3）通过列车控制单元（VTCU）将系统的状态和故障信息进行回传。
4）通过列车控制单元（VTCU）获得列车运行的相关信息（如时钟、速度、开门侧等）。

2. 与无线通信设备的接口

1）无线音频输入。
2）具有一个闭合干式节点。当该触点吸合后，控制中心可对乘客进行广播。

3. 与列车视频监控系统的接口

驾驶室控制机柜与列车视频监控系统均挂在车辆总线（MVB）上。当发生紧急开门或乘客报警时，紧急开门信号或被激活的乘客紧急通话单元具体位置信号通过车辆总线（MVB）接口被传给列车控制系统，然后传送给列车视频监控系统。列车视频监控系统主机就可以控制摄像头将摄像的画面自动锁定在报警车辆相应位置处，驾驶员可以通过视频监控系统的监控显示屏观察报警所在车厢的图像，了解该客室的情况，以便控制全局，将损失减少到最低。

列车视频监控系统提供音源给列车广播系统。当列车广播系统无音源时，列车广播系统播放来自列车视频监控系统的音源；当列车广播系统有音源时，列车广播系统播放来自自身的音源，切断列车视频监控系统的音源。

4. 与列车其他系统的接口

与列车 ATC 系统预留通信接口，获得行车相关的信息，控制自动报站。

5. 视频监控系统与火灾报警系统的接口

当车厢发生火灾时，火灾自动报警系统触发相应的紧急预案。车辆通过车辆控制单元（VTCU）将列车发生火灾的具体车厢位置传送给列车视频监控系统，客室各显示屏将显示火灾警告、安抚信息和疏散路线等。

任务三　城市轨道交通电动列车火灾报警系统

列车火灾报警系统的功能主要是探测驾驶室、电气设备柜和车辆客室的火灾，并及时发出报警信号。

一、列车火灾报警系统的结构与功能

1. 系统结构

列车火灾报警系统由感温/感烟组合探测器、火灾报警控制模块和110V 滤波单元等设备组成。感温/感烟组合探测器的外形如图 6-28 所示，火灾报警控制模块的外形如图 6-29 所示，110V 滤波单元外形图如图 6-30 所示。

图 6-28　感温/感烟组合探测器的外形

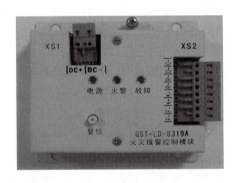

图 6-29　火灾报警控制模块的外形

滤波单元，连接到 2d/b/z 和 4d/b/z，GE/GN 接地

图 6-30　110V 滤波单元外形图

列车火灾报警系统的监控结构是三节车为一独立监控系统。火灾报警监控路线分为两路：一路是由驾驶室到电气设备柜，再到 A 车客室，另一路是到 B 车和 C 车的客室。火灾报警系统自动监控 6 车编组单元的大部分重要区域。若一个监视区域的温度或烟雾散发被探测到火灾时，报警线路激活火灾报警控制模块，输出信息传送到列车通信控制系统。

2. 系统功能

（1）报警信息采集　火灾报警系统（FAS）能及时采集感烟/感温组合探测器监测的报警信号。

（2）报警数据处理　火灾报警系统（FAS）对探测器传来的信号内容进行分析并分类，分辨传送信号的探测器所在车辆编号、报警类型（火灾报警或故障报警）。

（3）数据传送功能　火灾报警系统（FAS）将经过分析和处理的数据通过车辆总线（MVB）传送到列车控制单元（VTCU），再由列车控制单元（VTCU）将火灾信息传送到驾驶室显示器显示。

（4）系统自检功能　火灾报警系统 FAS 能自动检测整个系统，并将故障内容通过车辆总线（MVB）传送到列车控制单元（VTCU），再由列车控制单元（VTCU）将故障信息传送到驾驶室显示器显示。

（5）数据记录功能　火灾报警系统（FAS）主机能记录探测器报警数据及故障数据，以备查询。

（6）历史数据查询功能　通过操作火灾报警系统主机显示器面板，可查询发生故障报警及火灾报警的车辆编号、发生日期、发生时刻等信息。

（7）自我保护功能　火灾报警系统（FAS）遇过流、过压、欠压、过热会自动切断工作电源。

（8）报警功能　当车厢发生火灾时，驾驶室显示屏上能显示是哪辆车发生火灾，并提供声音报警。同时，客室视频监控系统各显示屏将显示火灾警告、安抚信息和疏散路线等。

（9）通信方式　火灾报警主机与列车控制单元（VTCU）之间采用 MVB 总线进行通信。

3. 设备配置

（1）列车火灾报警系统的设备配置　列车火灾报警系统的设备配置见表 6-15。

表 6-15　列车火灾报警系统的设备配置

	A	B	C	C	B	A	总计
火灾报警控制模块	1	1	1	1	1	1	6
感烟/感温组合探测器	4	2	2	2	2	4	16
110V 滤波单元	1	1	1	1	1	1	6

（2）列车火灾报警系统的设备布置　列车火灾报警系统的设备布置示意如图 6-31 所示。驾驶室配置电气设备柜和热传感器探测器，它们分别以机械方式安装在一个标准安装板内，通过两个长圆孔将附件安装到墙面或天花板上。每个客室的门区上方、天花板盖板下方安装 4 个光烟雾探测器。火灾报警控制模块被安装在 B 车车底电子箱中，每个控制模块上安装有 1 个 110V 滤波单元。

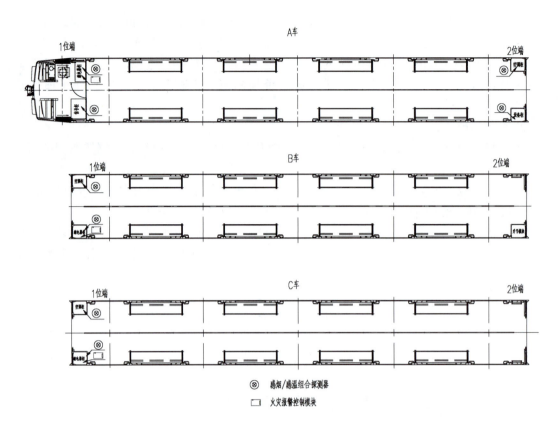

图 6-31 列车火灾报警系统的设备布置示意

二、列车火灾报警系统工作原理

1. 系统原理

火灾报警系统原理框图如图 6-32 所示。

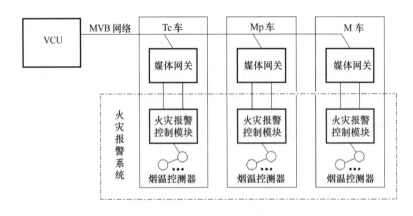

图 6-32 火灾报警系统原理框图

列车火灾报警系统正常工作时由火灾报警控制模块根据电流信号检测在线设备,当探测器探测到火情后,通过电缆将火灾信号传送给火灾报警控制模块,火灾报警控制模块使火警指示灯发亮，同时将火警信息通过媒体网关传送到列车控制单元(VTCU)。

(1) 热传感探测器　热传感探测器检测环境温度一旦超过 80℃，即发送电脉冲到火灾报警系统控制电路板，探测器上的红色 LED 变亮，且此状态维持不变(尽管后来温度下降)。报警复位，则必须断开火灾报警控制电路板的车载列车电源。

(2) 烟雾探测器　烟雾探测器内部由一个测量箱和一个评估卡组成，外部为白色聚碳酸酯罩。测量箱是一个黑色铸件，采用迷宫式设计，可以防止光线进入箱内。迷宫式箱盖呈网格状，可以防止昆虫进入。测量箱内部布置有光学元件，主要是 1 个红外线 LED、1 个光敏二极管，1 个集成的自然光滤波器，是为防止环境光线提供的附加保护。LED 每 10s 脉冲式发光。如果空气是无烟的，则光敏二极管不会接收到任何光粒子(光子)，光线是成束的，并且光线的反射角度与光敏二极管有关。如果烟雾进入测量箱内，则光敏二极管被激活，发出两束光脉冲滞后 2s，白色 LED 变亮，显示警报。

(3) 火灾报警控制模块　火灾报警控制模块监控两条监控线路的火灾报警信号(Fire Line A 和 Fire Line B)和状态信号(Failure Line A 和 Failure Line B)，其输出控制继电器，通过继电器触头将信息输入到 DX 模块。火灾报警控制模块电路板布置如图 6-33 所示。

图 6-33　火灾报警控制模块电路板

2. 系统部件技术特性及参数

(1) 火灾报警控制模块　火灾报警控制模块的技术特性及参数见表 6-16。

表 6-16　火灾报警控制模块的技术特性及参数

工作电压	DC 110V，允许范围 DC 77～137.5V
工作电流	监视电流小于或等于 10mA，动作电流小于或等于 50mA
指示灯	电源灯：绿色，有电源时发亮，无电源时熄灭 火警灯：红色，正常时熄灭，报警时常亮 故障灯：黄色，正常时熄灭，探测器连接线故障时常亮
输出容量	DC 30V/1A 或 AC 125/1A(两组)
输出控制方式	电平(正常时无源常闭触点输出)
使用环境	温度为-10～+55℃ 相对湿度小于或等于 95%，不凝露
外形尺寸	110mm×106mm×29mm
壳体材料和颜色	碳素钢，灰白色
外壳防护等级	IP30
质量	约 300g

(2) 感温/感烟组合探测器　感温/感烟组合探测器的技术特性及参数见表 6-17。

表 6-17 感温/感烟组合探测器的技术特性及参数

工作电压	DC 24V，允许范围为 DC 12~28V
工作电流	监视电流小于或等于 60μA，报警电流小于或等于 30mA
报警确认灯	红色（巡检时闪亮，报警时常亮）
保护面积 （1 个探测器）	当空间高度为 6~12m 时，为 80m² 当空间高度 6m 以下时，为 60m²
线制	电源二总线，有极性
使用环境	温度为 -10~+50℃ 相对湿度小于或等于 95%，不凝露
外形尺寸	直径为 100mm，高度为 56mm（带底座）
壳体材料和颜色	ABS，象牙白
外壳防护等级	IP22
质量	约 120g

任务一 城市轨道交通电动列车的调试检查

城市轨道交通电动列车在正式投入运营之前，都要进行调试和验收。下面以地铁车辆为例介绍列车调试检查。

电动列车调试是指以技术规格书、技术资料、操作手册以及相关的技术资料为基础，制定调试大纲。根据调试的阶段来分，新车调试分为静态调试、动态调试和 200km 试运行。

列车调试流程如图 6-34 所示。

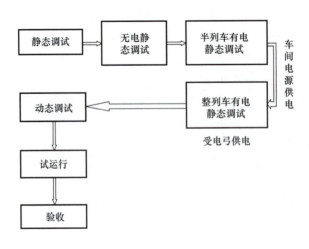

图 6-34 列车调试流程

一、静态调试

列车的静态调试是列车后续调试的基础，列车的静态调试又可分为无电静态调试和有电的静态调试两个阶段。

1. 无电静态调试

无电静态调试是指在无电状态下，对列车进行基本的外观性的和不需要加电的功能性检查调整。检查调整的内容和具体要求有：

1）客室内部的外观性检查。主要对客室内设施设备和装饰的基础常态与外观进行检查和确认。

2）前端与侧墙外观检查。主要对车体表面、玻璃、车灯、通道折棚及扶手的破损和变形进行过检查和确认。

3）客室内所有盖板及客室的设备柜。主要对盖板及客室设备柜的开关、钥匙、支撑杆、安装座、指示灯、连接线的好坏和性能进行检查和确认。

4）客室通道检查。主要对通道的外观检查、接地线、连接线好坏进行检查和确认。

5）客室车门检查。主要对客室车门的外观、开/关门动作、门机传动设备外观性能、开关操作性能进行检查和确认。

6）驾驶室检查。主要对驾驶室侧门及驾驶室通道门、驾驶室逃生门、驾驶室座椅和驾驶室内附属设备及盖板进行检查和确认。

7）转向架。主要对轮对的技术尺寸进行测量、检查和确认，对一系弹簧、空气弹簧、轴箱、牵引传动设备和基础制动设备等进行外观检查和性能确定。

8）车底其他设备检查。主要对车钩及牵引杆、空气制动部件、制动电阻箱、线路电抗器、车底接地线和标示进行外观及连接的检查和确认。

9）电子柜、设备柜以及牵引箱的检查。主要对各类柜的外观、连接线、插件、箱体的固定和标签进行检查和确认。

10）蓄电池充电器检查及蓄电池检查。主要对蓄电池充电器的部件、连接线、设备的紧固进行检查和确认，对蓄电池的好坏、绝缘套和蓄电池液进行检查确认。

11）车顶空调机组检查。主要检查空调机组内部部件、连接头、连接线是否正常和牢固，确认空调机组风门、风机、过滤网、制冷液性能。

2. 有电静态调试

有电调试是通过给列车送电，对列车的各种静态功能进行全面检查。

（1）整列车车间电源供电静态调试

1）空气压缩机检查调试。

① 检查确认。检查空调压缩机油尺的油面应在上、下游标之间，空调压缩机油应无混浊、变色现象；空调压缩机在起动和运转过程中不应与其他部件（如转向架构架、车体等）相碰，应转动自由；空压机的转动方向与箭头的指向一致。

② 测试空气压缩机的供风时间。使两台空调压缩机同时工作，开始记录时间，当压力表读数达到$(9.0\pm0.2)\times10^5$Pa时（此时空调压缩机停止工作）停止计时，读取记录秒表读数。

2）安全阀性能检查。当风管中有压缩空气时人工操作安全阀排出空气，安全阀应在规定的压力范围内自动打开和关闭，如果不能自动开闭，则必须人工手动切除，对设备进行故障处理。

配合压力表检测，用空调压缩机供风，关闭截断塞门 A01.06 和 A01.10。

3) 空气干燥器性能检查。在空气压缩机工作状态下，检查空气干燥器应正常工作，每当空调干燥器交换工作时，伴有少量气从消声器排气口急速排出；测试空气干燥器的工作周期为 2min±30s，1min 用于干燥，1min 用于恢复；空气干燥器的电磁阀以 1 min（每个塔的干燥时间）周期性交替关断和打开，人为判断并计时。

4) 受电弓性能检查调试。

① 受电弓性能检查。检查绝缘子、弓头、降弓气缸保护套、弹簧、接头及导线完好无损。避雷器完好无损。各安装紧固螺栓无松动，所有电缆无松动。活动部件动作自如、碳滑板与电网线平行接触。用肥皂水检查所有气路接头及阀表面应无漏气。

② 受电弓静接触压力和升降弓时间调试。

测量受电弓的静接触压力为升起受电弓，用 200N 弹簧拉力秤测量受电弓碳滑板刚离开接触网导线时的压力标准值为（120±10）N。

测量升、降弓时间。按下受电弓升按钮，记录受电弓从按下按钮到碳滑板碰上接触网导线的时间；按下受电弓降按钮，记录从按下按钮到弓落到底架时的时间，升弓和降弓时间为 7~8s，反复操作记录不少于 3 次。

③ 受电弓脚踏泵升弓检查。降弓后，关断 B 车客室的受电弓气路（U01）塞门。用手按下升弓电磁阀（U03）连杆，然后踩动脚踏泵，要求少于 25 次，受电弓应能升起。

5) 安全功能检查。

① 车钩监控开关。提起车钩监控开关，列车不应合蓄电池。

② 高压箱盖板。打开高压箱盖板，列车不应升弓，如果是升弓状态，应能立即降弓。

③ 车间电源盖。打开车间电源盖，列车不应升弓；如果是升弓状态，应能立即降弓。

④ 接地开关。将开关打到接地位置，列车不应升弓。

(2) 受电弓供电静态调试

1) 高速断路器、驾驶室设备及烟感器检查

① 检查高速断路器工作正常。升起受电弓，按下主断合按钮，按钮上的绿色指示灯应亮；按下主断分按钮，按钮上的红色指示灯应亮，主断合按钮上的绿色指示灯应灭；降下受电弓，按下主断合按钮，断路器应无动作。

② 检查驾驶员操纵台各指示灯完好。列车激活后，按下试灯按钮，以下按钮指示灯应亮，驾驶员操纵台：制动（气）按钮指示（红色）、缓解（气）按钮指示（绿色）、ATO 启动（绿色）、自动折返按钮指示（黄色）、右门关按钮指示（绿色）、右门开按钮指示（红色）。副驾驶员操纵台：受电弓升按钮指示（绿色）、受电弓降按钮指示（红色）、主断合按钮指示（绿色）、解钩按钮指示（白色）、客室灯按钮指示（白色）、主断分按钮指示（红色）、停放制动缓解按钮指示（绿色）停放制动施加按钮指示（红色）、列车空调合按钮指示（绿色）、列车空调分按钮指示（红色）、A 车空调合按钮指示（绿色）左门开按钮指示（红色）、左门关按钮指示（绿色）。

③ 检查速度表、压力表外观及表内照明灯完好。

④ 检查刮水器完好、工作正常。

⑤ 检查驾驶员操纵台前风窗玻璃加热工作正常。

⑥ 检查驾驶室室顶风扇完好、工作正常。

⑦ 检查双声汽笛工作正常。

⑧ 检查解钩工作正常。

⑨ 检查驾驶室和客室的烟感器正常。

2) 前照灯、尾灯、运行灯检查。激活列车、激活驾驶室,操作前照灯、尾灯、运行灯按规定发亮,前照灯操作的亮暗强度开关应有两种不同亮度的相应变化。两端驾驶室都要进行相同的操作检查。

3) 通信和乘客信息检查。主要检查列车广播、驾驶员对讲、OCC对客室广播、关门警报、客室所有喇叭工作、客室显示器工作是否正常。

4) 人机界面(MMI)检查。主要检查人机界面(MMI)性能参数、操作性能和显示界面内容信息情况。

5) 列车空调运行调试。

① 检查空调起动是否正常。起动空调,空调置试验挡,观察空调起动是否正常。空调起动顺序应是送风机→冷凝器风扇→压缩机,如果前级不起动,则不允许后级起动。用软件读取空调数据,模拟空调运行(各个激活空调各部件),查找空调故障。

② PTU实时监控空调运行状态。在空调正常运行中,按下驾驶室内的紧急制动按钮,空调转换到紧急通风模式,出风口格栅处应有微风。紧急通风应提供客室通风45min。空调通风机由蓄电池通过DC-AC转换器供电,在紧急通风时,新风/回风调节挡板应将回风关闭,客室空气仅由新风组成。

③ 检查空调紧急通风状况。

④ 检测驾驶室增压风机送风量。

⑤ 检测客室平均风速。

⑥ 检查空调各种模式运行是否正常(预冷、制冷、通风和紧急通风四种模式)。

⑦ 检测客室温度是否正常。

6) 车门调试。

① 左、右门开/关调试。

② 车门指示灯检查。

③ 车门缓冲和安全功能检查。

④ 开、关门时间和车门关紧力测量。

⑤ 钥匙开关测试。

7) 列车的气密性检查。

① 主风缸气密性检查。5min内压力的减少应小于$2×10^4$Pa。

② 制动缸气密性检查。5min内压力的减少应小于10^4Pa。

③ 用肥皂水检查车底所有气阀和管接头的气密性。

8) 列车在AW_0状态下的紧急制动压力测试。列车在AW_0及紧急制动状态下,测试制动缸最大工作压力:A车为$(2.3±0.15)×10^5$Pa,B、C车为$(2.7±0.15)×10^5$Pa。

9) 半自动车钩解钩按钮阀(W03)性能检查。操作C车尾部按钮盒内的半自动车钩解钩按钮阀W03,能实现半自动车钩的解钩。

10）检查车底设备箱通风。当主风缸压力大于 $7.5×10^5$ Pa 时，B、C 车电子设备箱有通风；当主风缸压力小于 $7.5×10^5$ Pa 时，应自动停止。

11）旁路、紧急牵引（TRB）及惰行功能检查。合上相应的旁路开关后，列车功能必须达到预定要求；将车辆总线（MVB）从某一模块断开，驾驶员操作起动列车，列车不应起动；合上紧急牵引（TRB）开关，驾驶员操作起动列车，列车应能正常牵引；当列车牵引时，随意拉下一个门的红色紧急开门手柄，列车应失去动力，惰行至 0km/h 的速度。

12）列车曲线通过能力检查。通过计算机列车动力学仿真软件，利用程序对单个轮对和车辆系统进行仿真分析。主要有车辆通过曲线时各轮对的脱轨系数值、轮重减载率、外轮导向力和轮缘磨耗随中间轴自由横动量的变化情况。

13）列车连挂调试。当两列车的全自动车钩对接时，可在一个驾驶室操作两列车的客室广播、驾驶员对讲和停放制动施加与缓解；另外，还可以通过合上连挂按钮实现两列车紧急回路的串联。

14）列车水密性检查。牵引列车通过洗车机，检查所有门、通道、车窗、车钩、车底设备箱、开孔、孔盖或缝隙等有可能水和雨进入处，确保无水浸入，上车顶检查空调回风口应无漏水。

15）车辆在 AW_0 状态下的尺寸检查。根据设计图样尺寸进行测量和检查，并作相应的调整。

二、列车过限界检查

列车进入正线前，必须对列车进行一次限界检查，目的是确认列车车体尺寸符合限界要求。限界门一般装有 6 扇活动门，每侧 3 扇。在列车通过限界时，要求每扇限界门处均需有人观察列车是否有侵限的情况。

三、列车动态调试

列车在完成了静态调试后，在确保列车是无故障状态下，进入动态调试。动态调试主要测试列车在各种条件下的基本功能，主要测试列车在 AW_0 条件下不同速度时的制动性能。通过动态调试，可以获得有关列车控制、牵引和制动性能的数据。列车动态调试项目见表 6-18。

表 6-18　列车动态调试项目

序号	动态调试项目	目　　的
1	100%牵引到 80km/h，惰行 1s，然后 100%常用制动	测试常用制动的制动距离和 100%牵引、制动时的列车速度、加速度以及该常用制动功能是否正常
2	100%牵引到 80km/h，惰行 1s，然后 100%常用制动	同上
3	100%牵引到 80km/h，在 100%牵引位置松开警惕按钮，使列车紧急制动	测试牵引位置松开警惕按钮后是否会产生紧急制动．需要留意从松开警惕按钮到产生紧急制动的时间

(续)

序号	动态调试项目	目的
4	100%牵引到80km/h,然后按下红色紧急按钮,列车紧急制动	测试红色紧急按钮是否正常,并且观察实际的制动距离是否小于标准值
5	100%牵引到80km/h,牵引手柄回0位,主断分,主断分灯亮后100%常用制动	模拟所有电制动被切除,列车不能进行再生制动,通过气制动补偿等功能是否正常,并且制动距离应该与100%常用制动时的距离相近
6	向前慢行(3km/h)	测试向前慢行功能,并观察速度是否为3km/h
7	向后退行(10km/h)	测试向后退行功能,并观察速度是否为10km/h
8	向后慢行退行(3km/h)	测试向后慢行功能,并观察速度是否为3km/h
9	切掉全车的制动电阻风扇(模拟MCM故障),然后100%牵引到80km/h,惰行1s,再100%常用制动	模拟制动电阻故障时应进行电阻制动,列车应能通过气制动补偿,并且制动距离应该与100%常用制动时的距离相近
10	100%牵引到80km/h,惰行1s,然后快速制动	测试快速制动的制动距离以及快速制动的功能是否正常
11	牵引到60km/h(速度不能上升得太快),然后快速制动,再在快速制动位松开警惕按钮	测试快速制动松开警惕按钮后是否会产生紧急制动,并且观察60km/h时的紧急制动距离
12	牵引到40km/h(速度不能上升得太快),然后牵引手柄回0位,方向手柄回0位,列车紧急制动	测试方向手柄回0位是否会产生紧急制动
13	牵引到20km/h(速度不能上升得太快),牵引手柄回0位,然后松开警惕按钮,列车紧急制动	测试牵引手柄在0位时是否会产生紧急制动
14	100%牵引到80km/h,惰行1s,然后100%常用制动,在100%常用制动位置松开警惕按钮,使列车紧急制动	测试牵引手柄在100%常用制动位置是否会产生紧急制动
15	100%牵引到80km/h,惰行1s,然后快速制动,接着牵引手柄回到0位,1s后再100%常用制动到列车停止	测试列车制动的全过程是否能准确地按牵引手柄的实际位置来执行
16	牵引到40km/h(速度不能上升得太快),然后拍击红色紧急按钮,使列车紧急制动	测试红色紧急按钮是否正常,并且可以观察40km/h时的紧急制动距离
17	牵引到60km/h(速度不能上升得太快),接着牵引手柄回到0位,然后方向手柄向后,改变列车的牵引方向	测试牵引手柄向后时是否会产生紧急制动

四、200km 试运行

列车在正线进行 200km 模拟运营试验，是列车调试验收的最后阶段，是对列车的正线运行能力进行的一次确认。通过 200km 试运行，可以对整车的性能进行一次全面的了解，同时观察列车是否有其他方面的异常，将一些潜在的质量问题暴露出来，尽可能保证列车投入正式运营后的质量状态。

试运行期间采用 URM 驾驶模式，按正式运营模式操作，列车在每一个到站停车，开、关车门，播放广播。通过列车的牵引/制动，测试列车的控制、牵引和制动系统是否正常可靠。跟车人员应在列车运行期间对列车进行巡视监控，并注意列车是否存在转向架振动过大或异响、通道异响或车体其他部位异响等不正常现象。试运行期间发生故障或发现有其他异常，跟车人员要作相应的处理和详细的记录，该记录作为列车 200 km 试运行的结果，并作为验收文件的一部分。如果故障比较严重并会影响以后列车的正式运营，则在故障排除后列车还需要重新进行 200 km 试运行试验。

任务二　城市轨道交通电动列车的试验

城市轨道交通电动列车从设计、生产和投入运用的过程中要进行不同的试验，按试验功能和用途分为调整试验、验收试验和研究性试验，按试验类型分为型式试验、例行试验和研究性试验。调整试验是电动列车在进行验收试验前，在制造厂或到用户的线路上进行的负载或空载试运行。验收试验包括型式试验和例行试验。型式试验用于验证电动列车的设计性能，在单台产品上进行。例行试验用于验证批量生产后的产品质量性能，在所有同一型号的产品上都进行。研究性试验是为了获取某些数据，取得弥补材料而进行的一种抉择性的特殊试验，但是结果不作为验收的依据。

列车设计完成后，在批量生产之前，需要在首批样车上对列车的运行能力、重要系统的性能等进行相关的型式试验和研究性试验，对试验的结果或所得数据进行分析，确保列车能够符合运行安全和设计的要求。批量生产的每列车制造完成在出厂交付用户前，必须进行例行试验，以保证产品满足质量要求。

表 6-19 给出了我国某城市完成的电动列车试验项目。下面将选取一些典型的试验进行简单的介绍。

表 6-19　我国某城市完成的电动列车试验项目

序号	名　　称	型式试验	例行试验	研究性试验
1	第一列列车运行试验	√		
2	短路试验			√
3	能耗试验			√
4	运行阻力试验			√
5	运行安全和运行平稳性试验	√		
6	空转/滑行试验	√	√	
7	供电中断试验	√		

(续)

序号	名 称	型式试验	例行试验	研究性试验
8	故障诊断系统试验	√	√	
9	电磁场试验	√		√
10	列车低频辐射试验	√		√
11	辐射试验	√		√

1. 短路试验

（1）试验目的　检验列车在正线发生内部 1500V 电路对地短路时列车高速断路器（HSCB）的分断能力以及与供电系统分断保护机构之间的配合关系。

（2）试验内容　短路点设在列车电路的高压部分。由于 VVVF 的线路电抗器（MCM）对短路电流的上升率有很大的限制作用，所以选择短路点时以线路电抗器为主要考虑因素。短路点设置如图 6-35 所示，点 1 在线路电抗器（MCM）前，直接在高速断路器（HSCB）后面，点 2 在线路电抗器（MCM）后。

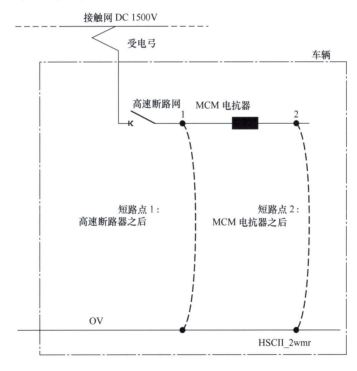

图 6-35　短路试验示意图

考虑到与供电系统的关系，选取 3 个列车停车地点进行试验，即：①在一个变电站的近端；②在两个变电站中间；③在两个变电站间的 1/4 或 3/4 处。

综合以上两个主要因素，列车短路试验状况可有 6 个变化。其中状况最严重（即短路电流最大）的是列车在一个变电站的近端，短路点在线路电抗器（MCM）前；状况最轻微（即短路电流最小）的是列车在两个变电站中间，短路点在线路电抗器（MCM）后。

短路试验项目具有较大的风险性，可能对供电设备和列车产生破坏性后果，特别是短路电流最大的状况，所以是否需要完成全部 6 个状况，或是只选择部分状况进行，应主要由用户根据合同规定、设备条件、工程进度、风险大小等情况决定。此项试验应尽量在线路开通运营前完成。

一般情况下，试验的顺序应是从短路电流最小的状况到短路电流最大的状况依次进行。制订试验实施方案时，应由所有相关系统的人员共同参与，充分考虑安全问题和防护措施、列车在不同试验地点的移动及操作的便利。

2. 能耗试验

（1）试验目的　能耗试验是测试列车在正常运行模式下的实际能量消耗，与计算的能耗周期曲线比对。

（2）试验内容　测试列车 AW_2 负载条件下，在运营线路上按计算的负载循环曲线运行，用仪器记录列车消耗的能量，监测接触网吸收再生能量的能力，记录制动电阻、电压和电流。

3. 运行阻力试验

（1）试验目的　运行阻力试验是为了确定列车在 AW_0 条件下的旋转质量和运行阻力曲线。

（2）试验内容　列车牵引加速到最大速度后，在一个已知坡度且尽可能没有弯道的直线段上不用制动的情况下减速至 0km/h，记录速度的变化、运行时间和运行距离。由这些记录值并考虑坡度和旋转质量的影响，绘制出运行阻力曲线。

4. 运行安全和运行平稳性试验

（1）轴重减载试验

1）试验目的。静态检查列车能否在特定的弯曲轨道上运行，检查列车的轴重由于轮重减载造成脱轨。

2）试验内容。试验条件是列车轮对载荷和车体高度需要调整到公差的范围内模拟前、后轮对轴距比为 1∶200、斜坡和前、后转向架中心比为 1∶333 两种轨道斜坡条件，进行三种状态下的车轮载荷测试。

测试 1——所有空气弹簧在充气状态，空气弹簧之间隔离，测量车轮载荷。

测试 2——放掉其中一个转向架上两个空气弹簧的空气，其余空气弹簧保持充气并互相隔离，测量车轮载荷。

测试 3——放掉所有空气弹簧的空气，测量车轮载荷。

（2）运行安全试验

1）试验目的。通过半静态的测试，检查列车对轨道的横向力是否在范围之内，防止列车在过曲线时脱轨。

2）试验内容。调整列车高度和轮对载荷在公差范围内，列车以 3～5km/h 的速度通过特殊曲线（$R=150m$，轨道斜度 $u=0mm$），测量列车所有空气弹簧充气、一辆车的一个转向架的空气弹簧泄气、一辆车的两个空气弹簧泄气三种状态下车辆前轴的垂向力和横向力。

（3）运行安全性试验（动态测试）

1）试验目的。在列车运行状态下检查列车各有关部件的动态加速度是否在 UIC 518 给出的范围内。

2）试验内容。列车高度和轮对载荷必须完全调整在公差范围内，在 AW_0 载荷条件下，列车最大的允许速度根据线路的限制条件决定，依据 UIC 518-10.1.1.3 的标准，测试列车牵引到最高速度（所有的空气弹簧充气）、列车牵引到最高速度（空气弹簧泄气）以及不同故障类型的运行这三种情况下部件的垂向和横向加速度。

5. 牵引能力和电制动能力试验

（1）试验目的　测试列车牵引和电制动能力以及电阻制动和再生制动的转换。

（2）试验内容

1）牵引力试验。在 AW_2 载荷条件下，列车以起动—制动—停车循环运行，每隔 15min 测量 VVVF、辅助逆变器、牵引电动机的温升；在 VVVF、辅助逆变器、牵引电动机温度接近稳定后，用测试设备在动车上记录列车速度、运行时间、行走距离、加速度、减速度、牵引和制动指令、制动缸压力、接触网电压、输入电流、VVVF 的输出电压和输出电流及频率、牵引电动机的转速、电动机电流、牵引力、制动力和功率等数据。

2）再生制动能力试验。列车在 AW_2 载荷状态下，按试验规程进行试验。

3）电阻制动能力试验。在 AW_2 载荷条件下，列车速度从 80km/h 降至 10km/h，测定列车的平均制动减速度。试验线路条件、试验方法等具体细节在试验规程中规定。

4）再生制动电阻制动的转换试验　列车在 AW_2 载荷条件下，试验在接触网电压上升到 DC 1800V 和在吸收再生制动能量的设备容量不足或消失时，列车应能由再生制动自动地转换成电阻制动。

6. 空气制动线路试验

（1）试验目的　测试列车基础制动闸瓦和车轮热容量不同制动类型的制动能力。

（2）试验内容　试验应在平直无坡度、良好的线路及正常风速的天气条件下进行。试验前检查闸瓦间隙自动调整器、闸瓦是否良好地与车轮相配，并且适当磨合。

1）闸瓦和车轮的热容量试验。列车在 AW_3 载荷条件下，并且完全没有电制动，按照预定的运行曲线进行起动加速—惰行—减速—停车循环运行，到达规定的运行时间后，测量闸瓦和轮子表面的温度值。

2）紧急制动、快速制动试验。在 AW_0、AW_2、AW_3 不同条件下，列车速度达到 20km/h、40km/h、60km/h、80km/h 时，分别施加紧急制动和快速制动，测量制动距离、闸瓦和车轮温度、响应时间。试验在各种载荷条件下进行 3 次，取 3 次测定的平均值。例行试验仅在 AW_0 载荷条件下进行。

3）电空混合制动试验。列车在 AW_0、AW_2、AW_3 不同载荷条件下，起动并加速到 80km/h，然后施加常用制动，用测试设备在一节动车上记录列车速度、加速度、减速度、牵引和制动指令、运行时间、运行距离、网压、输入电流、VVVF 的输出电压和输出电流。同时记录 A 车上的闸缸压力及车轮的温度。

4）由警惕按钮施加的紧急制动。在 AW_0 载荷条件下，列车以 80km/h 的速度运行，记录从发出制动指令到列车停止的制动距离和制动时间。

5）停放制动试验。用机车牵引的方法检查停放制动的保持能力。

7. 空转/滑行试验

（1）试验目的　验证列车牵引、制动系统空转/滑行的功能和效率。

（2）试验内容

1）牵引防空转试验。试验需要一段约 300m 长的轨道线路，轨道上喷 UIC 541-2005 规定的液体。列车停在轨道的开始点,然后100%牵引加速到约50km/h。测量记录动车、拖车轴的速度及列车参考速度。空转判断条件是轴的加速度超过$4m/s^2$,或者轴的速度大于参考速度4m/s。

2) 常用制动防滑试验(电阻制动/气制动)。试验需要一段至少750m长的轨道线路。列车停在轨道的开始点,然后100%牵引加速到80km/h,当通过开始喷洒点时(制动点之前150m)喷洒规定的液体,通过开始制动点时施加100%制动,测量记录动车、拖车轴的速度及列车参考速度。

3) 气制动防滑试验。试验需要一段至少750 m长的轨道线路。切除所有动车的电制动,列车停在轨道的开始点,然后100%牵引加速到60km/h。当通过开始喷洒点时(制动点之前150m)喷洒规定的液体,通过开始制动点时施加100%制动。测量记录动车、拖车轴的速度及列车参考速度。

8. 供电中断试验

(1) 试验目的　验证在不同运行条件下中断供电对列车的运行及其子系统都没有影响,列车不会发生危险。试验也是为了验证在不同运行条件下操作车上一些开关而产生的过电压对列车的性能及子系统没有影响,列车不会发生危险。

(2) 试验内容

1) 供电中断试验。列车载荷为AW_2,牵引模式,在列车最大输入电流、VVVF最高输出电压、辅助逆变器额定载荷和最高运行速度条件下分合高速断路器(HSCB)3次,记录列车系统的反应(如列车速度、线路电阻抗、电动机相电压、辅助逆变器电流、高速断路器等)。

如果对列车功能及其子系统没有影响,车上没有危险发生,则试验通过。如果试验失败,则查找原因并改善,重新试验。

2) 内部过电压试验。测量列车在不同运行模式操作高速断路器(HSCB)和线路接触器产生的过电压。在一个独立的试验中测量由于开关短路电流引起的过电压。试验重复3次取最高的过电压值,并读取DCU关于牵引逆变单元和辅助逆变单元的故障码。

如果对列车功能及对其子系统没有影响,车上没有危险发生,则试验通过,试验中辅助逆变器允许有正常的保护反应。如果试验失败,则查找原因并改善,重新试验。

9. 故障诊断系统试验

(1) 试验目的　检查诊断系统的功能是否达到设计要求。

(2) 试验内容　用人为设置故障的方法,检查所有故障的显示功能是否正常。详细的检查内容依据电动列车具体的试验报告而定。

注意:每一项模拟试验完成后必须将信号恢复到原先的状态。

10. 辐射试验

(1) 试验目的　测试列车在静态和低速行驶时的电磁场辐射强度。

(2) 试验要求　根据欧洲铁路标准 EN 50121-3-1 [1] 规定关于对车辆辐射频率为9 kHz~1GHz 的强度要求,测试程序参考 EN 50121-2 [2],测量设备应符合 CISPR16 [3]《无线电骚扰和抗扰度测量设备》规定。

(3) 试验内容　测试频率范围为9kHz~1GHz。试验中用到两种天线,即活动的环形天线(磁场带宽 A/B 为 9kHz~30MHz)和双锥天线(电场带宽 C/D 为 30MHz~1000MHz),其中

A 频带为 9kHz~150kHz，B 频带为 150kHz~30MHz，C 频带为 30MHz~300MHz，D 频带为 300MHz~1GHz。测试电磁场强度示意如图 6-36 所示。

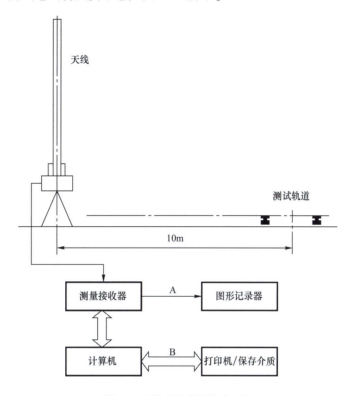

图 6-36　测试电磁场强度示意

静态测试需要激活列车控制系统、辅助逆变器、乘客通信系统、照明系统和空调系统，牵引逆变器需要通电但不起动。选择一种会产生最大辐射的车辆操作模式进行测试。测试在有车或者无车情况下天线前的外界噪声。考虑车体对特殊波段的反射，推荐列车速度为 (20 ± 5) km/h。

11. 第一列车运行试验

（1）试验目的　列车按正线正常运营，考核列车整车及各系统部件的设计、生产制造质量及工作可靠性，及早发现潜在的缺陷，为后续列车的设计和生产改进提供依据。

（2）试验要求　试验检测所有部件的运行性能（是否有故障），所有齿轮箱液面检查，漏油检查，牵引逆变器温度，辅助电源模块温度，转向架轴承、轮及制动闸瓦的温度，压缩机工作和停止时间。

测试所有的主要部件不应出现重大故障。重大故障是指主要部件的零件需要重新安装或更换。易磨易损件更换不包括在这一规则中。

逆变器、辅助逆变器、电池充电器、轴承、轮子和制动闸瓦的温度不能超过最大限制值。

每次运行完后需要特别检查传动装置的密封性，在传动装置分合面应无可见的油痕（齿轮箱表面无油痕）。

任务三　电动列车的检查

电动列车的检查根据工作岗位任务的不同，检查的内容也有所区别，下面就以驾驶员和检修人员两个岗位对车辆的检查进行介绍。

一、电动列车驾驶员整备作业

驾驶员整备作业是电动列车驾驶员在出乘之前对列车的外观、性能进行的检查，并作出是否满足出乘条件的判断。

1. 检查作业流程图

（1）检查路径及顺序　整备作业检查路径及顺序示意如图6-37所示。

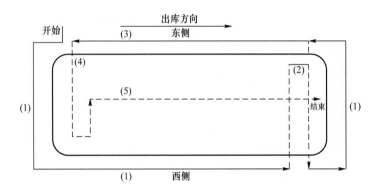

图6-37　整备作业检查路径及顺序示意

整备作业检查和试验时间为30min。整备作业标准见表6-20。

（2）检查顺序说明

1）到非出库端依次开始检查电客车端部、检查西侧走行部。

2）到出库端进驾驶室，检查驾驶室内所有备品是否齐全，各开关按钮位置是够正确，之后下车。

表6-20　整备作业标准

序号	整备项目	时间/min	备注
1	作业前的准备	5	整理衣冠，检查随身备品等
2	走行部检查	10	包括两侧走行部和出库端的紧急制动试验
3	非出库端驾驶室的检查和试验	5	包括驾驶室内的所有功能试验（含紧急制动试验）
4	客室检查	5	包括照明、内饰、开关、电气柜门等
5	出库端驾驶室的检查和试验	5	包括驾驶室内的所有功能试验
共计	30min		

3）检查出库端电动列车端部、检查电动列车东侧走行部、到达非出库端。

4）进非出库端驾驶室、按下蓄电池投入开关、升弓进行其他的功能试验。

5）检查客室。

6）到出库端驾驶室进行功能试验。

7）准备出库。

2. 列车下部检查

列车下部检查标准见表 6-21。

表 6-21 列车下部检查标准

序号	主要检查项目	内容及要求
1	车体外观	无损坏，无变形，电动列车标志(地铁标记、目的地)完整清晰等
2	前照灯/尾灯，终点站显示屏	显示齐全，外观无破损等
3	车钩及缓冲装置(包括半自动车钩，半永久牵引杆)	无明显损坏变形，电缆软管无脱落，各塞门位置正确等
4	转向架	无损坏，无变形，各制动系统塞门位置正确，空气弹簧无破损、漏气等
5	线路滤波电抗器、VVVF、SIV	箱盖锁闭良好等
6	高速断路器	外罩齐全，锁闭良好等
7	车间电源箱	锁闭良好等
8	风缸及干燥器(包括主风缸,制动风缸)	各塞门位置正确、无明显漏风等
9	电气设备箱	箱盖关闭锁紧等

3. 列车内部检查、试验

（1）列车内部检查　驾驶室检查标准见表 6-22。

表 6-22 驾驶室检查标准

序号	主要检查项目	内容及要求
1	驾驶操纵台(方向手柄、主手柄)	均在 0 位，完整无缺，动作灵活无卡滞现象，警惕按钮作用良好
2	无线通信	通信正常
3	TMS 显示屏	无明显损坏，信息显示正常
4	驾驶室侧门、后墙门	锁闭良好，动作灵活无明显卡滞现象
5	各种仪表、指示灯、开关	外罩完整、显示正确、位置正确
6	紧急疏散门	锁闭良好
7	前窗玻璃	清洁，无损坏，刮水器完整无缺
8	电气设备柜	柜门锁闭良好，柜内无杂物
9	备品设备	防护设备、行车备品、灭火器齐全，功能良好
10	防护灯	状态良好

客室设备检查标准见表 6-23。

表 6-23 客室设备检查标准

	主要检查内容	内容及要求
1	客室内观(地板、门窗玻璃等)	清洁、无明显损坏
2	照明	照明良好
3	车门	锁闭良好,指示灯无显示
4	座椅	无明显损坏,灭火器齐全
5	设备柜、电子柜、通道侧墙板	锁闭良好,完整无损坏

(2) 试验程序

1) 确认各门、窗正常,驾驶员操纵台无各类禁动牌,灭火器无遗失,断路器位置正确,模式开关1、模式开关2位置正确。

2) 合蓄电池开关,蓄电池开始供电。蓄电池电压应不低于84V,紧急照明灯亮,TMS显示屏自检。

3) 转动驾驶员操纵台钥匙开关到 ON 位,驾驶室被激活。

4) 此时请选择操作人员的身份(驾驶模式还是维护人员模式,并输入自己的 ID 号及密码)。

5) 模式开关打到 RM 位置。

6) 检查风压,若总风缸压力低于 5×10^5 Pa,则需要先按下升弓泵按钮,此时,升弓泵由蓄电池的电能供电开始打风,当升弓泵停止工作时(可通过升弓泵的声音来判断),表明其风压足以升弓,升弓泵此时不需要关闭。

7) 鸣笛后按"升弓"按钮,观察网压表或 TMS 显示屏(辅助供电界面中也可显示),网压表指针指向 1500V 左右或 TMS 显示屏辅助供电界面中显示网压为 1500V 左右。

8) 按下"SIV 起动"按钮,辅助逆变器起动,确认 TMS 显示屏"辅助供电"电压显示正常。

9) 按下"空压机"起动按钮,按钮常亮,再按"强迫泵风"按钮检测空压机是否起动。

10) 将方向手柄打到"向前"位,主手柄打到快速制动位(RB 位)。

11) 检测车门。

① 自动/手动门选开关打到"手动"位。

② 将门选择开关打到左侧,进行两次开关门操作,确认开关门正常。

③ 将门选择开关打到右侧,进行两次开关门操作,确认开关门正常。

④ 将门选开关打到中间位。

注意:开门时需确认所有车门打开,所有车门指示灯亮及 TMS 显示屏显示门全部打开,动作一致,无异常;关门时需确认所有车门关闭,所有车门指示灯灭、门关好灯亮及 TMS 显示屏显示门全部门关闭,动作一致,无异常。

12) 待主风缸充风,气压表红针达到 9×10^5 Pa,确认紧急制动是否缓解。如不缓解,见列车紧急制动不缓解故障处理。

13) 检测列车制动。

① 将主手柄由快速制动位(RB 位)逐级从 B7 位推到 B1 位,观察 TMS 显示屏显示"RB",快速制动不缓解,再推到中间位,快速制动缓解,观察 TMS 显示屏显示"C",气压表显示 2×10^5 Pa 左右,列车施加保持制动。

② 将主手柄由中间位拉到 B3 位，气压表不动作，TMS 显示屏对应显示 B1-B3 位，列车仍施加保持制动，当主手柄从 B4 位拉到 B7 位，制动风缸压力逐渐增大，再从 B7 位拉到 B4 位，制动风缸压力逐渐降低，TMS 显示屏对应显示各制动位；然后将主手柄拉到 RB 位。

③ 按下"紧急制动"按钮（蘑菇按钮），列车施加紧急，旋起按钮，紧急制动缓解。

④ 按下"施加停放"按钮，驾驶员操纵台停放制动施加红灯亮，观察 TMS 显示屏停放制动图标显示施加状态。再按"缓解停放"按钮，停放制动施加灯灭，观察 TMS 显示屏停放制动图标显示缓解状态。

⑤ 按"缓解保持"制动按钮并观察 TMS 显示屏，缓解保持制动开关打开。

14）测试前照灯。

15）测试电笛。

16）测试警惕按钮。

17）测试驾驶室灯按钮、仪表灯按钮、阅读灯按钮、解钩按钮。

18）测试驾驶室电热、水泵、刮水器是否正常。

19）测试驾驶室风速选择。

20）测试列车广播及乘客信息显示系统，主要包括对客室口播，报站，动态地图，视频显示和监控器显示等。

21）检查火灾报警的显示。

22）牵引检查。按压"HB 复位"按钮、鸣笛，推牵引（P1 位）待列车起动后，迅速回到惰行位，如果列车突然施加制动并停车，说明有保持制动，如果没有及时停车，则说明没有保持制动，迅速将主手柄拉到制动位。将方向手柄打到"后退"位，鸣笛，推牵引（P1 位）待列车起动后，迅速回到惰行位，列车应施加制动并停车，如果没有及时停车，则迅速将主手柄拉到制动位。

注意：列车两端都要进行以上检测。

4. 列车整备检查

严格按照电动列车检查线路流程图和整备作业程序执行，采用目视、手动、耳听、鼻嗅的方式，做好列车整备和试验，确保电动列车在投入服务前，技术状态良好。

1）如发现电客车有下列故障之一，严禁出库。

① 受电弓、高速断路器等高压设备故障，致使电客车无 DC1500V 电源。

② VVVF、DCU 等牵引系统故障。

③ EP2002 阀等制动部件故障。

④ 客室门、紧急疏散门故障。

⑤ 车载各安全保护装置故障。

⑥ 列车诊断系统故障。

⑦ 空调通风系统故障。

⑧ 空气压缩机、DC/DC、DC/AC 等辅助系统故障。

⑨ 车载通信信号设备（ATP、ATO、无线电等）故障。

⑩ 车辆消防设备故障。

⑪ 其他影响列车运行的故障。

2）发现电动列车故障或不符合技术要求时，驾驶员应立即向派班员报告，按派班员的指示执行。

二、日常检查

1. 日常外观检查

（1）日常外观检查内容

1）检测接地线和回流线、速度传感器电缆、电机电缆、高压母线、交流母线是否连接良好，有无松股、断线现象，固定点是否有松动现象。检查各活动部位的电缆（接地线和回流线、速度传感器电缆、电机电缆、高压母线、交流母线等）是与车体及转向架等是否有刮蹭及刮蹭痕迹，有无与车体及其他物体有刮蹭的隐患。

2）检查各安装螺栓的防松标记是否明显，螺栓是否有松动。

3）列车出库前对车体下部外观检查，各箱盖扣好，车下部有无障碍物。电机、空调压缩机组运转应正常，驾驶室开关、手柄置于正常位，列车能否被激活。

4）蓄电池电压是否正常。

5）受电弓碳滑板有无明显破损痕迹。

6）检查车体钢结构、侧墙、车顶、底架、端墙等部件中的梁、柱、板有无腐蚀、变形、裂纹、开焊。

7）制动、缓解动作是否正常。

8）前照灯、尾灯随控制开关的动作亮灭正常。

9）驾驶操纵台各种指示灯动作亮灭正常。

10）驾驶室内、客室电气柜内的空气开关、操作按钮等通断正常。

11）汽笛响。

12）紧急制动动作正常。

13）门安全电路正确。

14）检查钩体有无裂纹。

15）蒸发器冷凝水排水是否畅通。

16）冷凝腔盖板紧固正常，盖板与冷凝风机扇叶无刮蹭。

17）蒸发强盖板锁有无损坏，盖板锁闭是否正常。

18）空调机组安装紧固件、搭铁螺栓是否有松动，搭铁线是否连接良好，有无松股、断线现象。

（2）日常外观检查与试验 列车日常外观检查与试验分类见表6-24。

表6-24 列车日常外观检查与试验分类

功能组/零件		外观检查	试 验	备 注
1. 列车激活	灯试验		×	灯试验
	刮水器设备		×	功能试验
	汽笛		×	功能试验
2. 制动	制动试验			
	停放制动试验		×	
	EBCU 试验		×	
	摩擦制动施加试验		×	
	常用制动试验		×	
	紧急制动试验		×	

(续)

功能组/零件		外观检查	试 验	备 注
3. 外部区域检查	车体	×		
	底架	×		
	转向架	×		
4. 内部区域检查	启动联锁	×		
	车内部盖板	×		
	-侧顶板	×		
	-风道	×		
	内部照明	×		
	车门	×	×	
	紧急出口	×		
	紧急设备	×		
	箱柜	×		
	贯通道	×		

2. 日常检查的实施

（1）列车激活

1）发车前进行列检，确认各项合格。

2）蓄电池投入。驾驶员闭合驾驶室电气柜开关屏上的蓄电池 ON 开关，观察蓄电池电压表，是否正常显示 DC110V 或 24V。

3）升起受电弓操作。驾驶员闭合驾驶室驾驶操纵台开关盘上的升弓按钮，观察主回路电压表是否正常显示网压 DC1500V。

4）车辆照明投入。

① 闭合驾驶操纵台开关盘上的客室灯开关，客室灯亮。

② 闭合驾驶操纵台开关盘上的驾驶室灯开关，驾驶室灯亮。

5）空压机起动。闭合驾驶室电气柜开关屏上及相应车辆直流开关盘上的空压机压力控制断路器、空压机起动断路器、空压机控制断路器。起动装置自动检测风源系统压力，若压力小于 7×10^5Pa，两台空压机自动起动，当压力达到 9×10^5Pa，空压机停止工作。

6）设置头/尾车。将钥匙开关置于 ON 位，设置头/尾车，对照监控显示器画面察看是否显示正确。

7）通信确认。察看监控显示器上"通信确认"画面，确定车辆网络与各系统通信正常。

8）通过监控显示器"主菜单"画面进入"车辆状态"画面和"运行"画面，检查车辆状态和列车门状态等车辆各系统状态。

9）观察驾驶操纵台上门全关显示灯亮。

10）前照灯、尾灯投入。

① 闭合驾驶操纵台开关盘上的尾灯控制开关尾灯亮。

② 操作驾驶操纵台面上头灯强弱选择开关，可使前照灯分别处于关闭、强光、弱光状态。

11）广播相关信息设定。通过驾驶操纵台广播控制器设置，确定"起点站"、"终点站"、"交路"及"区间"。

12）根据气候状况，在车辆出库前使客室及驾驶室预热或预冷，以及前端玻璃除霜。

闭合驾驶操纵台开关盘上的电热玻璃开关，使前端电热玻璃投入。

闭合驾驶操纵台开关盘上的驾驶室电热开关，使驾驶室电热投入。

操作驾驶操纵台面上空调模式选择开关，可使空调分别处于停止、通风、自动冷、自动暖、手动冷、手动暖状态。

13）设定运行模式。ATO 模式下要通过主手柄设定运行模式。头驾驶室钥匙置于 ON，尾驾驶室置于 OFF；头驾驶室方向手柄置于 F，尾驾驶室置于 N；头驾驶室主控手柄置于 N，尾驾驶室置于 EB，驾驶员同时压按头车两个 ATO 起动按钮，进入 ATO 自动运行模式。

同时察看信号显示屏上运行状态和运行模式显示，观察 ATO 显示器画面各状态信息显示。

（2）检查外部区域

1）车体检查。

① 检查门页与窗户密封是否损坏。

② 安插外部的文字标记、铭牌、指示灯、灯等是否齐备，有无弄脏或损坏。

2）底架检查。检查所有设备箱是否安全地关闭并无损坏。

3）转向架检查。

① 每次起动或交接前必须检查转向架的外观有无故障或损坏。

② 目测转向架是否损坏以及是否丢件。

4）裙板检查。

① 检查裙板外部涂装及内部涂装有无龟裂、剥离、污损。

② 检查裙板检查门门框有无腐蚀、磨耗变形。

③ 检查裙板所有焊接部位有无裂纹、错动，及有设备的梁、座有无损伤变形、腐蚀等。

④ 检查裙板骨架安装螺栓和螺钉是否有松动和丢失。

⑤ 检查橡胶外形轮廓是否有裂纹、损坏、老化、磨损。

⑥ 检查裙板检查门折页和锁是否有松动，功能是否良好。

⑦ 检查气弹簧安装螺钉是否有松动，气弹簧使用功能是否良好。

⑧ 裙板上吸音材料是否有脱落，固定吸音材料的打孔板是否牢固。

5）车电检查。

① 检查底架及裙板上所有设备箱是否安全关闭并无损坏。

② 检查受流装置表面有无明显损坏，受电弓或第三轨通电时，有高压电，请注意人身安全。

（3）检查内部区域

1）驾驶室检查。检查驾驶室平顶板、前端墙板、侧墙板、前端检查门、侧门横罩板、立罩板等采用进口聚酯玻璃钢材料糊制成形，检查驾驶室平顶板上部通风口，前端墙板上显示屏，侧墙板上插座和按钮均应正常。

2）电气设备检查门。

① 终点站及 CCTV 触摸屏检查门。在主驾驶员操纵台前端活门上设有检查门，可以对终点站显示器、CCTV 触摸屏以及遮阳帘进行检修替换。

② 仪表板检查门。在主驾驶员操纵台侧的驾驶室侧门上方，设有检查门，可以对仪表板进行检修及替换。

③ 监听扬声器检查门。在副驾驶员操纵台侧门上方设有监听扬声器检查门，用于监听扬声器的维护和检修。

④ 信号天线检查门。在驾驶室顶板上设有信号天线检查门，检修人员通过该检查门对信号天线进行维护。

（4）制动检查

1）检查项目。控制电源，程序故障，空气弹簧压力，用于牵引的空重车调整信号，再生制动力模式指令，再生制动反馈指令，空气制动减少指令，E-P 阀输出压力（AC 压力），制动缸压力（BC 压力），RAM 检测，试验运行检测。一旦发生错误，该装置向监控设备输出，并存储错误发生前后时间内的错误状态变化数据。

2）监控信息。监控信息包括异常条件、试运转信号、常用制动指令、制动电流检测信号、电源电流检测信号、1 位转向架的空气弹簧压力、2 位转向架的空气弹簧压力、E-P 阀输出压力（AC 压力）、制动缸压力（BC 压力）、用于牵引空重车调整信号、再生制动力模式指令、再生制动反馈指令、磁控阀电流、制动不缓解检测、制动力不足检测。

实践练习

1. 描述乘客信息系统的组成及功能。
2. 归纳乘客信息系统的显示信息。
3. 列表说明驾驶员驾驶的操纵模式。
4. 以城轨车辆电气性能试验程序为主线，说明驾驶操纵位置与城轨车辆电气线路、设略去状态的关系。
5. 说明火灾报警系统的组成及功能。
6. 分析人机界面（MMI）显示的含义。
7. 选择某型电动列车，画出火灾报警系统设备布置示意图。
8. 画出电动列车调试流程，归纳说明各种调试的目的。
9. 说明电动列车空转/滑行试验的目的、内容及标准参数。
10. 画图并说明电动列车驾驶员整备作业检查路径及顺序。
11. 库内电动列车试验时，发生哪些故障将严禁出库？
12. 描述列车通信控制系统的组成。
13. 列表说明驾驶员显示器显示菜单。
14. 选择某型电动列车，说明列车运行模式及设备状态显示颜色的含义。
15. 描述乘客紧急报警时驾驶员的操作流程。
16. 绘制驾驶员综测列车试验程序表。
17. 绘制驾驶员出乘前列车检查作业路径。
18. 详细说明电动列车严禁出库的各种故障。
19. 绘制电动列车的常检查程序表及检查步骤。

附录　城市轨道交通车辆常用缩略语中英文对照表

缩略语	英文全拼	中文释义
A/C	air conditioning	空调
A/CMP	air compressor	空气压缩机
AC	alternating current	交流电
AC	analog convert	数模转换
AFC	automatic fare collection	自动售检票
AGTU	air generation & treatment unit	供风及供风处理单元
AGU	air generation unit	供风单元
ASHRAE	American society of heating, refrigerating and air conditioning engineers	美国采暖、制冷与空调工程师协会
ATC	automatic train control	列车自动控制
ATO	automatic train operation	列车自动驾驶
ATP	automatic train protection	列车自动保护
ATS	automatic train supervision	列车自动监视
ATR	automatic train regulation	列车自动调节
ATU	air treatment unit	供风处理单元
ATVM	automatic ticket vending machine	自动售票机
AW	actual weight	实际重量
AW	average weight	平均重量
BAS	building automation system	车站设备监控系统
BATT	battery	电池
BCU	brake control unit	制动控制单元
BFC	tread brake actuator	踏面制动器
BFCF	tread brake actuator + parking portion	踏面制动器+停放制动
BOM	booking office machine	售票机
BP	brake pipe	制动管/列车管
CB	circuit breaker	断路器
CBTC	communication based train control	列车通信控制
DBV	driver's brake valve	驾驶员制动阀
CCTV	closed circuit television	闭路电视
CFSU	center failure storage unit	中央故障存储单元
CODEC	coder/decoder	编/解码器

(续)

缩略语	英文全拼	中文释义
CPU	central processing unit	中央处理器
CT	current transformer	电流互感器
CTC	central traffic control	中央调度集中
dB	decibel	分贝
DB	power distribution box/ distribution box	配电箱
DC	direct current	直流电
DCU	drive control unit	牵引控制单元
DMU	diesel motor unit	内燃动车组
EBCU	electronic brake control unit	电子控制制动单元
ECU	electronic control unit	电子控制单元
ED	electro dynamic（brake）	电制动
EI	electronic interlocking	电子联锁
ELCB	earth leakage circuit breaker	漏电开关
ELE	elevator	电梯
EMU	electro motor unit	电动车组
EMI	electromagnetic interference	电磁干扰
EP，E/P	electro pneumatic	电-气动的，电-气压的
EPM	electro pneumatic modulator	电-气调制器
E/S	encoder/sorter	编码器/分类器
EPROM	erasable and programmable read only memory	可擦除可编程只读存储器
FAS	fire alarm system	火灾报警系统
FIFO	first in first out	先进先出
FM	frequency modulation	调频
GPS	globe position system	全球定位系统
GTO	gate turn off	门极可关断
GUI	graphical user interface	图形用户界面
HMV	hv-mv power supply	高中压供电
HSCB	high speed circuit breaker	高速断路器，主控开关
HV	high voltage	高压
IC	intergrated circuit	集成电路
IEC	international electrotechnical commission	国际电工委员会，国际电子技术委员会
IEEE	institute of electrical and electronic engineers	（美国）电机及电子工程师协会
IGBT	insulated gate bipolar transistor	绝缘栅极晶体管
INV	static inverter	静止逆变器
I/O	input/output	输入/输出

（续）

缩略语	英文全拼	中文释义
ISO	international standardization organisation	国际标准组织
LA	lightning arrester	避雷器
LCC	life cycle cost	寿命周期成本
LCU	locomotive control unit	机车控制单元
LCU	logic control unit	逻辑控制单元
LED	light-emitting diode	发光二极管
LF	line filter	线路滤波器
LRT	light rail transit(transport)	轻轨交通
LRV	light rail vehicles	轻轨车辆
LS	limit switch	限位开关
LV	low voltage	低压
LVL	lv power supply and lighting	低压供电和照明
LVPS	low voltage power supply	低压动力电源
M	motor car	动车
M.C	master controller	主控器
MC	metro corporation	地铁总公司
Mc	motor car with cab	带驾驶室的动车
MCB	miniature circuit breaker	小型断路器
MP	main pipe	总风管
MPS	main power station	主变电站
MTR	mass transit railway	大运量轨道交通
MU	mutiple unit	多个单元，复合单元
MU	multiple unit	重联机车
MVB	multi vehicle bus	多功能车辆总线
N	neutral	中性线
NC	normal close	常闭型(电磁阀)
NO	normal open	常开型(电磁阀)
NiCd	nickel cadmium	镍镉
Np	neutral point	中性点
O/A	overall length	总长
OCC	operation control center	运营控制中心
OCL	overhead contact line	架空接触网
OCR	overhead contact rail	架空接触轨
OCS	overhead catenary system	接触网
OD	origin/destination	起点/终点

(续)

缩略语	英文全拼	中文释义
PAN	pantogragh	受电弓
PC	personal computer	个人计算机
PCB	printed-circuit-board	印制电路板
PSD	platform screen door	站台屏蔽门
PT(VT)	potential (voltage) transformer	压互，电压互感器，变压器
PTO	passenger train operator	旅客列车驾驶员
PWM	pulse width modulation	脉冲宽度调制
RAMS	reliability, availability, maintainability, safety	可靠性，可用性，可维护性，安全性
RVC	reference value converter	参考价值转换
RV	relay valve	中继阀
SA	surge arrester	电涌放电器
SWG(S/G)	switchgear	开关柜
T	trailer car	拖车
Tc	trailer car with cab	带驾驶室的拖车
TCU	train control unit	列车控制单元
TCU	traction control unit	牵引控制单元
t/L, T/L	train line	列车线
TPS	traction power supply	牵引供电
UPS	uninterrupted power supply	不间断电源
VVVF	varieble voltage-varieble frequency	变压-变频
WSP	wheel slide protection	防滑器
WTB	wire train bus	绞线式列车总线

参 考 文 献

[1] 石礼安. 地铁一号线工程[M]. 上海：上海科学技术出版社，1998.
[2] 徐安，陶生桂，庞乾麟. 城市轨道交通电力牵引[M]. 北京：中国铁道出版社，2003.
[3] 高爽. 地铁车辆构造与维修管理[M]. 北京：中国铁道出版社，2003.
[4] 谢维达. 对我国列车微机控制系统发展的一些思考[J]. 上海铁道大学学报，1999，20(10)：54-58.
[5] 陶生桂，胡兵. 城市轨道车辆电气传动系统发展综述[J]. 电力机车与城轨车辆，2007，30(2)：1-5.
[6] 高永军. 城市轨道交通车辆矢量控制技术[J]. 城市轨道交通研究，2005(4)：27-30.
[7] 李华德，杨利永. 交流电动机矢量控制变压变频调速系统 第一讲矢量控制的基本概念[J]. 变频器世界，2006(11)：116-119.
[8] 吴茂杉. 国内城轨车辆电传动系统主要问题分析[J]. 交流技术与电力牵引，2007(1)：7-12.
[9] 王方程，等. 上海地铁车辆的临修技术(3)——主电路与控制电路的临修[J]. 电力机车与城轨车辆，2004，27(3)：52-53.
[10] 谢维达. 列车微机控制系统发展综述[J]. 电力机车与城轨车辆，2007，30(6)：1-4.
[11] 胡引娥，程有平. 广州地铁1号线车辆的牵引逆变器[J]. 机车电传动，2003(1)：42-44.
[12] RUNGE W. 从GTO变流器到IGBT变流器看传动技术的发展(一)[J]. 交流技术与电力牵引，2005(5)：12-16.
[13] RUNGE W. 从GTO变流器到IGBT变流器看传动技术的发展(二)[J]. 交流技术与电力牵引，2005(6)：8-10.
[14] 陶生桂，韩姝莉，胡兵. 轨道车辆牵引变流器的应用与发展[J]. 变频世界，2006(10)：80-82.
[15] 钱清泉，何正友，吴超. 地铁主控技术及其应用研究[J]. 世界轨道交通，2005(1)：20-23.
[16] 张和平. 南京地铁1号线车辆主传动系统问题分析[J]. 现代城市轨道交通，2005(2)：16-19.
[17] 肖彦君，吴茂杉. 城轨列车辅助供电系统的技术要求和电路选型[J]. 现代城市轨道交通，2004(4)：24-27.
[18] 李红，左鹏，刘伟志，等. 地铁车辆辅助逆变电源分析研究[J]. 中国铁道科学，2004，2(1)：52-55.
[19] 周胜平，朱圣瑞. 武汉城轨车辆辅助电源系统及其改进[J]. 电力机车与城轨车辆，2005，28(3)：58-60.
[20] 王方程，等. 上海地铁车辆的临修技术(4)——辅助电路、信息监控及其他辅助系统临修[J]. 电力机车与城轨车辆，2004，27(4)：64-65.
[21] 唐春林. 我国城市轨道交通列车辅助电路选型与应用[J]. 电气开关，2008，46(1)：12-15.
[22] 湛耀斌，王保坚，梁洪. 广州地铁1号线车辆车门系统的改进[J]. 铁道车辆，2004，42(7)：20-21.
[23] 朱士友，胡文伟. 广州地铁车辆车门结构、控制原理及改进意见[J]. 铁道车辆，2000(12)：60-63.
[24] 彭有根. 广州地铁二号线车辆车门系统及其控制原理[J]. 电力机车与城轨车辆，2005，28(6)：47-49.
[25] 王建兵，朱小娟，浦汉亮. 上海地铁车辆客室车门故障原因及整改措施[J]. 电力机车与城轨车辆，2006，29(1)：46-48.
[26] 王冬雷. 广州地铁四号线车辆塞拉门系统的特点及常见故障分析[J]. 电力机车与城轨车辆，2006，29(6)：44-46.
[27] 傅思良，王志铭，李福斌. 深圳地铁车辆客室车门保持电路的改进[J]. 电力机车与城轨车辆，2006，29(6)：47-49.
[28] 徐立娟，张莹. 电力电子技术[M]. 北京：高等教育出版社，2006.
[29] 郭世明. 电力电子技术[M]. 2版. 成都：西南交通大学出版社，2008.
[30] 黄济荣. 电力牵引交流传动与控制[M]. 北京：机械工业出版社，1998.
[31] 王书林. 电力牵引控制系统[M]. 北京：中国电力出版社，2006.
[32] BOSE B K. 现代电力电子学与交流传动[M]. 王聪，赵金，于庆广，等译. 北京：机械工业出版社，2005.
[33] 宋书中，常晓玲. 交流调速系统[M]. 2版. 北京：机械工业出版社，2006.
[34] 吉永淳，正田英介. 电机电器[M]. 北京：科学出版社，2005.
[35] 华平. 电力机车控制[M]. 北京：中国铁道出版社，2008.
[36] 王兆安，黄俊. 电力电子技术[M]. 4版. 北京：机械工业出版社，2000.